# Was sie glauben

# Was sie glauben

Texte von Jugendlichen
herausgegeben von
Robert Schuster

J. F. Steinkopf Verlag
Stuttgart

An der Sammlung der Texte haben mitgewirkt:

Ernst Bareis
Helene Bethke
Karl Böttinger
Friedrich Brose
Stefan Dipper
Alfred Doll
Gerhard Dürr
Joachim Ernst
Hans-Jürgen Geischer
Klaus-Peter Graßnick
Ilse Häußer
Ulrich Kalbrecht
Günter Koenemund
Johannes Kiefner
Siegfried Kuhs
Hans-Richard Lauxmann
Walter Maier
Hans-Werner Mundt
Hermann Nicklas

Gerhard Pawlowsky
Hans Pfahler
Dieter Röll
Rainer Samuel
Angelika Schmauder
Christa Schmid
Rolf Schmid
Siegfried Schoch
Gerhard Schreiner
Peter Schwenkhagen
Ingeborg Spiralke
Joachim Stier
Walter Theurer
Gertraude Ullemeyer
Eugen Wahl
Lisbeth Wurst
Ulrich Zanzinger
Rainer Zimmerling

Für ihre Hilfe bei der Textherstellung danken wir den Mitarbeiterinnen des Pädagogisch-Theologischen Zentrums in Stuttgart Christa Seidler, Gertrud Becker, Emmy Biermann und Rita Schumann.

CIP-Kurztitelaufnahme der Deutschen Bibliothek

**Was sie glauben** : Texte von Jugendl. / hrsg. von
Robert Schuster. – Stuttgart : Steinkopf, 1984.
  ISBN 3-7984-0596-4

NE: Schuster, Robert [Hrsg.]

1  2  3  4      89  87  85  84
Satz: Typobauer Filmsatz GmbH, 7302 Scharnhausen
Druck und Bindung: Franz Spiegel Buch GmbH, 7900 Ulm
Alle Rechte vorbehalten
© J.F. Steinkopf Verlag GmbH, Stuttgart 1984

# Vorwort

Während der Vorbereitung der Fortbildungstagung für evangelische Religionslehrer an beruflichen Schulen in Württemberg für das Jahr 1983 mit dem Thema »Die Religion unserer Schüler« wurde der Plan gefaßt, Texte aus der Hand der Schüler selbst zum Tagungsmaterial zu machen.

Alle evangelischen Religionslehrerinnen und Religionslehrer an beruflichen Schulen in Württemberg wurden durch den Tagungsleiter eingeladen, in einzelnen oder mehreren Klassen die Jugendlichen darum zu bitten, sich schriftlich zum Thema zu äußern und die verfaßten Texte zur Verfügung zu stellen. Der Einladung war eine Reihe von Vorschlägen mitgegeben, die das Gesamtthema in mehrere Teilthemen gliederten und gleichzeitig Anregungen für das Schreiben der Schüler enthielten. Die Lehrer wurden aber auch gebeten, schriftliche Äußerungen ihrer Schüler zum Thema auf eigene Fragestellungen oder Vorgaben hin zu schicken. Es konnte im Oktober 1982 noch nicht abgesehen werden, wie viele Texte von Jugendlichen für die Tagung zusammenkommen würden. Ende des Jahres waren die Erwartungen weit übertroffen. Die für die Lesetextherstellung Verantwortlichen haben sich bemüht, so gut wie alle zugesandten Texte zugänglich zu machen. Dadurch ist im März 1983 eine Sammlung entstanden, die natürlich über den Umfang eines Tagungsmaterials weit hinausging. Die Bereitwilligkeit und die Ernsthaftigkeit der Schüler beim Schreiben, die Hoffnung, daß jede der vielen Stimmen gehört werden soll und jeder der Texte des Lesens wert ist, hatte uns veranlaßt, alle Texte zugänglich zu machen, so weit es zeitlich und technisch bis zur Tagung möglich war. Das Pädagogisch-Theologische Zentrum in Stuttgart-Birkach stellte eine Sammlung her, die während der Tagung vom 9. bis 11. März 1983 allen Kolleginnen und Kollegen übergeben wurde und aus der vor allem in den einzelnen Arbeitsgruppen Texte intensiv gelesen und besprochen wurden.

Ein Ergebnis der Tagung war der Konsens der Teilnehmer, daß es nötig ist, sich weiterhin und mit mehr Zeit mit den von den Jugendlichen verfaßten Texten zu beschäftigen. Da die Textsammlung, die für die Tagung angefertigt wurde, schnell vergriffen war, haben wir uns dazu entschlossen, einen Teil der Texte der Jugendlichen in gedruckter Form allen Interessierten zugänglich zu machen. Der Verlag J. F. Steinkopf, Stuttgart, hat dieses Vorhaben möglich gemacht. Wir danken ihm für sein Engagement.

Für die nun im Druck herausgegebene Textsammlung wurden alle Texte genommen, die die Jugendlichen zum Thema Gott verfaßt haben. Texte aus einigen Klassen sind im Jahr 1984 noch dazugekommen. Ausgeschieden wurde kein Text. Für die Druckausgabe wurden noch einmal alle Texte sorgfältig mit den handschriftlichen Originalen der Jugendlichen verglichen.

Die Lehrer, die bei der Beschaffung der Texte mitwirkten, haben den Jugendlichen Vorgaben gemacht, die sie zum Schreiben anregen sollten.

Wir haben zu jeder einzelnen Klasse angegeben, welche Vorgaben die Jugendlichen bekamen, und bei den Einzeltexten so weit es nötig war vermerkt, auf welche Vorgabe ihre Verfasser sich beziehen. Am häufigsten wurde den Jugendlichen die Vorgabe gemacht, die Hermann Nicklas für seinen eigenen Unterricht zusammengestellt hatte und die dann vom Vorbereitungskreis den Lehrern zugesandt worden ist:

Gott ist ...
Ich glaube an Gott, weil ...
Ich glaube nicht an Gott, weil ...
Wie stellen Sie sich Gott vor?
Woran denken Sie bei dem Wort Gott?
»Gott sei Dank gibt es nicht, was sich 60–80 Prozent der Eidgenossen unter Gott vorstellen.« (Karl Rahner, Theologe)
»Worauf du nun dein Herz hängst und verläßt, das ist eigentlich dein Gott.« (Martin Luther)
»Hütet euch vor den Menschen, deren Gott im Himmel ist!« (Bernard Shaw, Schriftsteller)

Es war empfohlen worden, die Schüler aus dieser Vorgabe einen Satzanfang oder einen Satz bzw. ein Zitat wählen zu lassen und dazu zu schreiben. Es gibt Jugendliche, die mehrere Satzanfänge und Sätze aufgenommen haben. Bei den Klassen, denen diese Vorgabe gemacht wurde, wird nur vermerkt: »Den Schülern (Schülerinnen) wurden die Satzanfänge und Sätze zu Gott vorgelegt«.

Alle anderen Vorgaben, die die Lehrer den Jugendlichen gemacht haben, sind zu jeder Klasse voll angegeben. Eine Ausnahme ist die Klasse 37, in der die beiden sehr umfänglichen Texte, die der Lehrer anbot, nicht wiedergegeben wurden.

Wie weit die Texte der Jugendlichen durch die jeweiligen Vorgaben der Lehrer und durch die von den Jugendlichen selbst daraus ausgewählten Vorgaben bestimmt sind, ist eine wichtige Frage für die Interpretation der Texte. Sie muß im Zusammenhang einer weitergehenden Beschäftigung mit den Texten geklärt werden und sollte zunächst von jedem Leser der Texte selbst geprüft werden. Das Hauptinteresse fast aller Vorgaben war es, den Jugendlichen zum authentischen Schreiben zu bewegen. Keine der Vorgaben wurde daraufhin angelegt, leicht auswertbares Material zu bestimmten Fragestellungen zu gewinnen.

Wir haben in die folgende Sammlung der Texte Jugendlicher zu Gott einige Texte aufgenommen, in denen sich Jugendliche auch zu Jesus äußern.

Zur Abfassung der Texte und ihrer Wiedergabe im Druck ist folgendes zu sagen:

Mit ganz wenigen Ausnahmen wurden alle Texte von den Jugendlichen innerhalb einer Unterrichtsstunde verfaßt. Wie viel Zeit dabei den Verfassern tatsächlich zur Verfügung stand, läßt sich aus den Angaben, die die Lehrer gemacht haben, meistens nicht mehr erkennen. In einigen Texten ist indirekt etwas von Zeitknappheit zu merken. In einigen Texten wird Zeitmangel von den Verfassern ausdrücklich beklagt.

Alle Jugendlichen wußten, daß ihre Texte von anderen Personen, namentlich von Religionslehrern, gelesen werden und waren dafür um ihr Einverständnis gebeten worden. Es war vereinbart, keine Namen anzugeben. Trotzdem haben einige Jugendliche ihre Texte unterschrieben oder oben mit Namen gekennzeichnet. Angaben über Alter und Geschlecht der einzelnen Verfasser wurden nur teilweise gemacht. Wo das der Fall ist, wurden sie rechts über einem Text wiedergegeben (z.B.: 17m. oder 18w.).

Alle Texte wurden ohne Kürzungen wiedergegeben. Wir rechnen zum jeweiligen Text auch die vom Verfasser selbst geschriebene Überschrift. Wiedergegeben wurden auch alle schriftlich verfaßten Weigerungen und Absagen. Nach einzelnen mündlichen und schriftlichen Mitteilungen von Lehrern darf aber gesagt werden, daß die Jugendlichen eine zum Teil überraschend große Bereitwilligkeit zum Schreiben zeigten. Es darf davon ausgegangen werden, daß kaum irgendwo die Gefahr bestand, daß die Jugendlichen ihr Schreiben als Test oder Klassenarbeit ansahen. Eine Reihe von Lehrern hat die in den einzelnen Klassen entstandenen Texte in den folgenden Stunden mit den Schülern als Unterrichtstexte verwendet. Mit Ausnahme eines Einzeltextes wurden alle Texte klassenweise wiedergegeben. Zu jeder Klasse ist der Beruf, in dem die Jugendlichen ausgebildet werden bzw. die Schulart und die Klassenstufe angegeben. Soweit ein Lehrer besondere Mitteilungen zu einer Klasse gemacht hat, sind sie wiedergegeben worden. Es ist darauf hinzuweisen, daß in vielen Klassen außer den evangelischen Schülern auch katholische Schüler und Schüler anderer Religionen ihre Texte zu den Vorgaben geschrieben haben. Wir haben bewußt darauf verzichtet, die Schüler ihre Konfession oder Religionszugehörigkeit angeben zu lassen. Bei vielen Verfassern geht sie aus den Texten selbst hervor.

Die einzelne Klasse ist mit einer Ziffer gekennzeichnet, die bei der Kennziffer der Einzeltexte vor dem Schrägstrich wiederkehrt. Die Kennziffern der Einzeltexte nach dem Schrägstrich sind durch die Klassen hindurch fortlaufend. Die Klassen selbst wurden innerhalb der Textsammlung nicht nach Schularten oder Berufen gruppiert. Ihre Reihenfolge ist zufällig und stammt aus dem Fortgang der Textherstellung.

Bei der Textwiedergabe bemühten wir uns um eine möglichst authentische Darstellung. Die Textgliederung und die Textdisposition der Verfasser wurde eingehalten. Dazu gehört auch, daß die Zeichensetzung des einzelnen Verfassers belassen wurde. Der Gebrauch der Satzzeichen entspricht bei sehr vielen Verfassern nicht den geltenden Regeln. Nachdem wir zunächst versucht hatten, eine maßvolle Korrektur der Zeichensetzung in den Texten durchzuführen, kamen wir zu der Einsicht, daß die Veränderungen, die dadurch in den Texten entstehen, zu groß sind. Wir haben erkannt, daß sehr viele Verfasser zum Beispiel die Kommata nicht syntaktisch, sondern inhaltlich-thematisch setzen. Wir haben festgestellt, sehr viele Verfasser beenden eindeutige Fragesätze nicht mit Fragezeichen. Im Interesse einer möglichst authentischen Wiedergabe der Texte haben wir die vom jeweiligen Verfasser angewandte Zeichensetzung beibehalten einschließlich solcher Zeichen wie →. Ergänzt wurden Zeichen nur dort, wo sie vom Verfasser offensichtlich vergessen worden sind (Schlußpunkte vor eindeutigen Satzanfängen; Schlußanführungszeichen nach Anführungszeichen).

Die Orthographie der einzelnen Wörter wurde in allen Texten korrigiert. Dies geschah bei Klein-Großschreibung zurückhaltend. In Wortwahl und Wortstellung wurde nicht eingegriffen. Anakoluthe wurden nur geglättet, wenn sie offensichtlich aus Versehen entstanden sind, nicht aber wenn sie die Schwierigkeit eines Gedankenganges, einer Argumentation oder den Duktus einer Darlegung wiedergeben. Einzelne Wörter wurden nur dann ergänzt, wenn sie ganz eindeutig zu erschließen waren. Alle Ergänzungen stehen in [ ], ebenfalls alle Anmerkungen zu einzelnen Texten.

Wo ein Verfasser seinen Text graphisch gegliedert oder ergänzt hat, haben wir es so gut es ging wiedergegeben. Einige Jugendliche der Klassen 62, 63 und 64 haben die Anregung ihres Lehrers aufgenommen und Graphiken gemacht. Sie wurden nach den Originalen wiedergegeben.

Wir danken allen Kolleginnen und Kollegen, die an dieser Textsammlung mitgewirkt haben, für ihre Sorgfalt und Mühe. Wir danken ganz besonders den vielen Jugendlichen in Württemberg, den Schülerinnen und Schülern im Berufsvorbereitungsjahr, im Berufsgrundbildungsjahr, in den Berufsschulen, Berufsfachschulen, Berufskollegs und beruflichen Gymnasien für ihre Bereitschaft und ihr Vertrauen. Wir haben versprochen, alle Texte ohne Namen wiederzugeben. Trotzdem werden wir bei jedem einzelnen versuchen, seinen Verfasser zu verstehen. Wir haben durch sie zum erstenmal ein theologisches Textbuch erhalten, das von Laien verfaßt wurde. Wir werden nicht so schnell aufhören, darin zu lesen und dabei vielleicht zu lernen, was heute Theologie Jugendlicher ist.

Die Beschäftigung mit den folgenden Texten wird den Leser von quantitativen und statistischen Fragestellungen wegführen. Es sei zugegeben, daß dies eine unserer Absichten bei der Veröffentlichung der Texte der Jugendlichen gewesen ist. Wir hoffen sehr, daß er für diesen Verzicht entlohnt wird durch die Möglichkeit, so viele einzelne Voten, Fragen, Bekenntnisse und Mitteilungen lesen zu können, die von ihm Verstehensbereitschaft und Interpretationsmühe fordern. Wir hoffen auch, daß zu dieser Leserschaft nicht nur die Religionslehrerinnen und Religionslehrer gehören werden, sondern alle, die als Eltern, Pädagogen und Seelsorger mit Jugendlichen zu tun haben.

Januar 1984                                                    Robert Schuster

*Der Klasse wurden die Satzanfänge und Sätze zu Gott vorgelegt. Weitere Mitteilungen des Lehrers: »Die Umfrage wurde in einer Stunde zwischen zwei Unterrichtseinheiten gestellt. In den letzten vier Wochen wurde der Klasse kein Religionsunterricht erteilt. Die Schüler sind somit nicht »vorprogrammiert« gewesen. Insgesamt zeigte sich eine rege Bereitschaft zur Mitarbeit. Allerdings wurde am Schluß der Umfrage die Hoffnung laut, irgendwann noch einmal etwas von dieser Aktion zu hören. Ich möchte anfragen, ob diese Hoffnung der Schüler in irgend einer Weise gestillt werden kann.« Insgesamt 18 Schüler; von 17 wurden Texte abgegeben. Die Klasse ist konfessionell gemischt.*

01/0001        w. 28
Ich glaube an Gott, weil ... ich mich lieber zu Tode hoffe, als daß ich diesen Gott aufgebe.
Eigentlich muß ich bei meiner Erziehung anfangen, die eine sehr christliche war und in mir eine gewisse Vorstellung von Gott und den Christen geprägt hat. Ich habe es gut gefunden, wie meine Eltern mit dem »Glauben« selbstverständlich umgegangen sind, wie diese mich gelehrt haben zu beten. Ich habe gesehen, wie meine Eltern in einer Hoffnung lebten, die über den Tod hinausreicht.
Einen Nachteil von dieser christlichen Erziehung muß ich aber ansprechen, nämlich, daß sie in mir, als ich ein Kind war, ein sehr schlechtes Gewissen hervorgerufen hat. Alles was ich tat, wurde ja von Gott gesehen und so konnte ich nichts unbeobachtet tun!
Erst viel später, als ich einmal aus diesen »christlichen Mauern« ausgebrochen war, als ich etwas tat, das nicht da reinpaßte und ich ohne jegliche Hilfe dastand, habe ich gemerkt, daß ich eigentlich nur an Gott glaubte, weil es meine Eltern auch taten.
Nun hab ich angefangen über Gott nachzudenken. Erst hatte ich ihn ganz aufgegeben, doch als ich immer wieder merkte, daß es mir gut tut, wenn ich bete, und daß ich mit ihm auch sprechen kann, wenn sonst keiner mehr da ist, habe ich wieder angefangen an diesen Gott zu glauben.
Ich glaube an ihn und seinen Sohn Jesus Christus, obwohl es manchmal sehr schwer ist, wenn man Hilfe erwartet, die nicht eintrifft. – Es gibt Dinge im Leben, die ich nicht verstehe, es gibt Schicksalschläge (o. Gottgewolltes) an denen ich nichts Gutes finden kann. Doch es ist schwer ohne Hoffnung durch diese Welt zu gehen. Jeder Mensch braucht eine Hoffnung und es gibt vieles, an das sich Menschen hängen.
Ich habe als Bestes erkannt (für mich), daß ich an einen Gott glaube der lebt und der uns sogar noch ein Leben nach dem Tod verspricht.

01/0002        w. 20
Wie stelle ich mir Gott vor?
Gott ist für mich *nicht* der langbärtige alte Mann auf einem Thron mit weißem Gewand, hoch über den Wolken, umringt von einer Schar Engel.

Gott ist für mich auch nicht ein Wesen, das sonstwo ist oder sitzt und uns Menschen zusieht, uns beobachtet, und beurteilt und verurteilt oder dem wir irgendwelche Gebote erfüllen müssen!

Gott ist für mich überhaupt nicht greifbar in Form einer Persönlichkeit. Ich glaube ganz einfach bzw. ich glaube daß ich es weiß, daß Gott in mir selbst ist. Gott ist ein Teil meines Gewissens meines Denkens und damit auch meines Handelns. Gott kontrolliert mich nicht, Gott verlangt nicht von mir Gebote zu erfüllen oder Buße zu tun. Gott ist von mir selbst erzeugt und geformt. Er ist wie eine Lebensweisheit für mich. Er ist von mir gemacht, daß ich meine Umgebung immer beobachte und versuche sie in ihrer natürlichen, und zwar in ihrer *urnatürlichsten*, Form zu erhalten oder wieder herzustellen. Gott ist der »Aufseher« oder der Beschützer der Natur und des Lebens. Wenn alle solch einen Gott besitzen, dann wird die Erde nicht von uns ruiniert, sie geht irgendwann einmal ganz normal und von alleine selbst zugrunde, wie es einfach auch sein muß oder sollte. Denn nichts ist ewig!

Gott ist also dazu da, oder dazu bestimmt die Natur zu erhalten bzw. sie wieder neu zu schaffen. Natur ist etwas total Vollkommenes etwas Unvergleichbares, jeder Stein jeder Ast, jeder Bach, jeder ... bezieht seine Existenzberechtigung von jemand oder etwas anderem *und* bietet durch seine Existenz auch gleichzeitig wieder die Existenzberechtigung für jemand und etwas anderes. Und wenn Gott auf alles achtet und alles erhält bzw. dazu gemacht ist als Mahnmal (Lebensweisheit) zu stehen, damit wir selber auf die Natur achten, ist Gott für mich in jedem natürlichen Leben zu sehen. Gott ist in jedem Baum in jedem Ast in jeder Wurzel.

01/0003                                                                                  w

Die Frage: »Wie stelle ich mir Gott vor?« habe ich mir in letzter Zeit öfters gestellt. Einfach weil ich durch mein Elternhaus eine christliche Erziehung genossen habe, und ich nun auch gezwungen bin Kindern, die mir die Frage nach Gott stellen, Rede und Antwort zu stehen. Ich bin zu einem Schluß gekommen, daß ich nicht fragen kann, wer ist Gott, wie sieht er aus? sondern ich frage, wie erfahre ich Gott?

Da drängt sich mir vor allem die Kirche, das Gotteshaus, als religiöser Ort vor. Ich selbst muß gestehen, daß ich Gott am nächsten bin, wenn ich alleine in der Kirche bin, den von Ruhe erfüllten Raum empfinde. Die Gemeinschaft im Gottesdienst bedrückt mich irgendwie, da ich von vielen Leuten weiß, daß sie aus Gewohnheit sehen und gesehen werden wollen, in die Kirche gehen und die Predigt und die Riten des Gottesdienstes über sich ergehen lassen, um anschließend sich das Maul zu zerreißen: »Heut wollte der Pfarrer überhaupt nicht mehr aufhören«, oder »Der hat wieder einen Stuß zusammengepredigt« etc.

Ich selbst spüre Gott, wenn mein Herz voll Freude ist, daß man meint es müßte im nächsten Moment platzen. Ich kann mich auch sehr alleine, von Gott verlassen fühlen, wenn es mir schlecht geht.

Ich versuche erst gar nicht mir vorzustellen, wie Gott wohl aussehen mag, da ich mir das nie vorstellen könnte. Diese Vorstellung, Gott ist ganz einfach da, ohne daß ich ihn sehe, hat bei mir sehr lange gedauert und ich bin anfangs in manchen Konflikt mit mir selber gefallen.

Doch nun bin ich froh, Gott erfahren zu können und zu dürfen, ich glaube, ich lebe mein Leben nun sogar bewußter.

01/0004                                                                                          m.
Woran denken Sie bei dem Wort Gott?
- Kirche, Gottesdienst        - Taufe
- Bibel                       - Konfirmation
- Pfarrer                     - Heirat
- Liebe, Vertrauen            - Beichte
- Weihnachten                 - geistl. Lieder
- Pfingsten                   - bibl. Geschichten
- Ostern
- Gnade
- Beten

01/0005                                                                                          w.
Ich möchte nichts darüber schreiben weil ich mir über meine Gefühle manchmal selber nicht im klaren bin. Ich kanns nicht in Worten ausdrükken, so spontan ich brauch sehr viel Zeit dazu und ich glaube daß wenn ich es aufschreiben würde, derjenige der es liest es anders verstehen bzw. auffassen würde als ich.

01/0006                                                                                       w. 18
»Worauf du nun dein Herz hängst und verläßt, das ist eigentlich dein Gott«.

Ich glaube, daß jeder Mensch in seinem Inneren einen »Gott« besitzt. Zwar nicht unbedingt den einen Gott, an den z.B. die Christen oder Mohammedaner glauben, aber doch irgendein Phänomen, das ihnen Lebenskraft gibt und das der Antrieb für ihr individuelles Handeln ist. Ich selbst beispielsweise weiß auch nicht genau, wie ich meinen christlichen Glauben beurteilen soll.

Ich glaube schon, daß es Gott gibt und ich mache mir auch öfters Gedanken zu diesem Problem, aber irgendwie finde ich es nicht ausreichend, um sagen zu können, ich sei ein gläubiger Christ. Ich bete nämlich nur noch sehr selten und wenn ich in der Kirche bin (ich muß übrigens jeden Sonntag in die Kirche gehen) höre ich dem Pfarrer meist gar nicht zu und denke an ganz andere Dinge. Einfach weil ich mich nicht angesprochen fühle.

Für mich bedeutet es viel mehr, wenn man sich mit den Mitmenschen unterhält, sowohl mit Bekannten und Freunden, als auch mit Fremden. Beim Gespräch über die Probleme und Wünsche kann man sehr gut aufeinander eingehen. Der Einzelne merkt dann, daß er von den anderen akzeptiert und vielleicht auch gebraucht wird und es entwickelt sich ein Gefühl der Zugehörigkeit und Geborgenheit. Das ist doch eigentlich der

Sinn des Lebens. Und deshalb glaube ich, daß auch ein Atheist diesen inneren Antrieb von einer göttlichen Macht besitzt, selbst wenn er nicht an den kirchlichen Ritualen teilnimmt.

01/0007                                                                    w. 23
Woran denken Sie bei dem Wort Gott?
Schon der Ausdruck »Wort Gott« zeigt, daß eigentlich gar kein konkretes Verhältnis zu Gott besteht. Genau das trifft bei mir zu. Ich bin mir nicht darüber im Klaren was Gott für mich bedeutet. Irgendwo kann ich einen Gott nicht ausschließen, ja ich will einen Gott zulassen nur weiß ich nicht welcher Art. Leider entsteht dadurch viel Unsicherheit in mir und natürlich auch bei Gesprächen über Glauben und Gott.
Der Kirche stehe ich eigentlich mehr ablehnend gegenüber. Es steckt mir zuviel Ritus und zuviel unehrliches Getue dahinter. Außerdem heißt glauben für mich, daß ich in einem bestimmten Verhältnis zu diesem Gott stehe. Ich verantworte mein Tun und Verhalten also vor mir selbst und dem an das ich glaube. Bei der Kirche wird mit Geld und vielen kapitalistischen Mitteln gearbeitet.
Als Kind habe ich regelmäßig den Kindergottesdienst besuchen müssen. Dort hat es mir eigentlich auch gefallen. Es wurden Geschichten von Gott bzw. Jesus erzählt. Da habe ich ihn mir menschlich vorgestellt, der eben wie Tote, nicht mehr präsent ist. Ich habe ohne zu fragen oder anzuzweifeln an Gott geglaubt.
Heute ist mir das nicht mehr möglich. Es gibt viele Widersprüche. Dadurch daß mein eigener Standpunkt eigentlich nicht klar ist, fällt es mir sehr schwer eine eindeutige Reaktion auf christliche Fragen von Seiten der Kinder aufzuzeigen.
Ein Glauben ist eben auch nichts Greifbares, Handfestes. Wo sind Grenzen und Linien? Schon ein Gespräch darüber ist nicht einfach. Sich schriftlich auszudrücken leider auch nicht!!!

01/0008                                                                    w. 18
Wie stellen Sie sich Gott vor?
Was fällt mir spontan ein.
Ich stelle mir Gott so vor, manchmal schwebt er über einem, achtet auf einen, beschützt einen vor Bösem oder Unfällen. Achtet darauf daß man sich nicht verleiten läßt zu Untaten. Er ist für mich so etwas wie ein Schutzengel, nur daß er mehr Macht hat und für alle Menschen gleich da ist, ob es Evangelische oder Katholische oder Moslems sind → er ist für alle gleich da. Er behandelt alle gleich ob böse oder gute, ob kranke oder gesunde. Er steht schützend vor die, die von der Gesellschaft benachteiligt werden.
Ich stelle ihn mir als einen kräftigen, starken Mann vor mit weißem langem Haar und weißem Vollbart. Auf der anderen Seite strahlt aber sein Äußeres Ruhe, Vertrauen und Güte aus. Manchmal denke ich Gott könnte jeder unter uns sein, der in die Gestalt eines anderen gegangen ist um zu sehen, was aus der Menschheit geworden ist.

12

01/0009                        w. 18

Woran denken Sie bei dem Wort Gott?

- Kirche           - Bibl. Geschichten     - Zweifel
- Bibel            - Geistl. Lieder        - Beten
- Pfarrer         - Himmel              - Christl. Feste

Gott ist meiner Meinung nach ein Wesen, das von den Menschen unbegreiflich und nicht zu beschreiben ist, das alles in der Hand hat und alles lenkt, ohne, daß es wir Menschen beeinflussen können.
So stelle ich mir Gott vor, aber ob es ihn wirklich gibt, weiß ich nicht.

01/0010                        w. 23

Gott ist ...

Gott ist für mich jemand mit dem ich reden kann wie mit einem Freund der sehr gut zuhört. Er gibt kein Kommentar das unnötig ist. Gott ist für mich überall in allem was ich schön finde. In Blumen im Sommer, in einem Winterwald oder beim Sonnenuntergang am Meer. Gott ist für mich auch dann da wenn es mir dreckig geht, wenn ich alleine und deprimiert bin. Er ist Tod und Leben zugleich, denn ich weiß daß er auch da ist wenn jemand stirbt. Vom Tod geht eine Wärme aus die eigentlich Leben bedeutet. Manchmal verstehe ich aber auch nicht was Gott ist beispielsweise im Krieg oder wenn jemand mir weh tut frage ich mich ob Gott nicht brutal, grausam und rachsüchtig ist. Trotzdem glaube ich daß Gott eine Hilfe und Stütze für den Menschen sein kann und daß mancher ohne Blumen, Gräser oder den Wind in den Bäumen schon lange aufgegeben hätte zu leben denn solche alltäglichen Kleinigkeiten sind für mich Gott.

01/0011                        w. 20

Ich glaube an Gott, weil ...

ich mir nicht vorstellen kann, daß Leben *von selbst* entsteht.
Es gibt so viele wissenschaftliche Begründungen für die Entstehung des Lebens auf unserer Welt: Urknalltheorie, Evolutionstheorie usw. Ich kann diesen Theorien keinen Glauben schenken, denn jede Theorie ist von einer Annahme ausgegangen, die sich irgendein Mensch ausgedacht hat und dann Schlußfolgerungen gesucht wurden. Man hat bei diesen Theorien nur die Möglichkeit sie zu glauben oder nicht, man kann sie nicht ausprobieren!
Dies jedoch kann man mit dem christlichen Glauben tun. Jesus selbst hat einmal gesagt: »Wenn ihr wissen wollt ob es mich gibt, müßt ihr meine Gebote tun. Erst dann wird man die Erfahrung machen ob Gottes Verheißungen wirklich stimmen, ob Gott uns Freude schenkt, ob er die Liebe ist. Hat man diese Erfahrung einmal gemacht, wird man sich zwangsläufig Gedanken über die Aussagen der Bibel machen.
Ich bin zu folgender Meinung gekommen.
Die Entstehung der Welt und des Lebens stelle ich mir in der Weise vor.
Gott hat Leben in tote Materialien gesetzt. Diese Materialien bzw. nun Lebewesen, haben sich mit Gottes Hilfe weiterentwickelt zum Mensch.

Deshalb kann ich auch den ganzen Erkenntnissen der Biologie in Bezug auf die Entwicklung des Menschen vom Einzeller → Primaten → Menschen Wahrheit schenken und die Ausgrabungen als reell anerkennen.

Die Bibel selbst ist von Menschenhand geschrieben, es sind Erfahrungen die Menschen mit Gott gemacht haben, und aufgeschrieben haben. Diese Aufzeichnungen hat Gott anerkannt und bejaht und sie zu seinem Wort gemacht, sonst hätte sich dieses Buch bestimmt nicht die ganzen Jahre über in Umlauf gehalten. Ich kann jedoch trotz allem nicht alle Erkenntnisse und Aussagen als alleinige Möglichkeit sehen, das Leben zu leben. Ich glaube, daß Gott zu allem sein ja gibt was anderen und mir selbst nicht schadet.

Gott ist ein Gott der Liebe, des Trostes, und der Wahrheit, er schenkt Hilfe in Zeiten der Not.

Ich glaube jedoch nicht, daß Gott sich ausnützen läßt von Menschen die *nur* in Zeiten der Not zu ihm kommen wollen und ihn in glücklichen Zeiten nicht einmal beachten *wollen*.


01/0012                                                                    w. 17

Woran denken Sie bei dem Wort Gott?

Gott! Was ist Gott überhaupt. Die Antwort darauf kann mir niemand geben. Jeder Mensch hat andere Vorstellungen von ihm und doch glauben und hoffen wir auf Gott, als eine Einheit. Die Vorstellung Gott ist für mich etwas, was in mir immer wieder einen Zwiespalt auslöst. Nämlich in der Frage »Gibt es Gott überhaupt und wie kann er mir helfen?« Eine Frage, die nur durch festen Glauben beantwortet werden kann, denn er ist ja nicht etwas was man ertasten, spüren oder berühren könnte. Aber kann ich an ihn glauben, wenn in der Bibel z.B. steht: und am ersten Tag... und durch die Wissenschaft vieles von dem eben erklärt werden kann. Es gibt soviele Widersprüche in mir, die meinen Glauben an ihn nicht stark werden lassen, und doch glaube ich an ihn weil er eben etwas ist, an dem man sich festhalten kann und auf was man hoffen kann.


01/0013                                                                    w. 19

Woran denken Sie bei dem Wort Gott?

Das erste, was mir dazu einfällt sind
- Fragen
- Feststellungen ohne Beweise
- Widersprüche
- Verbote
- Regeln
- Liebe

Ich glaube nicht an Gott weil

mir so vieles unklar ist, etwas was ich einfach nicht verstehe. Auf so viele meiner Fragen gibt es keine Antwort. Kein Christ, kein Pfarrer kann mir darüber Klarheit schaffen. Sie reden immer nur um den heißen Brei herum. Warum gibt es in der Bibel Widersprüche? Ein anderes Beispiel: Warum soll eine Frau keine Hose tragen, oder warum soll man vor einer

Ehe nicht zusammenleben? Kann man so nicht evtl. eine (von Gott verbotene) Scheidung verhindern? Was ist schlimmer, sich scheiden lassen oder im Zusammenleben (jeden Tag) auseinandergehen. Oder warum kann man kein Christ sein, wenn man nicht zur Kirche geht und trotzdem Bibel liest und und und . . .??????

WARUM gibt es zwischen den verschiedenen Religionen, obwohl man seine Feinde lieben soll, Krieg? Sowas geht mir nicht in meinen Kopf! Wären nicht solche Widersprüche, Regeln und Verbote vorhanden könnte ich viel viel eher an Gott glauben!

Um nur kurz etwas anderes zu nennen; vor kurzem kam eine neue Bibel heraus, die anscheinend besser zu lesen und besser zu verstehen sein soll! Was soll diese dauernde Übersetzerei und Umschreiberei? Kann man da überhaupt noch ein Wort aus der Bibel glauben?

01/0014                                                                              w. 19

Wie stellen Sie sich Gott vor?

Woran denken Sie bei dem Wort Gott.

Ich kann mir Gott nicht vorstellen.

Er ist für mich weder Gestalt noch Wesen. Vor allem kann ich ihn mir nicht so vorstellen, als ein Wesen, das Gebote aufstellte, um diese einzuhalten, und wer das nicht tut wird bestraft. Wenn es je einen Gott gibt, so ist Gott nur ein Wort das für viele andere Worte steht. Vertrauen, Hoffnung, Trost, Anbetung etc. Aber ich glaube um genau diesen Worten einen Anhaltspunkt geben zu können, wird Gott so verherrlicht, wenn die Menschen Trost brauchen so beten sie zu ihm. Es ist nicht wichtig ob sie wirklich ganz und gar an ihn glauben, wichtig ist nur, daß sie das Gefühl haben, da ist jemand, der ihnen zuhört und der ihnen hilft.

Trotz alledem finde ich es schlimm, wenn Menschen in die Kirche rennen nur damit sie mal in den Himmel kommen oder weil Gott es angeblich nicht gerne sieht, wenn man nicht betet oder nicht zur Kirche geht. Ich frag mich, wie entstanden solche Schauermärchen. Einerseits, steht Gott für Liebe, Hoffnung, Geduld und andererseits wird er als Richter oder als Buhmann hingestellt. Wo steckt da der Sinn.

Sicher ist es wahr, daß allein der Glaube an Gott schon vielen Leuten geholfen haben mag, über Entscheidungen und Leid hinwegzukommen. Aber ich denke, daß sie durch den Glauben wieder zu sich selbst gefunden haben. Sie brauchten nur etwas an dem sie sich festhalten konnten um sich wieder aufzuraffen, und ich glaube das ist schon einiges, es ist schon fast genug, wenn »Gott« das vermag.

01/0015                                                                              w. 17

Gott ist etwas, das ich nicht im vollen Ausmaße erfassen kann. Er ist nicht hier, man sieht, hört oder spürt ihn nicht. Es ist schwierig an etwas zu glauben, das irgendwie abstrakt ist. Dazu kommt noch, daß man nicht weiß wo fängt Gottes Arbeit an – und wo hört sie auf?

Ich weiß nicht ob ich an Gott glaube oder nicht. Ich kann nicht an etwas glauben, was nicht unbedingt stimmt. Es ist auch schwer an das zu glauben, was von den Leuten als »Wunder Gottes« hingestellt wird. Alles was nicht erklärbar ist (noch nicht erklärbar ist) wird sofort als ein Zeichen von Gott gedeutet.

Ich glaube jeder Mensch braucht etwas an das er glaubt, an dem Glauben hält er sich fest und steckt seine Ziele/Richtlinien. Der eine glaubt an seine Arbeit, ein anderer an seine Kultur oder sein Volk und der dritte glaubt an Gott. Ich finde es wichtig daß man sich fragt: »An was glaube ich«, aber noch wichtiger finde ich, daß man überhaupt glaubt. Daß man in etwas seine Hoffnung, sein Vertrauen stecken und seinen Glauben verwirklichen kann.


01/0015                                                                    w. 24

Ich glaube an Gott, weil ohne einen Gott oder ein göttliches Wesen ein irdisches Leben ohne Sinn und Hoffnung wäre. Die Frage nach dem Ursprung des Lebens ist auch durch modernste Wissenschaft nicht zu klären. Weder Darwins Evolutionstheorie auf biologischem Gebiet noch die Theorien auf dem physikalisch-chemischen Gebiet, etwa durch Heisenberg, können eine einleuchtende Erklärung für ihren kleinsten Ausgangspunkt für Leben nennen. Die Tatsache, daß es eine Welt und Menschen gibt, läßt sich demnach nur durch ein Wesen erklären, das man in unseren Regionen Gott nennt.

Weiterhin bleibt die Frage nach dem Sinn des Lebens offen. Für was sind wir auf der Erde? Die Erklärung, damit wir, durchschnittlich 70 Jahre, das Beste daraus machen, genügt mir nicht. Wäre es dann nicht sinnvoll, auf diese paar Jahre völlig zu verzichten, die oft recht viel Leid bringen? Es muß einen Sinn geben, den ich erhoffe, nach dem Leben zu finden. Gott ist also für mich eine Antwort auf den Ursprung des Menschen und den Sinn des Lebens.

Gleichzeitig möchte ich aber betonen, daß Glaube an Gott für mich nicht gleichbedeutend mit vollem Übereinstimmen mit der offiziellen Kirche bedeutet.


01/0017                                                                    w. 17

Gott ist eine Kraft. Diese Kraft ist die Liebe. Wenn es die Liebe nicht gäbe, wollte ich nicht auf der Welt sein, wollte ich nicht mehr leben. Ich glaube, daß jeder Mensch an irgendeine Kraft glaubt, sonst könnte er keine Schwierigkeiten bewältigen. Er glaubt an die Kraft in sich, an den Gott in sich.

Und wenn zu mir jemand sagt, daß es einen Gott gibt, der eine Person darstellt, so denke ich daß diese Person nur Gutes für die Menschen will. Er ist ein Gott der Liebe und von Strafen darf nicht die Rede sein.

Dieser Gott ist glücklich, wenn ich glücklich bin. Und wenn es mir schlecht geht, so ist er unglücklich und er setzt in mich dann diese »Kraft«. Und wenn ich sie richtig wahrnehme, also z.B. während einer Krankheit ganz fest glaube, daß ich gesund werde, dann werde ich auch gesund.

Ich muß nur fest genug an diese Kraft glauben.


16

Ich glaube an Gott, weil ich ihn in meiner Umwelt spüre. Es ist etwas da, das wir eigentlich nicht beschreiben können. Die einen nennen es Schicksal, die anderen als von Gott gewollt.

An Gott glauben heißt für mich nicht, davon überzeugt zu sein, daß alle Entscheidungen und Auswirkungen Gottes richtig sind. Und gerade dadurch, daß ich an seiner Allmächtigkeit zweifle, zeige ich, daß ich seine Anwesenheit nicht abstreite. Um glauben zu können, muß man ja zunächst einmal davon überzeugt sein, daß ein Gott Einfluß auf uns hat, daß alles was in der Bibel je über ihn geschrieben worden ist, ein Körnchen Wahrheit doch beinhaltet. Es ist nicht abzustreiten, daß Jesus gelebt hat und Großes geleistet hat.

Für mich ist es unvorstellbar, daß ich jetzt für eine bestimmte Zeitspanne auf der Welt bin und eigentlich das Ende schon vorprogrammiert und endgültig ist.

Woran denke ich bei dem Wort Gott?

Wenn ich an Gott denke, kann ich zunächst nichts Zusammenhängendes denken, d.h. es handelt sich um widersprüchliche Gedankenfetzen. Soll man überhaupt noch an Gott denken [bricht ab]

## 02    Hauswirtschaftliche Berufsfachschule, 2. Jahr

*Schülerinnen im Alter zwischen 16 und 17 Jahren, evangelisch und katholisch*
*Den Schülerinnen wurden die Satzanfänge und Sätze zu Gott vorgelegt.*

### 02/0019

Ich glaube an Gott weil mir immer wieder bei Situationen wo ich nicht mehr weiterweiß und ich zu Gott bete auf irgendwelche Art geholfen wird. Weil ich immer das Gefühl habe Gott ist bei mir. Z.B.: Als ich einmal einen schweren Unfall hatte und ich daran sterben konnte, weiß ich daß Gott mir geholfen hat mir die Kraft wieder zu geben die ich dringend brauchte. Ich glaube an Gott auch, weil ich mir nicht vorstellen kann, wie die Natur zustande kommt, wie wir Nahrung bekommen ich glaube alles das erschuf Gott. Ohne Gott wäre gar kein richtiges Leben möglich, denn Gott beschützt uns, Gott bewahrt uns.

### 02/0020

Ich glaube an Gott weil, ...
Daß Gott der Schöpfer von Himmel und Erde ist.
Daß Gott die Welt geschaffen hat, denn von alleine glaube ich kaum, daß sie entstehen konnte. Gott ist eigentlich der Vater für die ganze Welt, also für alle Menschen. Ich glaube auch daran, wenn man betet, daß Gott das Gebet erhört, auch wenn es nicht in Erfüllung geht, wird es bestimmt einen Grund dafür geben. Manche sagen, sie glauben an Gott nicht, weil

sie ihn nicht sehen und hören. Aber gerade dieses, wenn man ihn nicht sieht und hört und trotzdem dann an Gott glaubt, sein Vertrauen zu gewinnen. Ich glaube auch, daß es ein Leben nach dem Tod gibt, und daß man da bestimmt Gott sieht. Eigentlich hätte unser Leben dann überhaupt keinen Sinn, es kann doch nach dem Tod nicht einfach aufhören. Und die Bibel ist bestimmt nicht einfach so erfunden und Jesus, ich glaube fest daran, daß es das früher einmal gab. Oder wenn jemand aus der Mitte einer Familie gerissen wird z.B. an einem Verkehrsunfall, kann man zu Gott den Glauben verlieren, das man aber nicht darf, denn wenn es ein Leben nach dem Tod gibt, geht es der Mutter bestimmt besser als auf unserer Welt. Ich glaube auch, daß er es in der Hand hat, wenn man von dieser Welt gehen muß.

## 02/0021
Woran denken Sie bei dem Wort Gott?
Daß er unsere Erde erschaffen hat. Ihm liegt es in der Hand was er mit uns Menschen macht. Ich denke dabei an Jesus Gottes Sohn den er zu uns gesandt hat um uns zu zeigen wie man mit seinen Mitmenschen in Frieden und Liebe miteinander leben kann.
Ich denke daß Gott nicht nur liebt sondern auch einen bestrafen kann und manchmal böse auf Menschen ist. Bei dem Wort Gott kann ich eigentlich nicht sehr viel darüber denken, denn ich finde man sollte nicht alles auf ein Blatt Papier schreiben was man fühlt und denkt bei diesem Wort.
Ich finde Gott ist doch kein Wort sondern ein Name. Er gibt uns Friede und Glück zumindest versucht er es, jeden Menschen mit irgend einer Weise glücklich und zufrieden zu machen.
Ich sehe in ihm einen Menschen der alles schaffen und erreichen kann, mit der Hilfe der Bevölkerung.

## 02/0022
Wie stellen Sie sich Gott vor?
Ich stelle mir Gott als einen Menschen vor wie alle anderen Menschen auch. Mit weißem Bart und einem langen Kleid und offenen Schuhen. Als einen Mann der im Himmel zuhause ist und von dort aus über die Menschen wacht. Ein Herr der über das Gute und Böse bestimmt, der seine »Brüder« auf der Erde, sozusagen als Botschafter ausschickt um Genaueres über einzelne Personen oder Personengruppen zu erfahren. Daß Gott über den Frieden auf der Erde wacht [Vf.: schafft] und dafür sorgt daß er erhalten bleibt. Gott will daß sich alle Menschen ob arm oder reich gut untereinander verstehen und nicht im Streit und Haß nebeneinander leben und wohnen. Daß er auch oft ungerecht ist was die Menschen in der »Dritten Welt« betrifft. Daß diese Menschen in erbärmlichen Behausungen leben müssen und Tag für Tag Menschen hungern müssen und andere in Saus und Braus leben können.
Aber im großen und ganzen kann man kein richtiges Urteil bilden weil man Gott nicht kennt und wahrscheinlich noch nie gesehen hat.

## 02/0023

Woran denken Sie bei dem Wort Gott? »Gott« – das ist für mich ein Überbegriff für Frieden, Freude, Gerechtigkeit, Gutes tun, und Hilfsbereitschaft. Wenn man ihn als einen Herrn oder Herrscher sieht, so ist dieser durch seine gerechte aber auch barmherzige Verhaltensweise geprägt. Also wäre er das geeignete Idol.
Leider nehmen ihn nur ein kleiner Teil der Bevölkerung als Vorbild. Auch mir fällt es schwer nach einem großen Idol zu leben, das man noch nie gesehen oder berührt hat. Bei verhinderten Unfällen und anderen Katastrophen, die wie durch eine unsichtbare Hand abgelenkt wurden, da fällt mir meistens dieser große Unbekannte, den wir Gott nennen wieder ein. Aber sobald etwas Schlimmes passiert gerate ich sofort wieder in Zweifel. Ich denke, daß wir die Identität über diese überirdische Macht erst nach unserem Tod erkennen.

## 02/0024

Wie stelle ich mir Gott vor?
Ich stelle mir Gott nicht so vor wie man es von anderen immer hört.
Sie sagen immer er sieht aus wie ein alter Mann mit Bart, Stock und Falten im Gesicht. Er soll die Welt geschaffen haben in 6 Tagen und am 7. Tage hat er sich ausgeruht. Nein so stelle ich ihn mir nicht vor.
Man weiß ja daß die Welt auf natürliche Weise entstanden.
*Aber* von Gott habe ich trotzdem ein Bild. Nicht als altem Mann mit Bart, sondern jung, kräftig und hilfsbereit. Ich stelle ihn mir wie einen Mann vor der arbeitet und sich nach der Arbeit ausruht. Er ist auch wie ein Vater zu uns und wir sind seine Kinder. Er bringt Glück und Leid über uns. *Aber er hilft uns auch in der Not.* Für mich ist er da, ich sehe ihn zwar nicht aber ich spüre es.

## 02/0025

Wie stelle ich mir Gott vor?
Für mich ist Gott ein Mensch an den ich und viele andere Menschen glauben und sich auf eine Art auf ihn verlassen. Wenn man eine Sorge hat, betet man und erhofft von ihm erhört zu werden bzw. [daß einem] geholfen wird.
Ich stelle mir einen Mann im höheren Alter vor mit Bart und längerem Haar. Ich stelle ihn mir eigentlich so vor wie er immer bei Filmen über Gott im Fernsehen gezeigt wird (nur natürlich viel älter). Aber er wird sich nicht zeigen, sondern immer nur ein Bild in unseren Köpfen bleiben. Er ist für uns wie ein Vater und wir seine Kinder. Er kann uns in der Not helfen, aber auch Leid über uns ergehen lassen. Er steht über uns und wacht über uns. Ich denke, daß er uns auf den richtigen Weg in unserem Leben führen will.

## 02/0026

Ich glaube an Gott, weil Gott mir in schwierigen Situationen hilft und beisteht. Der Glaube an ihn gibt mir Kraft wenn ich nicht mehr weiterweiß. Ihm kann ich meine Probleme anvertrauen und weiß, daß er dann auch versuchen wird mir zu helfen. An dem Glauben an ihn kann ich mich festhalten und ich weiß, daß er mich nicht fallenlassen wird. Wenn er mir bei irgendeinem Problem geholfen hat wird mein Glaube an ihn immer mehr bekräftigt und das Vertrauen zu ihm immer stärker.

02/0027
»Hütet euch vor den Menschen, deren Gott im Himmel ist«
Schon als kleines Kind wurde mir gesagt, der liebe Gott im Himmel wacht über dich. Es wurde von Englein mit Harfen erzählt und von dem Wetterprophet den sie Petrus nannten. Weiterhin hörte man allerhand über den Teufel welcher uns, wenn wir nicht brav sind, im Feuer schmoren läßt.
Mit dem Gott im Himmel, wird parallel dazu der Teufel unter der Erde genannt. Beides ist natürlich völliger Unsinn und ich finde auch unverant wortlich dies kleinen Kindern zu erzählen, verständlich daß deren Gott dann im Himmel und nicht in unseren Herzen, neben uns tagtäglich ist. Gott ist für mich sozusagen das Gewissen. Das Gewissen meldet sich in jedem Menschen wenn er im Begriff ist etwas zu tun, wovon er weiß daß man es nicht darf. Die Katholischen gehen zum Beichten falls sie das Gewissen zu sehr belastet. Gott ist unter uns Menschen und nicht im Himmel. Entscheidungen trifft er nicht im Himmel, sondern wir selbst treffen sie, mehr oder weniger.
Die Menschen welche diese falsche Ansicht von Gott haben verstehen ihn nicht oder jedenfalls falsch. Sie sind der Meinung »der liebe Gott im Himmel« tut für uns alles, dann geht es uns gut. Wir selbst müssen uns aber helfen, Gott kann nur ein Trost, eine Stütze für uns sein und kein Zauberer.

02/0028
»Hütet euch vor den Menschen, deren Gott im Himmel ist«
Die meisten Menschen stellen sich wenn sie das Wort Gott hören vor er sei im Himmel, sie erinnern sich an die Erzählungen aus ihrer Kindheit von den Engeln, vom Himmelstor, von Petrus und vom Teufel. Man hat ihnen erzählt böse Menschen kommen in die Hölle, die guten in den Himmel zu Gott – Also ist Gott im Himmel.
Man sagt den Kindern aber nicht daß Gott überall, besonders in unserem Herzen [ist] für mich ist er so etwas wie das Gewissen. Die Menschen glauben es genüge Sonntags in die Kirche zu gehen und dort zu beten, aber auch in gewissen Gebeten wird die Meinung bestärkt Gott wäre im Himmel (z.B. aufgefahren in den Himmel; wie im Himmel so auch auf Erden usw.). Diese Menschen weichen nicht von ihrer Meinung ab, sie können sich nicht vorstellen daß Gott nicht nur im Himmel sondern überall ist. Sie wissen auch nicht daß Gott ihnen helfen kann, sie trösten und stützen. Sie stellen sich unter Gott etwas wie einen Geist vor.

02/0029

»Worauf du nun Dein Herz hängst und verläßt, das ist eigentlich dein Gott« (Martin Luther)

Jedesmal, wenn ich etwas falsch gemacht, denke ich im Stillen nun hat mir Gott nicht geholfen, aber es stimmt nicht, denn Gott ist immer mit einem dabei. Er schaut auf Dich und mich. Ohne Gott könnte ich mir mein Leben nicht vorstellen, da fehlt irgendetwas in mir. Das merke ich z.B. wenn ich sonntags nicht in die Kirche gehe, ist der Sonntag nicht so wie ich ihn mir vorstelle. Ich verlasse mich sehr auf Gott, z.B. in schwierigen Situationen in Klassenarbeiten, wenn ich etwas suche und nicht finde, denke ich immer: lieber Gott hilf mir doch es zu finden. Manchmal finde ich es dann, aber nur manchmal, dann meine ich Gott hat mir geholfen es zu finden. Früher glaubte ich mehr an Gott, ich werde manchmal richtig mißtrauisch, ob es Gott richtig gibt, da viele Leute sagen, es sei nur eine Traumfigur, aber meistens muß ich mein Mißtrauen aufgeben, da dann doch wieder etwas geschieht, was dann den Glauben zu Gott bestätigt.


02/0030

Ich glaube an Gott, weil...

In einigen Stunden in denen ich traurig bin und ich mich in mir selber zurückziehe fühle ich daß jemand da ist, der mir Halt und Schutz, aber auch Geborgenheit spendet. Bei diesem Zurückziehen werde ich richtig wieder glücklich und zufrieden. Nach meiner Meinung muß Gott da sein der mir hilft. Dieses Gefühl habe ich auch wenn ich genau weiß, daß ich unrecht gehandelt habe ich versetze mich in die Situation und Gott hilft mir daß ich dieses Problem löse. Wenn jetzt jemand behauptet das wäre das Gewissen stimmt es ja auch. Ich glaube daß Gott mir in meinem Gewissen sagt ob ich richtig oder falsch handle obwohl ich es manchmal nicht richtig verstehen will. Wenn ich dann in der Kirche sitze spüre ich daß jemand da ist der die Menschen alle verbindet. In den Jugendgottesdiensten merkt man daß alle glauben. Seit kurzer Zeit erst danke ich Gott wirklich erkenne daß es ihn wirklich gibt. Eines Tages kam die Einsicht früher habe ich mein Gebet heruntergeleiert und nichts dabei gedacht doch jetzt überlege ich mir jedesmal, wenn ich bete was ich bete und jedesmal erkenne ich etwas anderes im Gebet. Ich fühle mich zwar nicht himmelhochjauchzend aber doch zufrieden. Ich bin jedoch auch noch egoistisch dann will ich auf Gott nicht hören ich handele dann so wie wenn ich den Wink nicht erkenne. Mein Glauben hat sich gefestigt. Wenn viele Leute nicht gerne in die Kirche gehen muß es nicht daran liegen daß sie nicht glauben, es kann auch am Priester liegen. Jeder sollte selbst versuchen mit sich darüber ins Reine zu kommen. Man kann zwar Hilfe geben doch darauf kommen muß jeder alleine.


02/0031

Ich glaube an Gott, weil er schon viele meiner Wünsche erfüllt hat. Wenn ich vor etwas Angst habe z.B. vor dem Zahnarzt und wenn ich dann bete, daß es nicht so arg weh tut, oder schlimm wird, dann geht das in Erfüllung. Das ist mir in letzter Zeit ziemlich oft passiert und deshalb glaube ich an Gott. In die Kirche gehe ich trotzdem nicht, weil ich finde, daß man auch ohne Kirche an Gott glauben und beten kann. Gott ist jemand mit dem man über alles reden kann, wo und wann man will.

## 02/0032

Ich glaube an Gott, weil er mir schon oft geholfen hat wenn ich mal in einer schwierigen Situation war oder wenn ich mal kein Ausweg mehr wußte. Oder wenn ich mal was ganz gern hätte und mir es nicht kaufen kann, wenn ich dann bete und ganz arg daran glaube ist mein Wunsch schon manchmal in Erfüllung gegangen. Ja es geht vielleicht nicht alles so genau wie ich es mir wünsche aber vieles schon. Oder wenn ich mal vor etwas Angst habe dann bete ich auch und Gott steht zu mir und wird mich beschützen. Ich habe früher nie so sehr an Gott geglaubt erst als ich merkte wenn ich bete daß er mir geholfen hat und daß er mir beisteht. Und ich finde es auch gut daß ich immer zu ihm beten kann wann ich will er sagt nicht jetzt habe ich keine Zeit [wie] so manche Menschen, ihm kann ich auch meine ganzen Probleme erzählen und er hilft mir.

## 02/0033

Ich glaube an Gott, weil . . .
Weil ich davon überzeugt bin, daß es eine höhere Macht gibt, und weil irgendjemand diese Erde, das ganze Weltall erschaffen haben muß. Wenn die Forscher auch sagen die Erde sei durch den Urknall entstanden, doch wo kommt der Urknall her, dieser muß ja auch irgendwo herkommen. Also kommt er doch von einer höheren Macht, – von Gott.
Es gibt viele Religionen, doch diese haben sich nicht so durchgesetzt wie unsere Religion (das Christentum). Es hat sich am längsten gehalten. Die anderen Religionen verehren auch irgendwelche Götter, doch diese Religionen sind erst später entstanden und viele von ihnen sind auch schon wieder untergegangen. Wenn sich nun aber unsere Religion unser Glaube an den dreieinigen Gott nun schon seit Mose hält, muß es doch ein wahrer Glauben sein, muß es doch Gott geben. Auch nur Gott allein kann sagen wann die Welt untergeht, er kann es auch nur allein anstellen, daß sie untergeht, weil Gott sie ja auch allein erschaffen hat. Nun in diesem Jahr ist anscheinend schon mehreren Leuten der Erzengel Gabriel erschienen und hat gesagt, also 1984 ginge die Welt unter. Doch kaum ein anderer glaubt es, weil der Erzengel Gabriel als Tramper auf der Autobahn erschienen ist und nicht irgendwie anders. Es ist doch aber wohl klar, daß er nicht mit Flügeln und in einem Engelsgewand kommt, sondern so wie wir leben und wie es in unserer Welt eben üblich ist. Ich glaube daran daß die Welt 1984 untergeht, da so vieles dafür spricht. Und ich glaube auch daran daß es der Erzengel Gabriel war, da Gott den Menschen die an ihn glauben bestimmt sagen würde wann es soweit ist und nun hat er es getan. Doch ich glaube an Gott, denn er gibt einem auch Kraft und guten Willen und er hilft einem, dem Satan aus dem Weg zu gehen.

02/0034

Gott ist . . .

Meiner Meinung nach ist Gott mächtig, der Herrscher der Welt, ihm sind alle Untertan. Er hat uns alle in der Hand er kann uns beschützen und behüten, unser Schicksal liegt in seiner Hand.

Er möchte daß wir an ihn glauben, aber vielen fällt das schwer, da ihn noch keiner gesehen hat, wenn er sich zeigen würde, wäre es leichter für uns.

Gott ist auch gut, aber manche sind da anderer Meinung, da es auf unserer Welt viel Böses gibt, was nicht verhindert wird. Gott ist für viele die letzte Hoffnung, wenn sie traurig sind, oder wenn ihnen ein Unglück widerfahren ist suchen sie Trost u. Schutz bei ihm. Er ist für sie wie ein Pflaster auf eine Wunde so eine Art »Allheilmittel«.

Es fällt uns auch schwer, Gott als Vater zu akzeptieren wie es in den Kirchen gepredigt wird. Gott ist für die meisten nur eine Art Symbol man hat gehört, daß er einmal gelebt hat, genaueres weiß man schon aus Schule und Kirche aber das will man nicht anerkennen.

Gott ist der Hüter und Beschützer wenn es ihn nicht gäbe wäre unsere Welt wahrscheinlich ein einziges Chaos und Trümmerfeld. Ich persönlich glaube, daß Gott nicht unbedingt der sein muß, für den er gehalten wird, er ist eine starke Persönlichkeit, das muß man anerkennen und akzeptieren, man kann ihn, glaube ich, nicht beschreiben, er ist so und so, er ist halt so wie er nun einmal ist. Wir kennen seine Wunder und Werke aus der Bibel, und können uns nun ein eigenes Bild von ihm machen. Gott ist der für den wir ihn halten.


02/0035

Ich glaube an Gott, weil . . .

. . .er ein Mann ist der gütig zu den Menschen ist und ihnen hilft, wenn sie in Not sind oder Trost brauchen. Durch den Glauben an ihn ist es einem auch möglich Ängste zu überwinden. Bei mir ist es schon so gewesen, daß ich große Angst vor einer Klassenarbeit hatte obwohl ich darauf gelernt habe. Am Abend vor der Klassenarbeit habe ich dann Gott gebeten er solle mir bitte helfen. Direkt vor der Arbeit war mir noch etwas mulmig zumute, aber als die Arbeit begann war ich ganz ruhig. Später habe ich Gott dafür gedankt. Dies ist nur ein Beispiel ich habe schon an vielen Kleinigkeiten gemerkt, daß da jemand sein muß der mir hilft und der mich tröstet wenn ich traurig bin. Dieser jemand ist Gott. Ich denke, daß ich nicht die einzige bin die ebenso über Gott denkt und wenn doch dann wäre es sehr schade. Gott ist nämlich jemand auf den ich mich verlassen kann der immer für mich da ist und mir hilft wenn es möglich und für mich persönlich wichtig ist. Er hilft nicht nur bei großen Entschlüssen sondern auch bei Kleinigkeiten die ich wichtig finde.


02/0036

Wie stellen Sie sich Gott vor?

Ich kann nicht glauben daß Gott so ist wie er in der Bibel dargestellt wird.

Für mich ist das alles irgendwie nicht ganz glaubhaft. Das ist für mich alles so unwahrscheinlich.

Ich glauber zwar daß es irgendetwas, irgendjemand, ein höher gestelltes Wesen gibt, das an unserer Erschaffung beteiligt war. Ich sage nicht daß es uns erschaffen hat. Aber es hat wahrscheinlich entscheidend dazu beigetragen daß wir so intelligent wurden wie wir jetzt sind.

Die zehn Gebote sind für mich das Unglaubwürdigste. Ich kann mir nicht vorstellen daß Gott uns solche Vorschriften macht. Es ist zur heutigen Zeit doch fast unmöglich die zehn Gebote zu befolgen. Wenn Gott so allwissend wäre dann hätte er das sicher vorausgesehen und uns keine solchen Gebote gegeben.

Für mich ist vieles unklar deswegen mache ich mir mein eigenes Bild, ein Bild von etwas das für mich glaubwürdig erscheint. Vielleicht ist es Gott. Aber für mich steht fest, daß er nicht so ist wie er in der Bibel beschrieben wird.

## 02/0037

»Gott sei Dank gibt es nicht, was sich 60–80% der Eidgenossen unter Gott vorstellen« (K. Rahner, Theologe)

Daß Gott kein Rächer ist wie er sich von Menschen z.B. im Mittelalter vorgestellt wurde daß die die nicht an ihn glauben verstoßen und qualvoll sterben müssen auch aus Menschenhand. Auch heute noch glauben die Leute so was daß die die nicht regelmäßig in die Kirche gehn im Leben Pech haben. Ich glaube an Gott ich bete oft abends. Ich kenne aber auch viele junge Leute die in die Kirche gehn damit man sie sieht und ihre Eltern zufrieden sind, sie glauben aber nicht an Gott, ich gehe nicht sehr oft in die Kirche glaube aber fest an ihn. Sie glauben wenn man nicht an der Messe teilnimmt Schande und Unglück über die Familie kommt. Ich denke Gott versucht uns zu lenken und wir müssen das Beste daraus machen.

## 02/0038

Woran denken Sie bei dem Wort Gott?

Wenn ich das Wort Gott höre bekomme ich zuerst Zweifel ob es ihn wirklich gibt oder je gab. Wenn es Gott gibt existiert auch Jesus für mich. Als nächstes stelle ich mir Gott als allmächtigen Vater vor, der alles Leben auf dieser Welt beschützt. Ob gut oder schlecht. Vor Gott sind alle gleich und er liebt jeden wie seinen eigenen Sohn. Warum läßt er dann aber so viele Menschen sterben die man liebt oder noch gar nicht alt sind. Ging es ihnen auf der Erde nicht gut, obwohl es für uns den Anschein hatte als ob es so wäre. Wenn ja, wird es diesen Menschen oder besser gesagt ihren Seelen dort wo sie sich jetzt befinden besser gehen. Kommt jeder Mensch in dieses Reich oder gibt es auch noch so etwas wie die »Hölle«. Bei dem Wort Gott empfinde ich dann noch Gefühle wie Sicherheit, Glück, Liebe, Geborgenheit, also nur schöne Gefühle und nichts Böses. Denn Gott möchte uns beschützen damit kein Leid geschieht.

Was bedeutet dann aber so etwas wie zum Beispiel Krieg? Ist es eine

Warnung an uns. Beim nächsten Weltkrieg wird aber kaum einer überleben können. Und dann? War es dann Gottes Wille daß alle sterben. Man sagt oft das war Gottes Wille. Ist es aber wirklich sein Recht über alles zu bestimmen?

02/0039
Wie stellen Sie sich Gott vor?
– Ich stelle mir Gott folgend vor: Groß, schlanke männliche Gestalt mit einem Vollbart und einem freundlich lächelnden Gesichtsausdruck. Ein Mensch der jeden gleich ansieht und behandelt. Z. B. Farbunterschied. Er dürfte keinen Unterschied zwischen Indianern, Negern, Weißen haben, denn für ihn müssen alle gleich sein. Viele haben einen Haß gegen Neger, früher war das ja ganz schlimm mit dem Sklavenhandel und vor dieser Zeit die Ausrottung der Indianer. Aber keiner hat das Recht über einen anderen maßlos zu herrschen und zu verfügen.
– Ein Mann mit viel Liebe und einem weichen Herzen. Der jedem hilft der Hilfe braucht. Bei ihm würde es keinen Krieg geben und keine Massenschlachterei. Bei dem man geborgen ist und der denen den Weg zeigt die ihn zu Gott verloren haben. Auch daß er Kranke heilt die zu ihm kommen und ihnen hilft an ihn zu glauben. Glauben? Ich behaupte jeder Mensch glaubt an etwas, auch wenn sie sagen sie glauben an nichts.
– Der keinen Unterschied sieht zwischen Behinderten und Gesunden ihm sollte egal sein ob man jetzt krass ausgedrückt noch ganz sauber ist oder nicht, denn es heißt ja es kommen alle von Gott.
– Zur Zeit spricht sich ja herum der Erzengel Gabriel sei auf der Erde. Ich weiß nicht recht ob ich das glauben soll. Aber die streng katholischen sind ja empört, weil der Erzengel als Tramper erschien, als ein gewöhnlicher Tramper. Aber ich finde gerade sie sollten doch daran glauben und wenn Gott einmal kommt, dann kommt er bestimmt nicht in einem weißen Gewand mit Sandalen oder barfuß. Sondern er wird sich unserer Zeit anpassen, sonst würde ja niemand daran glauben daß er es ist.

# 03    Großhandelskaufleute, 3. Jahr, m. 18–25 J.

*Den Schülern wurden die Satzanfänge und Sätze zu Gott vorgelegt. Mitteilung des Lehrers: Nicht alle Schüler haben sich an der Umfrage beteiligt.*

03/0040
Ich glaube nicht an Gott, weil ich ihn noch nicht gesehen habe. Man hat zwar schon viel über ihn geschrieben, über seine Taten und Wunder, aber keiner mag recht daran glauben.

03/0041

Ich glaube nicht an Gott, weil es keinen Beweis für sein Bestehen gibt.
Gott ist ein Synonym für Hoffen in ausweglosen Situationen, in denen
der Mensch nicht weiterweiß.

03/0042                                                           18.

Ich glaube nicht an Gott, weil es für mich nicht möglich ist daß es ihn
gibt!

03/0043                                                           18.

Ich glaube nicht an Gott, weil es noch einige andere Möglichkeiten gibt,
an die man glauben kann. Jedoch in manchen Situationen denkt man an
Gott z. B. wenn man in Not ist. Ich kann deshalb nichts glauben, weil es
keine festen Beweise gibt, sonst wäre das anders.

03/0044                                                           20.

Ich glaube nicht an Gott, weil ich an die wissenschaftliche Weise der
Entstehung der Erde glaube, und weil ich noch keinen Beweis erhalten
habe, daß es Gott gibt. Ich glaube nicht, daß die Welt in 7 Tagen geschaffen wurde weil mir die wissenschaftlichen Ergebnisse über die Entstehung der Erde eher einleuchten und mir deshalb richtig erscheinen.

03/0045                                                           19.

Ich glaube an Gott, weil ich erstens katholisch erzogen wurde, und weil
ich an das Leben nach dem Tod glaube.
Ich denke da an den Schöpfer der Erde.

03/0046                                                           19.

Woran denken Sie bei dem Wort Gott?
An Kirche, Glaube, beten

03/0047                                                           18.

Woran denken Sie bei dem Wort Gott?
... an Kirchen, und daß der Glaube an Gott auch bestehen kann, wenn
man nicht zur Kirche geht. Ich denke auch daran, ob es sinnvoll ist die
althergebrachten Sitten der katholischen Kirche (Beichte, Heiratsverbot
der Priester) weiterhin aufrecht zu erhalten. Denn das ist keinesfalls wirk-
lichkeitsnah und gewiß nicht im Sinne von Gott!

03/0048                                                           18.

Ich glaube nicht an Gott, weil es auf der Welt viel zu viel Schlechtes gibt.
Wenn es Gott gäbe, dann verstehe ich nicht warum er zuläßt, daß manche Menschen des Hungers sterben, daß manche Krieg führen wegen
nichts und wieder nichts, daß manche Menschen andere umbringen usw.
Wenn es Gott gäbe dürfte es doch eigentlich nicht so viel Elend geben.
Dann müßten doch eigentlich nicht unschuldige Menschen sterben. Es
geschieht viel zu viel Schreckliches, gegen das keiner was tun kann, z. B.

Naturkatastrophen, Versagen der Technik, Unfälle usw. Solange weiterhin soviel Mieses passiert, dies sich nicht ändert, vielleicht könnte Gott etwas dagegen tun, solange glaube ich nicht an Gott. Es spricht einfach viel zu viel dagegen.

03/0049                                                                    19.

Ich glaube an Gott, weil ich erstens von meinen Eltern schon darauf erzogen wurde, zweitens habe ich die Bibel und andere Heilige Schriften gelesen. Außerdem ist bewiesen, daß man die Bibel beweisen kann und daß sie nicht nur irgend ein »Komik oder Roman« ist. Außerdem liest man ja noch jetzt von verschiedenen Wundern aus Fatima oder Lourdes, oder anderen Wallfahrtsorten. Ich habe auch schon von Verwandtschaft gehört die in Lourdes waren, wieviele Menschen – gesunde und kranke – jährlich dorthin kommen, beten und aus ihrem festen Glauben heraus auf ihre Genesung hoffen und teilweise erlangen. Wenn man so etwas liest, dann muß man sich doch auch einfach vorstellen, daß es einen Gott gibt und an den man glauben kann. Denn sonst wären die Leute die dort hingehen nur irre Anhänger irgend eines Hirngespinstes.

03/0050                                                                    19.

Wie stellen Sie sich Gott vor?
Gott ist unsichtbar. Er ist wie ein Computer, der unsichtbar ist. Er besitzt ein riesiges Gehirn. Er ist vollkommen.
Woran denken Sie bei dem Wort Gott?:
Jesus, Kirche, 10 Gebote,
»Gott sei Dank gibt es nicht . . .«:
Manche Leute sehen Gott als einen Verrückten an bzw. nicht an. Sie glauben wenn es ihn gäbe wäre er mit seinen »Gedanken« falsch am Platz.
»Hütet euch vor den Menschen . . . :«
Man soll sich vor den Menschen hüten, die Gott einen »Guten Mann sein lassen« praktisch die Gottlosen, die meinen er hätte mit den Irdischen nichts zu tun.

## 04   Wirtschaftsgymnasium, Klasse 11

*Den Schülern wurden die Satzanfänge und Sätze zu Gott vorgelegt unter der Überschrift: Gedanken, Fragen, Vorstellungen bei dem Wort GOTT. Mitteilung des Lehrers: Die Schüler hatten nach der Erläuterung des Vorhabens etwa 25 Minuten Zeit zur Niederschrift ihrer Gedanken.*

04/0051

»Hütet euch vor den Menschen, deren Gott im Himmel ist!« (B. Shaw)
Unter dem Deckmantel des Christentums wurde, und wird viel Blut vergossen.
– z.B. wurden viele Naturvölker in Amerika und Afrika ausgerottet, weil
  sie nicht an *den* Gott im Himmel etc. glauben wollten (Herero, Bantu,
  Maya, Azteken, . . .)

- Mit dem Schlachtruf: »Gott will es« wurden zahlreiche Kreuzzüge unternommen, die letztendlich nichts brachten.
- Im 16./17. Jahrhundert wurden Tausende von Bauern hingerichtet, weil sie nicht die gleiche Auffassung von Gott hatten, wie ihre Fronherren.
- Deutschland wurde im 30-jährigen Krieg mancherorts menschenleer geschossen und gemordet, nur weil man sich nicht einigen konnte, ob nun der katholische oder der evangelische Glaube der richtige sei.
- Die Nordiren kämpfen seit über 10 Jahren um ihre Freiheit, insbesondere um ihre Religionsfreiheit. Dabei sind schon mehrere tausend Hektoliter Blut vergossen worden, nur weil man in London das Empire nicht noch kleiner haben will.
- Im 3. Reich wurden Menschen millionenweise abgeschlachtet, nur weil sie einen *anderen* Gott hatten.

Viele Menschen morden oder haben gemordet, weil »Gott« es will. Nicht Gott will es, sondern die Menschen wollen es. Vor solchen Menschen soll man sich fürwahr in acht nehmen.

04/0052

»Worauf du nun dein Herz hängst und verläßt, das ist eigentlich dein Gott«. (M. Luther)
Heute gibt es viele materielle Dinge, die uns sehr wichtig vorkommen. Diese Dinge brauchen wir für unser Ansehen bei den anderen Menschen; da ist z. B. ein schönes Auto, ohne welches unser Image bei den anderen »tot« wäre. Während wir immer mehr nach anderen Dingen schauen, vergessen wir Gott – wir nehmen uns nicht mehr die Zeit für ihn, da wir anderen Dingen einen zu großen Platz in unserem Herzen und unseren Gedanken eingeräumt haben. Für den betroffenen Menschen ist es sicher schwierig zu erkennen, daß er an den falschen, den materiellen »Gott« glaubt. Für diesen »Gott« ist es nicht wichtig, was für eine Auswirkung er auf die Menschen hat die an ihn glauben es interessiert ihn auch nicht, wie diese Menschen sind. Der Glaube an diesen Gott kann uns alle im Augenblick erfüllen, doch wie sind die Aussichten für die Zukunft?

04/0053

Woran denken Sie bei dem Wort Gott?
Religion; Kirche, Tempel; Gottesdienst; Jesus; Bibel; An eine gerechte, allmächtige Person. Eine Person die den Menschen gnädig ist.

04/0054

Woran denken Sie bei dem Wort Gott?
An die Kirche, die die Botschaft von Gott, an die Gemeinde weitergibt. An Götter, die von Leuten angebetet werden, und von ihnen Gott gleichgestellt sind.

04/0055
Woran denken Sie bei dem Wort Gott?
Kirche; J. S. Bach; Gottesdienst, der bevorzugt von alten Leuten besucht wird; Papst; Brot für die Welt; Jesus; Christen; Wo *wirklich* an Gott geglaubt wird, wird geliebt und toleriert; allgem. an Religionen; Schöpfung, Christl. Friedensbewegungen

04/0056
»Worauf du nun dein Herz hängst und verläßt, das ist eigentlich dein Gott«. (M. Luther)
Jeder Mensch hat seine eigene Vorstellung von Gott. Man wünscht ihn sich so wie man ihn gerne sehen möchte. Man bildet sich ein Gott genau zu kennen und glaubt zu wissen wie er auf unsre Wünsche und Erwartungen reagiert.

04/0057
Ich glaube an Gott, weil Jesus Christus für mich und meine Sünden am Kreuz von Golgatha gestorben ist und ich in ihm erlöst bin. Ich weiß daß Jesus für mich da ist und mir hilft. Nichts kann mich mehr trennen von der Liebe Gottes.

04/0058
Woran denken Sie bei dem Wort Gott?
Beistand in Not, Trost, Barmherzigkeit, Hilfe, Aufnahme in eine Gemeinschaft, durch den Glauben hat man Hoffnung, Geborgenheit.

04/0059
Gott ist . . . das, woran ich glaube, das manchmal auch Trost geben kann und Hoffnung, dabei finde ich es nicht so wichtig woran man glaubt, sondern, daß man etwas hat woran man glauben kann, das einem Hoffnung und Kraft spendet.

04/0060
Wie stellen Sie sich Gott vor?
Ich stelle mir ihn als einen alten, bärtigen Mann vor, der gut und böse sein kann. Wenn man ihn verärgert kommt er in eine fürchterliche Wut und kann einen bestrafen. Handelt man aber in seinem Sinn belohnt er einen. Ich stelle mir ihn als einen guten Mann vor. So wie man sich einen lieben Opa vorstellt.

04/0061
»Gott sei Dank gibt es nicht, was sich 60–80 Prozent der Eidgenossen unter Gott vorstellen.« (K. Rahner, Theologe)
Daß sich viele Menschen etwas falsches unter Gott vorstellen.

04/0062
»Hütet euch vor den Menschen, deren Gott im Himmel ist!« (B. Shaw)

Im ersten Moment wirkt der Satz unchristlich. Wenn man ihn aber genau überdenkt, stellt man die versteckte Wahrheit darin fest. In meinen Augen spielt der Satz auf die »gläubigen« Kirchgänger an, die Sonntags brav in die Kirche gehen und Montags dem Nachbarn ein Bein stellen. Das sind solche Menschen, die sich unter Gott ein Wesen im All vorstellen und zu weiter reicht es nicht. Auch die Kirche spricht immer vom Gott im Himmel. Jedoch, daß Gott in uns allen ist, davon ist selten die Rede. Vielleicht ist es auch eine Anspielung auf die Kirche die früher wie auch heute noch die Menschen ausbeutet, und in meinen Augen viel zu profit-gierig ist.

## 04/0063
Wie stellen Sie sich Gott vor?
Eigentlich finde ich, daß man Gott nicht in irgendeine Vorstellung hinein-zwängen kann und dann sagen, so sieht Gott aus, dies und dies macht er usw. Man kann Gott nicht berechnen, messen, wiegen und bestimmen. Gott hat uns Menschen lieb. Doch er läßt sich von den menschlichen Gehirnen nicht in irgendeine Form pressen.
Er ist anders als wir Menschen, handelt nicht wie ein Mensch, sondern als Gott der Liebe.
Sollte ich Gott zeichnen, so würde ich eine Sonne malen. Und die Strah-len wären für mich Liebe, Geborgenheit, Friede, Hoffnung, Vertrauen.
Manchmal fällt es Menschen schwer an Gott zu glauben, zu ihm zu beten, weil sie sich Gott schlecht vorstellen können.
Dann heißt es ich glaube nur an etwas was ich sehe, und Gott sehe ich nicht, also glaube ich nicht an ihn.

## 04/0064
Wie stellen Sie sich Gott vor?
Eigentlich kann ich mir Gott nicht bildlich vorstellen. Ich glaube nicht daß Gott ein menschliches Wesen ist. Gott ist Hoffnung, Glaube, Zuver-sicht, eine Stütze im Leben, eine Zuflucht. Gott ist allmächtig.

## 04/0065
Woran denken Sie bei dem Wort Gott?
an Leben, das durch Glaube, Hoffnung, . . . besteht und von Gott geleitet werden soll.
Gott ist etwas Undefinierbares für mich, da ich ihn nicht sehen und spüren kann. Aber daß es ihn gibt, glaube ich – es ist etwas, woran man sich »festhalten« kann. Weshalb stieg sonst die Zahl der Glaubenden bei Kriegen, Katastrophen so an. Aber ich, genauso wie viele Leute denken vielleicht nur, daß sie an Gott glauben. Man benützt Wörter wie z.B. »Gott sei Dank«, aber man ist sich dessen oft nicht bewußt. Was aber ein echter Christ glaubt, denkt und fühlt – seine Gedanken, Fragen, Vorstel-lungen sind weiß ich heute noch nicht so genau. Wer auch?

04/0066
Wie stellen Sie sich Gott vor?
Gott ist etwas alles Umfassendes. Etwas Übernatürliches was man mit Worten nicht beschreiben kann.
- Unsterblich
- Allmächtig

04/0067
Ich glaube an Gott, weil ich jemanden brauche der mich wirklich kennt und mit dem ich dann offen reden kann. Im Hinblick auf die Zukunft, hätte ich viel mehr Angst ohne Gott. Irgendwie beruhigt es mich dann, wenn ich weiß, daß da noch jemand ist. Die Menschen auf der Welt können einem nur eine relativ kurze Zeit gegenwärtig sein, Gott ist es aber immer.

04/0068
Woran denken Sie bei dem Wort Gott?
- an Geborgenheit
- an Liebe
- einer der alles sieht
- an Kirche
- an Macht
- es ist immer jemand da der über einem wacht
- das Wort Gott strahlt für mich Ruhe aus

04/0069
Gott ist für alle da, er liebt jeden gleich, er nimmt jeden so an, wie er ist, er ist allen Menschen gegenüber gleich gütig, als Zuflucht und Halt in bestimmten Situationen.

04/0070
Gott ist der Schöpfer der Erde. Ich finde er ist uns gegenüber *nicht* gleichgültig, obwohl wir das annehmen könnten wenn wir an die vielen Katastrophen, Kriege und das Elend vieler Menschen denken.

04/0071
Wie stellen Sie sich Gott vor?
Gott kann man sich nicht vorstellen, da man ihn nicht sieht, noch nie mit ihm gesprochen hat. Wird in einem Kindergarten oder in den ersten Klassen im Religionsunterricht gemalt, malt jedes Kind einen eigenen Gott, jedes Kind malt den Gott anders.
Es gibt ein Märchen von den Gebrüdern Grimm »Gevatter Tod«. In diesem verfilmten Märchen taucht ein Mann auf, gut gekleidet, längere weiße Haare und einen weißen Bart. In diesem Märchen wurde Gott so vorgestellt. Als ich diesen Mann sah, erinnerte er mich überhaupt nicht an Gott. Ich stelle ihn mir schon irgendwie vor, nur genau weiß ich es auch nicht, da man nie weiß, ob man richtig liegt.

04/0072
Woran denken Sie bei dem Wort Gott?
– An Gerechtigkeit, Gleichheit von allen, Gnade, Vergebung, keine Probleme, – paradiesähnliche Zustände, jeder weiß alles, keine Geheimnisse.

## 05   2-jährige Berufsfachschule Metall, 2. Jahr

*Den Schülern wurden die Satzanfänge vorgelegt:*
*Ich glaube an Gott, weil . . .; Ich glaube nicht an Gott, weil . . .*
*Mitteilung des Lehrers:*
*Mit den Schülern wurde im vorausgehenden Religionsunterricht über die*
*Kirche gesprochen. Dabei sind wir auch auf das Thema Gott gekommen.*
*Eine Stunde vorher haben die Schüler ein Arbeitsblatt mit Aussagen über*
*Gott bekommen. Ich habe sie dann spontan in der folgenden Stunde gebe-*
*ten, für diesen Zweck, ohne Gedanken zu äußern, zu schreiben und sie*
*haben es gerne gemacht.*
*Alter der Schüler: 16–17.*

05/0073
Ich glaube an Gott, weil ich überzeugt [bin] daß es ihn gibt, und weil ich
spüre daß er bei mir ist. Es ist bewiesen daß es ihn gibt und wenn es ihn
nicht geben würde, würde heute bestimmt nichts mehr von ihm geredet
werden. Es gibt ihn schon durch die vielen Kirchen. Es ist ein Beweis
dafür. Man spricht viel zu viel über ihn z.B. Konfirmandenunterricht in
der Kirche im Fach Religion usw. Es gibt zu viel daß man überzeugt
werden muß daß es ihn gibt. Ich weiß daß meine Vorfahren schon an ihn
geglaubt haben und die müssen es ja am besten wissen. Denn sie haben es
uns ja übergeben. Es muß ihn ja geben und es ist ja auch bewiesen durch
die vielen Christen die es heute auf der ganzen Welt noch gibt. Jeder
zweite Mensch geht heutzutage noch in die Kirche. Jeder befaßt sich auch
mit Religion. Da bekommt doch normal jeder Mensch das Gefühl daß es
ihn geben muß. So bin ich auch überzeugt daß es ihn gibt. Sein Wort wird
zu viel verkündet auf der ganzen Welt, deshalb vertraut man darauf. Die
Bibel ist auch ein Beweis für mich. Es gibt einfach zu viele Beweise.

05/0074
Ich glaube nicht an Gott im ursprünglichen Sinne, weil es keinen sinnvollen Beweis dafür gibt.
Man könnte genauso an irgend etwas anderes glauben.
Auch die Bibel ist kein Beweis für Gott, bestenfalls für eine Religion wie
jede andere.

05/0075
Ich glaube an Gott, weil ja etwas dran sein muß, daß so viele Menschen
daran glauben.

Ich glaube nicht an Gott, weil es keine Beweise dafür gibt, daß es ihn gibt. Es gibt nur die Bibel, aber sie ist auch kein richtiger Beweis, weil sie jeder geschrieben haben kann.

05/0076
Ich glaube nicht so ganz an Gott, weil ich nicht ganz sicher bin ob alles was in der Bibel steht der Wahrheit entspricht und ob es Jesus in der Form wie es in der Bibel steht überhaupt gegeben hat.

05/0077
Ich kann es mir irgendwie nicht vorstellen daß es so etwas wie Gott gibt, weil in der Zeit, wo ich lebe, bin ich, oder hat er sich noch nicht so gezeigt, daß ich daran glauben kann. Es ist einfach schwierig an etwas zu glauben, was man noch nicht gesehen hat. Manchmal lese ich auch in der Bibel, und denke mir, wenn es Gott nicht geben würde, hätte man die Bibel erst gar nicht geschrieben. Es gibt sicher viele Leute, die sagen, daß es der reinste Blödsinn ist an Gott zu glauben, weil sie zu wenig von ihm wissen.

05/0078
Ich glaube an Gott, weil er mir hilft, wenn ich ihn brauche. Durch den Glauben an Gott wird mir mein tägliches Leben erleichtert.
Gott gibt mir den Sinn (Aufgabe) meines Lebens.

05/0079
Ich glaube an Gott, weil ich spüre, daß es ein höheres Wesen über mir gibt das mir immer wieder hilft. Da ich spüre daß mein Leben auf irgendeine Weise gelenkt wird. Da es einen guten und einen schlechten Teil in mir gibt die sich gegenüber stehen. Da am Ende doch immer das Gute siegt. Da er mir hilft.

05/0080
Ich glaube nicht an Gott, denn gäbe es Gott dürfte es kein solches Elend in der Welt geben. (siehe Indien, Israel-Syrien) Da ich anscheinend katholisch bin und zu diesem Glauben gezwungen wurde, gehe ich nicht mehr in die Kirche. Ich finde Mensch zu sein hängt nicht davon ab wie oft ich in die Kirche gehe, sondern wie menschlich ich bin. Darum bin ich *Atheist*.

05/0081
Ich glaube an Gott, weil ich glaube, daß Jesus für unsere Sünden gestorben ist. Aber ich glaube nicht, daß Gott die Welt erschaffen hat, so wie es in der Bibel steht.

05/0082
Ich glaube im allgemeinen an Gott. Dabei frage ich mich: Wenn die Welt und alles was es gibt von Gott geschaffen wurde (auch der Raum und die Dimensionen, die Gott auch brauchen würde) was ist eigentlich Gott und

wie kann er ohne weiteres, ich habe oben begründet, existieren? Diese Frage geht über meinen Verstand. Ich glaube außerdem, daß die Natur unfähig ist, Lebewesen zu schaffen und bis zu einem erheblichen Zustand zu entwickeln. Ich gehe davon aus, daß die Menschen Gott schuf und nicht die Natur. Ich glaube an Gott aber auch, weil ohne ihn das Leben sinnlos wäre. Die Gestalt des Gottes ist unwichtig.

05/0083
Ich glaube an Gott, weil er mich erschaffen hat und mich behält, solang es ihm gefällt.
–, weil er denkt und fühlt wie wir Menschen. Er ist genauso sensibel und stark wie wir. Wir sollen ihn um etwas bitten. Dieses Bitten kann eine Gefälligkeit sein oder auch eine Strafe, wenn man etwas Ungerechtes getan hat.
Er ist hart zu uns, aber
auch lieb. Und diese
Gerechtigkeit macht ihn
so groß!

05/0084
Ich glaube an Gott, weil man irgend einen Glauben haben muß und weil man nach der Geburt zweifellos durch Mitmenschen und Erzählung damit konfrontiert wird. Und weil man in der Not zwangsläufig etwas benötigt an dem man sich festhalten kann und hoffen daß einem durch irgend eine Art und Weise geholfen wird.

05/0085
Ich glaube nicht unbedingt an Gott außerdem finde ich die Frage blöd weil ich finde, daß man nicht auf Kommando sagen kann oder nicht daß man glaubt. Ich gehe nicht in die Kirche bin zwar evangelisch, interessiert mich aber nicht. Bevor ich ins Bett gehe bete ich! Ich freue mich auch auf jeden Tag meines Lebens, ich habe Angst aus einem unnatürlichen Grund zu sterben wahrscheinlich glaube ich an ein Weiterleben nach dem Tod.

05/0086
Ich glaube an Gott, weil ich überzeugt bin daß die Bibel und die Erzählungen wahr sind. Ich bin auch überzeugt daß es ein Weiterleben nach dem Tod gibt. Wenn ich in einer sehr großen Krise bin dann kann ich mich nur für Gott widmen.

05/0087
Ich glaube an Gott, weil ich so erzogen wurde, und mir vieles einleuchtet, was man mir gesagt hat.

05/0088
Ich glaube an Gott weil ich von der Religion überzeugt bin. Ich kann mir nicht vorstellen, daß Religion erfunden und in der ganzen Welt verbreitet

worden wäre wenn niemand davon überzeugt wäre dann wäre diese Verbreitung ziellos und unsinnig.

**05/0089**
Ich glaube an Gott weil ich davon überzeugt bin.

**05/0090**
Ich glaube nicht immer an Gott, da mir der Anlaß zum Glauben selten gegeben wird.

**05/0091**
Ich glaube nicht an Gott, weil ich keine Beweise habe und ich es mir nicht vorstellen kann, daß es so was gibt, er kann ja nicht von einem Stern zum anderen Stern hopsen, oder im Weltall herumschwirren und weil er den Menschen in Wirklichkeit nicht helfen kann auch wenn sie beten, das hilft auch nichts, er hat bisher noch kein Wunder bewirkt, wenn ich vielleicht so etwas sehen würde, könnte ich daran glauben.

**05/0092**
Ich glaube an Gott, weil er in Geist und Seele bei uns drin ist und dabei kann nichts schieflaufen wenn man auf den Boden hinfällt.
Aber manchmal habe ich keine Zeit an Gott zu glauben. Da muß ich manchmal was anderes tun.
Es kann manchmal nicht möglich sein daß er überhaupt da ist. Sonst würde jeder Mensch auf ihn drauflaufen und dann bewußtlos werden.

## 06   Berufl. Gymnasium, Klasse 11

*Den Schülern wurden die Satzanfänge und Sätze zu Gott vorgelegt.*
*Mitteilungen des Lehrers: Die Schüler kommen vor allem aus Arbeiter- und*
*Angestelltenfamilien. Sie sind z. T. sehr motiviert.*

**06/0093**
Woran denken Sie bei dem Wort »Gott«?
Bei diesem Wort denke ich an den lieben Gott im Himmel.

**06/0094**
Wie stellen Sie sich Gott vor?
Ich stelle mir Gott nicht als irgendeine Kreatur vor. Meiner Meinung nach ist er nicht irgendein physisches Geschöpf, das man berühren kann. Ich stelle ihn mir als geistiges »Etwas« vor, das man nur spüren kann.

**06/0095**
Woran denken Sie bei dem Wort Gott?
Bei vielen Wörtern entsteht im Unterbewußtsein ein entsprechendes realistisches Bild. Für das Wort »Gott« trifft dies jedoch, zumindest bei mir

nicht zu, da man Gott noch nie in der Realität gesehen hat und sehen wird so wie z.B. ein Haus. Gott das ist für mich eine noch, teilweise aber positive unbekannte Größe, die nur durch Erzählungen in der Bibel näher zu definieren versucht wurde, die aber immer für den Einzelnen zu einem gewissen Grad unbekannt bleiben wird. Als Kind wird einem erzählt, Gott »lebe« im Himmel, also über uns, und er wacht über die Menschen. Mit kindl. Phantasie gibt man dann diesem Wesen eine menschliche Gestalt. Heute sehe ich Gott natürlich nicht mehr so. Bei dem Wort Gott denke ich wie viele andere an Religion, und damit in Bezug stehend an Kirche, Bibel usw. und eben gerade an eine positive unbekannte Größe.

06/0096
»Worauf du nun dein Herz hängst und verläßt, das ist eigentlich Dein Gott«
Jeder Mensch braucht etwas, nach dem er sich richten kann, und nach welchem er aufsehen kann. Selbst die Menschen, die von sich behaupten nicht an Gott zu glauben, glauben doch an ihn. Denn meiner Meinung nach ist Gott nicht nur unbedingt in Religion und Glauben zu finden. Er ist undefinierbar, und so würde es mir z.B. sehr schwerfallen, ihn zu beschreiben.
Gott ist also etwas (bzw. jemand), dem man alles anvertrauen kann. Er hört einem zu und gibt einem das Gefühl, verstanden zu werden. Man kann sich mit allem, was einen bewegt, an ihn wenden. Normalerweise ist das sogar gar nicht nötig, denn man wird auch ohne Worte von ihm verstanden.
Glaubt ein Mensch jetzt also nicht an Gott, so gibt es sicherlich irgendetwas in seinem Leben, nach dem er sich richtet, oder welchem er vertraut. Genau diese Eigenschaften (das Vertrauen, ...) überträgt ein Gläubiger auf Gott.
Gott wäre also austauschbar mit Dingen – oder Personen –, denen man sich anvertraut, und an die man sich hängt, denn im Grunde genommen ist es egal, an was der Mensch glaubt; er braucht nur etwas, an das er glauben kann, und das seiner Meinung nach Wert ist, daß man daran glaubt. Und dieses »Etwas« muß immer für einen da sein.
Für die Gläubigen ist das sehr leicht, da sie sich Gott nicht vorstellen können. Irgendwie stellen sie sich Gott so vor, wie es ihnen wohl »am geschicktesten« wäre. Ist dieser »Gott« jedoch ein Mensch, so ist das schon schwieriger, denn dieser Mensch hat ja bestimmt auch eigene Meinungen und Vorstellungen.
*Fazit:* Der Name Gott definiert das Gefühl Vertrauen.

06/0097
Gott ist jemand, der den *Gläubigen* Kraft gibt, um mit den Alltagssorgen fertig zu werden (Menschen, die nicht an Gott glauben können, finden daher auch keine Kraft und Hilfe in dem Glauben und somit in Gott[).]
Gott ist sozusagen eine höhere Macht, d.h. eigentlich die höchste Gewalt, die es überhaupt gibt. Viele glauben an Gott, viele jedoch nur an eine

höhere Macht. Ich kenne einen Arzt, der an Gott selbst nicht glauben kann, da er es nicht versteht, daß so viele Menschen Monate, Jahre lang leiden müssen, obwohl dies Gott bestimmt nicht will. Er möchte ja den Menschen helfen. Der Arzt meint aber trotzdem, daß es eine höhere Gewalt geben muß, ein Schöpfer von allem.

## 06/0098

Bei dem Wort Gott denke ich an eine höhere Macht die für die Menschheit eine Möglichkeit bietet sich festzuhalten und im Leben einen Sinn zu finden. Er hilft den Menschen, die an ihn glauben nicht mutlos zu werden wenn nicht alles so klappt wie sie es vorhergesehen haben. Gott hilft den Menschen, ihre Ängste zu bekämpfen und Gott ist für viele Menschen so wichtig, weil er für sie die einzige Möglichkeit bietet, sich auszusprechen. (Hauptsächlich für Leute, die sich vor ihren Freunden nicht aussprechen können). Ich stelle mir Gott nicht so vor, daß er für alles was auf der Welt passiert verantwortlich ist. Er kann auch nicht Böses verhindern und Gutes heraufbeschwören, aber er spendet Trost und läßt hoffen. Er bietet auch eine große Hilfe für die Menschen, weil er ihnen ihre Schuld abnimmt, die sie, wenn sie zu groß ist, nicht ein ganzes Leben mit sich herumtragen könnten.

## 06/0099

Bei dem Wort »Gott« denke ich, daß jemand für mich da ist, der mir Halt und Vertrauen gibt, an jemanden an den ich in allen Zeiten glaube und dem ich auch vertraue. Gott ist eine höhere Macht, die ich mir nicht in Raum oder Zeit vorstellen kann. Ich denke dabei auch an die Gemeinschaft derer, die an Gott glauben und dadurch verbunden sind. Gott gibt uns Kraft.
Bei Gott denke ich daran, daß er der einzige ist, der die Menschen auch mit ihren Fehlern annimmt und ihnen diese vergibt. Ich denke dabei auch an Jesus.

## 06/0100

[Vf. bezieht sich auf den vorgegebenen Satz von B. Shaw.]
Die Aussage ist meiner Meinung nach unqualifiziert, da es immer Menschen gibt, die einen anderen Glauben haben als Andersdenkende. Man sollte aber nicht, wie es G.B. Shaw tut, andersdenkende Menschen abwerten und gegen sie aufhetzen, sondern sie akzeptieren und versuchen sich mit ihrem Glauben einmal kritisch auseinanderzusetzen. Was ist auch schimm daran wenn es Menschen gibt, die an einen anderen Gott glauben. Ich finde, daß solche Menschen, die gegen Andersdenkende aufhetzen, nicht wirklich so denken, sondern nur einen Grund suchen, gegen irgendjemanden sich aggressiv zu verhalten.

## 06/0101

Ich glaube an Gott, weil ich von meinen Eltern christlich erzogen wurde, weil Gott mir auch in der schwersten Lage Mut und Hoffnung gibt z.B.

bei dem Tod meiner Mutter, weil ich an bestimmten Momenten genau spüre, daß er da ist, und mir hilft. Durch den Glauben weiß ich, daß ich nie verloren bin, auch wenn ich noch so viel falsch mache.

06/0102
Gott ist wie
... ein Baum, dessen Früchte wir sind.
... Licht, das uns den Weg ins Ungewisse erleuchtet.
... Wasser, von dem wir leben.
... eine Quelle, die niemals versiegt.

06/103
Ich glaube an Gott, weil er mich durch seinen Sohn Jesus Christus von allen Sünden befreit hat, mich annimmt wie wir sind, mir in jeder Lage hilft, nicht enttäuscht.
Er ist kein Gott, der uns zwingt an ihn zu glauben, wie es in anderen Religionen der Fall ist. Er läßt uns freie Wahl. Er hilft uns Probleme im Leben zu bewältigen, auch wenn sie unlösbar erscheinen. Zu jeder Zeit in jeder Situation kann man zu ihm beten. Durch den Glauben an Gott ist der Tod nicht die Endstation im Leben, man hat zwar trotzdem Angst vor dem Tod, jedoch auch die Gewißheit, daß es weiter geht.

06/0104
»Hütet Euch vor den Menschen, deren Gott im Himmel ist!« (G. B. Shaw)
Gerade heute gibt es sehr viele Menschen, die Gott zu verstehen suchen und andere, die auch denken, sie wären besonders religiös, die jedoch glauben, daß ihre Religiosität damit vollendet sei, indem sie jeden Sonntag z.B. zur Kirche gehen. Ich bin der Meinung, daß man sich somit selbst belügt und Gott nicht näher kommt, denn wenn man glaubt, daß z.B. durch die Beichte alle Sünden vergeben seien und man nun daran gehen kann, andere zu begehen, so hat man den Sinn der Beichte oder des Gebetes nicht erkannt. Man sollte sich mehr darüber im Klaren sein, daß Gott allgegenwärtig ist und nicht auf einer Wolke im Himmel schwebt und weder etwas sieht noch hört. Manche glauben auch, daß sie durch »gute Taten« etwas für ihr Seelenheil tun könnten; dabei sollten sie eher einmal ihre Gedanken kontrollieren und ihr Gewissen, da Gott den Menschen nicht nur oberflächlich von außen, sondern auch von »innen« sieht.

06/0105
»Hütet euch vor den Menschen, deren Gott im Himmel ist!«
Es gibt gerade in der heutigen Zeit viele Menschen, die behaupten besonders christlich und religiös zu sein. Doch in Wirklichkeit handelt es sich meist um Heuchler, die sich und andere belügen. Sie gehen zum Beispiel jeden Sonntag in die Kirche um christlich zu erscheinen, dabei rechnen sie sich nur Vorteile für sich (z.B. in einem anderen Leben, sofern sie daran glauben) aus. Sie sind meist von sich selbst sehr überzeugt und glauben wirklich gut in einer Welt der Heiden zu sein. Dies ist aber nur

vordergründig, denn sie bekommen keine Verbindung zu Gott. Meist fordern diese Menschen auch viel, z.B. der Lohn für das In-die-Kirche-gehen ist dann das Vergeben von Sünden usw., die man ohne Skrupel macht. Sie haben meist auch den festen Glauben, daß Gott im Himmel ist und dort über allem thront.

## 06/0106

Ich glaube an Gott, weil ich so viele Fragen habe, die kein Mensch beantworten kann. Ich möchte wissen, was mich nach dem Tod erwartet, wann, wie und wozu der Mensch geschaffen wurde und noch viel mehr. Ich möchte eine Erklärung von jemand haben, dem ich Vertrauen schenke und der allwissend ist, denn an die Bibel glaube ich nicht. Sie erzählt Geschichten, die viel zu phantastisch und unglaubwürdig sind. Ich weiß, daß nur derjenige, (oder diejenige) der uns geschaffen hat, in der Lage ist, mir alles zu erklären. Ich glaube an Gott, weil ich ihn brauche, weil ich auf seine Antworten warte. Wüßte ich, daß es kein Gott gibt, so wäre ich verzweifelt. Denn, wenn Gott nicht existieren würde, so würde mich niemand von meinen Zweifeln befreien. Und das wäre schrecklich.

# 07 Berufl. Gymnasium, Klasse 12/13

*Den Schülern wurden die Satzanfänge und Sätze zu Gott vorgelegt.*

## 07/0107

Zum einen stelle ich mir Gott als einen außergewöhnlichen Menschen vor, der Fähigkeiten besitzt, die für normalsterbliche Menschen unvorstellbar sind. Er hat deshalb einen so großen Einfluß auf die Menschen, weil er von keinem erkannt wird.
Zum anderen stelle ich ihn mir so vor, daß er eine Art »Geist« ist, der überall zu jeder Zeit an einem beliebigen Ort sein kann und über alles wacht, ähnlich wie man es im Vorschulalter und darüber hinaus gesagt bekommen hat. (Kirche, Eltern, Kindergarten). Dieser Einfluß prägt das Vorstellungsvermögen des Menschen zu einem großen Teil durch dessen ganzes Leben. Wenn ich mein Geschriebenes jetzt durchlese, finde ich wieder sehr viele Kriterien, die man unter der Gottesvorstellung selber beantworten müßte.

## 07/0108

[Der Vf. hat den Satz von K. Rahner gewählt.]
– Glaube an wörtliche Auslegung der Bibel führt zu gefährlichen Überzeugungen, die einer Lösung der immer größer werdenden Probleme einen Riegel vorschiebt (Stellung zu Abtreibung, Papst über Empfängnisverhütung in 3. Welt)
– Transzendentale Haltung bringt Menschen keine wirkliche Hilfe, sondern ist nur ein Mittel zur Linderung aber nicht zur Heilung, da den Ursachen nicht auf den Grund gegangen wird.

– Entfremdung von der heutigen Welt, da die Synthese von modernen Erkenntnissen und mittelalterlicher Pietät nicht erfolgen kann.
– Naiver Gottglaube hält von weltlichem Engagement ab (siehe Religionskritik Marx)

07/0109
Woran denken Sie bei dem Wort »Gott«?
Ich denke an einen stillen Ort, wie die Kirche, wo man in Ruhe nachdenken kann. An etwas Überirdisches, das vieles geschaffen hat. Vor allem fällt mir die Natur ein, die Tiere, der Mensch. Ich denke an jemand der mir helfen kann, der mir zuhört, dem ich alles anvertrauen kann. An den Himmel der über allem ist. Auch an einen Menschen den ich liebe und den ich mit den Worten Gottes und an einer Stätte wo Gott ist, heiraten kann. Aber nicht nur an Liebe sondern auch an Haß denke ich.
An Vertrauen, das man zu ihm haben kann, ohne daß es wie bei vielen anderen Menschen ausgenutzt wird. An die Taufe, schon vorher an die Geburt eines Kindes oder Tieres, an die Entstehung neuen Lebens. Auch Jesus fällt mir ein. Der große Leidensweg den er durchmachen mußte. An Weihnachten, das Fest der Liebe genauso wie an den Totensonntag. Dabei denke ich an den Todestag von meinem Opa. Manchmal habe ich auch Angst, wenn ich das Wort »Gott« höre, manchmal kommt er mir bedrohlich vor. Warum, das kann ich schwer sagen.
Mir fällt auch eine weiße Taube ein, das Symbol des Friedens. Irgendwie verbinde ich Gott oft mit Frieden und Freiheit.

07/0110
»Hütet euch vor den Menschen deren Gott im Himmel ist« (G.B. Shaw)
Ich halte dies für einen ernstzunehmenden Umstand. Es ist immer wieder vorgekommen und kommt ständig vor, daß sich Menschen auf Gott berufen und ihn als Rechtfertigung für ihr Handeln nehmen, ohne dabei den Gesamtzusammenhang der christlichen Religion zu sehen. Man kann sich nicht auf das AT berufen ohne das NT zu berücksichtigen. Für viele ist Gott das was sie sagen zu glauben ohne ihr Handeln wirklich daran auszurichten, ohne Konsequenzen daraus zu ziehen. Andere handeln nach bestimmten Grundsätzen die sie sich fassen oder auch spontan, genau so wie es Jesus von einem Christen verlangt. Obwohl sich dieser vielleicht selbst als Atheist bezeichnet oder unsicher über seinen Glauben ist, ist diesem mehr zu vertrauen als solchen die Gott den Himmel als sein Reich zuteilen und aktiv nichts für seine Umsetzung auf dieser Welt tun. So hat sich vielleicht ein Atheist (der sich selbst so bezeichnet) mehr Gedanken gemacht über den Glauben als einer der seinen Glauben erbt und ohne Überzeugung aus Gewohnheit mit sich trägt.
G.B. Shaw ist also gegen diese Art von Christen, die nicht aus dem Herzen nach dem Glauben handeln. Auch für mich ist ein Mensch unglaubwürdig, der sich auf etwas beruft zu dem er nicht steht. Ein Mensch, dessen Gott im Himmel ist der die Erde den Menschen überläßt, wird zu vielem fähig sein, das im Prinzip seinem Glauben zuwider ist. Er

wird fähig sein z.B. Krieg zu führen in der Überzeugung recht (und manchmal sogar christlich) zu handeln. Ohne zu bemerken und beachten, daß er unheimlich gegen Gott handelt der ja auch in dem Menschen steckt, der durch diesen Krieg leiden muß.

07/0111

»Hütet euch vor den Menschen, deren Gott im Himmel ist!« (G.B. Shaw) Ja, denn da rennen sie in die Kirche, um schöne Worte anzuhören und bedächtig mit dem Kopf zu nicken. Und am nächsten Tag tratschen sie bösartig über Ausländer, erziehen ihre Kinder zum Leistungsdenken und raffen Geld auf ihren Konten. Wie wenig echte Gottesgläubige gibt es doch, die wenigstens die Lehren verinnerlichen. Mir sind Menschen lieber, die nach christlichen Lehren leben, ob sie nun an Gott, das undefinierte, vielleicht vorhandene Wesen glauben oder nicht. Denn wir stehen in der Realität. Und manch einer schielt mehr nach frommen Äußerlichkeiten, um vor seinem Gott ein gutes Bild abzugeben, handelt aber inflexibel und verbohrt. Erwähnen wir Gandhi, glaubte er an Gott, an diesen Gott? Nein, aber trotzdem war er mehr Christ als ein anderer. Die große Gefahr der Religion liegt ganz eindeutig darin, zuviel zu reden und ihre Schäfchen (welche oftmals ausgemachte Schafe sind) nicht dazu bewegen zu können, auch so zu handeln. Bei der Anzahl der Christen, die es gibt, sollte wesentlich mehr Freundlichkeit und Toleranz aufkommen. Unsere Religion versagt also, wenn ich das auch bedaure, am Egoismus der Menschen, die sie zusätzlich noch als Alibi für alle möglichen kleinen und großen Gemeinheiten benützen. Ich gehe selten in die Kirche und glaube auch nicht uneingeschränkt an Gott, versuche aber trotzdem die Grundlagen der Christen auszuführen und es gelingt mir gewiß nicht schlechter als bei vielen Gläubigen, wenn auch im Prinzip von einem Gelingen nicht gesprochen werden darf (meinerseits). Aus diesem Grunde habe ich etwas gegen Scheinrituale um den Sonntagmorgen auszufüllen, wenn ich auch diesen Leuten nicht unterstellen will, daß sie es vorsätzlich als Scheinrituale ihrerseits erkennen.
Noch einmal: Ich rede nicht pauschal. Andererseits muß man zugestehen, daß viele (Christen) Menschen zwar bösartig (arg und wenig) zueinander sind, sich aber wenigstens nicht ohne Gewissensbisse umbringen (Es sei denn im Kriegsfall).
Trotzdem: Menschlichkeit ist mir lieber als nicht verinnerlichte Lehren Gottes. Und Menschlichkeit ist mir lieber als einer, auf den man alles Böse was geschieht, schieben kann.

07/0112

»Worauf du nun dein Herz hängst und verläßt, das ist eigentlich dein Gott«
Diese Aussage ist für mich bedeutend, da sie einen Anhaltspunkt liefert, wie Gott zu verstehen ist, zugleich gibt sie einem Mut, indem ausgesagt wird, daß jemand da ist, auf den man sich verlassen kann. Sie macht deutlich, daß auf diese Weise, Gott die ganze Zeit existent ist, auch wenn

man ihn direkt nicht wahrnimmt, nur seine Wirkungen können entsprechend interpretiert werden. Vielen Leuten ist dies nicht bewußt, da man sein Vertrauen auch anders interpretieren kann.

Der Satz schließt ein, daß jeder der Vertrauen und etwas Optimismus besitzt, praktisch an Gott glaubt, auch wenn es ihm nicht bewußt ist. Menschen denen jede Hoffnung verloren ging, können demnach keine Christen sein. Umgekehrt gilt natürlich auch, der der nicht an Gott glaubt muß zwangsweise jede Hoffnung und jeden Lebensmut verlieren. Ein Zeichen eines Christen ist also, daß er stets Hoffnung besitzt und nie völlig verzagt.

Zum anderen verleitet der Satz jedoch auch sich »gehen« zu lassen. Er sagt nichts aus was weiter zu Gott gehört. Wichtige Dinge (jedenfalls für mich) wie u. a. Nächstenliebe (die sich praktisch erweisen muß) werden ausgeklammert. So könnte man leicht der Versuchung erliegen zu Beseitigung von Mißständen auf der Welt nicht aktiv beizutragen sondern der Meinung verfallen, vertrauen, daß sie sich ändern, würde genügen.

07/0113

Gott ist für viele Menschen ihr einziger Halt. Wenn sie Probleme haben und sich von den Menschen unverstanden fühlen, so flüchten sie ins Gebet. Viele Menschen sehen in Gott einen Ersatz für die Menschen. Sie sprechen mit Gott. Gott ist auch ein sehr bequemer Zuhörer für sie, denn er kritisiert sie nicht und tut ihnen nichts an. Man kann sich vor Gott auch rechtfertigen. Allerdings bringt diese Haltung auch Probleme mit sich. Wenn man nur mit Gott redet und sich ihm total hingibt, besteht die Gefahr, die Wirklichkeit zu verkennen und sich in ihr nicht mehr zurechtzufinden.

Da Gott nicht sichtbar ist, kann er für die Leute jeweils anders vorstellbar sein.

In der Bibel wird Gott oft als derjenige beschrieben, der auch Sündern wohlgesonnen ist, was für Menschen, die schon viel Schlechtes getan haben, eine Rechtfertigung ist. Wenn diese an Gott glauben, ist dies kein echter Glaube. Für sie ist der Glaube an Gott nur ein Mittel, um sich selber zu entlasten und sich somit zu befriedigen.

07/0114

Gott ist – der Menschen letzte Hoffnung

In einer Welt voller Elend, Verzweiflung, Unmenschlichkeit und Konkurrenzkampf braucht jeder Mensch etwas, an das er glauben kann, auf dem seine Wünsche und Hoffnungen beruhen. Diese »Funktion« nimmt mehr und mehr Gott ein. Man spricht zwar von der immer größer werdenden Gottlosigkeit auf unserer Welt, doch insgeheim suchen doch viele Menschen die Hilfe Gottes. Wenn die Mittel und Möglichkeiten der Menschen nicht mehr genügen sucht man Gott, ob »er« nun existiert oder nicht. Gott verkörpert für die Menschen einen Ausweg, eine letzte Chance, eine Hoffnung. Diese »Funktion« Gottes gilt nicht nur für unsere christliche Religion. Sie läßt sich beliebig auf andere Religionen mit anderen »Göttern« übertragen. Und gerade weil Gott oft die letzte Hoffnung eines Menschen ist, kann man nie sagen »er« sei sinnlos. Die Frage nach der Existenz Gottes sei hier dahingestellt – seine große Bedeutung in dieser Welt ist aber unbestreitbar.

07/0115
»Hütet euch vor den Menschen, deren Gott im Himmel ist!« (G.B. Shaw)
Dieses Zitat sagt meiner Meinung nach Grundsätzliches über die Fragen aus:
- Wie stellen sie sich Gott vor          und
- Wer ist Gott                           und
- Wo und wie wirkt Gott
Mit der Bezeichnung ›deren Gott‹ drückt Shaw schon die Ablehnung gegenüber dieser Meinung aus.
Shaw vertritt nicht diese Meinung und setzt diesen »speziellen Gott« nicht gleich Gott. Ich unterstütze Shaws Ansicht.
Gott ist nicht, naiv gesagt, weit weg im Himmel, von wo er das Geschick der Menschen auf Erden leitet. Gott ist auch nicht »im Himmel«, von wo aus er wacht, und mit den Menschen, die »in den Himmel« kommen, lebt.
Gott ist mit uns und mit der Welt.
Gott hilft jedem einzelnen, aber nicht durch »handfestes« Eingreifen, sondern durch sein Wirken und Sein.
Bei manchen Katastrophen gerät mein Glaube ins Wanken, solche Vorfälle will aber Gott nach meiner Ansicht nicht. Solche Menschen, deren Gott im Himmel ist, benützen Gott als eine Art Alibi. Außerdem fehlt ihnen in der Welt irgendwie die Erklärung des menschlichen Seins. Durch das »Gott im Himmel« erleben sie das Sein auf der Welt irgend wie anders. Der direkte Bezug zu Gott fehlt, da er »im Himmel« regiert.
Diese Menschen leben ohne Gott und ohne die »Regeln« Gottes.
Sie rechnen erst im »Himmel« mit einem Treffen mit Gott, dadurch leben sie auf der Welt unbewußter.
Sie leben ohne Gott.

07/0116
»Hütet euch vor den Menschen, deren Gott im Himmel ist«
Wenn Shaw den Himmel als etwas Entferntes Unnahbares als direkten Ort sieht, würde ich ihm zustimmen. Denn Menschen, die ihren Gott dann nicht spüren, sondern als etwas Entferntes, als Hüter über alles und jeden, die dann sagen Gott ist im Himmel aber was solls, die sich dann nur darauf verlassen und ihn verehren.
Ich sehe Gott nicht im »Himmel«, eher auf Erden, spürbar in »guten Taten« Freude Glück spürbarem Frieden mehr als etwas Nahes. Und nicht Etwas im Himmel das angebetet wird.
Direkt hüten sollte man sich vielleicht nicht, aber auch nicht von denjenigen anstecken lassen. Shaw sieht diese Menschen wahrscheinlich als sehr oberflächlich an.

07/0117

Woran denken Sie bei dem Wort ›Gott‹!?
- Jesus
- Kirche
- Glaube
- Bibel; biblische Geschichten
- Konfirmation
- etwas Übermenschliches
- Gebet
- Himmel
- Natur
- Geburt, Tod
- Religion
- Liebe

- Amnesty International
- Zuhause
- Schutz
- Hilfe
- Pfarrer S.
- Hoffnung
→ Angst
- Güte, Gnade
- Herz
- Freude, Schmerz
- Freiheit

07/0118

Woran denken Sie bei dem Wort ›Gott‹?
- Jesus
- Kirche
- Glaube
- Bibel; biblische Geschichten
- Konfirmation
- etwas Übermenschliches
- Gebet
- Himmel
- Natur
- Geburt u. Tod
- Religion

- Liebe
- Amnesty International
- Zuhause
- Schutz, Hilfe
- Pfarrer S.
- Grundschulreligionsunterricht
- Hoffnung
… → Angst → Gott
- Sekten, Sektenmitglieder
- etwas Unerforschbares
- Geborgenheit
- Treue

07/0119

Woran denken Sie bei dem Wort ›Gott‹?
Ich denke an Liebe und Elend, Kraft und Hilflosigkeit, Geborgenheit und
Einsamkeit. Gott, ist für mich ein Begriff der über allem steht, doch dessen
Bedeutung ich nicht immer verstehe. Gott, kommt dem Wort ›Unendlich-
keit‹ sehr nahe, doch ist auf der anderen Seite sehr weit weg davon.
Zweifel, Angst – Gebet, Bitte – Erleichterung, Hoffnung.
        Gott = Hoffen = Passivität?!
Das Wort »Gott« löst viele Fragen aus, die ich mir von Zeit zu Zeit ganz
verschieden beantworte.
Hauptfrage: Gibt es Gott wirklich?
Die Antwort die meistens darauf folgt: Ja, es gibt ihn.
Warum ich das glaube? Weil ich daran glauben will!
Mit Gott assoziiere ich auch, Bibel!
Was ich von der Bibel halte: Schönes Buch, nette Geschichten, oft lehr-
reich, manchmal zu übertrieben.
Wenn ich ›Gott‹ höre, höre ich Menschen verzweifelt rufen, höre die, die

auf dem Scheiterhaufen lagen, höre die, die im Krieg an der Wand standen, höre die Menschen in Afrika nach Brot schreien, und ich höre kleine Kinder nach der Mutter schreien.

Wenn ich dies alles höre, höre ich mich fragen:

WARUM? WO IST GOTT?

Ich denke an Schuld, Schuldlosigkeit, Unschuldige ...

Denke an Strafe, Verurteilung, Buße ...

      Gott = Glaube = blinder Glaube?

Gott ist Hoffnung, das bedeutet Kraft, was wiederum Mut geben kann.

Gott ist erhobener Zeigefinger. (Du sollst nicht ...)

Gott ist aber auch ausgebreitete Arme. (Kommet alle zu mir ...)

[Mit Vorname unterschrieben]


07/0120

Wie stellen Sie sich Gott vor?

Gott ist für mich der Schöpfer Welt, und der Lehrmeister der Menschen, d.h. er entwickelte und verbreitete das humane oder christliche Gedankengut. Allerdings muß die Gottesvorstellung nicht alleine auf dem Christentum fixiert sein. Ich meine damit, daß in allen monotheistischen Religionskulturen ein Teil dieses Grundgedankengutes enthalten ist. Aber nur Teile der Juden in der Lage waren das Auftreten Jesu richtig zu deuten, woraus dann die Christenheit entstand. Ich gehe also von einem universellen Glauben aus, der sich in den einzelnen Kulturkreisen anders entwickelt und verändert hat. Gott ist eine »Institution«, die Glauben und Trost schenken kann, ohne beweisbar sein zu müssen und damit für alle Menschen verständlich ist. Nach meiner Vorstellung gibt Gott jedem Menschen auf der Welt einen Teil des Gedankengutes mit auf den Weg, überläßt es dann aber jedem Menschen dieses zu mehren und zu verstehen, oder es abzulehnen. Die Rechenschaft über sein Verhalten muß dann jeder am »Jüngsten Tag« oder beim »Weltgericht« ablegen. Hat man sich aber mit diesem Gedankengut (Gott) beschäftigt, kann man in der Lage sein, einen größeren Einblick in das Weltgefüge und in das Verhalten der Natur, Menschen zu bekommen.

Noch einmal auf den Globalglauben zurückzukommen: Gleichheit, gerechte Güterverteilung usw. sind Forderungen, die erst durch Jesus wieder neu formuliert wurden (vgl. jüdische Kastenordnung), vergleicht man dazu noch den Kommunismus. Tritt hier nicht ein Dualismus in den Forderungen und von der Grundeinstellung der Gleichheit der Menschen auf, wobei man natürlich feststellen muß, daß im Kommunismus die guten Ansätze durch andere Forderungen verdrängt wurden. Allgemein glaube ich an Gott (Glauben), weil er mir hilft, mich im Leben zurecht zu finden und einen Sinn in meinem Leben zu entdecken.


07/0121

Woran denken Sie bei dem Wort »Gott«?

Bei dem Wort Gott denke ich an etwas, das mein Leben bestimmt. An jemanden der mich durch das Leben führt. Ich handle und lebe tagsüber zwar ohne an Gott zu denken, doch wenn ich abends Zeit habe und über den Tag nachdenke, weiß ich daß er nur durch Gott so werden hat können. Und wenn ich verzweifelt bin und ein Problem habe, dann weiß ich Gott hat mich diesen Weg geführt und er weiß genau, daß ich das Problem überwinden werde. Eine Prüfung Gottes, die ich dann bestanden habe und mich ein Stückchen reifer und bewußter gemacht hat. Ich denke daran, daß Gott ständig bei mir ist und mich niemals verläßt, daß ich mich niemals vor etwas fürchten brauche, denn Gott paßt auf mich auf. Auch denke ich daß Gott jeden Menschen durch das Leben führt. Ich glaube zwar nicht, daß mein ganzes Tun und Lassen in seinen Händen liegt, wie bei einer Marionette z. Bsp., aber doch ein großer Teil. Man muß selber auch einen Teil aktiv zu seinem Leben beitragen und man darf nicht denken, ja Gott führt mich schon, Gott macht alles und sich deshalb total passiv verhalten.

Ich denke, daß alles was auf der Welt war, ist und geschieht, so von Gott gewollt ist. Daß cr uns vielleicht auch dadurch etwas sagen will und wir es nicht verstehen können oder wollen.

Wenn ich an das Wort Gott denke, denke ich an Liebe, Geborgenheit, Schutz, Dankbarkeit, an einen Helfer, Tröster und Führer.

## 07/0122

Ich glaube nicht an Gott, weil für mich Gott ein abstraktes Denkprinzip ist, das außerhalb meines Vorstellungsbreiches liegt. Ich kann nicht an etwas glauben, das mir andere vorgedacht haben und an dessen Vorhandensein ich zweifle, da ich selbst noch keine Erfahrungen mit ihm gemacht habe. Gott ist ein Abstraktum, dessen Wirkung v. a. im alten Testament (z. B. Wasserteilung, Mose) entgegen meiner erfahrenen Natur steht. Diese Widersprüche kann ich nicht miteinander vereinbaren. Ich anerkenne das Vorhandensein Gottes für andere Menschen, ich glaube zwar, daß ihnen ihr Glaube hilft, für mich persönlich aber gibt es keinen Gott, der für mich »zuständig« ist. Der Glaube an Gott ist sehr subjektiv obwohl er oft durch viele gemeinsam geäußert oder praktiziert wird, für mich selbst ist er aber bis jetzt noch nicht zugänglich, weil meine Zweifel noch zu groß sind und sehr oft neu genährt werden. Mich beeindruckt es, wie Menschen an Gott glauben und auch oft Christentum praktizieren, trotzdem besteht immer die Gefahr, Gott als Mittel zu nehmen, alles zu legalisieren, so daß man die Verantwortung immer abschieben kann. Ich glaube nicht, daß ich einen Gott nötig habe, um »gut« zu leben, ich glaube an meine Fähigkeit, meine Ziele kritisch zu sehen und durchsetzen zu können. Ich messe sie oft an christlichen Maßstäben und ich glaube, daß sie großenteils auch diesen Maßstäben entsprechen, ohne daß ich betont an Gott glaube. Ich glaube, daß das Christentum von der Idee her positiv ist und versuche, es teilweise zu verwirklichen aber ohne die Ideologie, mich vor Gott rechtfertigen zu können und auch ohne Dogmatismus, der mich zwingen könnte, Bräuche zu akzeptieren, die entgegen meinem Gewissen stehen. Trotzdem halte ich es nicht für ausgeschlossen, daß ich irgendwann mal an Gott glauben könnte.

*Den Schülern wurden die Satzanfänge und Sätze zu Gott unter der Über-
schrift »Meine Religion – mein Gott« vorgelegt. Einige der Schüler haben
die Überschrift thematisiert.*

08/0123
*Mein Gott.*
Erst kürzlich als ich betrübt nach Hause ging, habe ich mir über Gott
Gedanken gemacht. Ich hatte vorher eine Diskussion mit Freunden über
die Trennung, Körper-Geist-Seele, und hatte später ein trauriges Erlebnis,
das mich bewog auf meinem Heinweg Gedanken über IHN zu denken.
Ich habe ihm die Schuld meiner Trauer gegeben, und machte ihn für mein
Leid verantwortlich. Doch irgendwie ging ich in meinen Gedanken weiter und mir war als könne ich mir selbst auf alle meine Fragen Antwort
geben.
Ich fragte: Warum hilfst Du mir nicht mit meiner Trauer fertig zu werden?
antwortete: Was ist an deiner Trauer so besonders daß du nicht selbst
damit fertig werden kannst?
fragte: Es heißt Du bist (auch im Geringsten) immer bei den Menschen.
Warum spüre ich das jetzt nicht?
antwortete:  Vielleicht weil mein Herz verschlossen ist in diesem Augenblick der Anklage.
fragte:  Mein Leid ist gering im Verhältnis zum Leid derer die durch
Krieg und Hunger sterben, aber soll ich glauben daß diese
Menschen alle ihr Herz verschlossen haben?
antwortete:  Ich bin bei denen die sterben damit sie leben!
Ich fragte mich weiter und mir war als bekäme ich durch mich von Ihm
Antwort. Ich habe mich später geschämt Ihn angeklagt zu haben. Ich
habe festgestellt: Mein Gott du bist wunderbar. Ich fand wunderbar ist
das richtige Wort für ihn. Und es paßte zudem auch dazu daß *er* in allem
steckt.
Ist es nicht wunderbar daß aus einem kleinen Samen ein Baum wächst?
Ist es nicht wunderbar daß aus kleinen Steinen große Häuser werden?
Ist es nicht wunderbar daß aus kleinen Teilen ein ganzes Mosaik entsteht,
die Welt (Erde) das Leben?
Ist es nicht wunderbar daß ich trotz allem Schlimmen noch lieben kann?
Ich weiß genau und spüre es immer wieder Gott ist immer bei mir und
hält zu mir auch wenn ich ihn tausend mal anklage.
Er ist bei jedem auch bei denen die nicht an ihn glauben. Denn er liebt
uns.

08/0124
Meine Religion – mein Gott
Wie stelle ich mir Gott vor: 1,80–1,90 m groß; braun-graue Haare; blau-
grüne Augen; Vollbart: etwas länger; um die 50 Jahre; gutmütig; mittel-
große Nase, kantiges liebes Gesicht. Kein Brillenträger

Woran denke ich beim Wort Gott: Kirche, Pfarrer, Jesus, Bibel, Freizeiten, Sonntag, Beten,

08/0125
Gott ist
... unbegreifbar für unser beschränktes menschliches Denken.
... wirklich, wer ihn sehen will sieht ihn auch.
... wie ein Vater, der mich nicht fallen läßt, sogar, wenn ich dieses will.
Ich glaube an Gott weil mir meine Eltern, meine Freundin, deren Eltern und viele andere Menschen und Beispiele gezeigt haben, daß es ihn gibt. Allein schon die Vielfalt der Natur müßte jeden Menschen an Gott glauben lassen. Außerdem habe ich Gott *erfahren*...
Wie stelle ich mir Gott vor? – Ich kann es nicht, sooft ich es auch versuche. Vielleicht ist deshalb Gott ein Gott.
Woran denke ich bei dem Wort Gott? – Eigentlich an nichts, wenn nicht *der* Gott gemeint ist. Wenn ich an Gott denke bin ich beruhigt, ich weiß, daß jemand hinter mir steht, auch wenn ich meist nicht daran denke.

08/0126
Ich glaube nicht an Gott, weil noch nie jemand Gott gesehen hat. Weil Gott nicht aus Materie besteht und ohne Materie keine Macht. Wo lebt Gott? (Wenn es ihn gibt) In der 4. Dimension? Desweiteren ist für mich unerklärlich wie ein Gott der Friede predigt es zulassen kann daß tagtäglich tausende hungern und verhungern, daß im zweiten Weltkrieg fast 50 Millionen Menschen starben. Wenn es einen Gott gäbe, würde er das zulassen? Würde er zulassen daß die Umwelt die er ja anscheinend geschaffen hat von Menschen zerstört wird? Wenn ja, dann wäre er nicht ein barmherziger Gott sondern ein Teufel. Deshalb *verneine* ich die Existenz eines Gottes entschieden. Nach meiner Meinung hat Jesus tatsächlich gelebt aber ich glaube nur daß er ein äußerst geschickter Rechner war und daß er eine Begabung hatte Menschen zu überzeugen. Gott ist nach meiner Meinung eine Gedankenkonstruktion für Menschen an dem sie sich festhalten können. Sie hat durchaus eine Wirkung denn manche Leute fühlen sich dann nicht mehr so allein. Sicher ist für mich jedoch daß es diese Leute allein geschafft haben (irgend eine große Leistung wie: Berg erklettern, Tod eines Angehörigen überstehen). Für mich ist Gott weiterhin ein Apparat der Geistlichkeit, das Proletariat einzuschüchtern und die Macht der Kirche und des Staates zu schützen.

08/0127
Ich glaube an Gott weil es sehr viele Beweise gibt, die nicht daran zweifeln lassen, daß es einen Schöpfer gibt. Es gibt jemanden, der Gebete erhört, der mich auch in schwierigen Situationen und Entscheidungen nicht hängen läßt. Ich glaube an ihn, weil durch ihn die Möglichkeiten des Lebens erweitert werden. Ich glaube auch dann noch an ihn, wenn alles um mich herum die Existenz des Schöpfers verneint, weil man im Leben nur durch ihn einen rechten Halt findet.

Wie stelle ich mir Gott vor? Man kann und darf sich Gott nicht vorstellen, weil es die Bibel verbietet und weil es einfach zu schwierig wird, weil es keinen Anhaltspunkt für ein Bildnis von Gott gibt.
Woran denke ich beim Wort Gott?
Das ist sehr schwer zu sagen.

## 08/0128
Mein Gott.
Ich bin sehr christlich erzogen worden und bin früher sehr oft in die Kirche gegangen. Aber je älter ich werde, kann ich dem allen nicht mehr so ganz trauen. Wenn ich Sonntags in der Messe sitze, wird da alles schön und gut von der Kanzel gepredigt. Komme ich dann in den Alltag zurück, ganz anders sieht der dann aus. Die Konfrontation mit der Schule, Clique, Kumpels. Ich habe schon oft versucht, christlich zu handeln, volles Vertrauen zu geben, aber jedesmal habe ich eins auf den Kopf bekommen. Da überlegt man sich doch, ob die Lehren der Kirche überhaupt noch Bedeutung haben. Die Existenz eines Schöpfers bejahe ich voll und ganz, an der Lehre der Kirche und an der Kirche überhaupt zweifle ich aber.

## 08/0129
Ich glaube nicht an Gott, weil ich mir sicher bin, daß Gott nicht die Welt geschaffen und das Leben des Naturkreislaufes auf die Erde gebracht hat. Wenn er aber diese Dinge erfüllt hätte, so glaube ich nämlich nicht, daß er wollte daß die Natur zerstört wird.

## 08/0130
*Ich glaube an Gott, weil* in der Bibel steht, daß Gott die Erde in 6 Tagen erschaffen hat samt dem Menschen. Wie sollte man sonst erschaffen worden sein, wenn nicht von Gott?
Im evangelischen Glaubensbekenntnis steht auch, daß man an Gott glaubt.
*Gott ist* der Schöpfer des Himmels und der Erde, der Menschen und Tiere.
*Gott ist* der Herrscher über die ganze Welt, der die Menschen für ihre Sünden bestraft.

## 08/0131
*Wie stelle ich mir Gott vor?*
Eine Person, an der man doch manchmal zweifelt. Andererseits gehe ich davon aus daß es sie geben muß.
Gott könnte ich mir auch so vorstellen, daß er die Menschheit darstellt, die schon gestorben ist, d.h. Gott verkörpert die verstorbenen Menschen. Oder, Gott könnte alles verkörpern. Eine Macht die über uns steht, die über uns Menschen herrscht wie ein Hirte über seine Schafe. Eine überirdische Macht die die Zukunft immer bewußt bestimmt und nie es dem Zufall überläßt was mit den Menschen geschieht, welche Persönlichkeiten es gibt und geben wird.

08/0132

Gott ist für mich ein Hirngespinst das irgendwer, irgendwo und irgendwann in die Welt gesetzt hat und es dann durch die Überlieferungen zu
unsrem heutigen »Glauben« wurde. Wer soll dieser Gott sein. Ich bin
sicher, daß es irgendetwas geben *muß* woran man glauben kann, aber
muß es Gott sein nicht irgendwer anders den man erfassen kann. Uns
jungen Leuten wird der Glaube mehr oder weniger aufgezwungen. Und
dann dieser Mist von »Gott hat die Welt in 6 Tagen erschaffen«. Das
nimmt doch niemand ab der ein bißchen klar denken kann. Nein für
mich ist Gott überhaupt nicht vorhanden. Ich glaube an mich und an
sonst niemand.

08/0133

*Ich glaube nicht an Gott, weil* ich es mir nicht vorstellen kann, daß mir
jemand in schwieriger Situation helfen kann, den ich nicht sehen kann.
Wenn ich Gott sehen könnte oder mit ihm reden könnte, kann ich es mir
schon vorstellen, daß ich an Gott glaube.
*Woran denke ich beim Wort Gott?* Ich denke an etwas Übermenschliches
was man nicht in menschlichen Griff bekommen kann. Und uns auf jeden
Schritt folgt und beobachtet.

08/0134

Gott ist in uns selbst
Ich glaube (nicht) an Gott, weil ich es, ihn nicht begreifen kann
Wie stell ich mir Gott vor?
Er ist für mich unvorstellbar
Woran denk ich beim Wort Gott?
Ich denke beim Wort Gott an die Schöpfung und an die begrenzt [?]
Allmacht
Worin liegt für mich der Sinn?
Das Beste daraus zu machen (aus dem Leben). Nur arbeiten um zu leben
nicht leben um zu arbeiten.

08/0135

Ich glaube nicht an Gott weil, es meiner Meinung kein Gott geben kann.
Worin liegt für mich der Sinn?
Der Sinn des Lebens ist der Tod.

## 09 Elektromaschinenbauer 2. Jahr

Alter 17 – 19 Jahre, konfessionell gemischt.

*Den Schülern wurde das Stichwort Religion vorgegeben.*
*Mitteilung des Lehrers:*
*Die Klasse hat 4-Wochen-Blockunterricht. In dieser Zeit werden 2 Stunden*
*Religionsunterricht in der Woche gehalten.*

### 09/0136

Religion ist lebensnotwendig. Ohne Religion ergäbe das Leben keinen Sinn. Sie sollte nur nicht immer stur nach alten Sitten und Gebräuchen betrieben werden. Sie sollte etwas mehr mit der Zeit gehen. Der Kirchgang wird auch oft als Modeschau ausgenützt. Die Kirche gibt auch Halt in der Not. Sie sollte an mehr Veranstaltungen mitmachen. Die Kirche sollte etwas variabler sein, nicht so steif, z.B. Gebräuche und Handlungen.

### 09/0137

Religion ist für manche Menschen wichtig für ihr Seelenheil, aber für die anderen ist Religion nur etwas, was schon seit immer da war und wortlos akzeptiert wird.
Religion hat in der heutigen Zeit an Wichtigkeit stark abgenommen, wird aber trotzdem beibehalten, weil man sich nicht sicher ist, ob an Religion etwas Wahres dran ist.
Ich bin sicher daß eine Welt ohne Religion auch bestandhaft wäre. Die Religion sollte aber trotzdem bestehen bleiben, da sie für einige Menschen doch den Halt gibt (psychologisch), den sie benötigen.
Glauben kann Sicherheit geben, aber ob er dem Einzelnen das bringt, was er erhofft, das bezweifle ich.

### 09/0138

Religion ist veraltet; baut auf einer 2000jährigen Geschichte auf die in unserem heutigen Zeitalter keinen Zusammenhang und Sinn ergibt weil sich die Bedingungen sehr stark veränderten. Die Religion ist vor allem für ältere und alleinstehende Menschen als Überbrückung für Sorgen oder Probleme, als seelische Unterstützung

### 09/0139

Religion heißt für mich Glauben und Glauben kann ich nur das was ich gesehen habe oder bewiesen ist. Z.B. im Alten Testament wie Adam und Eva mit dem Apfel. Es hat damals sicher nicht nur die 2 Menschen gegeben.
Andererseits muß jeder Mensch an etwas glauben sonst kann er überhaupt nicht existieren.
Ich finde auch den Zauber in der Kirche übertrieben (Predigt). Manchmal wird so ein Scheiß gefaselt daß man fast einschläft man sollte es bei diesem Beispiel auch mehr auf junge Leute beziehen.
Ich finde auch die Beichte übertrieben. Wenn man einen Menschen z.B.

tötet und dann zur Beichte geht dann wird das vom Pfarrer aufgefaßt [?], aber der kann da auch nicht helfen und ich finde daß Beichte in dem Sinne witzlos ist.

## 09/0140

Viele Leute gehen nur in die Kirche, damit der Nachbar sieht, daß man auch da ist.
Bestimmte Sitten, wie Taufe, Konfirmation, kirchliche Trauung, gehören zu den Dingen, die man halt macht oder machen läßt, weil man es so gewöhnt ist. Ich finde, daß die Religion manchem hilft leichter zu sterben und keine Anst mehr vor dem Tod zu haben.
Ich persönlich gehe selten in die Kirche, da ich keinen richtigen Sinn dahinter sehe. Ich gehe nur bei Hochzeiten, Konfirmationen und vielleicht an Heilig Abend in die Kirche.
Ich finde auch, daß die Beerdigung durch den Pfarrer erfolgen soll, denn der eine oder andere hält sich nach einer Beerdigung an den Worten fest, die der Pfarrer gesprochen hat.
Eine Bekannte von mir hat ihren einzigen Sohn, er war 16, bei einem Verkehrsunfall verloren und seither liest sie die Bibel geht öfters in die Kirche usw. Aber das macht ihren Sohn auch nicht mehr lebendig.

## 09/0141

Meiner Meinung nach ist die Religion in unserer Zeit völlig unnütz. Heute schaut doch kein Fabrikant in die Bibel, viel weniger handelt er danach, auf Profit aus sein, so wie es die Kirche tut und tat. Unsere Religion hat für mich so viel unchristliche Dinge getan, daß ich nicht mehr so richtig glauben kann. Glaube, was ist das eigentlich (Man sagt: Glaube kann Berge versetzen). Also ist der Glaube doch genauso Luft wie die Vorstellung, daß dieser Berg z. B. sich bewegt. Welchen Beweis haben wir überhaupt, daß es Jesus gab, kam er wirklich vom Himmel usw. Fragen, an denen ich zweifle. Warum läßt Gott seine Welt verrotten, warum läßt er all das Elend zu, und wirkt nicht auf jeden von uns ein, daß wir diesen Zustand laut Bibel ändern.

## 09/0142

Ich halte von Religion nicht viel, weil ich nicht an Gott glaube. Es gibt allerdings ein paar Punkte, die ich gut finde, z. B. Bibel (10 Gebote). Die Kirche ist überflüssig, weil *wenn* man an etwas glaubt, kann man es auch zu Hause glauben (siehe Spruch: Gott ist überall).
Ich glaube nicht an Dinge, die man nie gesehen hat und nie sehen wird → Gott. Gott hilft, ist auch ein dummer Spruch. Wenn jemand krank ist, und Gott um Hilfe bittet, und tatsächlich gesund wird, ist es für mich Zufall → oder gute Doktorarbeit, aber *niemals* durch Gottes Hilfe.

## 09/0143

Ich bin in einer »katholischen« Jugendgruppe. Wir reden einmal in der Woche am Gruppenabend meistens über ein religiöses Thema. Wir veranstalten auch Jugendgottesdienste und Meditationen. Ich finde das ist interessanter als der Pfarrer in der Kirche. Wenn die ältere Generation auch bei den »Jungen« mitmachen (Jugendgottesdienst) *müßte* man nicht in die Kirche sondern man täte *freiwillig* hingehen. Dann hätte Religion mehr Sinn!!!

## 09/0144

Jeder Mensch muß an etwas glauben. Ich selbst bin der Meinung, daß Religion gut ist. Früher bin ich auch immer freiwillig in die Kirche gegangen. Heute gehe ich kaum noch in die Kirche, da ich keine Zeit mehr dafür habe. Am Samstag gehen alle fort. Der Sonntag ist der einzige Tag an dem man ausschlafen kann. Ich nehme mir zwar ab und zu vor in die Kirche zu gehen, da ich doch etwas (nicht alles) glaube, aber ich komme nicht dazu. Die Religion im allgemeinen ist gut, da sie das Gewissen der einzelnen fordert. Bsp. wenn jeder der Meinung ist, daß nach dem Tod alles aus ist, so kann er ja tun und lassen was er will, z.B. stehlen morden usw. Die Religion festigt auch den Menschen, sein Leben hat vielleicht einen Sinn für die Zukunft. Ohne Religion würde sich manch einer fragen für was er überhaupt lebt. Ich bin auch der Meinung daß viele Jugendliche in die Kirche gehen würden wenn vielleicht am Samstagmittag ein Gottesdienst stattfindet. Oft liegt es auch am Pfarrer ob Jugendliche eine Religion haben. Vor Jahren waren viele junge Menschen in der Kirche (100–200 in der Woche), heute ein neuer Pfarrer, kein Jugendlicher mehr in d. Kirche (10–50 pro Woche)

## 09/0145

Religion finde ich gut im Unterricht. Da kann man einen fragen der eine Ahnung auf dem Gebiet hat. Das kann man in der Kirche nicht. Für alte Leute gibt die Religion einen Halt im Leben. Religion gibt einem Halt in der Not.

## 09/0146

Ich glaube an Gott auch in der heutigen Zeit, da ich meine daß die Existenz des Menschen nicht nur auf eine Reihe von Zufällen beruhen kann. Leider ist der Glaube im Laufe der Zeit von den Kirchen so verfälscht worden, daß viele Menschen Grund zum Austritt haben.
Daß Religion veraltet ist glaube ich nicht, weil man sonst Religion nur als Mode betrachten müßte die einmal »in« und dann wieder »out« ist und da auch Menschen denen es schlecht geht und gerade solche einen besonderen Bezug zum Glauben haben. Einige wenden sich dann besonders mit ihrem Anliegen an Gott. Dabei gibt es solche die von Gott nur Besserung erflehen wobei ich dies nicht für den besten Weg halte. Andere wiederum fallen von Gott ab wenn es ihnen schlecht geht da sie meinen kann es einen Gott geben der so etwas zuläßt.
Zur Haltung der Kirche meine ich, daß sie längst überholt ist wobei aber die Religion wirklich modern und zukunftsweisend ist.

Warum ich an Gott glaube.
Ich vermute, daß mein Glaube sehr von meiner Erziehung bestimmt ist
da ich aus einer religiösen Familie stamme. Aber ich glaube, daß ich auch
wenn ich jetzt auf einmal allein wäre, daß ich weiter an meinem Glauben
(katholisch) festhalten würde, da ich der Überzeugung bin von Gott
erschaffen worden zu sein.

09/0147
In gewisser Weise ist Religion so etwas wie eine Droge.
Die Religion schreibt dem Leben jedes Einzelnen Grenzen vor. Z. B. Schein-
ehe, Abtreibung. Z. B. Auch wenn ein Mensch diese Grenzen nicht
beachtet, also sich nicht »abhängig« machen will, so werden sie doch von
der Umwelt wieder damit (den Grenzen) konfrontiert. Aussprüche wie:
»Die leben in wilder Ehe.« sind ein Beispiel dafür.
Ich möchte die Religion nicht als unnötig bezeichnen obwohl ich mit
vielem was die Kirche und ihre Organisation zu tun hat nicht einverstanden bin.
Die Religion ist zu sehr zu einem Geschäft geworden, bei dem man u. U.
beträchtliche Gewinne erzielen kann (Sekten, oder Kinderhilfen für die
Dritte Welt, die nie das eigentliche Ziel erreicht haben). Und das ist es,
was ich mit der Predigt, die dann in der Kirche vorgelesen wird, nicht in
Einklang bringen kann.
Ich selber gehe so gut wie nie zur Kirche, aber nicht weil ich gegen jede
Grundlage der Religion bin, sondern weil ich dort nicht der Predigt
zuhören kann. Ich muß ehrlich [zu]geben, daß sie mich langweilt.
Andererseits gehe ich gerne zu Diskussionen über religiöse Themen, z. B.
Sekten. Das sind Dinge von denen ich was verstehe.

09/0148
Wenn es Gott gibt, wie kommt er ins Nichts (Weltall)
Wie kommt die Materie ins Nichts (Elektronen Protonen Neutronen)
Schaden tut Religion nicht, nur wenn sie wegen Unsicherheit der Bevölke-
rung von irgend jemandem oder von Gruppe mißbraucht wird (als Argu-
ment für »gute« oder »böse« Sachen)

09/0149
Ich meine Religion ist Ansichtssache man sollte jedem Menschen seine
eigene Glaubensfreiheit lassen die aber doch an die Bibel gebunden ist.
Man sollte jeden genügend und eindringlich mit Gottes Wort belehren
bzw. vertraut machen. So daß am Schluß sich jeder seine eigene Meinung
bilden kann. Auch meine ich daß Religion wie sie in Jugendsekten oder
anderen ähnlichen Vereinigungen ausgeübt wird nicht die ersehnte Befreiung bringt, wie sie dort gelehrt wird. Ich meine auch die Kirche selbst
sollte sich einmal untersuchen bevor sie große Reden und Predigten von
den Kanzeln hält. Sie hat selber genügend Fehler und ist noch zu sehr
weltlich gesinnt als daß sie, bzw. der Papst Gott oder Jesus auf der Erde
repräsentiert.

09/0150

Man muß nicht jeden Sonntag in die Kirche gehen, wenn man seine Religion anerkennt.
Auch die Jugend sollte an etwas glauben, an eine Religion, Religion ist für verschiedene Personen unterschiedlich sinnvoll. Religionen unterscheiden Gutes und Böses. Ich finde Religionen (die Richtige) für sinnvoll, wenn man mit ihr etwas tut. Ich bin Jugendleiter in der KJG. Die KJG hat eine gewisse Beziehung zur kath. Kirche. Jugendliche und Kinder fühlen sich in einer Jugendgruppe wohler als in der Kirche.
Die Religion sollte nicht zu streng sein, z.B. Sekten. Ich kann mit meinem Pfarrer über alles reden. Man braucht eine gewisse Beziehung zum Pfarrer.

## 10 Elektromaschinenbauer, 4. Jahr (Abschlußklasse)
Alter 20 – 24 Jahre, konfessionell gemischt

*Den Schülern wurde das Stichwort Religion vorgegeben.*
*Mitteilung des Lehrers:Die Klasse hat 4-Wochen-Blockunterricht.*
*In dieser Zeit werden 2 Stunden Religionsunterricht in der Woche gehalten.*

10/0151

Früher als Kind, oder besser gesagt bis zu meinem 13. Lebensjahr glaubte ich noch an Gott wie halt Kinder an Gott glauben. Je älter ich wurde und je mehr ich darüber nachdachte verschwand mehr und mehr dieser Glaube. Wahrscheinlich machte ich einen Fehler. Ich wägte das Für und Wider ganz genau ab und zwar realistisch. Da gab es Wunder die nicht zu erklären waren, wiederum gab es Widersprüchliches gegen die Kirche.
Wie ich schon gesagt habe, dieses Thema ist nicht realistisch zu bearbeiten. An Gott zu glauben muß von innen her miteinander abgemacht werden. Sie [die Religion] ist ein guter Rückhalt, ein Nichtaufgeben, ein Glauben an das Bessere, für Menschen denen es schlecht geht, und die dann Gott ansprechen. Wenn jemand in Gefahr ist, Hilfe braucht, jemandem helfen will und nicht kann, er bittet Gott darum. Viele hätten schon den Mut verloren wenn es ihn nicht gäbe.
Komisch ist, daß obwohl viele Menschen Gott um etwas gebeten haben es aber doch nicht geklappt hat, und doch wenn es wieder Schwierigkeiten gibt, wieder sich Gott anvertrauen wenn sie in einer sehr schwierigen Lage sind. Zum Schluß noch bemerkt.
Wenn die Menschen in einer schwierigen Lage sind, Gott um Hilfe bitten, und sie durch irgendeine Weise Hilfe bekommen, egal welcher Art werden sich die wenigsten bei Gott auch mal bedanken.
Das ist halt der Egoist Mensch.

10/0152

Religion ist meiner Ansicht nach der größte Schwachsinn den es jemals gegeben hat. Alles nur Geldmacherei Märchen von Heinzelmännchen sind glaubwürdiger als dieser gedankenlose Schwachsinn.

Bis jetzt ist mir noch keine Erleuchtung gekommen und ich hoffe auch nicht, daß eine kommt. Schon in meinen Jugendjahren interessierte ich mich mehr für das andere Geschlecht als für die Religion, da das andere Geschlecht da ist man kann es sehen, riechen, fassen usw. aber Religion gibt es nicht. Dies ist meine Meinung und ich bemitleide nur die, die für so einen Rotz Geld ausgeben oder daran glauben.

## 10/0153
### Meine Religion
Glaube!? Was ist das? Was bedeutet das? Heute, in dieser Zeit hat dieses Wort seine eigentliche Bedeutung verloren. Man sagt zu oft wenn man etwas gefragt wird: »Ich glaube schon«. Aber keiner denkt darüber nach was dieses Wort bedeutet.
Ich glaube an Gott! Ich bin Christ! Dies kann man leicht sagen, aber verhält es sich wirklich so? Es genügt nicht zu sagen ich bin Christ!! Bloß weil man ev. oder kath. getauft wurde regelmäßig in die Kirche geht und Geld spendet!!! Glaube! Der Glaube an Gott und seinen Sohn ist nicht so leicht zu bestimmen er führt einen steinigen und mühseligen Pfad und wird oft erschüttert werden! Aber der Glaube der fest ist wird halten und Früchte bringen. Er gibt dem der glaubt einen Sinn für's Leben, den es vorher nicht besaß.

## 10/0154
Jeder Mensch hat eigentlich in seinem Innersten das Bedürfnis nach Religion. Jeder versucht meiner Meinung nach dieses Bedürfnis zu befriedigen. Die einen versuchen es im Vergnügen (Tanzen, Kino, [?] ). Andere Menschen jedoch versuchen dieses Bedürfnis zu stillen in dem sie in Sekten oder der Kirche ihr Heil suchen.
Meiner Meinung nach sollte die Kirche vom Staat getrennt werden, und nur auf freiwilliger privater Unterstützung existieren.

## 10/0155
### Meine Meinung über den Glauben!
Religion ist heutzutage mehr Geschäft als Glaube. Ein Ungläubiger, der im Leben gut ist, anderen Menschen hilft usw. steht vor Gott sicher besser da, als ein Glaubender, der all diese Dinge ebenso macht, wie ein Ungläubiger, aber dies tut, weil er denkt später dafür belohnt zu werden. Einer, der nicht glaubt und dies tut, erwartet später nichts dafür. So glaube ich, daß einer, der in die Kirche geht und draußen ein schlechter Mensch ist sich selbst und Gott betrügt.
Ich selbst kann nicht sehr viel von Kirche halten. Ich glaube zwar an Gott, aber die Kirche tut nicht immer Gutes. Ich bin katholisch, finde aber den evangelischen Glauben besser. Der Papst gibt zigtausende von Mark aus um in alle Welt zu reisen. Wäre es nicht in Gottes Ermessen, dieses Geld den Armen zukommen zu lassen, die vor Hunger und Kälte sterben? Im katholischen und evangelischen Glauben gibt es nur einen Gott (derselbe). Trotzdem kann man in der kath. Kirche die Sünden bereuen, sie

sind dann vergeben. Das ist schlecht. Bereuen ja, aber vergeben – erst später! Dann wäre da noch die Sache mit dem Sex. Sind die katholischen Pfarrer alle impotent und so prüde daß die Pille und ähnliche Verhütungsmittel verboten werden müssen? Können sie die Menschen und ihre sexuellen Triebe nicht verstehen? Gott gab uns diese Triebe und Gefühle, warum ist es dann schlecht? Schon wieder ein »für« der evang. Kirche, die Verhütungsmittel nicht grundsätzlich verbietet. Sollen lauter ungewollte, »ungeliebte Kinder« auf die Welt kommen, oder soll man warten bis ein Überdruck entsteht!

## 10/0156
Meine Religion
Die Religion ist eine christliche Einrichtung. Sie dient vor allem den jüngeren und älteren Menschen. Die Religion (der Glaube) hat in den 80er Jahren viel an Glaubwürdigkeit verloren. Weil die Kirchen sich untereinander nicht verstehen.
Die jüngeren Menschen werden auch nicht mehr so mit der Kirche konfrontiert wie vorher. Die Kirche ist zum großteil mit älteren Menschen besetzt weil sie eine strengere Erziehung speziell auf die Kirche gehabt haben.
Die Kirche entwickelt sich langsam als Geschäft daher gehen auch so viele Leute aus der Kirche, wegen den zu hohen Kirchensteuern.
Ich meine die Kirche und Religion sollte dennoch erhalten bleiben. Weil ohne Kirche keine Taufe od. Beerdigung stattfinden kann.

## 10/0157
Religion = Volksverdummung
Religion als Ersatz für die starke Mutter- oder Vaterhand.
Religion verdeutlicht ein Leben von Freiheit und Liebe →
Folge dem Mensch wird alles in der Bibel vorgekaut. → Keine persönliche Entwicklung des Menschen möglich.
Ungläubige sind zu sich selbst hart und konsequent, sie sind bestrebt alles selber oder in einer Gemeinschaft von Gleichgesinnten sich im Leben zu verwirklichen.
Religiöse sind Menschen die sich ihrer eigenen Verantwortung entziehen und sich nur bei der Vatergestalt eines Gottes verantworten können → kein eigenes Verantwortungsgefühl (dies trifft nur bei gewissen Leuten zu)!

## 10/0158
Über Religion wird heutzutage viel diskutiert aber glauben tun nur noch wenige an Gott. Früher war es anders da hatte man eine religiöse Erziehung. Man wurde erzogen daran zu glauben ohne viel nachzudenken.
In der Not wenden sich viele an Gott weil sie denken vielleicht nützt es doch was, aber danach ist alles vergessen.

## 10/0159

Ich glaube an Gott, nur an sein Bodenpersonal nicht.

## 10/0160

*Meine Meinung zur Religion*

Religion ist nach meiner Meinung für die Menschheit ein wenig wichtig. Würde man die Religion ganz abschaffen, würde wahrscheinlich die Aggressivität in der Welt ansteigen. Ich habe eigentlich keine Beziehung zur Religion, aber ich lehne sie nicht ab. Ich finde es falsch, wenn Eltern ihre Kinder dazu zwingen, in die Kirche zu gehen, denn manch einer ist Gottesgläubiger der nicht in die Kirche geht, als einer, der regelmäßig geht.

## 10/0161

Thema Religion:

Als junger Mensch hatte ich noch eher eine Beziehung zur Religion, durch Religionsunterricht und die Aufklärung der Religion durch meine Eltern. Aber schon im ersten Lehrjahr wurde mir durch einen Lehrer die eigentliche Geschichte der Erde (Urknall usw.) erklärt. Auch im Internat hatte ich einen Betreuer der diese Meinung sehr logisch vertrat. Pfarrer im Konfirmandenunterricht mußten in vielen Teilen dieser Meinung zustimmen. Ich bin noch religionszugehörig weil die Zivilisation (Mehrheit, Eltern) die Religion unterstützt (Steuergelder). Eben, weil es sich so gehört. Wenn man kirchlich getraut wird hört es sich besser an, wie wenn man nur standesamtlich getraut wurde. Ich bin sicher daß ich trotz dieser Meinung meine Religionszugehörigkeit (ev.) nicht beenden werde. Bin allerdings froh nicht in einer sehr strengen Religion zu sein, wie z.B. Katholisch.

## 10/0162

*Religion:*

- wichtig für die Gesellschaft;
- wird stark mißbraucht.
- ist eine Mode-Erscheinung; schon immer wurde Religion als Druckmittel des Staates verwendet.
- verliert für mich an Glaubwürdigkeit durch Streitigkeiten und Widersprüche.
- mich stört die Vergötterung des »Heiligen Vaters« (übermenschliche Fähigkeiten)
- wird von vielen Menschen in Notfällen und Schwierigkeiten mißbraucht.
- Die Kirche hat für mich zur Zeit keine Existenzberechtigung. Daß viele Menschen eine Religion benötigen sieht man schon an den vielen Sekten, die teilweise von sehr unseriösen Menschen geführt werden.

Warum suchen die Leute in einer Sekte Halt und nicht in der Kirche? Ich persönlich glaube nicht an einen unbedingten Zusammenhang zwischen Kirche und Religion.

## 10/0163

Ich meine, die Kirche in Rom macht zuviel Aufwand für den Papst. Der Papst wird als Werbeprodukt benutzt. Um Geld zu bekommen.
Ich finde die Kirche nicht schlecht, weil ich nie in die Kirche gehe.
Ich finde die Kirche spendet zuviel, sie sollten lieber im eigenen Land mehr machen, für die Jugendlichen.

## 10/0164

Die Kirche im allgemeinen finde ich gut. Sie ist für viele der letzte Halt. Ich selber weiß zur Zeit nicht, ob ich an Gott glaube oder nicht. Vor einem Monat ist eine Bekannte von mir gestorben. Sie war 28 Jahre alt. Sie ist viel in die Kirche gegangen. Dann hat sie Krebs bekommen und ist gestorben. Da frag ich mich, ob das gerecht ist oder nicht. Deshalb ist es schwer für mich an Gott zu glauben.

## 10/0165

In der Geschichte wurden von der Kirche so viele Behauptungen widerlegt, weil die Wissenschaft immer größere Fortschritte machte.
Früher wie heute ist die Religion Opium für das Volk, weil die Kirche immer dann zum Beten aufrief wenn das Volk aufstehen wollte. Denn beim Beten ändert sich nichts.

## 10/0166

Die Kirche betreibt meiner Meinung nach nicht genug Selbstinitiative Jugendliche und junge Erwachsene zu überzeugen, oder ihre Interessen zu wecken. Viele junge Leute die zu Sekten gehen haben Probleme z.B. kommen mit sich selbst, oder dem Elternhaus nicht klar. Ihnen wird in Sekten ein Gefühl von Sicherheit geboten. Trotzdem sollten sich Jugendliche vorher über eine Sekte informieren um nicht den Kontakt zur übrigen Welt zu verlieren, oder ausgenützt [zu] werden.
Würden sich die großen Kirchen (Evangelische katholisch[e] ) mehr um diese Jugendlichen und jungen Erwachsenen kümmern, sich mit diesen Problemleuten unterhalten und ihnen Ratschläge geben, ist meine Meinung daß diese Kirche wieder mehr Zulauf hätte. Mehr Jugendzentren für solche Leute.

## 10/0167

Meine Religion

Ich bin von der Religion nicht abgeneigt. Man muß ja irgend einen Glauben an Etwas haben. Ich gehe zwar nicht in die Kirche, oder sehr selten, aber deswegen glaub ich trotzdem an Gott, denn wenn es Gott geben sollte, ist er ja überall. Niemand weiß genau ob es Gott wirklich gab bzw. noch gibt, aber man muß eben damit leben und daran glauben, dies ist ein Geheimnis, das niemand entdecken oder erforschen kann. Jedes Land und jedes Volk hat andere Bräuche und Sitten und glauben an etwas, was wir nicht kennen, aber im Prinzip immer Dasselbe, ein Glaube, eine Religion.

10/0168

An Gott glaube ich nicht, ich habe keinerlei Beziehungen zu ihm. Denn früher wo ich ab und zu in der Klemme saß betete ich viel und er half mir nie. In der Bibel steht so viel geschrieben über Glauben und Wunder da ist glaube ich nichts daran. Und das warum ich nicht aus der Kirche austrete ist nur weil es einige wenige gibt die an die Kirche glauben und nur mit ihrem Geld können sie nie die Kirche unterstützen. Da würde es die Kirche bald nicht mehr geben. Von mir sind so viele Freunde mit 16 oder 20/21 gestorben und ich sehe keinen Sinn darin daß »Gott« daran etwas liegt. Es kann keinen Gott geben denn dann würde er so etwas verhindern. Daß soviele anständige und junge Menschen daran glauben müssen und es gibt so viele Verbrecher, Kranke und alte Menschen die sterben möchten und es nicht können oder dürfen. Auf dieser Welt gibt es kaum noch Glauben die meisten denken nur an sich und glauben auch nur an sich da sie oft enttäuscht wurden. Die Kirchen selbst sind so zerstritten und gespalten und uneinig sie bekämpfen sich sogar, da kann man an keine Kirche glauben.

10/0169

Ich glaube schon an Gott aber nicht an den Gott den uns eine andere Kirche oder Person vorsetzt.
Ich glaube ein jeder sollte seine eigene Religion und seinen eigenen Gott selber finden. Die Kirche sollte keine Religion vorsetzen sondern bei der eigenen Religionsfindung helfen. Helfen zu sich selbst zu finden, zu dem eigenen Gott der in einem selbst ist.
Ich finde es nicht gut, daß viele die Religion als Entschuldigung und Abbuße nehmen und die Kirche das auch noch unterstützt. Ich finde es viel wichtiger wenn Personen nur bewußt in die Kirche gehn auch wenn sie nur 1 × im Jahr gehn, und nicht jeden Sonntag in die Kirche gehn nur um sich sehn zu lassen. Ich finde es auch nicht gut, daß in der Kirche hauptsächlich Trauer vorherrscht (Jesus am Kreuz; kein Beifall bei guter Predigt oder Musik).
Ich würde es auch besser finden den Pfarrer nicht durch den Lohn zu entlohnen sondern durch Spenden, dann würden sich die Pfarrer mehr um die einzelnen Personen kümmern.

10/0170
Religion
Ich bin der Meinung daß Religion bestehen bleiben sollte, denn die Geschichten von früher wie daß es Gott gibt, daß es schon gesehen worden ist, Jesus, Kreuzigung Jesu, daß Jesus Leute geheilt hat, Auferstehung Jesu usw. wurde ja durch Schriften oder Aussagen der Leute immer weitergegeben, und darum meine [ich] sollte man es den nächsten und übernächsten Generationen usw. auch weitergeben, denn es ist ja nicht bewiesen daß es das nicht einmal gab, darum schwankt man in diesen Gedanken ein bißchen im Dunkeln herum. Jedoch kann ich nur sagen wenn gewisse Notstände auftreten wie z. B. Unfall in der Familie wo man

nicht weiß ob er durchkommt oder nicht (wo ich am eigenen Beispiel erlebt habe) ist man froh wenn man an jemanden glauben kann der für Hilfe sorgen kann. An den man sich klammert als ob er mit einem lebte.

## 10/0171
*Religion heute*
Die Religion in dem Sinne wie sie früher vertreten war durch die evangelische und katholisch[e] Kirche hat heute viel an Ansehen und Macht verloren. Ihr (das der Kirche) Antlitz wurde durch die massenhaft auftretenden Sekten, welche die Jugend regelrecht, geistig verdarben, mächtig gestört. Man muß jedoch auch erwähnen, daß die großen Amtskirchen eine große Mitschuld tragen. Statt daß die Kirche mehr auf die Bevölkerung, sprich Jugendliche, eingeht, sie durch Initiative, egal welcher Art und Weise, auf sich aufmerksam und interessant macht, beschäftigt sie sich lieber mit dem Ausland, oder der älteren Generation, die seit eh und je der Kirche mit ihrem Glauben Unterstützung schenken. Ich glaube jedoch, daß die alleine nicht ausreicht, denn die Basis für eine Weiterführung oder -entwicklung des Glaubens muß auf der Jugend aufgebaut werden, und man müßte Mittel und Wege finden, diese Basis und die Folgen, egal ob positiv oder negativ auszubauen, und in weiter Zukunft beizubehalten. Wenn dies der Fall wäre, wäre auch die Kirchensteuer in vollem Maße gerechtfertigt.

## 10/0172
Ich habe mir über die Kirche noch nie größere Gedanken gemacht, weil ich selten etwas Gutes damit verbinden konnte.
Ich wurde bis zu meinem 17. Lebensjahr fast jeden Sonntag zum Kirchgang gezwungen, was mir logischerweise lästig war.
Dieses Verhalten meiner Eltern, genauer gesagt meiner Mutter, konnte mich nie überzeugen, und ich brachte auch kein Verständnis dafür auf.
Versuche meinerseits, meinen Eltern meinen Standpunkt und mein Interesse an der Kirche darzulegen waren zwecklos.
Ich gehe heute nicht mehr in die Kirche, d.h. ich bin nicht gegen Gott usw., aber ich distanziere mich davon. Ich bin der Meinung das soll jeder so halten wie er will. Sollte jedoch die Kirchensteuer weiter anwachsen werde ich aus der Kirche austreten.

# 11   2-jährige Berufsfachschule für Hauswirtschaft, 1. Jahr

*Den Schülerinnen und Schülern wurde die Frage vorgelegt:*
*Was bedeutet für mich Gott?*
*Aus der Klasse wurden nur die drei folgenden Texte zugesandt.*

11/0173                                                                    w. 16.
Was bedeutet für mich Gott?
Ich gehe zwar nicht oft in die Kirche, aber das muß noch lange nicht
heißen daß ich nicht fromm bin oder nicht an ihn glaube, das heißt aber
auch nicht daß ich anstatt in die Kirche in die Disco gehe, das tue ich
nämlich nicht! Ich glaube an Gott, für mich ist er so, daß man mit ihm
über Sachen sprechen kann die man gerne los werden möchte. Wenn
man mit jemandem darüber spricht ist ganzes Leid, halbes Leid, ganze
Freude geteilte Freude man sollte immer mit jemandem darüber sprechen
man fühlt sich danach erleichtert und ist froh wenn der andere mit ihm
fühlt. Muß man unbedingt in die Kirche gehen, um zu glauben? Ich habe
meine Kommunion, meine Firmung genauso erlebt wie andere Jungen
und Mädchen die jeden Sonntag in die Kirche gehen. Glauben die vielleicht mehr, wie die die nicht jeden Sonntag in die Kirche gehen? Sind wir
deshalb schlechter abgewertet, vor Gott sind alle gleich.

11/0174                                                                    w. 16.
Was bedeutet für mich Gott?
Gott ist immer für mich da, das ist sehr wichtig für mich. Ich weiß, daß
ich jederzeit mit jemandem sprechen kann. Ich habe immer einen Freund,
der mich nicht verläßt, der zu mir hält, der mir gute Ratschläge gibt, egal
was ich getan habe. Gott wird mich nicht verurteilen. Ich kann weinen, er
wird mich nicht auslachen, er glaubt an mich und nimmt mich, wie ich
bin. Er gibt mir die Kraft, die ich brauche, um nicht aufzugeben, wenn ich
mal den Mut an meinem Leben verliere.
Er ist meine Ruhe, meine Stimme, die mich leitet. Wenn er mich eines
Tages verlassen sollte, dann frage ich mich, was aus mir werden wird.
Wird mein Leben seinen normalen Weg weitergehen? Was wird passieren?

11/0175                                                                    m. 16.
Was bedeutet für mich Gott?
Ich bin ein Mensch der immer viel Probleme hat und gehabt hat. Und seit
ich denken kann habe ich zu jemandem gesprochen, morgens, mittags,
abends, nachts, immer zu jeder Gelegenheit, aber meistens nachts.
Ich entsinne mich es fing an, daß ich nachts immer das Vater unser ...
aufgesagt und andere Gebete dazu erfunden habe.
Mit den Jahren fielen die Gebete weg und ich sprach nur mit ihm. Ich
habe den ganzen Tag erläutert, was ich so alles erlebt hatte, den ganzen
Alltag. Und ich weiß ganz genau, daß immer eine Unterhaltung stattge-
funden hat mit Frage und Antwort. Wenn ich mir etwas wünsche, eine
Hoffnung habe, dann muß ich mit jemand neutralem reden, und wer

kommt da in Frage? Er mit dem ich rede. Ich sage zwar Gott zu ihm aber genauso könnte ich Papa, Freund, Bruder... sagen. Was Dir also am nächsten liegt. Denn stell Dir vor Du gehst zu jemandem hin und sagst z. B. ich wünsche mir eine Hose, der würde Dich auslachen. Aber er gibt mir einen Rat und den befolge ich. Ich glaube es ist eine innere Stimme die antwortet ein zweites ich. Oder ich denke sehr laut und deswegen glaube ich, ich rede mit jemandem.

Ich glaube nur, es gibt jemanden den ich nicht kenne. Mein Anvertrauter. Und ich brauche nicht in die Kirche zu gehen um mit ihm zu reden. Und ich brauche nicht zu beten um mit ihm zu reden.

Ich müßte noch viel sagen aber...

Bei ihm kann ich mich aussprechen wenn mir niemand zuhören möchte oder kann d. im Endeffekt doch ich selber bin. Aber durch ein gewisses *Selbstvertrauen* geht doch das in Erfüllung was ich mir wünsche.

Nur fest daran glauben...

## 12 1-jähr. Berufsfachschule für Metall
(vorwiegend männl.)

*Den Schülern wurden die Satzanfänge und Sätze zu Gott vorgelegt.*
*Mitteilung des Lehrers: Die Schüler haben bereitwillig geschrieben.*

### 12/0176

Ich glaube an Gott, weil ich mir nicht vorstellen kann wie die Erde sich so entwickeln konnte. Wie die Bäume alleine wachsen können usw. Es muß irgendjemanden geben der die Macht hat Leben entstehen zu lassen. Gott sagte es wird ein Leben nach dem Tod geben und ich glaube an dieses Leben. Ich glaube auf keinen Fall daß es nach dem Leben nichts mehr gibt.

### 12/0177

Ich glaube nicht an Gott weil es mir schwer fällt mir kein Bildnis von Gott machen zu dürfen. Auch der Widerspruch zwischen Bibel und der heutigen Wissenschaft die auf Beweisen beruht ist sehr groß. Der Gott in der Bibel müßte ja ein Zauberer sein um aus Lehm Menschen zu formen und ihm Leben einhauchen zu können, Lehm ist ein totes Material. Ich glaube vielmehr daß sich einige Menschen früher gefragt haben wie, und aus was ist die Erde entstanden warum gibt es Menschen was war davor? Niemand kann es beantworten. Also erfanden sie einfach jemanden der dies ja natürlich mit seinen Händen geschaffen haben muß. Diese Idee machte man zu einer Religion um alles zu erklären weil die Menschen eine Erklärung verlangen und an etwas glauben müssen.

### 12/0178

Woran denken Sie bei dem Wort Gott?
Ich denke an das AT wo Gott am Anfang die Welt erschuf den Menschen

wie er verschiedene Propheten berief und an das NT wo er Jesus auf die Erde schickt um ihn für die Menschen zu opfern.

Ich könnte dies glauben wenn es Beweise dafür gäbe. Ich glaube nicht daß Gott die Erde und alles dies erschaffen hat. Mit Jesus ist es so daß es sein könnte daß er in Wunderheilkunde viel verstand und es damals noch Kräuter gab, die man heute nicht mehr kennt und dies alles machte (von Gott erzählen Paradies) um den Menschen die Angst vor dem Sterben hatten diese Angst zu nehmen.

Gott ist wie ein Phantom. Immer wieder beruft er jemanden der den Menschen von ihm nur Gutes erzählt. Woher Gott kommt weiß niemand. Noch nie wurde er von jemandem gesehen.

Wenn ich das Wort Gott höre denke ich gleichzeitig auch an das Leben nach dem Tod. Ich kann mir nicht vorstellen daß es nach dem Tod nicht mehr weitergeht. Gott gibt es bestimmt denn wenn so viele Leute an ihn glauben dann kann [ich mir] das auch nicht vorstellen daß es ihn nicht gibt.

### 12/0179

Woran denken Sie [ . . . ] Gott

Ich weiß nicht ob es einen Gott gibt, aber ich *glaube*. Ich denke bei dem Wort Gott an Hilfe. Z.B. wenn ich sonntags in die Kirche gehe bin ich danach freier als vorher. Oder wenn wir in der Schule eine Klassenarbeit schreiben und ich war nicht in der Kirche fühle ich mich nicht wohl. Gott ist für mich wie ein Freund dem ich alles erzählen kann. Ich denke auch daß Gott einem vergibt, wenn man die Schuld selber einsieht. Wenn ich einmal sterben werde denke ich daß ich in den Himmel komme und daß es dort schöner ist als hier.

### 12/0180

»Gott sei Dank gibt es nicht das was sich 60–80% unter Gott vorstellen!« Also um zu dieser Frage etwas sagen zu können muß ich wissen was sich diese 80% darunter vorstellen nehmen wir an sie stellen sich einen blonden bärtigen Mann als Gott vor dann sind sie leichtgläubig und phantasielos denn diese Gottversion bekommt man überall vorgesetzt Beispiel: in der Kirche auf einem Gemälde findet man diesen blonden bärtigen Mann und in jedem religiösen Film bekommt man diesen Mann zu sehen.

Für mich ist Gott ein Mensch wie ich und Du. [Unter dem Text Bleistiftzeichnung eines Gesichtes mit der Unterschrift: Meine Vorstellung von Gott]

### 12/0181

Ich glaube an Gott weil die Welt jemand erschaffen haben muß. Die Natur und die Lebewesen, wo kommen sie her?

### 12/0182

Ich glaube zwar an Gott, kann mir jedoch nicht so recht vorstellen, ob es ihn gibt. Ich kann mir nicht vorstellen, wie Jesus vor 2000 Jahren wieder auferstanden sein soll, nachdem er am Kreuz gestorben ist. Ich bin im Zweifel ob es Religion in dem Sinn, in dem wir es verstehen, überhaupt gibt. Die Wunder, die so oft erzählt werden, wie sind sie geschehen, warum sind sie geschehen. Wenn ich in 3 Monaten einmal in die Kirche gehe, muß ich mir schon überlegen, was ich dort soll. Ich kann mir eigentlich nicht so recht eine Meinung bilden, ob ich an Gott glaube oder nicht, ich bin immer hin und her gerissen. Wenn es möglich ist wechsle ich das Thema, wenn es um Religion oder Christ gesprochen wird.

## 12/0183

Gott ist eine Hilfe im Leben an dem man sich halten kann. Manchmal ist er aber auch ein Problem das sich im Gewissen eines Menschen festhalten kann z.B. Lügen usw. Gott ist eine Gestalt [bei der] sich die Menschen Zuflucht suchen. Wenn sie Angst haben wenn sie Zuflucht suchen. Gott sollte man und darf man nicht abschaffen denn wenn man das täte hätte man viel Menschen auf dem Gewissen denn viele die nicht mehr weiter können suchen Zuflucht bei Gott. Gott soll und darf nicht eine Anhangsperson sein auf die man sich verlassen darf denn wenn sie das würde müßten viele Menschen große Enttäuschungen miterleben. Gott ist auch eine Hilfsperson für Kranke und Schwache, die auf ein besseres Leben hoffen können ich finde Gott ist ein Erretter für alle.

## 12/0184

Gott ist für mich ein guter Mann er hilft allen Leuten, er sagt alle Menschen seien gleich das finde ich gut. Gott ist für alle da nicht nur für die Reichen sondern auch für die Armen.
Gott macht immer gute Sachen, böse Sachen kann er nicht leiden. Er ist gegen das Böse.
Gott hilft auch denen die böse sind die nicht an ihn glauben. Ich glaube an Gott weil es ihn gibt. Ich gehe in die Kirche weil ich an ihn glaube.

## 12/0185

Ich glaube an Gott, weil ...
Seit meiner Kindheit wußte ich daß [es] einen großen allmächtigen Gott von unserer Welt gibt. Meine Eltern beten Tag und Nacht zu einem Gott. Ich wollte mit meinen Eltern beten, ich konnte so einfach nicht, weil die Bücher [in] arabischer Schrift sind, und [ich] höre auch keine arabischen Wörter.
Es ging viele Zeit. Eines Tages fragte ich meinen Vater »Was ist Gott, warum betest [du] immer.« Mein Papa antwortete: »Mein lieber Sohn Gott ist ein hilfsbereiter Geist wenn wir [ein] Problem haben können wir ihn fragen und er hilft uns.«

## 12/0186

Ich glaube an Gott, weil was es auf dieser Welt gibt irgend jemand geschaffen haben muß. Für mich ist es dennoch manchmal sehr schwer voll und ganz an Gott zu glauben, weil ich denke, was war davor, als Gott die Welt und das ganze Universum geschaffen hat. Ich zweifle manchmal daran ob dies der richtige Gott ist, viele andere Religionen behaupten das auch von ihren Göttern. Wenn mich jemand fragt, woran denken sie bei dem Wort Gott, so würde ich antworten: »Bei dem Wort Gott denke ich an den Schöpfer der Welt, an den Himmel und das Paradies«.

## 12/0187

– Gott ist...

Gott ist irgend etwas Übersinnliches er ist in uns allen und doch nicht da, man sagt er ist in der Kirche. Er soll dort am nächsten sein. Gott soll groß und mächtig sein unsichtbar und doch da. Er soll in jedem von uns sein und uns Gutes bringen. Er wird jedem helfen und doch passiert so viel auf der Erde. Ich denke wenn ich sterbe wird mich Gott oder irgend jemand empfangen aber ich hoffe Gott wird mich empfangen. Ich habe mir schon oft vorgestellt Gott ist ein mächtiger König oder Herrscher er steht vor einem Komputer oder großen Bildschirm der auf der Erde alles zeigt und von dem aus alles Denken und Reden gesteuert wird. Er sendet Engel aus um Wunder zu wirken, daß man vor Gott Achtung bekommt und ihn bewundert. Man sagt und ich denke ich kann es auch glauben Gott kann alles er hat die Macht über alles Gute und Böse. Frage wenn Gott so viel Macht hat warum schafft er dann nicht alles Böse von der Erde. Wenn man stirbt sollte man zu jemandem noch Vertrauen haben können und denken können das Leben geht weiter. Ich stelle mir das Leben nach dem Tode so vor: Man wird vor Gott hingestellt und er stellt einem Fragen wie vor einer großen Prüfung und man wird in bestimmte Stufen und was man auf der Erde gelernt hat eingeteilt.

## 12/0188

Ich glaube an Gott weil ich mich überzeugen konnte. Früher habe ich weniger geglaubt, aber als ich mich damit beschäftigt habe, habe ich feststellen können, daß es irgendetwas Höheres geben muß, genauso glaube ich an ein Weiterleben nach dem Tod. Z.B. habe ich einmal gelesen: Da kam ein 7 oder 8jähriges Kind mit seinen Eltern in eine Ortschaft in der es nie zuvor war. Als ein wildfremder Mann vorbeilief rannte es auf den Mann zu und schrie: »Papa«. Danach ging man der Sache auf den Grund und dabei stellte man fest, daß dieser besagte Mann einmal ein Kind gehabt hatte, das an einer schweren Krankheit dann gestorben ist. Dieser Junge konnte die ganzen Namen der Familie aufzählen. Ich könnte noch mehr solche oder ähnliche Beispiele aufzählen. Aber daraus kann man doch sehen, daß es irgendwo nach dem Tod weitergehen muß.

Oder ein anderes Beispiel. Da lag ein Mann auf dem Operationstisch war klinisch tot und ihn holte man dann wieder ins Leben zurück. Dann erzählte er, daß er Blumen Wiesen Licht gesehen habe, und er wollte nicht mehr ins Leben zurück. Seitdem freut er sich auf den Tod. Und deshalb glaube ich an Gott.

12/0189

Über dieses Thema kann ich nicht diskutieren weil ich nicht weiß ob es sowas gibt genauso weiß ich nicht ob es Gott doch gibt. Ich stehe in einem Kampf der Ungewißheit denn manchmal glaube ich und manchmal glaube ich nicht.

12/0190

- Gott ist für mich nicht da.
- Ich glaube *nicht* an Gott weil ich ihn noch nie gesehen habe. Ich kann mir es nicht vorstellen daß es Gott gibt erst wenn ich Gott mal gesehen habe kann ich es vielleicht glauben.
- Woran denken Sie bei dem Wort Gott:
  Ich denke immer an Gott den Zauberer und den mächtigen und daß er immer etwas Besseres ist.

12/0191

Gott ist für mich keine große Bedeutung und ich glaube auch nicht an Gott. Am Sonntag muß ich von meinem Vater aus in die Kirche. In der Kirche ist es mir immer stinklangweilig weil ich gar nicht zulosen will was der Pfarrer in der Kirche predigt. Kommunizieren tu ich schon lange nicht mehr. Aber ich kenne einige die auch nicht an Gott glauben und einfach vorgelaufen sind und kommuniziert haben. Das regt mich sehr auf nämlich, entweder oder. [zulosen = zuhören]

12/0192

Ich glaube nicht an Gott weil ich ihn noch nicht gesehen habe. Wenn ich in Not war hat er mir noch nicht geholfen. Ich mußte mir immer selber helfen. Wenn es ihn geben tät dann gäb es keine armen Länder keine Not auf der Welt es gäbe keinen Krieg in den verschiedensten Ländern glaube ich wenigstens wenn es ihn wirklich geben tät würde er doch das verhindern so wie es in der Bibel oder sonstwo steht. Außerdem denke ich daß tot einfach tot ist und daß es keine Auferstehung gibt so wie es geschrieben wird und daß die Toten in [ein] ewig Reich kommen das ist Unsinn (Aberglaube).

12/0193

Ich glaube nicht an Gott weil es zum Beispiel heißt die ersten Menschen seien von Gott geschaffen. Woher kommt Gott. Wenn es Gott geben würde dann würde er auch den armen Menschen helfen und denen wo süchtig und gelähmt sind auch.
Woran denken Sie bei dem Wort Gott dabei denke ich an Hilfe und Gerechtigkeit.

12/0194

Viele Menschen verstehen unter Gott, daß sie jeden Sonntag regelmäßig in die Kirche gehen und sich somit mit Gott gut stellen. Sie meinen dann das sei der wahre Glaube. Es heißt dann immer die die nicht in die Kirche gehen die glauben nicht an Gott. Meiner Meinung nach kann man aber auch an Gott glauben ohne in die Kirche zu gehen. Ich stelle mir unter Gott nicht die Kirche vor. Ich verbinde mit Gott auch noch Liebe und persönlichen Einsatz im persönlichen Bereich. Also ich verstehe Gott nicht als Institution.

12/0195

Gott ist... Woran denken Sie bei diesem Wort
Ich kann diese Sätze Gott ist allmächtig usw. nicht hören. Viele verehren Gott und es gibt keinen Beweis daß Gott wirklich existiert. Meiner Meinung nach ist Gott eine Ausrede für die Unwissenheit. Weil man nicht weiß wie alles entstanden ist erklärt man sich dies durch jemanden den man Gott nannte.
Wenn ich in der Kirche bin und die ganzen Leute beten sehe denke ich oft, daß nur die Hälfte an Gott glaubt die anderen gehen in die Kirche nur um gesehen zu werden. Und spielen den frommen Mann und draußen verstoßen sie gegen alle Gebote die es gibt.
Ich könnte oft in Wut geraten wenn meine Mutter sagt du brauchst unseren Herrgott auch einmal. Ich denke dann leck mich am .... Da ich diesen Fanatismus satt habe. Wenn es Gott wirklich geben würde warum sieht ihn keiner warum passieren keine Wunder mehr?

12/0196

An die Bibel. Sie verleiht uns einen Einblick über das Schaffen von Jesus, wie er die Toten auferstehen läßt, Kranke heilt... An ein Leben nach dem Tod. Ich habe schon oft darüber nachgedacht, als ich in schwierigen Situationen war (Streit mit Eltern etc.), ob ich mich nicht umbringen soll. Nur um zu sehen, wie das Leben nach dem Tod ist (besser oder schlechter). Oder ob man dann das Leben der Familie weiterverfolgen kann. Ich stelle mir dann immer vor, wer alles an meinem Grab steht und weint. Doch wenn ich das sehe, dann möchte ich doch wieder zurückkehren in die »normale Welt« und die Leute dann trösten. Auch denke ich darüber nach wie das Leben nach dem Leben ist. Gibt es ein Leben nach dem Leben überhaupt? Wenn es eines gäbe, wie ist das? Ist es besser als das normale Leben oder schlechter? Diese Fragen beunruhigen mich ein wenig. Ich möchte diese Fragen beantworten können, aber dazu muß man erst sterben, und das ist ja auch nicht gerade das Beste. So werde ich wohl die Fragen nie beantworten können, bis an das Lebensende, wenn der Tod mich eingeholt hat.

12/0197

Ich glaube an Gott, weil... ich mir das alles nicht vorstellen kann was es so auf der ganzen Welt gibt. Ich kann mir auch nicht vorstellen daß die Bäume von so alleine wachsen und wo die Steine und das alles herkommt. Durch Gott sind wir ins Leben gekommen und es muß einen geben der Macht über uns hat. Durch Gott gibt es auch ein Leben nach dem Tod oder eine Auferstehung.

12/0198
- Ich glaube an Gott, weil ich katholisch bin und darum kann ich ja
  schlecht nicht an Gott glauben. Wenn ich manchmal in die Kirche gehe
  muß ich ja an Gott glauben. Wenn ich als Katholik nicht in die Kirche
  gehe, kommt das so blöde heraus, denn die Leute denken der ist
  katholisch und geht fast nie in die Kirche.
- Woran denken Sie bei dem Wort Gott? Daß er vielleicht ein berühmter
  Mann ist. Daß er anderen Menschen hilft oder wenn sie krank sind
  heilt.

12/0199
Woran denken Sie bei dem Wort Gott?
Die meisten Leute sagen immer, daß sie an Gott glauben würden. Aber in
der Wirklichkeit halten sie von Gott garnichts. Ich bin einer davon, der
von Gott nicht ganz so viel hält. Ich glaube einfach nicht an die Sache mit
Gott. Wenn ich damals dabei gewesen wäre, dann würde ich das heute
glauben. Immer wenn ich etwas daheim falsch mache, sagt meine Mutter
immer gleich: »Dafür wird dich mal der Herrgott bestrafen«. Ich finde,
daß das alles bloß Lügen und blöde Worte sind. Aber manchmal glaube
ich doch ein wenig an Gott. Aber dann im nächsten Moment glaube ich
dann nicht mehr an Gott. Sogar nach einer Weile habe ich Gott vergessen. Aber damit meine ich nicht daß mir Gott egal wäre. Ich würde eher
sagen, daß die Leute, die an Gott glauben möchten, an Gott glauben, und
die wo nicht an Gott glauben, die sollen es bleiben lassen.

# 13   Friseusen, 2. Lehrjahr

*Den Schülerinnen wurden die Satzanfänge und Sätze zu Gott vorgelegt.*

13/0200
Ich glaube an Gott, weil er der Vater von uns allen ist. Er hat uns gelehrt
zu lieben den man normal haßt.

13/0201
»Gott sei Dank gibt es nicht, was sich 60–80% der Eidgenossen unter
Gott vorstellen« (Rahner)
Viele Menschen haben nur eine sehr vage Vorstellung von Gott. Aus
Erfahrung weiß ich, daß sich viele unter dem Wort Gott so etwas ähnli-
ches wie einen »Zauberer« vorstellen. Sie meinen, wenn sie vor dem
Schlafengehen ein paar Worte vor sich hinplappern, gehen ihre Wünsche
schon in Erfüllung. »Gott macht das schon«, sagen sie sich.
Ich glaube an Gott, ich glaube an ein Leben nach dem Tod. Ich bin getauft
und zum Glauben so erzogen, daß ich aus freier Entscheidung an Gott,
und alles, was dazugehört, glaube.

13/0202
Ich glaube an Gott weil man es mich gelehrt hat daß ich an Gott glaube. Mir fällt gerade nichts mehr ein.

13/0203
Ich finde daß die Sache mit Gott nur mich angeht und ich möchte das für mich behalten und nicht weitersagen.

13/0204
Ich glaube an Gott, weil er der Vater von uns ist. Er hat uns gelehrt zu lieben den man normal haßt.

13/0205
Ich finde das ist meine eigene Meinung, die wo niemanden angeht. Weil jeder Mensch hat seinen eigenen Glauben. Man muß nicht immer gleich so eine große Geschichte daraus machen und kann doch an Gott glauben.

13/0206
Woran denken sie bei dem Wort »Gott«?
Ich denke an die Kirche.
Ich denke an Ostern weil er für uns gestorben und für uns aufgestanden ist. Ich denke oft was ich besser machen kann, was ich falsch gemacht habe. Wie kann man denen die in Not sind helfen.
Warum ist das Leben manchmal so grausam. So viel Elend auf der Welt. So viel Mord, Entführungen und Unfälle.

13/0207
Woran denken Sie bei dem Wort »Gott«?
Ich kann mir bei dem Wort Gott *überhaupt* nichts vorstellen weil ich an das was in der Bibel steht, nicht wahrnehmen kann. Ich glaube an jemanden, den irgendwen mußte es ja geben, wo das alles gemacht hat. Wenn mich jemand fragt ob ich an Gott glaube oder nicht kann ich nie etwas darauf sagen, weil ich mir selber im Unklaren bin.
In der Not oder wenn jemand am Sterben liegt betet man an Gott daß er einem hilft aber es wird deshalb auch nicht besser, ich versteh das einfach nicht. Ich finde es einfach hohl, das was man in der Kirche macht, es ist immer das gleiche aus der Bibel.

13/0208
Ich glaube an Gott weil
Gott ist für mich der Glaube. Wenn ich alleine bin denk ich oft an Gott, er beschützt mich.
Manchmal ist Gott eine große Hilfe für mich. Ich fühle mich als Untertan, er ist mein König er ist größer als ich.
Er hält mein Leben zusammen im Bösen und im Guten.

13/0209
Woran denken sie bei dem Wort »Gott«?
An einen Menschen, von dem ich nur aus der Religion, sonst eigentlich noch nie persönlich, gehört oder gesehen habe.
An einen Menschen der vor viel, vielen Jahren der Menschheit eine Erlösung gebracht hat. Doch manchmal glaube ich, daß es nur Geschichten sind. Woher soll man denn wissen was vor so vielen Jahren geschehen ist. Es heißt er hat sich für uns geopfert, aber warum hat er das getan und wie hat es uns denn geholfen.
Ich weiß wirklich nicht ob ich an Gott glauben soll oder nicht. Ich tue es halt weil es meine Eltern und die andern auch tun.

13/0210
Ich glaube nicht an Gott, denn ich kann nur etwas glauben, was ich sehen, fühlen und hören kann.
Gott kann man nicht sehen!
Man rennt jeden Sonntag in die Kirche weil man muß und keiner will wissen ob man will oder nicht. Ich finde die Kirche ist purer Blödsinn. Wer kann beweisen, was der Pfarrer jeden Sonntag erzählt. Sind das denn nicht alles Gerüchte, die irgendjemand mal aus Langeweile aufgeschrieben hat?

13/0211
Ich möchte mich dazu nicht äußern, weil ich keinen Grund sehe über so etwas zu urteilen weil ich darüber nicht weiß was ich schreiben sollte.

13/0212
Ich glaube an Gott weil als ich noch klein war man immer über Gott in der Religion gesprochen hat und was er Gutes tut für die Menschen. Wenn man nicht an ihn glaubt kommt man nicht in den Himmel. Die älteren Frauen um die 50–60 glauben ja noch mehr an Gott und gehen jeden Sonntag in die Kirche, das was wir jungen nicht mehr so oft tun.

13/0213
Ich glaube an Gott, weil . . .
Es mir in der Religion immer vorgehalten worden ist, daß man an Gott glauben soll, sonst kommt man nicht in den Himmel. Aber auch so glaube ich an Ihn, denn was würde ich tun wenn ich an nichts glauben könnte. Dann könnte ich nicht beten. Ach bitte lieber Gott mach doch dies und jenes, und falls es dann eintreten sollte (aus Zufall oder so) dann vielen Dank sagen. Ich brauche Gott, denn mit ihm kann ich reden. Da kann ich einen Berg voll Last abladen.

13/0214
Gott ist . . .
für mich jemand zu dem ich manchmal spreche, aber weiß daß er nicht da ist. Ich kann mit ihm sprechen und er kritisiert mich nicht er versteht

immer und weist nicht ab. Ich kann ihn mir eigentlich nicht vorstellen weil ich nicht direkt an ihn glaube. Ich glaube an irgendetwas das mich versteht aber keine Opfer von mir will ob es Gott ist weiß ich nicht.

13/0215
Gott ist . . .
Gott ist für mich ein Heiliger ohne Sünde.
Ich glaube an Gott, weil er mir schon in vielen Situationen geholfen hat als ich keinen Rat mehr wußte wie das geschah kann ich selber nicht mehr genau sagen. Jedenfalls stand ich vor kurzem vor einem so großen Problem ich war am Ende. Und so ging ich in die Kirche und hab gebetet ich war ganz allein in der Kirche. Und am anderen Tag war das Problem ganz klein. Ich hab noch mehrere Beispiele in denen mir nur Gott geholfen hat.

13/0216
Woran denken Sie bei dem Wort »Gott«?
– Gott ist allmächtig, er kann über alles herrschen (Wind, Wetter, Tod . . .)
– Kirche
– ohne Gott funktioniert nichts mehr
– er hat alles in der Hand
– ihm kann man alles anvertrauen
– an ihn glauben im Grund genommen alle (ob evangelisch, katholisch . . .)

13/0217
Gott ist manchmal mein bester Freund, wenn ich im Geschäft nichts recht machen konnte und dann abends nach Hause komme und da mit niemandem sprechen kann geh ich in mein Zimmer und spreche mit Gott darüber er hilft mir über vieles hinwegzukommen und Entscheidungen zu treffen. Wenn er auch nicht antwortet, man fühlt trotzdem daß man nicht allein ist daß jemand in der Nähe ist der einen versteht und einem zuhört. Ich glaube daß es Gott gibt und daß er von uns alles weiß ja ich glaube daß er uns allen unseren Lebensweg schon vorausgesehen hat. Was passiert oder ist es ist so weil Gott es will und er darin einen Sinn sieht.

13/0218
Woran denken Sie bei dem Wort »Gott«?
Ich denke bei dem Wort Gott an:
– Kirche
– Katholisch und Evangelisch
– Tod
– An die Auferstehung
– An den brennenden Busch in der Wüste
– An seinen Sohn Jesus
– Daß Gott seinen Sohn für uns Menschen hat sterben lassen

- Daß er Jesus in Rat und Tat zur Seite gestanden hat.
- Bei dem Wort Gott denke ich oft: Wie wird es nach dem Tode weiterge-hen; gibt es eine Auferstehung; – ein Paradies?
- Wenn ich das Wort Gott höre, fällt mir auch die Bibel ein.
- an die Wunder die Gott gemacht hat
- an Adam und Eva
- an den Teufel (an das Böse)
- Gott → Weihnachten
- Wiedergeburt des Menschen

## 13/0219
Woran denken Sie bei dem Wort »Gott«?
Ich sehe die Filme z.B. Jesus von Nazareth oder ähnliche Filme gern an, weil es einem zeigt wie es früher war. Sie sind alle schrecklich traurig, man kommt fast immer zum weinen. Diese Filme machen einen nach-denklich. Von da ab glaube ich an »Gott« aber dann komme ich wieder in Zweifel, daß alles Unsinn ist und es keinen Gott gibt.

## 13/0220
Ich glaube an Gott, weil er uns manchmal hilft wenn wir in Not und Gefahr sind. Er gehört einfach zum Leben dazu ohne Gott würde irgend was fehlen. Es wär ganz anders.

## 13/0221
Ich glaube an Gott, weil ich mir sicher bin daß es ihn gibt. Denn wäre Gott nicht, könnte ich mir das Leben nicht so vorstellen wie es jetzt ist. Denn ohne Gott wäre das Leben nicht Leben. Denn Gott beschützt und bestraft einen. Er hilft einem der in Not oder Gefahr ist. Nur muß man an Gott glauben. Denn ohne Gott geht es nicht. Er ist der Beschützer vom ersten Tage an und wird es bleiben bis zur letzten Stunde. Gott ist gerecht und er weiß was er tut.

## 13/0222
- Ich glaube an Gott weil ich schon oft erfahren habe daß es ihn gibt, ich glaube daß er mir schon oft geholfen hat. Aber manchmal denke ich auch darüber nach ob das nicht alles Zufall ist, denn es gibt so viele viel wichtigere Dinge in die er sich dann einschalten müßte zum Beispiel in die Glaubenskriege oder wenn jemand wirklich nicht mehr weiter weiß und sich dann umbringt. Warum hilft er nicht denen die es nötig haben.
- Ich habe noch nie darüber nachgedacht wie er aussehen könnte es ist eben eine Macht und es gibt sie ob sie eine Gestalt hat weiß niemand. Man kann sich also auch kein Bild machen.

## 13/0223
Ich glaube nicht an Gott, weil . . .
Wenn Gott wirklich existieren würde so müßte er doch etwas gegen das ganze Elend auf dieser Erde unternehmen. Tausende von Menschen vor

allem Kinder sterben vor Hunger jedes Jahr, während andere vor lauter »fressen« an Fettsucht sterben. Warum müssen Unschuldige jedes Jahr ihr Leben lassen?

Wie konnte er es zulassen daß die Atombombe über Hiroshima abgeworfen werden konnte, und Millionen von Menschen elend zugrunde gingen?

Glaubenskriege werden seinetwegen ausgeführt und er läßt tausende von Menschen für sich sterben.

Was ist das für ein Gott wenn er wirklich existiert?

Ein Sadist oder gar Märtyrer?


13/0224
– Woran denken Sie bei dem Wort »Gott«?
An das, daß er die Menschen geschaffen hat. Daß Gott der gebende u. wiedernehmende ist.


## 14   Friseusen, 3. Lehrjahr

*Den Schülerinnen wurden die Satzanfänge und Sätze zu Gott vorgelegt.*

14/0225
Ich glaube an Gott, denn wenn ich wüßte daß es ihn nicht gibt hätte das Leben für mich keinen Sinn mehr. Jeder Mensch, der nicht an Gott glaubt verleugnet somit seine eigene Existenz.
Gäbe es ihn nicht, gäbe es uns auch nicht, denn wir sind alle kleine Rädchen von einem großen Uhrwerk.

14/0226
Ich mag das alles nicht mehr ! Mir ist auch heute nicht danach !
*Entschuldigung* !

14/0227
Ich glaube an Gott, weil ich noch nie schlechte Erfahrungen gemacht habe u. in der Kirche mit der Kirche sowie mit den Mitarbeitern u. unserem Pfarrer viel Freude habe.
Ich sehe auch in Gott einen Freund, dem ich alles anvertrauen kann was mich bewegt.
Ich erzähle auch als Kiki-Mitarbeiter gerne die Geschichten aus der Bibel und versuche sie den kleinen Gemeindegliedern zu veranschaulichen.
Ich hoffe nur, daß viele zum Glauben kommen, u. zu ihrem Glauben stehen, u. sich nicht schämen, wenn sie gefragt werden: »Glaubst du an Gott«

14/0228
- Gott ist ... ich weiß nicht
- Ich glaube an Gott weil ... ich vielleicht so erzogen bin, weil ich von mir aus glaube.
- Ich glaube nicht an Gott weil ... so eine Enttäuschung habe ich noch nicht erlebt daß ich nicht glauben kann.
- Wie stellen sie sich Gott vor ...? Ich weiß nicht vielleicht so wie in der Bibel auch als ein Typ von Mensch.
- Woran soll ich bei dem Wort Gott denken, das heißt halt so, vielleicht war das früher mal ein moderner Name, ich finde nichts Schlechtes dabei.
- Mir egal was sich die anderen Menschen unter Gott vorstellen. Ich finde jeder soll ihn sich so vorstellen wie er es am besten kann, am besten an ihn glauben kann.
- Luther hat recht, ich denke nicht so, ich fühle manchmal auch so.
- Zu dem Letzteren kann ich nichts sagen das finde ich blöd, verkorkst zu frei erzogen als Mensch möchte ich den nicht ansehen der das geschrieben hat, vielleicht wurde er so erzogen. Unter meinen Augen sind diese Leute Menschenmüll!

14/0229
*Bei so viel Ungerechtigkeit auf der Welt kann es keinen Gott geben.*

14/0230
Ich glaube an gott weil es ja irgend jemanden geben muß an den man glauben kann, zu ihm beten kann.

14/0231
Ich glaube nicht an Gott
ich kann es erst glauben wenn ich wirklich etwas von ihm sehe

14/0232
Woran ich bei dem Wort Gott denke:
Ich denke an die Kreuzigung Jesus;
An seine Schmerzen die er durchmachen mußte.
An die Jünger wie sie ihn geliebt und wie sie ihm vertraut haben.
Und an die Auferstehung.

14/0233
Ich glaube an Gott, weil ich hoffe, daß er mir immer hilft, wenn ich in Not bin.
Ich hoffe auch, daß er mir bei schweren Entscheidungen hilft.
Ich und meine Eltern, meine Geschwister glauben an Gott.
Ich bete jeden Tag zu ihm. Bei dem Wort Gott verstehe ich, daß er mir hilft, und immer helfen wird.

14/0234

Ich glaube an Gott, weil er Gutes tut.
Weil meine Eltern daran glauben, und ich so erzogen wurde. Daß er mir hilft wenn ich in Not bin.

14/0235

Ich glaube nicht an Gott, weil ich glaube, daß Gott eine von den Menschen erfundene Gestalt ist, die sie dann aus lauter Angst vor dem Tod anflehen. Sie glauben dann, daß wenn sie nicht beten und glauben nicht in den Himmel kommen. Viele beten nur zu Gott, wenn es ihnen dreckig geht. Sonst denken sie nie daran. Gott kann es nicht geben, da er etwas zuläßt, das den Menschen schadet. Z. B. Tod eines Kindes, Freundes... er läßt andere (Terroristen) leben die es nicht verdient haben. Ist dies gerecht Gott? Kann man an Gott jetzt noch glauben? Gott gibt es wahrscheinlich nicht, aber vielleicht eine andere Gestalt oder ein anderer Planet, der uns beherrscht. Ein Planet, von dem wir vielleicht gar nichts wissen, der uns aber beherrscht. Ich persönlich kann nicht an einen glauben, von dem ich persönlich »nichts« weiß, von dem man nichts hört, wie was die anderen Leute über ihn sagen. Dies klingt wie eine Legende.

14/0236

Ich glaube nicht an Gott weil er mir einen lieben Menschen genommen hat. Es heißt doch »lieber Gott«, aber wenn er lieb ist würde er doch nicht gute Menschen einfach sterben lassen.
Bei dem Wort Gott denke ich an die Bibel, an Kirchen an Pfarrer usw. Wenn ich mal an Gott glauben kann dann nicht wie es die Bibel vorschreibt und wie der Pfarrer predigt, sondern dann habe ich »meinen Gott«. Ich werde nicht in die Kirche rennen, nur um den anderen zu zeigen wie »christlich« ich bin oder um mein neues Kleid zu zeigen.
Gott stelle ich mir in der Natur vor. Er ist um die ganze Welt und schaut auf uns runter.
*Als Kind war Gott für mich* auf einer Wolke, er hatte einen langen, grauen Bart und war sehr alt, um ihn rum schwebten lauter Engel.

14/0237

In meinen Augen ist das so: Gott ist unser Vater, er bringt Gutes und Schlechtes über die Menschen. Ich rede dann von Bestimmung. Ich glaube auch an ein weiteres Leben, das Leben nach dem Tod. Ich habe auch Angst daß meine Oma stirbt wenn meine Schwester ein Kind bekommt, da ich es in unserer Familie schon öfters erlebt habe daß ein Kind geboren wird u. dafür ein anderer aus der Familie stirbt. Dies ist dann »Bestimmung« u. wird von Gott geleitet. Er bewahrte mich auch schon vor Unheil. z.B. Als ich von zuhause abgehauen bin ist ganz in der Nähe wo wir waren etwas passiert und zwar wurden da zwei Mädchen vergewaltigt u. an einen Baum gebunden u. als ich nach hause kam wurde ich, ohne Schläge wieder in die Familie aufgenommen. Ich glaube Gott hat mich vor einem großen Unheil bewahrt.

14/0238

Gott ist der Schöpfer von Himmel und Erde. Er ist von Ewigkeit zu Ewigkeit. Gott ist Liebe und Güte.
Ich glaube an Gott, weil er uns geschaffen hat. Er wird uns wieder zu sich in den Himmel holen.

14/0239

Gott ist der Schöpfer auf Erden, Vater im Himmel, Vater von allen, mächtig.
Ich hoffe, daß er in Not hilft, uns beisteht, vor Gefahr schützt, Gebete erhört.
Gott kann man sich nicht vorstellen, er zeigt sich nicht.

14/0240

Bei soviel Ungerechtigkeit auf der Welt, kann es keinen Gott geben. Ich glaube an Gott, wenn ich richtig in Not bin. Vor Prüfungen, vor Arbeiten oder Sonstiges.
Manchmal glaube ich wirklich an Gott. Sozusagen fast immer.
Gott ist mächtig, er sieht alles, was wir tun, wo wir sind und was wir sagen und sprechen.
Ich stelle mir Gott vor . . .
Ich kann ihn mir gar nicht so richtig vorstellen

14/0241

»Hütet euch vor den Menschen, deren Gott im Himmel ist«.
Ich finde diesen Satz ganz und gar richtig, denn wenn wir uns die Leute ansehen, die jeden Sonntag in die Kirche springen mit dem Gebetbuch unterm Arm, dann sind diese Leute doch am ehesten bereit andere zu bereden und anzuklagen.
Diese Leute stellen sich Gott nur im Himmel vor und denken dann wahrscheinlich nur kurz vor dem Tod an ihn und hoffen sie kommen zu Gott in den Himmel.
Ich finde wenn es überhaupt einen Gott gibt ist er in unserer Atmosphäre.

14/0242

Ich will mich nicht dazu äußern weil ich mir selber nicht im klaren bin ob es einen Gott gibt oder nicht.
Einerseits glaube ich daß es einen Gott gibt oder geben muß weil sonst würde nicht die ganze Welt von Gott und Jesus sprechen, andererseits glaube ich nicht an Gott wenn ich sehe daß es noch Kriege gibt und Ungerechtigkeiten. Oder ich persönlich wenn ich zu Gott gebetet habe was nicht oft der Fall ist wegen irgend einem Problem das ich habe, es endete immer logisch ob gut oder schlecht, es gibt nun mal keine Wunder und es ist unsinnig sich für gläubig zu halten wenn man immer betet oder immer zum Gottesdienst geht.

14/0243

*Woran denken Sie bei dem Wort »Gott«?*

Wenn ich das Wort höre denke ich oft an Kirche, Pfarrer, Predigten.

Gott: Vater von uns allen

     Herr über die Erde

     Beschützer der Menschheit

Aber ich denke auch an den Tod weil Gott gibt den Menschen Leben aber er nimmt es auch wieder durch den Tod, bei manchen geht es schnell und manche läßt er leiden vielleicht will er sie für etwas bestrafen. Wenn ich sterbe, möchte ich nichts spüren am liebsten abends einschlafen und morgen nicht mehr aufwachen.

Ich weiß nicht ob es einen Gott gibt aber ich glaube schon. Seit Jahrtausenden gibt es Geschichte über Jesus Gottes Sohn. Meiner Meinung gibt es schon einen Gott.

## 15    Maurer, 2. Lehrjahr

*Den Schülern wurden die Satzanfänge und Sätze zu Gott vorgelegt.*

15/0244

Gott ist der Herr der Welt.

Ich glaube an Gott, weil ich so erzogen bin.

Woran denke ich bei dem Wort Gott? An eine große Macht.

Wie stelle ich mir Gott vor? Ich stelle mir Gott als einen Geist, der überall ist, vor.

Gott sei Dank gibt es nicht, was...

Die Menschen meinen, wenn sie in die Kirche gehen, dann wird ihnen alles vergeben, wenn sie gesündigt haben.

15/0245

Ich glaube nicht an Gott, weil ich nicht an Gott glaube.

So viele haben einen Gott, ob es Allah, Buddha oder sonst wer ist, an wen soll man da glauben. Die Menschen beten in schlechten Zeiten zu Gott und glauben an ihn, in guten Zeiten gehen sie brav in die Kirche und sind hinterher doch genauso schlecht oder noch schlechter wie einer, der nicht in die Kirche geht. Warum soll man an Gott glauben, nur um jeden Sonntag in die Kirche zu gehen und hinterher doch alles anders zu machen als wie man es gehört hat, ob freiwillig oder unfreiwillig? Wie soll man an Gott glauben, wenn seine Mitmenschen genau so tun und lassen, was sie wollen, was bringt das für einen Vorteil? So kann ich nicht an Gott glauben.

15/0246

Ich glaube nicht an Gott, da Gott nur eine Person ist, die einem von Kindheit an eingehämmert worden ist. Man sagt immer, Gott ist mächtig, allwissend, aber das sind keine Beweise für mich.

Ein Beweis, daß es Gott gibt, wäre für mich gewesen, als meine Oma schwer krank war, da habe ich gebetet, daß sie wieder gesund wird. Einen Tag darauf *starb* sie. Wenn es ihn gegeben hätte, hätte er sie doch gesund werden lassen können, *oder?*

Ich frage mich immer wieder, warum es geistesgestörte Kinder gibt. Diese Kinder haben doch noch keinem was getan und doch sind sie ihr ganzes Leben Außenseiter.

### 15/0247

Ich bin der festen Überzeugung, daß ich an Gott glaube, weil ich der Überzeugung bin von nichts kommt nichts. Es ist wunderbar, daß es abwechselnd regnet, daß nach Winter Frühling wird, dann Sommer, Herbst und wieder Winter. Ich bin Landwirt und lege ein Körnchen in die Erde etwa 4 mm groß, danach wächst es zu einem Stengel mit 3 m (Mais) her. Der Bauer gibt ihm nichts dazu, er muß nur warten. Der Regen fällt auf die Erde, das Korn keimt. Ich selber stelle mir vor, daß ich aus einer Eizelle bis jetzt gewachsen bin und nur zum wachsen Nahrung zu mir genommen habe. Wenn das Leben erlischt und wir gestorben sind zweifle ich manchmal, ob es dort noch weitergeht. Ich hoffe und glaube darauf hin, daß mit einem Krieg das Leiden in der Welt groß ist und erlöscht. Der Gott ist: so stelle ich mir vor, nicht einer der den, der in die Kirche geht und so christlich herumtut, besser behandeln wird als den, der eigentlich nicht in die Kirche geht und nur an seinem Glauben festhält. Durch die Forschung wird vieles aufgedeckt und mir kommen manchmal Zweifel, ob ich noch an Gott glauben kann. Aber nach einer Weile denke ich mir, es wird schon kein Schaden vor dem ewigen Gericht sein, wenn ich an Gott glaube. Mich stört es manchmal, wenn Leute von Christus sprechen und nicht danach handeln. Die Kirche und Gott sind etwas Verschiedenes. In der Kirche wird gesagt, daß die Kinder von Gott kommen und es ein Segen ist. Und in der Bibel steht, lasset die Kinder zu mir kommen. Aber eine solche Explosion von Menschen hat Gott bestimmt nicht gemeint. Es ist unverantwortlich. Man soll die Erde untertan machen aber nicht zerstören.

### 15/0248

Kann über das Thema nichts schreiben, weil ich mich noch nie damit befaßt habe und weil ich nach der Stunde eine Arbeit schreibe und nicht viel kann.

### 15/0249

- Gott ist eine Sache für mich, mit der ich nichts anfangen kann.
- Ich glaube nicht an Gott, weil es für mich keinen Herrn (Herren) der Welt gibt, außer den Drahtziehern der Geschehnisse auf dieser Erde.
- Ich kann mir bei dem Wort »Gott« nichts vorstellen und auch an nichts denken.
- Die 60–80% der Menschen denken, daß sie ihre Pflicht zu ihrem Glauben damit erfüllen, wenn sie in die Kirche gehen und manchmal beten.

- Ich hänge mein Herz an meinen Lebensweg und meine Umwelt, um mein Leben für mich sinnvoll zu gestalten.
- Die Menschen, deren Gott im Himmel ist, wollen einem immer beibringen, daß ihre Religion und ihr Gott das einzig Wahre und Sinnvolle ist.

15/0250
- Gott ist allmächtig
- Ich glaube an Gott, weil er die Hand über uns hat.
- Woran denken Sie bei dem Wort Gott? Er ist der Herr.
- Wie stellen sie sich Gott vor? Stark, er hat die Macht über uns unser GOTT.

15/0251
Ich bin katholisch und ich weiß nicht, ob ich an Gott glaube. Ich war schon sehr oft in der Kirche, mir hatte es sehr gefallen, aber manchmal weiß ich nicht, was ich in der Kirche soll.
Ich bete auch jeden abend, manchmal mache ich mir Gedanken, wieso ich bete.
Ich glaube an Gott.
Es kommt mir vor, wenn ich am Abend bete, daß mir Gott bei meinem Gebet zuhört.
Es ist vielleicht nur eine Vorstellung, daß es Gott gibt. Als ich zur Beichte gegangen bin, ist es mir danach viel wohler gegangen.
Manche lachen darüber, wenn man in die Kirche geht, weil sie es nicht verstehen, daß es Gott gibt.

15/0252
- Gott ist mächtig.
- Ich glaube an Gott, weil er zu allen Personen gleich gerecht ist.
- Woran denke ich bei dem Wort Gott?
  Gott ist der Herrscher über die ganze Welt.
- Wie stellen sie sich Gott vor?
  Gott ist der Mächtigste über Himmel und Erde.
- »Woran du dein Herz hängst, das ist eigentlich dein Gott«
- »Hütet Euch vor den Menschen, deren Gott im Himmel ist«
  Das sind nur Menschen, die nicht an Gott glauben.

15/0253
Ich glaube nicht an Gott, weil ich weder von der Kirche noch von anderen christlichen Gotteshäusern etwas halte. Eine stichhaltige Antwort, warum ich nicht an Gott glaube, kann ich leider nicht geben, da ich mir noch nie Gedanken über dieses Thema gemacht habe.
Ich kann es mir nur aus familiären Gründen vorstellen, daß es so ist. Meine Eltern gehen überhaupt nicht in die Kirche und sind auch nicht christlich. Dadurch wurde auf mich auch kein Druck ausgeübt, daß ich jeden Sonntag (z.B.) zur Kirche mußte. Ich besuchte allerdings den Religionsunterricht und ließ mich auch konfirmieren.

## 15/0254

Gott ist für alle da. Gott gibt es für jeden oder nicht, es kommt darauf an, in welcher Situation er sich befindet. Gott als große Wolke.

## 15/0255

Ich glaube nicht an Gott. Weil das Wort »glaube« schon daran zweifeln läßt. Die alten Magier haben dieses Wort aus ihrem Wortschatz gestrichen, sie verwenden nur ICH WEISS oder ICH WEISS NICHT. Der zweite Grund, der christliche Glaube ist schon zu einer politischen Macht geworden, mit der früher und heute immer mehr Macht ausgeübt wird. Die Kirche ist nicht mehr das, was sie einmal war. Sie hütet ihre »Bibel« unter »Prunk« und Glanz (Wertgegenstände, Gold, Silber) und das von unserem Geld. Sie veranstalten Reisen (Papst).

## 15/0256

- Ich glaube an Gott, weil früher in der Religionsstunde unser Pfarrer eine Art an sich hatte uns so lange vorzupredigen, bis wir an Gott glaubten. Ich halte es für einen totalen Blödsinn, es den Kindern so lange vorzuhalten, bis sie an Gott glauben.
- Wenn ich gefragt werde, woran denken sie bei dem Wort Gott? Dann denke ich immer an unseren blöden Pfarrer, der die Religion immer so genau genommen hat. Ich bin der Meinung, daß es jedem Kind selber zu überlassen ist, ob es an Gott glaubt oder nicht.
- Als ich die Fragen gestellt bekam, war ich ziemlich deprimiert, aber dann ging es.

## 15/0257

Mir fällt hierzu nichts ein !

## 15/0258

Ich äußere mich zu keinem dieser Themen.

## 15/0259

Gott ist Herrscher über die ganze Welt.
Gott stelle ich mir vor mit einem großen Gewand an und mit einem Vollbart und langen Haaren. Er sieht alle Menschen auf der Erde. Normal denke ich nicht oft an Gott, weil er mir noch nie geholfen hat.

## 15/0260

Ich glaube nicht an Gott, weil es so viele Unglücke gibt und so viel Unmenschlichkeit und so viele Kriege und Feindschaften.
Woran denken Sie bei dem Wort Gott? an Frieden, Ruhe, Freiheit.
Wie stellen sie sich Gott vor? Ehrlich, menschenfreundlich, hilfsbereit.
Ich glaube an Gott, weil ich Hoffnung habe, einmal in Frieden und Ruhe zu leben und daß alle Menschen einmal gleichberechtigt sind, Schwarz und Weiß und alle Menschenrassen.

15/0261

Ich denke an Gott, weil wenn ich schon öfter in einer Klemme war an Gott dachte und zu ihm betete. Es ist dann schon so gewesen, daß ich aus der Klemme herauskam. Auch wenn ich einen wichtigen Wunsch hatte, dachte ich oft an Gott, irgendwie habe ich Gott immer eingeschaltet, wenn ich ein Problem hatte. Ich denke sonst eigentlich wenig an Gott und gehe auch nicht in die Kirche. Früher wurde uns oft gesagt, du glaubst nicht an Gott, wenn du nicht in die Kirche gehst. Ich habe früher aber noch öfter an Gott gedacht als ich es heute tue. Auch wenn wir in der Schule eine Arbeit schreiben, bete ich manchmal zu Gott, daß ich nicht so schlecht abschneide. Wenn ich keine Probleme habe, danke ich so gut wie nicht an Gott.

15/0262

– Ich kann mir Gott nur so vorstellen, wie ich ihn aus dem TV sehe.
– Er ist ein Mann, den viele Menschen glauben, obwohl sie ihn noch nie gesehen haben.
– Ich glaube an Gott, weil man mir diese Religion gelehrt hat, aber ich glaube wiederum nicht an Gott, weil ich ihn noch nie persönlich erlebt habe und ihn nie persönlich erleben werde.

15/0263

Ich glaube *nicht* an Gott, weil . . .
1. er existiert nicht.
2. es sind nur biblische Sagen
3. ich habe auch schlechte Erfahrungen mit dem Christentum.

15/0264

– Wie stellen »*Sie*« sich Gott vor –
Früher mußte man stundenlang beten, zum Beichten gehn und den Gottesdienst besuchen, um als Christ zu gelten (alle Altersklassen).
Gestern noch genügte es, ab und zu mal in die Kirche zu gehen und vor und nach dem Essen ein Tischgebet zu sprechen.
Heute fühlen sich »die« als Christen, die 2mal im Jahr die Kirche besuchen. Und zum Großteil sieht man nur noch ältere Leute in der Kirche. Morgen schon werden die Kirchen voller werden, wenn die große Angst kommt vor einem Krieg, einer Krankheit, die nach und nach alle Menschen befällt, aber nicht heilbar ist.
Ich streite nicht ab, daß es einen Prozentsatz »wirklich Gläubiger« gibt. Viele Pfarrer kleiner Gemeinden klagen über halbleere Kirchen, aber ich glaube, wenn nur die Hälfte dieser Kirchenbesucher »wirklich« gläubig wäre, könnten sie sehr zufrieden sein.
Ich bin 17 Jahre, ev., getauft und konfirmiert, aber mir ist noch kein Licht aufgegangen, »mir« ist noch kein Bild erschienen.
*»Und den anderen?«*

15/0265

Ich glaube an Gott, weil ich von Kindheit an mit der Religion und Gottes Bild befasst wurde. Deswegen glaube ich auch an ihn, denn meine Meinung ist, es muß ja auch einen Schöpfer geben, der ein Wesen entstehen läßt.

Gott ist in seiner Gestalt unsichtbar. Man wird ihn vielleicht nie sehen oder hören, aber er ist da.

Ich bete ab und an zu Gott, wenn ich mit mir alleine bin und Angst vor dem Leben und der Zukunft habe.

Gott kann keine Macht ausüben auf der Erde.

## 16  Metall, 2. Klasse (gemischt)

*Den Schülern wurden die Satzanfänge und Sätze zu Gott vorgelegt.*

16/0266

Woran denke ich bei dem Wort Gott?

Bei dem Wort Gott denke ich an die Macht von Leben und Tod zu entscheiden, aber auch an Wunder, wie z.B. ein Unfall, bei dem man unverletzt davonkommt. Oder ich denke an Freude, aber auch Trauer und Tod.

16/0267

*Gott*

Ich denke an die Kirche, er hat die Welt erschaffen. Ich denke an die Kranken, die er erlöst hat.

16/0268

Ich glaube an Gott, weil ich schon einigemale Glück gehabt habe, sonst wär ich nicht mehr hier sondern 1,80 tief.

16/0269

*Gott*

Ich glaube an Gott, weil er schon im früheren Jahrhundert gelebt hat, und man hat ihn gesehen und er ist schon manchen Menschen in der Not erschienen und hat sie getröstet, sie sollen nur an eines glauben, wenn es wieder gutzumachen ist, an »Gott«. Man hat dann auch ein Buch geschrieben, die Bibel. Es gibt auch ein Haus Gottes, das ist die Kirche, die in jedem Ort und in jeder Stadt steht. Es gibt auch Religionsunterricht in Schulen. Es wurde manchen Menschen erteilt, andere Menschen in Religionslehre zu lehren und sie in den Glauben zu setzen, daß es Gott gibt und daß Er zu jedem Menschen gut ist und immer eine gute Tat belohnt.

16/0270

*Gott*

– Ich glaube an Gott, weil es schon von jeher überliefert wird, daß es

Gott gibt. Es ist ja auch überall schriftlich festgehalten (Bibel) daß es ihn gibt. Schon von klein auf wird einem ja die Religionslehre erteilt (Eltern, Kirche, Kindergarten, Schule). Da dies ja nicht von irgend jemand erfunden worden sein kann, muß es ihn einfach geben und deshalb glaube ich *an Gott.*

### 16/0271

Gott ist, wer ist Gott. Ich kann mir nicht vorstellen wer Gott ist? Wie er aussieht, die Erscheinung. Wenn ich Gott begegnen würde, wie würde ich ihn erkennen und was ist Gott, ist er eine Sage oder was ist er.

### 16/0272

Ich glaube an Gott, weil ich schon als kleiner Junge so erzogen wurde. Doch ich glaube auch so, daß es Gott gibt, denn ich kann mir nicht vorstellen, daß die Welt und der Mensch aus dem Nichts gekommen ist. Ich kann mit Gott reden, wenn ich Probleme habe, die ich sonst keinem sage.

### 16/0273

Wenn ich manchmal schlechter Laune bin und mich alles ankotzt, dann will ich meine Ruhe. Dann gehen mir viele Dinge aus dem Kopf, was jetzt falsch und richtig war. Dann glaube ich auch manchmal an Gott. Ich gehe auch ab und zu in die Kirche und zünde eine Kerze an, und bete.

### 16/0274

*Frage:* Ich glaube nicht an Gott, weil ...
*Antwort:* Meine Meinung ist, daß es Gott nicht gibt, weil so viel in der Welt passiert. Wenn es Gott geben würde, würde er den ganz Armen helfen, und die Unfälle verhindern. Obwohl ich im Fernsehen den Film die Bibel angesehen habe, habe ich mir Gedanken gemacht, ob es ihn wirklich gibt und bin zum Entschluß gekommen, daß Gott eigentlich nur der Glaube ist. Bei mir weiß ich genau, daß ich nur glauben kann, wenn ich ihn gesehen habe. Gott ist für mich eigentlich nur ein Phantasiebild, das ich mir nicht machen kann. Über das Thema Gott kann man gut reden, weil man nicht weiß, ob es ihn gibt oder nicht.
Gott wenn es ihn gibt müßte doch den Menschen nicht quälen. Es gibt Gott für mich nicht, er ist für andere der Glaube, für mich nur Humbuk.

### 16/0275

*Ich glaube an Gott* weil irgendwie muß es ja nach dem Tod weitergehen. Alle sagen, daß es nach dem Tod weitergeht. Und an irgendwas muß man ja glauben.
Aber andererseits *glaube ich nicht an Gott,* weil es ja bestätigt ist, daß die Welt ja schon lange besteht und der Mensch vom Affen abstammt. Ich kann mir Gott gar nicht so richtig vorstellen, vielleicht als einen alten Mann mit einem langen Bart und einem Hirtenstock in der Hand, der auf einem großen Stein sitzt.

84

16/0276

*Frage:* Woran denken sie bei dem Wort ›Gott‹?

*Gedanke:* Ja oder nein; gibt es ihn oder nicht, was soll man von der Sache halten. Manchmal kommt er mir einleuchtend vor, d.h. ich kann mir ihn vorstellen und bete dann auch mal aber danach denke ich wieder, hat er es gehört, gibt es ihn überhaupt?

Ist er wirklich der Allmächtige oder nur eine Legende, Sage oder Märchen? Viel kann ich mir unter dem Wort Gott nicht vorstellen, weil man mich noch nicht richtig sozusagen 100% davon überzeugt hat ob es ihn gibt.

16/0277

... ich es nicht einsehe an etwas zu glauben oder zu beten, welches höchstwahrscheinlich gar nicht existiert. Die Leute die sich denken, sie kommen nach dem Tod in den Himmel, sollten sich erst einmal Gedanken machen, wie oder was dort ist. Manche Leute beten und hoffen, daß etwas geschieht, und wenn es wirklich so ist, dann halten sie am Glauben fest. Ohne daß bei diesem Geschehen Gott irgend etwas machen hätte können. Früher mußten wir in die Kirche, mußten beten, obwohl wir nie verstanden haben, an wen wir beten, von wem hier die Frage ist. Der christliche Glaube wird einem *aufgedrängt*.

16/0278

*Woran denke ich bei dem Wort Gott.*

Ich denke daran, daß Gott im Himmel der Herr ist. Aber ich kann mir nicht vorstellen, daß Gott die Welt geschaffen hat. Ich weiß nicht, warum so viele Menschen an Gott denken, nur weil er in der Kirche am Kreuz hängt. Oder weil Gott den Menschen leid tat. Viele Menschen gehen in die Kirche, weil der Gott der allmächtige ist, sondern Gott ist nur ein Name wie viele andere Namen, die es auf der Welt gibt. Trotzdem glauben viele Menschen an Gott. Es gibt auch Menschen, die den Namen Gott mißachten. Sie bringen ihn im Fernsehen und zeigen wieviele Wunder er vollbracht hat. Der Name Gott ist für mich ein Name wie jeder andere Name den es auf der Welt gibt. Aber ich glaube ein bißchen schon an Gott, ich glaube deswegen an Gott, weil er die Macht hatte und den Willen, bösen Menschen zu verzeihen und guten Menschen zu helfen.

16/0279

*Ich glaube an Gott, weil...*

Gott schenkt uns das Leben, er hat die Welt und die Menschheit geschaffen und kann sie auch vernichten. Wir, die Menschen, sind ein Teil von Gott.

16/0280

Gott ist Hypnose, denn nur der daran glaubt ist Christ und geistesgegenwärtig gegenüber den Nichtchristen. Hypnose besteht nur, wenn einer nicht daran glauben will sondern von irgendwelchen Medien daran glauben muß. Gott ist für mich eine Legende, die nie bestanden hat und nur durch Geistesblitze hervorgerufen wurde. Wenn ein Gott hier wäre bzw. bestünde, gäbe es keine Kirchen, denn man würde es als Sinnestäuschung sehen. Gott ist eine erdachte Comicfigur, die durch Menschen erfunden wurde, um Einfluß auf das schöne und ideenreiche Gewissen zu nehmen. Mit Gott ist noch keiner reich geworden. Mit Gott hat noch niemand Arbeit und Nahrung gefunden, und mit Gott ist auch noch niemand gesund noch glücklich geworden. »Lasset ab von eurem Tun« heißt es manchmal. Aber welches Tun. Sollen wir nur an Gott glauben und dürfen wir dann keine Liebe zu mehreren Menschen entwickeln, dürfen wir brutale Sadisten und Skrupellose am Leben lassen und sie nicht unschädlich machen, um uns und unsere Familie zu schützen? Wer ist eigentlich dieser Herr Gott? Ein Psychologe höheren Grades, ein menschenfeindlicher Mensch oder ein glaubwürdiger Mensch, der nur Gutes will?

16/0281
Gott ist . . .
Gott ist ein unbekannter Mensch, der über die ganzen Menschen herrscht. Er ist etwas nicht erreichbares. Man spricht in Gebeten mit ihm, bekommt aber nie eine Antwort. Ich weiß manchmal selber nicht, ob ich an ihn glaub oder nicht. Ich habe früher in der evangelischen Kirche einen Kindergottesdienst der 3–6-Jährigen gehalten, da ist es mir oft sehr schwer gefallen, die Kinder mit etwas zu überzeugen, an dem ich selber etwas zweifle. Ich ließ sie dann auch einmal Bilder zeichnen, die als Thema »Wie stelle ich mir Gott vor« gezeichnet wurden. Da war ich sehr überrascht. Ein 4-jähriger Junge malte Gott als einen Neger. Als ich ihn fragte, wieso er Gott als Neger malt, sagte er zu mir: »Es gibt ja sowieso keine Leute die Gott kennen (er meinte damit sehen), außer den Pfarrern, warum kann er dann nicht auch ein Neger sein?« Ich war so baff, daß ich auf das was er sagte keine Antwort fand. Ich muß auch jetzt noch öfters daran denken, daß ein so kleiner Junge eine solche Antwort parat hat.

16/0282
Thema: Woran denken Sie bei dem Wort ›Gott‹?
Im Leben der Menschen ist nicht so einfach, von der Geburt bis zum Sterben gibt es immer Schwierigkeiten für jeden Menschen. Manchmal kann man sie nicht selbst lösen. Bei den ganzen Schwierigkeiten kann man nichts machen, sondern nur Gott zu denken. Die Menschen haben gedacht, Gott ist wie ein großer Geist, die Schwierigkeit kann Gott für die Menschen auflösen.

16/0283
Ich glaube nicht an Gott, weil:
Er zeigt sich nicht, und er unternimmt nichts gegen die Massensterben in der dritten Welt. Die Menschheit kann dagegen nichts tun, weil man dazu Geld braucht, und wer hat das schon. Er konnte nicht die Kriege verhindern, gerade Vietnam und Hiroshima, wo immer noch Menschen ster-

ben durch die radioaktiven Strahlen, oder überhaupt wo irgendjemand stirbt, Tiere oder Menschen.

Sterben muß jeder einmal, das ist klar, aber nicht allzu früh. Mir geht es hauptsächlich ums Sterben weil ich finde, es ist das Einzigste was die Menschen und Tiere überhaupt müssen. Die eigentlichen Gründe kann ich nicht erklären.

(Nicht vorlesen in der Klasse)

16/0284

*Ich glaube an Gott,* weil

Weil er die Menschen auf der Welt geschaffen hat. Wenn die Menschen nur einmal nachdenken könnten, wer die Menschen männlich oder weiblich und die schöne Welt geschaffen hat, demjenigen wird gleich einfallen, daß es Gott gibt und unser Herr für die Welt und *Jenseits*(!) ist. Gott hat uns Verstand und Seele und die verschiedenen Organe gegeben.

# 17   Metall, 3. Klasse

*Den Schülern wurden die Satzanfänge und Sätze zu Gott vorgelegt.*

17/0285

Ich glaube nicht an Gott, weil ich es mir nicht vorstellen kann. Das mit der Kirche ist nur Geldmacherei und Verblödelung. Ich habe nichts gemerkt, wie es immer heißt, daß Gott einen schützt. Meine Eltern wollten mich christlich erziehen, und ich habe mit ihnen noch Streit, wenn sie anfangen, ich soll in die Kirche gehen. Und ich werde nie kirchlich heiraten, weil ich das ganze für Verblödelung halte. Die Kirche sagt immer, daß sie den Armen helfen wollen, aber bis jetzt ist noch kein Beweis aufgetaucht, daß die Kirche den Armen geholfen hat. Und daß es heißt, daß die Seele nach dem Tod in den Himmel kommt und in die Hölle, und alles was im Himmel ist, im Paradies, das ist Leuteverblödelung in meinen Augen. Und es heißt, Sünden werden bestraft, das hätte ich schon spüren müssen. Das ist alles Quatsch.

17/0286

Ich habe mir darüber noch nicht so viele Gedanken gemacht, weil es auf der Welt zu viel Ungerechtigkeit gibt.

17/0287

Ich glaube an nichts !

17/0288

Gott ist für mich ein Mensch, der die Erde erschaffen haben will, Blinde wieder zum Sehen gebracht, Behinderte wieder zum Gehen verholfen, Menschen die am Hungern waren, gespeist. Gott ist ein Mensch, der für mich nur im Himmel leben kann. Gott ist ein Mensch der für mich zum

Teil existiert und ich an ihn glaube und zum anderen Teil ich nicht an ihn glaube. Gott ist ein Mensch, für den wir Sonntag für Sonntag in der Kirche unseren Glauben schenken sollen. Sonntag für Sonntag opfern wir unsere Freizeit und gehen für ihn in die Kirche. Gott hilft uns, wenn uns mal was passieren wird. (z.B. Hungersnot)

17/0289
Ich glaube an Gott.
Ich glaube aber nicht das, was die meisten älteren Leute sagen: Daß einer nur dann ein guter Mensch sei, der regelmäßig in die Kirche geht usw. Viele Pfarrer predigen, daß der Kirchgang unbedingt erforderlich sei, und wenn man mal nicht am Sonntagmorgen in die Kirche geht, dann ist das schon eine Sünde und man muß dafür beichten gehen. Für mich ist das Quatsch.
Es gibt Zeiten, an denen ich stärker an Gott denke, und an den Tod, oder was danach kommt. Dann bete ich auch. Das ist für mich wichtiger als jeden Sonntag die Zeit in der langweiligen Kirche abzusitzen, wo man nur vorgedichtete »Reime« aus dem Buch abliest und nicht das, was man wirklich denkt oder sagen will.
Es gibt in einem Faschingslied den Satz: Wenn wir alle Englein wären, dann wär die Welt nur halb so schön.

17/0290
Gott ist ein Wesen, von dem keiner weiß, daß es ihn jemals wirklich gegeben hat. Jeder hört nur Geschichten von ihm aus der Bibel und auch in der Kirche und die meisten Menschen glauben an die Erschaffung der Welt und die Legenden von ihm, daß er Blinde und Gelähmte geheilt hat und noch vieles andere. Obwohl es auch Menschen gibt wie die Wissenschaftler, die die Erschaffung der Erde ganz anders darlegen. Ich glaube, daß die Menschen ganz einfach einen Glauben an irgend etwas brauchen und daran einen Halt suchen, und daß sie dort hingehen können zu Gott (Kirche) und als neuer Mensch zurückkommen.
Komisch meiner Meinung ist: Wenn einer öffentlich in der Zeitung oder Fernsehen behauptet, daß es z.B. Leben auf anderen Planeten gibt, ohne einen entscheidenden Beweis zu bringen, glaubt ihm fast niemand. Aber an Gott glauben so viele Menschen, ohne daß sie wissen, daß es Ihn gegeben hat. Viele sind der Meinung, daß wenn sie nicht an Gott glauben, geht ihre Seele nach dem Tod nicht in den Himmel ein.

17/0291
Wenn ich das Wort Gott höre, kann ich mir nicht so recht vorstellen, was ich mir darunter vorstellen soll. Wenn ich von der Armut der 3. Welt höre oder von den schrecklichen Unfällen oder Kriegen, dann kann es für mich keinen Gott geben. Es gibt aber auch Dinge, die genau dem Gegenteil entsprechen, z.B. gute Ernten, da werde ich wieder unsicher in meinen Vorstellungen über Gott. Ich finde, wenn ein Mensch im Leben nur schlimme Dinge erlebt hat, kann er nicht so recht an Gott glauben.

Das was ich hier geschrieben habe, entspricht vielleicht nicht meiner Meinung, weil ich mir darüber keine großen Gedanken gemacht habe. In der Schule wird man ja so programmiert, das nicht zu schreiben, was man denkt.

## 17/0292

Ich glaube nicht an Gott, weil es Gott überhaupt nicht gibt, obwohl unsere Religionslehrerin immer gesagt hat, wir sollen an Gott glauben. Aber wo ist er überhaupt? Diese Frage hat sie uns nicht beantwortet. Sie hat uns immer gesagt, Gott sei überall. Wo überall haben wir sie gefragt, darauf hat sie keine Antwort gegeben. Sie hat immer gesagt, wir sollen an Gott glauben, sie glaube auch an Gott, es gibt Gott. Ich glaube das nicht. Deshalb glaube ich an Gott.[!]

## 17/0293

Wie stellen Sie sich Gott vor?
Durch die Erziehung im kath. Kindergarten wurde mir eingetrichtert, daß Gott etwas unheimlich Großes ist, der überall über alles wacht. Näher betrachtet unmöglich. Da im Alter von 5 Jahren oder so man sehr naiv ist, steigerte es sich in mir zu einem Angstgefühl, daß ich später für meine Untaten bestraft werde. Dies führte dazu, daß ich heute keine Beziehung mehr zum christlichen Glauben habe. Trotzdem gehe ich noch in die Kirche, aber von Mal zu Mal bin ich distanzierter, weil mich verfehlte Hirtenbriefe usw. und scheinheilige »Christen« durch ihr Verhalten abstoßen. Das gerechte Getue der katholischen Kirche stößt mich sowieso ab, denn die Verhaltensweise im Mittelalter (z.B. Christianisierung der Spanier, die nur Ausbeutung war) sollte nicht vergessen werden. Ein nächstes Problem, die Teilung der Kirche und kein zwingender Versuch zur Verständigung.

## 17/0294

Ich glaube nicht an Gott, weil in der ganzen Überlieferung so viel Ungereimtes vorkommt. Das alte Testament z.B. läßt sich bis 4000 v.Chr. zurückverfolgen. In dieser Zeit müßte also die Erschaffung der Welt passiert sein. Auch »erschuf« Gott nur die Tiere, die jetzt auf der Welt sind. Wieso lassen sich dann die Wurzeln der Lebewesen Milliarden von Jahren zurückverfolgen. Auch die sogenannte Sintflut. Wenn wirklich nur ein Paar von jedem Lebewesen überlebt hätte, wäre unsere Welt von verkrüppelten Inzuchtwesen überfüllt. Meiner Meinung nach könnte man das ganze Alte und Neue Testament mit dem Buch der Brüder Grimm vergleichen. Auch das ganze Beten geht mir über den Strich. Über alte Völkerkulturen (Afrika) mit ihrem Regenzauber wird gesagt, sie seien Heiden, weil sie Zaubertänzen vertrauen. Aber was machen wir in der Kirche. Auch wir bitten durch genau festgelegte »Rituale« um Regen, schönes Wetter. Ferner verlernt man das »christliche Denken« durch sogenannte christliche Pfarrer. Ich kenne einen, der verteilt das heilige Wort mit einem Prügel. In der Religionsstunde bekommen die Schüler der

1.–4. Klasse 5 Ohrfeigen wenn sie am Sonntag nicht in der Kirche sind. Und diese Pfarrer predigen dann noch von der christlichen Nächstenliebe. Wenn das das heilige Christentum sein sollte, dann schäme ich mich dafür.

P.S. Die ganze christliche Welt mit ihren Programmen der Zivilisation »heidnischer« Völker, hat diesen doch wesentlich mehr Schlechtes gebracht als Gutes. Ebenso verhält es sich doch mit den Kreuzzügen. Ich empfinde, was ich hier geschrieben habe, als Wahrheit, weil ich so fühle.

### 17/0295

Gott ist für mich ein seltsames Wesen, das irgendwie doch existieren muß. Auf der anderen Seite kann ich doch auch nicht so alles glauben, was über ihn so gesprochen und erzählt wird. In manchen Situationen, z.B. als ich 5 Jahre lang seltsame Anfälle hatte, lag ich abends öfters im Bett und betete und versuchte an Gott zu glauben, es ist mir auch irgendwie gelungen. Doch seit ich geheilt bin, hat das Beten im Bett nachgelassen, warum weiß ich auch nicht. Genauso gehe ich kaum zur Kirche. Irgendwie glaube ich an Gott aber glaube doch nicht alles. Die ganze Geschichte über Gott, seinen Sohn und den Hlg. Geist ist so seltsam, so überwältigend, daß man nicht alles glauben kann. Ich glaube auf alle Fälle, daß ein wahrer Kern da sein muß. Ich glaube auch, daß Jesus gelebt hat. Doch auch in Jesu Leben gibt es Stellen, die man kaum glauben kann, (z.B. den Toten den er erweckt hat). Das ganze das ich jetzt geschrieben habe, ist mir gerade eingefallen, vielleicht denk ich morgen schon etwas anders.

### 17/0296

Bei dem Wort Gott weiß ich nicht, was ich denken soll. Von jeder Seite hört man etwas anderes. Die Wissenschaft widerlegt, daß es Gott gibt, und die Kirche erzählt lauter blödes Zeug.

### 17/0297

Wenn ich an das Wort Gott denke, fällt mir immer eine große Macht ins Gedächtnis. Aber wenn ich länger darüber nachdenke, komme ich immer wieder in ein Zwiegespräch mit mir selber, das heißt: Ich komme in den Gedanken, wie ist die Erde entstanden. Denn kann man sagen, Gott hat die Welt erschaffen, oder die Erde ist durch biologische Weise entstanden. Je länger ich darüber nachdenke, desto aufgeregter und angeregter werde ich, und dann sage ich zu mir, es hat ja sowieso keinen Sinn darüber nachzudenken und lasse das Thema wieder fallen. Darüber habe ich mit meinem Freund auch schon diskutiert. Ihm geht es genauso wie mir, man kommt zu nichts. Der Gedanke kommt dann über mich, gibt es ein zweites Leben oder ist nach dem Tode einfach alles aus. Dann fällt mir ein, wie klein der Mensch eigentlich auf der Welt ist. Jeder ist irgendwie auf den anderen angewiesen. Ich kann mich über die Gefühle, die ich dabei empfinde nicht ausdrücken.

17/0298

Ich glaube an Gott, weil ich denke, ihn gibts. Nach meiner Ansicht gibt es ihn auch. Die, welche es nicht glauben, werden es in Ewigkeit bereuen, an dem Tag wo sie vor Gott stehen.

17/0299

»Woran du dein Herz hängst, das ist eigentlich dein Gott!«
Der Wille, ein guter und liebevoller Mensch zu sein.
Sich gegen sich selber zu behaupten ist ein wichtiger Faktor, um an Gott zu glauben.
In einem drin kämpfen zwei Personen gegeneinander. Das Böse und das Gute. Das Böse: Neid, Habgier, Selbstsucht. Das Gute: Liebe und Güte, Andere achten. Das Böse jedoch überwiegt derzeit bei vielen Menschen. Es wird angeheizt vom Erfolgsstreß, es wird versucht, den Nebenbuhler auszustechen.

17/0300

Ich glaube an Gott, ich glaube aber nicht an diesen Gott, den sich 60–80% aller Menschen vorstellen.
Gott ist für mich keine Respektsperson in diesem Sinne sondern Gott ist etwas, was da ist und was nicht da ist. Es gibt aber immer wieder Zweifel, die mich zurückhalten, an Gott zu glauben. Bringt es was, wenn man an Gott glaubt und dann stirbt der Vater?
Warum soll ich eigentlich an Gott glauben, hat er mir schon irgendwann einmal bewiesen, daß er auch für mich da ist? Hat er mir irgendwann schon einmal geholfen?
Hat er überhaupt schon mal jemand geholfen?
Warum z.B. muß die alte Frau X mit 80 Jahren im Bett liegen
     kann sich nicht mehr bewegen, wird nur noch mit ärztlichen
     Maschinen am Leben erhalten,
     warum darf diese Frau nicht sterben?
     Und warum kommt der 6-jährige Klaus durch einen Autounfall
     ums Leben, wo er doch noch so viel vor sich hat?
Ist das Gott? Ist das alles, was passiert, um an Gott zu glauben? Aber trotzdem glaube ich an Gott. viele sagen, es ist Schwachsinn an Gott zu glauben. Aber was ist, wenn niemand an Gott glaubt?

17/0301

Ich glaube an Gott, weil manchmal Dinge passieren, die bloß unter der Menschheit nicht passieren. Weil er meine Hoffnung ganz erfüllt.

## 18   Metall, 3. Klasse

*Die Schülern wurden die Satzanfänge und Sätze zu Gott vorgelegt*

18/0302
Woran denken Sie bei dem Wort »Gott«?
Bei dem Wort Gott denke ich an die Kirche.

18/0303
Ich möchte mich zu diesem Thema nicht äußern, weil ich niemanden
zumuten kann, das zu lesen, was ich geschrieben hätte.

18/0304
- Gott ist die Liebe
- Ich glaube an Gott, weil es ihn gibt.
- Ich glaube nicht an Gott, weil es ihn nicht gibt.
- An den Himmel, Bibel, Engel.
- Manche stellen sich vor, daß er eine große Gestalt sei oder Luft oder
so.
An Gott kann man alle Sorgen hingeben.
Warum soll man sich vor ihnen hüten, sie tun einem gar nichts sie sind
einfach fromme und gläubige Menschen, wie jeder andere, der an Gott
glaubt.
Der liebe Gott ist eine seelische Gestalt mit viel Macht und Liebe, er
schenkt Segen den Gläubigen. Er vergibt Sünden. Gott ist allmächtig.

18/0305
Woran denken Sie bei dem Wort Gott?
Bei dem Wort Gott denke ich an die Kirche, daß man als Katholik verschiedene Pflichten gegenüber der Kirche hat. Daß man jeden Sonntag in
die Kirche gehen soll, daß man niemanden betrügen, lügen oder stehlen
soll, bzw. daß man eben die zehn Gebote beachtet. Bei diesem Wort
denke ich auch an verschiedene Hilfsorganisationen, die z.B. von der
katholischen Kirche ausgehen (Caritas). Daß viele Menschen in der Welt
in Not sind (Hunger, Krieg), und wenige von uns Katholiken diesen
Menschen helfen, obwohl wir es z.B. finanziell leisten können. Auch
denke ich bei dem Wort Gott an ein Weiterleben nach dem Tod, ein
Auferstehen nach dem Tode und ein Zusammenleben mit Gott nach dem
Tod mit Gott im ewigen Reich. Wenn ich an Gott denke, denke ich auch
an die verschiedenen Wunder z.B. Marienwunder von Fatima oder Lourdes. Oder auch an die Menschen, die nicht an Gott glauben. Für viele
dieser Menschen ist es nur eine Überzeugungssache, an Gott zu glauben.
Manche behaupten, an Gott zu glauben sei nur eine Erziehungssache der
Eltern (z.B. wenn die Eltern streng gläubig sind, so müssen auch die
Kinder streng gläubig sein = falsch). Jeder muß nach meiner Meinung von
sich selber aus zu Gott finden. Und natürlich denke ich bei dem Wort
Gott auch noch an das Beten, daß es auch Pflicht ist zu beten.

18/0306

Woran denken Sie bei dem Wort »Gott«?

Zunächst denke ich an »Gott im Himmel«, obwohl ich weiß, daß es diesen Gott nicht gibt.

Wenn ich Probleme habe, denke und bete ich auch an »Gott im Himmel«. Ich glaube, das kommt von meiner religiösen Erziehung. Nicht daß ich zu christlich erzogen wäre, aber das, was ich mitbekommen habe, war viel vom Alten Testament. Ich hatte in der Grundschule einen zu alten Pfarrer.


18/0307

– Ich glaube *nicht* an Gott

Ich glaube nicht an Gott, weil es meiner Meinung nach *nie* einen gegeben hat. Meine Vorstellungen liegen darin, daß schon 500–800 Jahre vor der angeblichen Zeit von Gott, andere Menschen oder Wesen oder in irgendeiner menschlichen Gestalt auf unserem Planeten Erde gelandet sind. Es spricht viel dafür, und auch dagegen. Meine Theorie liegt darin, daß wir in unserer Galaxie nicht alleine sind, sondern irgendwo auf einem anderen Planeten menschenähnliche oder auch Wesen, die nicht so aussehen wie wir, existieren. Sie dürften auch schon viel weiter in ihrer Entwicklung liegen wie wir auf der Erde. Denn solche oder andere Wesen sind nach meiner Meinung auf der Erde gewesen und zwar mit fliegenden Objekten (Flugzeug, Raumschiff u. a.). Wie sonst könnte es den Tempel, den es zweimal gegeben hat, nämlich in Jerusalem und Südamerika, überhaupt geben, wie es Erich von Däniken behauptet. Die Tempel wurden nämlich gebaut in der Zeit, wo es noch nicht möglich war, von Jerusalem nach Südamerika zu kommen. Und doch sollte es das gegeben haben, daß ein Mann von Jerusalem mit einem fliegenden Objekt nach Südamerika gebracht worden ist, und da den gleichen Tempel baut. Und viele andere Fragen gibt es noch, die einfach nicht beantwortet werden können.


18/0308

Ich glaube nicht an Gott, weil ich in meinem kurzen Leben (17) oft in schwierigen Situationen gewesen bin, in denen ich auf Gott gehofft habe und vielleicht auch stumm gebetet habe, aber er hat mich nicht erhört. Er hat mir nie geholfen, wo ich ihn gebraucht hätte, ob in familiären Dingen, mit Freunden oder auf seelischer Basis. Er hat auch meinen Eltern wie ich glaube nicht oft geholfen, zumindest nicht in den Situationen, die ich mitbekommen habe als Familienmitglied. Vielleicht liegt es auch daran, daß ich die Kirche nicht oft besuche, aber ich kann es nicht, weil mein Glaube an Gott immer mehr abnimmt. Wenn es in meinem Leben vielleicht einmal eine Situation gibt, bei der ich glaube, Gott hat mir geholfen, dann glaube ich vielleicht wieder an ihn. Ich war sehr oft in Situationen, die ich nicht einmal meinem Todfeind wünsche. Manchmal glaubte ich sogar, daß mein Schicksal und das meiner Eltern von Gottes Hand gelenkt wird, dann wäre mein Glaube total zerstört.

18/0309

Ich glaube nicht an Gott, weil es ja wissenschaftlich erwiesen ist, daß der Mensch ganz am Anfang z.B. ein Fisch war, nicht so wie es heißt, Gott hätte die Welt, ihre Pflanzen und Tiere erschaffen. Für mich ist das so eine Art Märchen. Wenn es Gott wirklich gäbe, würde er ja die ganzen Massenmorde z.B. im 2. Weltkrieg, wo so wie es in der Bibel steht seine besten Untertanen, die Juden – verhindern. Ich glaube, daß da einer eine Menge Ansehen bekommen hat, der das erfunden hat, wenn es nicht so auch von Mund zu Mund Propaganda am Anfang verbreitet worden ist.

18/0310

*Ich glaube an Gott, weil ich* z.B. an die Bibel glaube. Die Geschichte von Jesus kann nicht erfunden sein. Ich glaube an die Wunder, z.B.: Lourdes Erscheinung von Marie. Ich glaube an Gott, Jesus, den Heiligen-Geist, Gemeinschaft der Heiligen, katholische Kirche. Ich glaube daran, weil es wunderbar ist, wenn man gesündigt hat in Worten und Werken, daß einem dann vergeben wird. Ich glaube daran, weil es manchmal so aussieht, wie wenn Gott mein Vater bei mir ist. Ich glaube daran, weil so viele unheilbar Kranke wie ein Wunder wieder gesund werden. Ich glaube an Gott, weil er dem Bauern seine Saat gedeihen läßt. Ich glaube an ihn, weil er so viele Tiere pflegt und ihnen zu fressen gibt. Ich glaube an ihn, weil er mich beschützt. Ich glaube an Moses, der das Volk durch das Rote Meer führt, um sich und die Verfolgten in Sicherheit zu bringen.

18/0311

Ich glaube *nicht* an Gott . . .
weil es nie einen gegeben hat. Es heißt ja, die Menschheit würde von Adam und Eva abstammen, aber das stimmt nicht. Forscher haben herausgefunden, daß die Menschen von einem komischen Urvieh abstammen, das vor ein paar Millionen von Jahren gelebt hatte. Und Gott kann es auch nicht geben, es heißt ja, er soll im Himmel mit seinen Engeln leben. Und heute bzw. früher, als die Menschen den Himmel bzw. Sterne und Mond erforschten, hätten sie beim Beobachten des Sternenhimmels Engel sehen müssen. Dann als die Menschen und Satelliten in den Weltraum geschossen worden sind, hätte man Engel sehen müssen.
Dann als die beiden Weltkriege begannen, betete doch jeder zu Gott, er möge den Krieg verhindern, aber da es Gott nicht gibt, der den Krieg verhindern konnte, nahm er seinen Lauf. Wenn es Gott geben würde, dann gäbe es auf der Welt bestimmt keine Not.

18/0312

Gott ist für viele ein Beichtvater, dem man in einem Gebet seine Probleme aufhalst und zum Schluß noch eine kleine Bitte anbringt. Gott ist überall und nicht nur in der Kirche. Deswegen glaube ich an Gott und nicht an die Kirche.

## 18/0313

Bei dem Wort Gott denke ich an die Bibel. Dann überlege ich, ob es Gott wirklich gibt. Wie kann er aussehen. Ist er eine Art Mensch oder ist er nur eine Illusion. Manchmal fragt man sich, kann es überhaupt einen Gott geben, der so viel Unruhen, Armut und Elend auf »seiner Erde« zulassen kann. Es heißt, Gott sei der Schöpfer der Erde, aber keiner hat ihn je gesehen. Trotzdem glauben viele Menschen an Gott.

## 18/0314

Ich glaube an Gott, weil ich von Geburt auf von meinen Eltern römisch katholisch unterrichtet wurde; deshalb gibt es bei mir keinen anderen Gedanken, als an »Gott« zu glauben. Es kann mir keiner nachweisen, daß »Gott« nie gelebt hat, schon wegen dem gibt es mir den festen Glauben an Gott. Es gibt viele Beweise, daß er gelebt hat. Er bestimmt den Lebenslauf eines jeden Menschen, der auf der Erde lebt. Bei manchen wirkt er Wunder, die es brauchen, die auch fest an ihn glauben. Niemand weiß, wie es nach dem Tode weitergeht, deshalb wird man den Glauben an »Gott« erhalten und weiterführen!

## 18/0315

Ich glaube nicht an Gott, weil...

Gott gibt es nur in den Vorstellungen von Leuten, die ohne Glauben nicht so gut leben können. Sie brauchen etwas, an das sie sich klammern können. Ich persönlich brauche keinen Gott, um mir mein Leben schön zu machen.

Hinzu kommt noch, daß ich an nichts glaube, was ich nicht selbst gesehen habe. Als realistischer Mensch kann ich keinen Glauben annehmen, der so aussieht wie der Glaube an Gott. Jeder hat ein Recht auf Glauben, aber nicht die Pflicht. Wer einen Glauben braucht (seelisch), und nicht mehr davon loskommt, weil er davon abhängig ist, gehört sofort in die Klapsmühle.

Die ganze Kirche ist meiner Meinung nach blödsinnige Volksverdummung, solange sie in dieser Form mit Gott »als Chef« weitergeführt wird.

Eine Diskussion über dieses Thema ist meiner Meinung nach völlig überflüssig, weil weder Pro noch Contra eindeutig nachweisbar sind.

## 18/0316

Bei dem Wort Gott denke ich an eine Existenz, die nach der Bibel die Welt erschaffen hat. Ich denke, daß Gott gütig und gnädig zu allen Menschen, egal welcher Rasse oder Nation sie angehören, ist. Bei dem Wort Gott denke ich auch, daß Gott uns nach dem Tode eine Art ewiges, sorgenfreies und glückliches Leben schenkt. Bei dem Wort Gott denke ich aber auch an die Auseinandersetzungen, die es gibt, weil verschiedene Völker sich ihren Gott verschieden vorstellen und es dadurch schon zu einigen Kriegen gekommen ist. Bei dem Wort Gott denke ich aber auch an jene Leute, die Gott in Frage stellen und ich frage mich, ob sie recht haben.

## 18/0317

Ich glaube an Gott, weil er für mich Ruhe und Gelassenheit ausstrahlt. Die christliche Lehre entspricht sehr unserem Grundgesetz und diese Zielsetzung habe ich mir in meinem Leben auch gestellt. Denn so finde ich, ist dies eine Möglichkeit, alle Probleme und Schwierigkeiten in einem Menschenleben zu lösen. Auch trägt es dazu bei, eine sehr große Toleranz gegenüber seinen Mitmenschen an den Tag zu legen, ohne dabei seine eigene Meinung und Lebensstandpunkt einschränken zu müssen. Eine eigene Meinung ist sehr wichtig um Ziele, die man sich gestellt hat, erreichen zu können. Dabei darf man nicht vergessen, daß es auch andere Meinungen gibt, die man zwar nicht respektieren muß, doch aber tolerieren sollte. Dies sind Grundvoraussetzungen, die das Leben zwischen Menschen überhaupt erst möglich machen, und diese Grundregeln sind sehr mit der christlichen Lehre verbunden.
Dies ist mir sehr wichtig in meinem Leben.

## 18/0318

Ich glaube an Gott, weil er für mich die Erfüllung des Lebens bedeutet. Er bringt Ruhe und Frieden ins Leben der Menschheit, er besitzt die Kraft, alles Übel dieser Welt zu beseitigen und Krankheiten zu bekämpfen. Ich glaube an Gott, weil er Verständnis für Gebräuche, Sitten und Rituale der verschiedenen Völker hat.

## 18/0319

Wenn ich es mir überlege, glaube ich nicht an Gott, weil ich mir nicht vorstellen kann, daß es so etwas gibt, wo der Himmel ist. Andererseits sagt mir aber so etwas wie eine innere Stimme, Gewissen, daß es Gott gibt. Z.B. zünde ich immer in einer Kapelle Lichter an.

## 18/0320

Ich glaube an Gott, weil es für mich so eine Art Vertrauensperson ist. Er bringt in mein Leben Ruhe und Gelassenheit. Ich glaube an Gott, weil ich ihm all meine Gedanken erzählen kann. Ich glaube an Gott, weil man oft in schwierigen Situationen ist, in denen man jemanden braucht. Und gerade in diesen Situationen wie Angst vor Klassenarbeit, Prüfungen, oder einer Aufgabe im Geschäft kommt es mir manchmal vor, wie wenn einem eine helfende Hand beisteht. Ich glaube an Gott, weil ich der Meinung bin, daß er auch an der Lebensweise, an unserem Reichtum, den andere Völker nicht haben, beteiligt ist. Ich glaube auch, daß er so eine Art Gewissen ist, das auf einen einredet.

## 18/0321

Ich glaube nur *manchmal* an Gott, weil es viel zu viele Grausamkeiten auf der Welt gibt.
Ich denke an Liebe und an die Kirche.

18/0322
Woran denken sie bei dem Wort Gott
An die Erlösung vom Bösen, die Welt vom Krieg zu erlösen und über die
Welt den Frieden zu verteilen. An die Geburt Jesu und den Ablauf seines
Lebens bis zum Tode am Kreuz.
An die kirchlichen Feiertage wie Weihnachten, Ostern, Pfingsten. An die
Gebetsstunde, die am Samstagabend vor der heiligen Messe oder an den
Werktagen abgehalten wird.

18/0323
Meines Erachtens ist Gott der Ursprung der Entstehung der Erde, denn
es ist unmöglich, daß ein solcher Aufbau selbst vonstatten geht. Denken
wir einmal an die Wunder von bekannten Wallfahrtsorten. Selbst bei
solch großen Dingen ist eine Lüge unmöglich. Außerdem werden sie von
Fachleuten aus aller Welt überprüft. Wer und was Gott ist weiß ich auch
nicht. Ich kann ihn mir eigentlich nur so vorstellen, wie ich ihn aus
Religionsbüchern der Grundschule und Hauptschule gesehen habe.

18/0324
Gott ist allmächtig, überall, gerecht, allwissend. Ich glaube an Gott, weil
es einen Herrscher geben muß. Man denkt an die Kirche und die Geburt
und Wiederauferstehung.


# 19   Metall, 3. Klasse (gemischt)

*Den Schülern wurden die Satzanfänge und Sätze zu Gott vorgelegt.*

19/0325
*Wie stellen Sie sich »Gott« vor?*
Ich glaube ich habe eine noch etwas kindliche Vorstellung von Gott. Mir
wurde als kleines Kind immer erzählt, daß Gott wie ein Vater für uns alle
sei; dabei wurden mir auch Bilder gezeigt, die Gott als einen grauhaari-
gen, bärtigen, alten Mann zeigen. Und diese Vorstellung hat sich bei mir
bis heute eingeprägt. Ich habe aber auch schon gehört, daß diejenigen
(Erwachsenen), die noch immer eine solche Vorstellung haben von Gott,
nicht fähig sind, sich ihr Leben richtig zu gestalten. Vielleicht haben diese
Leute recht, aber ich fühle mich bei dem Gedanken sehr wohl, daß mein
Gott eine ältere Person ist, die sehr weise, gutmütig ist und auf mich eine
gewisse Ruhe ausstrahlt.

19/0326
Gott ist für mich eine ungewisse Sache. Man hört auf der einen Seite
(Kirche), wie er in der Bibel das Leben gerecht und barmherzig geleitet
hat. Doch im heutigen Leben kommt man mit Gott kaum in Konflikt und
man meint, daß die heutige Gerechtigkeit nicht der eigenen Meinung
entspricht.

## 19/0327

Gott ist jemand, den der Mensch in bestimmten Situationen braucht, um zu sich selber zu finden. Jemand, den er für seinen letzten Kameraden hält oder auch nicht. Er ist auch vielleicht eine Erfindung, aber er ist jemand, zu dem man sprechen kann und bei dem man denkt, daß er zuhört. Wenn man Gott als den Ursprung, die Urzelle betrachtet, könnte man an ihn glauben. Man könnte sich aber denken, daß jemand, der den Zufall, Vorbestimmung, regelt, daß er Gott ist. Gott ist für mich mehr ein Name für eine Materie oder Außerirdisches, der von weit her gekommen ist, um uns zu überwachen und uns bei unserem Weg in die Zukunft zu lenken.

## 19/0328

Gott ist ein Mensch, der die Menschen dazu gebracht hat, auch an etwas anderes zu glauben. Er mußte ihnen auch starke Beweise liefern, damit sie an Gott zu glauben beginnen. Das heißt, daß man am wenigsten etwas glauben kann, was man nicht sieht. Es sind immer Momente dabei, wo man ins Zweifeln kommt. Solang man keine Beweise hat, schwebt der Glaube immer etwas in der Luft. Ich kann mir z.B. nicht so richtig vorstellen, wenn es heißt, daß ein Mann wieder sehen kann, weil er in einer Kapelle Maria berührt hat. Rein theoretisch ist doch so etwas nicht möglich. Wie soll jemand, für den in der heutigen Zeit alles logisch sein soll, an etwas glauben, das alles andere ist als logisch. Es fällt einem schwer, so etwas zu glauben. Doch im Unterbewußtsein hört und sieht man nichts anderes über Gott. Man glaubt schon an Gott, nur nicht jeder gleich stark.

## 19/0329

Ich glaube an Gott. Es ist schön, beruhigend, wenn man weiß, da ist noch jemand, mit dem man sprechen kann, der Hoffnung für einen ist. Ich weiß auch, wenn ich niemanden mehr habe, keine Eltern, Geschwister, Freunde, also ganz verlassen auf der Welt wäre, da ist noch jemand, der mir nahe steht, mir beisteht, bei dem ich mich bedanken kann für alles, was mir in meinem 20-jährigen Leben an Gutem wiederfahren ist. Es ist wirklich alles so eingetroffen, wie ich es erhofft habe, auch wenn manchmal wirklich alles ausweglos erschien. Ich wußte, er gibt mir die Kraft, den Willen, dies alles durchzustehen, und mich nie der Mut verlassen hat. Er ist für mich mehr als ein Freund, ihm kann ich alles anvertrauen.
P.S. Ich könnte noch viel mehr schreiben, doch die Zeit war viel zu kurz.

## 19/0330

Jeder Mensch benötigt etwas, an das er sich halten und manchmal vielleicht klammern kann. Das kommt häufig dann stark heraus, wenn Personen Tragisches selbst erleben oder miterleben. Dann brauchen sie etwas, wem sie ihr Leid mitteilen können, wer nur zuhört, nichts sagt, wo sie an einem stillen Ort weinen können, ohne daß ein noch so geliebter Mensch dabei ist, sie beobachtet.

Menschen brauchen irgendwo eine Vorstellung, wo sie in unserer Welt heutzutage eine Sicherheit empfinden und das Gefühl haben, behütet zu sein. Der Mensch ist auf der Suche, etwas zu finden, das sich mit der Zeit nicht verändert, immer erreichbar ist, Verständnis ohne Worte hat (Menschen haben heutzutage kein Verständnis und keine Zeit füreinander) usw. und dieses Etwas ist Gott.

Ob Gott wirklich existiert, weiß ich selbst nicht; aber auch ich brauche manchmal eine Vorstellung, die mir über manches hinweghilft (vielleicht ist Gott eine Traumvorstellung und Wunsch; dies ist wohl immer eine Frage (unbeantwortete Frage).

## 19/0331

Ich glaube an Gott, aber nicht wie es die Kirche lehrt. Irgendwo steckt eine Kraft, die uns Menschen alle lenkt, vor der alle gleich sind.

## 19/0332

Gott ist für mich unantastbar, weil ich nicht weiß, ob es ihn wirklich gibt, oder ob nur so von ihm geredet wird, als ob es ihn geben würde. Ich kann mir auch nicht vorstellen, wie dieser  hochumjubelte Gott aussehen soll. Bei dem Wort Gott denke ich an die Taten, die Gott gemacht haben soll, obwohl keiner weiß, ob es wirklich stimmt. Gott hat nie etwas falsch gemacht, alles hatte einen Sinn. Ob Gott wirklich so viel oder überhaupt etwas gemacht hat, kann niemand beurteilen, denn niemand von denen, die jetzt leben, hat es gesehen. Und das, was von den Vorfahren überliefert wurde, muß auch nicht stimmen, denn keiner weiß, ob sie die Wahrheit gesagt haben oder ob sie es immer so weitergesagt haben wie sie es gehört haben. Sie können auch etwas dazugedichtet haben. Jeder dichtet etwas mehr hinzu und schon könnte man meinen, es sei wahr gewesen.

## 19/0333

Gott ist: ein Ideal der Menschen, den die heutige Menschheit nicht mehr wahrnimmt. Weil die Menschheit nicht mehr weiß, wohin vor Überfluß und Bequemlichkeit. Die meisten Menschen (Jugendliche) kennen keine Pflichten zur Kirche. Sie kennen auch keinen Gehorsam und Ehrfurcht zu Gott.

## 19/0334

Gott ist für mich ein Idol für viele Menschen, die es anscheinend nötig haben. Ich kann von Gott nicht sehr viel halten, wenn ich sehe, wie er einen großen Teil der Menschheit einfach im Stich läßt. (Afrika, Asien, Polen . . .) Wenn es ihn gibt, warum zeigt er sich dann nie?

Sein Sohn Jesus hat sich anscheinend öfters gezeigt, aber vielleicht ist die heutige Menschheit Gott nichts mehr wert?

Die Kirche als vielleicht »größte Bank der Welt« könnte mit Sicherheit die 3. und 4. Welt finanziell besser unterstützen als mit Missionaren, die versuchen »unzivilisierte und ungläubige« zum Glauben an Gott zu bekehren.

19/0335

Ich glaube an Gott, weil ...
- ich so erzogen wurde.
- ich ein schlechtes Gewissen habe, wenn ich sage, Gott gibt es nicht.
- so viel Unrecht auf Erden ausgeglichen werden muß.
- Halt gibt in schweren Zeiten
- es kann ja nichts schaden.
Ich glaube nicht an Gott, weil
- mit Vernunft nicht erfaßbar
- wie kann sich etwas so vielen Individuen widmen
- vorwiegend nur gebraucht wird bei Schicksalsschlägen
- viel Unrecht im Namen Gottes geschah, geschieht
- viele Vertreter Gottes sehr engstirnig sind
- so viele verschiedene Glauben existieren
- Mensch seitjeher an Götter und Überirdisches glaubt → Mißbrauch
  durch die Sekten
- ist unser Glaube vielleicht auch nur eine Sekte!
- keinerlei Chancengleichheit der Menschen beim Start
- Sind Verbrecher von sich aus schlecht? oder werden sie von ihrer
  Umwelt dazu gemacht.
- Ist Gott nur die Angst vor dem Sterben?
Fazit: Ich glaube an Gott, kann es nicht schlüssig begründen und habe
dennoch große Zweifel.


19/0336

Ich glaube an Gott, weil ich glaube, daß ich an etwas glauben muß. Wenn
ich an nichts mehr glaube, hat dann das Leben noch einen Sinn??? Ich bin
kein Kirchengänger. Ich glaube, daß ich ebenso ein Christ bin und an
Gott glaube, ohne daß ich jeden Sonntag in die Kirche muß.
Woran ich glaube und mein Herz hänge, das ist eigentlich mein Gott. Im
gewissen Sinne stimmt dieser Satz, denn den Menschen, den ich liebe,
den verehre ich (bzw. vergöttere). Diesem Menschen vertraue ich und
glaube an ihn. Aber über all dem steht für mich immer noch Gott. Wenn
ich in Not bin (z.B. vor einer Klassenarbeit, Prüfung usw. ...) glaube ich
fest daran, daß er mir hilft. Er ist immer da, wenn ich ihn brauche.


19/0337

Ich weiß eigentlich überhaupt nicht, mit was ich anfangen soll! Ich hab
mir zwar schon öfter überlegt, ob es »Gott« gibt oder nicht. Irgendwie
kann ich mir nicht vorstellen, daß alles vorbei ist, wenn man stirbt, ich
hoffe es irgendwie, daß es danach noch weitergeht. Nur habe ich keine
direkten Vorstellungen, wie ich mir meinen Gott vorstellen soll, der gute
alte Mann mit Bart wird es ja wohl nicht sein. Eigentlich wäre ich froh,
wenn ich irgendwann einmal ein sichtbares Zeichen von Gott sehen
würde. Ich bin mir nämlich nicht so ganz sicher, daß es Gott gibt. Ich
finde, man kann sich so wahnsinnig schlecht vorstellen, an was man da
glauben soll. Wahrscheinlich sollte man Gott, wenn man wirklich glaubt,

in sich selber spüren, mir geht es jedenfalls bis jetzt noch nicht so. Wenn ich an »Gott« denke kann es gut sein, daß ich dann dabei zum Himmel sehe, obwohl ich ja glaube oder eigentlich weiß, daß Gott nicht da »oben« ist. Eigentlich, wenn ich es mir jetzt so überlege, glaube ich schon an irgend einen Gott. Oder auch nicht?

19/0338

An Gott zu glauben fällt mir irgendwo schwer. Man hört immer, bzw. in der Bibel steht, daß er den Menschen geholfen hat. Aber jetzt, wenn man sich nur mal in der Welt umsieht, es passiert so viel Schlimmes, da frage ich mich, *wo* ist da Gott? Oder z.B. in Familien, wenn ein Kind bei einem Unfall umkommt. Wo ist er da, oder ist es etwa gar nicht wahr, was in der Bibel steht, über den Barmherzigen usw. Will er etwa, daß es uns so ergeht!

Doch manchmal, wenn es mir mal wegen irgend etwas schlecht geht, wegen einem Problem, dann ertappe ich mich auch selber, daß ich zu Gott rede. Da ist er für mich der einzige »Mensch«, dem ich alles sagen kann. Aber das Endresultat ist auch wieder so, ich frage warum und wieso muß es mir so ergehen. Aber als »Antwort« *passiert gar nichts*. Da habe ich mich auch wieder gefragt, ist Gott nur ein Mittel für Menschen die verzweifelt sind, daß sie noch einen Halt haben, daß sie sich an ihn klammern und festhalten.

19/0339

– Wie stellen Sie sich Gott vor?

Gott ist für mich ein unrealistisches Wunschbild. Jeder stellt sich Gott so, wie es für ihm am besten ist, vor. Gott hat für mich keine übermenschlichen Kräfte, er dient nur als »die letzte Hoffnung«. Aber dies auch nur in großem Leid und Not. Wer denkt schon an Gott, wenn er sich in den Finger geschnitten hat oder ein Bein gebrochen hat. Man geht ins Krankenhaus oder zum Arzt und fertig. Nur wenn's dem Tod entgegengeht, dann schnell zu Gott beten, obwohl man an ihn vorher nicht gedacht, sondern eher noch gelacht hat. Jetzt braucht man ihn als Großen, Kräftigen, mit übermenschlichen Fähigkeiten.

Gott hat für mich nur in Zusammenhang mit dem, was nach dem Tod kommt, eine besondere Bedeutung. Er gehört für mich zu der Welt der »Unsichtbaren« (Unwirklichen). Weiß ich überhaupt, ob er wirklich da ist??

19/0340

Gott ist der Schöpfer

– Wie stellen Sie sich Gott vor?

alt, grau, Bart

Woran denken Sie bei dem Wort Gott:

Kirche, Pfarrer, Heilig Abend

19/0341

– Gott ist für viele Menschen, die in Not sind, eine Bezugsperson, eine Stütze. Dies geschieht aber nur in der Phase, wo es einem sehr schlecht geht, denn dann denkt man an Gott oder betet. Sobald es einem wieder besser geht, beschäftigt man sich überhaupt nicht mit Gott, zumindest in der Jugend recht selten. Thema Gott und Kirche ist für viele Leute mit Sterben verbunden (Das Ewige Leben). Und dieses Thema wird von jedem Menschen weit möglichst verdrängt so daß das Thema mit zunehmendem Alter für die Menschen wichtiger wird, denn im Alter denken viele Leute ans Sterben und somit auch an Gott.

19/0342

Gott ist für mich etwas wo nicht sichtbar ist, aber er ist doch irgendwie und irgendwo vorhanden. Und man soll den Glauben an ihn nicht aufgeben. Gott ist ein Wesen, was man nicht bildlich darstellen soll.

19/0343

Gott ist für mich eine Glaubensfrage. Da ich von der Kirche nicht viel halte und sie bei mir vom Aufbau und Prinzipien her in solcher Form *bei mir* keinen großen Einfluß nimmt. Jedoch habe ich aus freier Jugendarbeit zwanglos *ohne* Einwirkung einer geistlichen Person »Glauben« an Gott erreicht, wobei ich sehr viele Kritik wegen Aufbau, Verbreitung des Glaubens *übe*.
Ein Kirchenbesuch sollte nach freier Entscheidung, nicht wegen Beachtung der anderen Person erfolgen.

19/0344

Gott ist für manche Menschen der letzte Halt.
Ich glaube an Gott, weil ich oft keinen Menschen habe, dem ich vertrauen kann, mit dem ich sprechen oder mich anvertrauen kann (bedingungslos). Ich glaube an Gott, weil ich das Gefühl habe, daß ich ihn einmal ganz dringend brauche und dann in dieser wahrscheinlich sehr schweren Stunde nicht allein sein will.

19/0345

Ich glaube nicht an Gott, weil ich das, was ich erzählt bekommen habe oder in Filmen gesehen habe, nicht glauben kann. Und wenn Leute in die Kirche gehen, gehen sie nicht immer weil sie an Gott glauben, sondern sie müssen von ihren Eltern aus oder weil es an manchen Tagen üblich ist.

19/0346

Bei dem Wort Gott denke ich an Bier, denn Bier ist ein wahrhaftlich göttliches Getränk (Zitat von Brosi)

19/0347

Ich glaube an Gott. Aber ich finde, es ist schwer immer den richtigen Weg zu finden, um in der heutigen Welt als Christ zu leben. Ich meine, nach den Geboten zu leben. Ich gehe fast jeden Sonntag in die Kirche (Gottesdienst), und ich glaube, daß das nicht irgendwie Gewohnheit geworden ist, oder daß ich in die Kirche gehe, weil meine Eltern auch gehen, sondern ich brauche das.

## 19/0348
Woran denken Sie bei dem Wort Gott?
– Gott kann man nicht mit irdischen Worten und Gedanken festhalten oder beschreiben, man kann damit nur annähernd an ihn herantreten. Ich glaube, jeder Mensch sieht den »Gott« anders, das beweisen ja schon die vielen verschiedenen Religionen. Aber im Grunde ist es immer dasselbe, was dabei im Vordergrund steht, nämlich ein Gott, an den man glauben, an dem man sich festhalten und dem man vertrauen kann, eine Stütze und Hilfe fürs Leben.
Ich habe auch das Gefühl, daß Menschen, die an Gott glauben, etwas leichter und unbeschwerter durchs Leben gehen, weil sie doch das Gefühl haben, es steht jemand im Hintergrund, auf den sie hoffen können.
– Gott ist nicht nach diesen weltlichen Bilderbuchgeschichten zu sehen, Gott ist überall mitten unter uns.

## 19/0349
Woran denken sie bei dem Wort Gott?
Gott heißt für die meisten Menschen eigentlich nur in die Kirche gehen, dem Pfarrer zuhorchen oder auch nur ausschlafen und wieder nach Hause gehen, nur daß die Eltern oder die anderen zufrieden sind. Aber ich gehe nicht darum in die Kirche. Ich gehe in die Kirche, weil ich an Gott glaube, weil ich glaube, daß er gelebt hat und all die Wunder vollbracht hat. Und er wird auch eines Tages wieder kommen. Vielleicht wird er gerade jetzt wieder neu geboren. Manchmal jedoch begreife ich nicht ganz, warum einem das Liebste auf der Welt, das was man wirklich mag, genommen wird, z.B. eine Mutter, die sieben Kinder hat, oder ein junger Mensch der wegen Krebs sterben muß. Das begreife ich nicht so richtig. Aber ich glaube, Gott will uns einfach prüfen, ob wir auch noch dann an ihn glauben, nicht nur in guten Zeiten. Oder weshalb muß es Krieg in der Welt geben. Ich verstehe es nicht, daß es immer noch solche Menschen gibt, die es freut, andere zu quälen und sterben zu sehen. Ich finde die Natur wunderschön, die Gott erschaffen hat, und uns Menschen, bei denen alles so funktioniert, so wunderbar funktioniert. Die ganze Erde ist wunderschön erschaffen. Ich glaube an Gott!

*Den Schülern wurden die Satzanfänge und Sätze zu Gott vorgelegt.*

### 20/0350

Bei dem Wort »Gott« denk ich an Wärme, an die Entstehung des Lebens. Ich kann mir ein Bild von Gott machen. Man überführt den Begriff von Generation zu Generation. Das Wort »Gott« beruhigt mich auch. Bei dem Wort »Gott« denk ich auch manchmal, daß es den richtigen Gott gar nicht gibt. Manchmal sitz ich stundenlang im Zimmer und denke nach, wie Gott aussieht. Manche Menschen halten einen auch von Gott ab. Das können auch Pfarrer sein. Sie reden manchmal nur von den heutigen Problemen. Ich glaube, daß sie auch manchmal denken, daß es keinen Gott gibt. Bei dem Wort »Gott« denke ich auch an Partnerschaft. Ich glaube, daß Gott auch dabei hilft, wenn zwei Menschen zusammenleben.

### 20/0351

Ich glaube an Gott, und glaube daran, daß ich ihn irgendwann zu sehen bekomme. Obwohl ich fast nie in die Kirche gehe, glaube ich, daß mich Gott trotzdem anerkennt. Ich bete lieber ab und zu in meinem Zimmer wenn ich alleine bin. Denn in der Kirche ist es immer sehr eintönig und so komisch, ich kann mich dort einfach nicht konzentrieren. Von der Kirche halte ich so oder so nicht so viel, da dort auch nur ein Pfarrer ist, der wie wir ein normaler Mensch ist. Ich will wenn ich in die Kirche gehe einen festen Kontakt zu Gott haben, doch diesen Kontakt kann ich besser zu Hause herstellen, so empfinde ich das. Obwohl ich leider zugeben muß, daß ich nicht so oft bete, glaube ich an Gott, und hoffe, daß er mich anerkennt. Ich muß auch zugeben, daß mich manchmal der Glaube an ihn verläßt, wenn ich manche negativen Erfahrungen oder Enttäuschungen erlebe. Und wenn ich manchmal in Wut ausbreche, weiß ich nicht mehr was ich sage und fluche sehr, doch ich glaube fest daran, daß Gott mich versteht, da er bestimmt auch in solchen Situationen mal war.

### 20/0352

Ich glaube an Gott, weil ich daran denke, wie es meinem Vater und meinen 4 Geschwistern ergeht. Ich weiß nicht genau ob es Gott gibt, aber ich hoffe es und daß es ein Weiterleben nach dem Tode gibt. Ich möchte sie noch gerne sehen, mit ihnen heiter, lustig sein. Wenn ich vor dem Grabe stehe stelle ich mir vor, wenn ich einmal tot bin wie es sein wird, ob ich sie je wieder sehen kann. Ich weiß nicht, ob sie mir von oben zuschauen und sehen, wie ich meine Gefühle gegenüber ihnen darstelle. Aber ich hoffe, daß sie es verstehen können, daß ich jetzt nicht mein Leben nehme um sie zu sehen, das müssen sie einsehen. Ich möchte noch leben, noch einiges in der Welt anschauen, mich richtig austoben. Wenn ich mich jemals umbringe, dann könnte ich meine Mutter verstehen, daß sie zur Flasche greift oder sich umbringt. Ich möchte für meine Mutter leben, weil sie schon sehr viel mitgemacht hat im Leben. Ich denke noch an den einen Tag, als ich von der Schule heimkam und sie betrunken im Bett lag. Das ging über ein paar Wochen und ich fiel in der Schule zurück. Als sie dann in eine Klinik ging, kam sie nach 6 Wochen zurück. Dort hatten sie ihr beigebracht, daß ich noch lebe und für sie da bin. Seitdem fand ich meine Mutter Spitze und seitdem gefällt es mir zu leben. Auch im Verein hatte ich mich durchgesetzt. Dort ging keiner in die Kirche und alle hänselten über mich, weil ich in die Kirche ging. Doch der Gruppenzwang hat nachgelassen, und sie haben es akzeptiert.

## 20/0353

Ich glaube im Innersten an Gott, aber äußerlich habe ich es sehr selten und sehr wenigen Menschen zugegeben. Die, denen ich es gesagt habe, waren alle meine Freunde, von denen es sicher keiner zugeben würde, einem Menschen gegenüber zu sagen, daß er an Gott glaubt. Als wir einmal zusammenwaren und über das Leben nach dem Tod sprachen, fragte ich sie, ob sie eigentlich an Gott glauben. Denn ich würde es tun. Zuerst traute sich keiner was zu sagen, bis dann der erste anfing zu sagen, ob er an Gott glaubt oder nicht. Und am Ende des Gesprächs stellte sich heraus, daß doch viele an Gott glauben und es aber noch niemanden trauen zu sagen, da wir meinten, daß man schlecht angesehen wird wenn man das zugibt. Seitdem wir aber darüber gesprochen haben, haben wir nicht mehr Angst untereinander über Gott zu sprechen und deswegen ausgelacht zu werden. Ich selbst glaube an Gott weil ich mir nicht vorstellen kann, daß es nach dem Tod einfach aus ist. Sonst wäre es doch ungerecht, daß manche Menschen schon mit 5 Jahren oder erst mit 90 Jahren sterben. Da muß es doch danach einen Ausgleich geben, ein zweites Leben. Ich glaube aber, daß man aus seinem Leben auf Erden was machen soll. Ich würde gerne noch was schreiben, aber es fällt mir sehr schwer darüber zu schreiben, da [bricht ab]

## 20/0354

Ich glaube an Gott, weil ich denke:
Es gibt ja viel Ungerechtigkeit auf der Welt. Die Menschen in der Dritten Welt müssen hungern und wir von den Industrieländern werden wegen Überernährung krank. Oder auch in unseren Ländern z. B.: die Behinderten, die ein Leben lang behindert sein werden, ist doch auch eine Unausgewogenheit gegenüber den Gesunden. Deshalb glaube ich (auch schon wegen der Gerechtigkeit, die wir heute so groß schreiben) auf ein späteres Weiterleben (und somit an Gott) denn da muß ja die Gerechtigkeit irgendwie wieder ausgeglichen werden. Ein weiterer Punkt, warum ich an Gott glaube, sind wie man sie ruhig mit Wunder bezeichnen kann, diese wahren Wunderfälle. Wenn z. B. irgendjemand von einem Tag auf den anderen plötzlich sein Leben ganz umstellt.

20/0355

»Ich glaube nicht an Gott, weil . . .«

- So viele Leute gehen schön brav jeden Sonntag in die Kirche und sagen dann, sie wären Christen. Wenn ich das sehe oder höre, könnte ich jeden, der das von sich behauptet, umbringen. Denn wenn man an Gott glaubt, dann soll man auch so handeln und leben wie Gott es immer prophezeit hat.

- wenn Gott so gut ist, warum hat er so viele Kriege und Verbrechen geschehen lassen, denn es heißt ja »der Mensch denkt, Gott lenkt«. Mir ist das gerade eingefallen, weil wir einmal in Religion dieses Thema gehabt haben. Da haben wir auch Stunden lang über dieses Thema geschrieben und geredet, aber am Schluß ist nur herausgekommen, daß Gott gut ist und jeden liebt. Ich kann mir nicht vorstellen, daß, wenn einer gut, barmherzig und jeden liebt und über alles herrscht, Weltkriege und Morde zulassen kann. Dann muß es ihn entweder nicht geben oder er ist schlecht.

- ich versuche manchmal an Gott zu glauben und zu verstehen und ich bete manchmal zu ihm und bitte ihn, daß der kommende Tag gut für mich werde, daß ich keine Enttäuschung erfahre und daß mir nichts passiert, aber z. B. gestern sind bei mir im Fußballtraining zwei ganz große Blasen an den Füßen geplatzt und jetzt kann ich kaum noch auftreten, warum hat *er* das zugelassen, warum? Warum hat er schon so viele junge, gescheite Menschen sterben lassen? Also wenn ich ganz genau mit mir bin, ich glaube nicht an Gott, auch wenn es meine Eltern und meine Verwandtschaft verbieten.

20/0356

- Ich glaube nicht an Gott, weil ich nicht verstehen kann warum Gott, wenn es einen geben würde, nicht anderen Leuten hilft, die ohne daß sie was dazu können, in Not sind. Außerdem glaube ich nur an das was ich sehe. Warum passieren so viele Unglücke und sterben Menschen, die gar keine Schuld haben. Warum läßt Gott zu, daß es Leute gibt, die andere nur aus Lustbegier umbringen und sich an dem Tod des anderen erfreuen, warum läßt Gott das zu. Ich sehe keinen Grund, an Gott zu glauben. Es gibt so viele Widersprüche auf der Welt, und alles ist so ungleich verteilt wie z. B. die Leute, die reich noch reicher werden und Leute, die arm sind noch ärmer werden. Warum gibt es so viele Tiersorten ausgerottet? [Vf. hat die Einzelworte des Textes in drei senkrechte Spalten fortlaufend untereinandergeschrieben]

20/0357

Ich glaube an Gott, weil ich glaube, daß unser Dasein irgendeinen Sinn haben muß. Daß jeder Schritt oder jedes Wort irgendwie »programmiert« ist. Nicht daß man wie eine »Maschine« rumläuft sondern wie man sich gibt oder was man redet. Ich bin mir nicht sicher, ob ich alles glauben kann, was in der Bibel steht. Aber in unserer Zeit, wo Haß und Gewinnsucht die Welt regieren, sollte man sich doch an etwas festhalten können, um nicht völlig einer von den Tausenden oder sogar Millionen zu sein, die im Alltagstrott versinken. Ich glaube an Gott, weil ich meine, daß jeder Mensch, egal ob er ein Verbrecher oder ein Politiker ist, irgend einen guten Kern hat, der durch seine Umgebung vielleicht nicht völlig zur Entfaltung gebracht wurde. Eins kann ich aber nicht begreifen: Warum Gott es zuläßt, daß es so viel Ungerechtigkeit auf der Welt gibt. Natürlich kann er uns nicht so »einstellen«, daß wir gar nichts mehr zu bestimmen haben, wir sollen ja auch Entscheidungen treffen über das eigene Leben oder das Leben von Tausenden. Und daß manche sagen, wenn man nicht in die Kirche geht sei man kein Christ. Man kann doch Christ sein ohne in die Kirche zu gehen oder nicht jeden Sonntag.

## 20/0358

– Ich glaube an Gott, denn ich bin schon von klein auf in die Kirche geschickt worden. Und wie ich so jeden Samstag oder Sonntag in die Kirche ging, hatte ich eigentlich nie recht Lust. Aber während dem Gottesdienst hab ich mir oft überlegt: »Warum bin ich jetzt in die Kirche gegangen? War es wegen der Angst, daß die Eltern schimpfen würden, oder war es doch etwas anderes, das mich in die Kirche zog.« Und wie ich dann älter wurde und meine Eltern mich nicht mehr zur Kirche schickten, sondern es mir frei überließen in die Kirche zu gehen, ging ich trotzdem und ich wußte nun, daß es etwas anderes geben mußte (Gott) das über dem Menschen steht.
Ich bete jeden Abend, besonders wenn ich Probleme in der Schule, beim Sport oder sonst im Leben habe. Das hilft mir dann dabei, meine Probleme zu lösen. Ich bin dann immer fest davon überzeugt, daß Gott mir dabei geholfen hat.

## 20/0359

Ich glaube an Gott, weil ich glaube, es kann nach dem Leben nicht einfach aus sein. Woher kommt der Glaube der Steinzeitmenschen, woher kommt der Glaube der verschiedenen Völker? Den Menschen kann man nicht mit einer Maschine vergleichen, die, nachdem sie einmal kaputt ist, nicht mehr repariert werden kann. Schon der Vergleich eines menschlichen Gehirns mit einem Computer bringt, daß der Mensch besser denken kann. Und ich glaube an Gott weil es bewiesen ist, daß vor 1982 Jahren ein Stern über Bethlehem geflogen ist.

## 20/0360

Ich glaube an Gott, manchmal aber nicht.
Denn wenn ich recht überlege, woher soll ich wissen, daß es ihn wirklich gibt? Aber wenn ich dann wieder anders denke, muß doch auch etwas Wahres an diesen Geschichten sein, weil von nichts macht man keine so großen Geschichten.
Und wenn es Gott wirklich gibt, sagt man, er kann alles machen. Warum hilft er dann nicht den guten Menschen, die krank sind. Es gibt auch genug schlechte Menschen, die gesund sind, etwas stimmt da nicht.

20/0361

Ich glaube nicht an Gott!

Das kommt vielleicht daher, weil ich von Gott nicht viel erfahren habe, aber das was ich weiß, könnte ausschlaggebend sein. Gott, was ist das schon, ein Mann, der früher zu den Menschen gut war und ihnen geholfen hat und dann haben sie ihn einfach Gott genannt. Und daß alle in Asien an den Gott, in Amerika einen anderen Gott, in Arabien noch einen anderen und in Europa noch einen dazu. Was bringt einem der Gott? Hilft er einem? Das alles glaube ich nicht. Gott war mal da und es gibt ihn nicht mehr. Wenn man logisch denkt, sieht man das auch ein. Die Menschen wären vom Gott entstanden. Das ist doch Bödsinn. Man hat doch bewiesen, daß die Menschen vom Affen abstammen. Das alles sagen nur Menschen die an Gott glauben. Sie gehen jeden Tag in die Kirche, in die Mosche oder wo anders hin, sie glauben, Gott würde zurückkommen, doch das finde ich Unsinn und Blödsinn. Wenn es Gott gibt, dann soll er doch kommen und uns helfen. Soll er doch die Kriege die auf der Erde sind abschaffen, dann soll er doch kommen und allen Menschen beweisen, daß er da ist. Dann soll er doch kommen und den Menschen sagen, sie sollen besser sich mögen. Alle hassen ihre Nachbarn sie streiten nur miteinander. Wenn er was beweist, dann erst glaube ich an ihn. Das was ich geschrieben habe, könnte etwas Blödsinniges sein!

20/0362

Ich kann nichts genaues zu dem Thema: »Gibt es Gott oder nicht« schreiben, da ich nicht weiß ob es Gott gibt oder nicht. Wahrscheinlich neige ich eher dazu zu glauben, daß es ihn nicht gibt, weil es dafür keinen Beweis gibt.
Ich kann mir auch keine Vorstellung machen, wie ein Gott wohl aussehen mag.

20/0363

Ich glaube an Gott, weil

weil ich schon einiges darüber gehört und gelesen habe. Er hat dies schon einige male bewiesen. Dies erfuhr ich von meiner Mutter. Sie liest sehr viel über dieses Thema. In diesen Büchern stehen Wunder die tatsächlich schon geschehen sind. Wenn man da z.B. liest, daß Menschen behindert sind, aber dann z.B. in Lourdes gebadet haben und dann kerngesund wieder herauskommen oder Wochen später merken, daß sie kerngesund sind, gibt das einem schon zu denken. Irgendwo muß diese Heilung ja herkommen. Ich glaube schon, daß so was nur von Gott kommen kann. Auch wenn solche Wunder nicht passiert wären, würde ich trotzdem an Gott glauben.

20/0364

Gott ist für mich ein höheres Wesen, das weiterentwickelt ist als wir Menschen, der einmal schon auf der Erde war. Vielleicht sind das auch mehrere Wesen, die auf einem weit entfernten Planeten leben. Wenn ich das Wort Gott höre, muß ich auch an die Bibel und Jesus denken. Ich glaube auch, daß Jesus schon einmal auf der Erde war und die Wunder vollbracht hat, aber mit Hilfe besonderer Mittel. Die Bibel hat bestimmt auch wahre Geschichten drin, aber ich glaube auch, daß etwas hinzugedichtet ist. Ich glaube an Gott, weil ich manche Tage immer das Gefühl habe, daß mich jemand beobachtet, aber wenn ich mich umdrehte, sah ich niemanden. Ich kann mir manche Dinge gar nicht vorstellen ohne etwas höher entwickeltes Wesen. Ich gehe aber nicht in die Kirche, weil ich meine, daß ich [mich] nicht mit dem Pfarrer mit Gott auseinandersetzen, sondern alleine das mit Gott reden oder vorstellen [muß]. Die meisten Leute gehen auch nur in die Kirche um gesehen zu werden.

## 20/0365

Ich stelle mir Gott als Schöpfer der Erde vor, aber nicht der Menschen. Der Mensch ist Gott gleichgestellt. Viele Menschen machen sich von Gott ein falsches Bild. Sie glauben, Gott wäre das Höchste was es gibt. Gott soll ja angeblich Wunder vollbringen, er soll angeblich Schicksale bestimmen. Doch ist es wirklich Gott, der diese Vorgänge bewirkt. Sind es nicht vielmehr die Menschen selbst, die diese Wunder vollbringen? Ich befasse mich sehr viel mit Gott. Zwar nicht in dem Sinn, wie sich zum Beispiel Pfarrer mit Gott befassen. Da mein Hobby »Hypnose« ist, und ich mich intensiv damit befasse, weiß ich genug, um mir ein anderes Bild von Gott und den Menschen machen zu können. Es gibt so viele Geheimnisse, die im Menschen stecken. So viele Geheimnisse, die man durch Hypnose von seinem Unterbewußtsein erfahren kann, und die auch wirklich stimmen. Man hat z.B. eine Frau, die Kopfschmerzen hatte und zum Arzt ging, der jedoch nichts feststellen konnte, hypnotisiert. Man hat dadurch erfahren, daß sie diese Kopfschmerzen nicht wirklich hatte, sondern sich nur einbildet, weil sie in ihrer Jugend irgend welche Minderwertigkeitskomplexe hatte. Doch dann ging der Hypnotiseur noch weiter zurück. Er fragte sie, was gerade war, als sie noch im Mutterleib war, was 9 Monate vor ihrer Geburt war [bricht ab]

## 20/0366

Gott ist ein Anhaltspunkt wo sich jeder Mensch fügt. Wenn ein Mensch gegen die Gebote verstößt, plagt ihn sein Gewissen gegen Gott. Ihn plagt sein Gewissen das von Gott kommt. Wir stellen uns Gott als eine menschliche, unsichtbare Gestalt vor. Jedes Lebewesen besitzt einen Gott, wo es leitet, den Weg ihm gibt. Es ist gut, daß es ihn gibt, denn sonst würden die Menschen noch viel brutaler gegen sich selbst und ihre Mitmenschen: Gott ist ein Richter und wir sind die Angeklagten. Manchmal schuldig oder unschuldig. Er weiß auch wenn einer schuldig ist, jedem ist sein Weg gegeben, diesen er leitet. Man weiß es nicht und kann sich nicht dagegen wehren.
Die Kirche ist Gottes Haus, heißt es. Aber ist nicht jedes Haus Gottes Haus, ruht Gott nicht bei jedem? Man kann sich doch bei jeder Situation mit Gott beschäftigen und nicht nur in der Kirche. In jedem steckt etwas,

wo er sich Gedanken macht ob er nicht zu weit geht oder warum er das getan hat.

Gott ist ein Stützpunkt für die Menschheit, vielleicht auch für andere Lebewesen, nur in anderem Sinne, wo den Menschen hilft, an das sie glauben. Jetzt sind wir bei Glauben. Das ist auch so ein Thema wo lange Hintergründe hat. Auf dieses möchte ich nicht weiter eingehen, weil man noch etliche Stunden darüber schreiben [könnte], was auch damit zusammenhängt. Jeder Mensch ist unvollkommen, da ist es gut, daß es ihn gibt. Es gibt keinen Menschen, wo nicht an ihn glaubt.

20/0367

Wenn ich das Wort »Gott« höre, denke ich an den Schöpfer der Welt. An den, der alles erschaffen hat. Gott ist für mich der gerechte Richter, vor dem ich mich nach meinem Tod zu verantworten habe. Gott ist für mich der Helfer in meiner Not. Er hat mich erschaffen. Er hat mir meine Fähigkeiten gegeben, aber auch meine Schwächen. Ich muß versuchen, daraus das Beste zu machen. Ich stelle mir Gott wie einen Vater vor, der mich beschützt, und mir in meinen Schwierigkeiten hilft. Zu ihm kann ich offen sein, offen über meine Probleme reden. Von ihm kann ich Hilfe erhoffen. Ohne ihn wäre ich verloren. Ich brauche einen Halt. Jemanden dem ich vertrauen kann. Ich glaube an Gott, weil er mir, so wie ich denke, geholfen hat (z.B. in Klassenarbeiten). Es muß etwas geben, das die Erde geschaffen hat. Etwas Übernatürliches das meinen Geist übersteigt.

20/0368

Worauf du nun dein Herz hängst und verläßt, das ist eigentlich dein Gott (M. Luther)

Jeder Mensch hat insgeheim ein großes Ziel, das er gerne erreichen möchte oder etwas, was seine größte Lebensfreude ist. Dieses Etwas ist ein Teil der Erfüllung seines Glückes. Für viele ist dieses Glück ein Gott, den sie anbeten und hoffen, eines Tages bei ihm zu sein. Diese Menschen leben dann wie es der Gott befiehlt. In ihrem Gott haben sie eine unerschütterliche Hoffnung.

Für andere liegt dieses Glück z.B. in einem Motorrad, Musik oder anderem. Für sie steht das Motorrad im Mittelpunkt. Es ist dann ein sehr großes Ärgernis wenn das Motorrad kaputt geht. Sie sind dann ihre Lebensfreude los.

Jeder verehrt sein höchstes Ziel über alles.

20/0369

Wie stellen Sie sich Gott vor?

Früher wurde mir immer wieder gesagt, daß Gott der Schöpfer allen Lebens und der Herrscher über Himmel und Erde sei. Z.B. meine Eltern sagten mir immer wieder, daß Gott barmherzig sei und alle Menschen, ob weiß oder schwarz, fair behandeln würde. Mir wurden vom Pfarrer in der Schule immer wieder die Taten und Gleichnisse gepredigt. Die alten Menschen meinen, daß es später noch ein zweites Leben gibt im Himmel.

Gott wird als Heiler über Kranke oft beschrieben. Er sei der Retter über Böses und alles was schlecht sei. Diese Meinungen teil ich nicht, die manche über Gott vorbringen. Meine Meinung ist, wenn es einmal zuende gehen sollte, dann wird es halt aus sein. Ein zweites Leben stelle ich mir nicht vor. Ich glaube, daß Gott eine Erfindung ist, die Generationen so weitererzählt haben.                                                                    Ende

P. S. Ich bin zwar katholisch und gehe jeden Sonntag in die Kirche, aber das nur weil ich früher Ministrant war und wegen meiner Eltern.

## 20/0370

Woran denken Sie bei dem Wort »Gott«?

Gott ist für mich keine Traumfigur sondern ein Helfer seelischer Not, dem man alles anvertrauen kann, auch vielleicht Taten die, wenn man sie getan hat, von mir selbst für schlecht befunden werden. Er hört meiner Meinung nach alles an wenn man ihn darum bittet, er hilft einem auch oft über diese Dinge hinweg, unterstützt einen bei Liebeskummer und sonstigen Sachen. Man kann ihm das Herz ausschütten. Er hilft einem über den ganzen Kummer und die Bedrücktheit hinweg. Man wird eben einfach erleichtert wenn man sich ausgesprochen hat. Man sieht dann wieder viel optimistischer in das Leben und hat dann wieder viel mehr Spaß an ihm. Doch manche Mitglieder unserer Gesellschaft werden nicht ganz meiner Meinung sein, da sie glauben, Gott ist nicht gerecht, er sei einfach ungerecht zu vielen. Da viele junge Leute, die das Leben noch vor sich haben, bei einem Unfall mit einem Alter von 18–20 J. ihr Leben lassen müssen, es muß doch nachher irgendwie weitergehen, es kann damit nicht zu Ende sein es muß einfach nach dem Tode weitergehen, vielleicht mit einem neuen Leben oder dem ewigen Leben.

## 20/0371

Woran denken Sie bei dem Wort Gott?

Mir fällt immer Kirche ein und große Feste. Ich muß immer in die Kirche gehen. Man kann nicht nach meiner Meinung nachweisen ob Gott gelebt hat. Darum möchte ich auch nur in die Kirche gehen wenn ich dazu Lust habe. Es kann ja jeder eine Behauptung aufstellen, daß vor ein paar hundert Jahren etwas Bestimmtes geschehen ist. Die Wunder, die er vollbracht haben soll, kann man auch nicht nachweisen. Die, die viel in die Kirche gehen, haben zumeist mehr Pech wie die, die nicht hingehen. Warum soll man auch Kirchensteuern zahlen wenn man in die Kirche will. Wenn ein Gläubiger eine heilige Messe besuchen will, und er hat kein Geld um Kirchensteuern zu zahlen, wird er ausgeschlossen (er darf nicht mehr in die Heilige Messe). Vor Gottes Angesicht soll jeder gleich sein, aber doch nur studierte Leute dürfen Pfarrer werden. Die Kirche sammelt doch immer für die Armen in der Dritten Welt. Die Kirchen brauchten doch nicht so prunkvoll sein. Die prunkvollen Sachen könnte ja die Kirche auch verschenken an die Armen.

20/0372

Ich glaube *nicht* an Gott, weil ich glaube, daß Gott nicht gerecht ist. Es gibt viele Kriege die sinnlos zustande kommen. Es gibt viele Menschen die Hunger leiden müssen. Wo ist da der Gott? Die Rassendiskriminierung ist total umsonst. Es werden viele Menschen umgebracht (Kinder) die nichts dafür können, daß sie einer anderen Rasse angehören. Wo ist da Gott? Ich gehe auch nie in die Kirche, weil ich glaube, daß alles nur Lügen sind, die einer mal als Märchen an seine Kinder erzählt hat. Diese Kinder schrieben die Bücher darüber, die scheints damals die Jünger Jesu, Propheten usw. aufgeschrieben haben sollen. Daraus folgt: Es gibt auch keine Auferstehung bzw. ewiges Leben. *Es ist alles nur ein Witz* den die Menschen glauben und andere würden dafür sogar sterben und ihr *Leben* sinnlos hergeben. Das ist meine feste *Überzeugung.*
P.S. Ich werde wahrscheinlich aus der Kirche *austreten.*


20/0373

– Gott sei Dank gibt es nicht, was sich 60–80 Prozent der Menschen unter Gott vorstellen.
Ich halte von der Kirche nicht so viel, weil ich Gott und Kirche trenne. Ich kann nicht an das glauben was gar nicht wahr ist. Immer wieder sehe ich Filme im Fernsehen von Kriegen aus der Vergangenheit. Dort sagt die Kirche, du sollst nicht töten. Aber in fast allen Kriegen mischt die Kirche mit. Nur um sich zu bereichern, Land zu gewinnen, alles für sich in Besitz zu nehmen. Was Gott wirklich wollte wird nie gesagt, so ist es auch noch heute. Gott ist für die Kirche umfunktioniert worden. So wie man ihn braucht hat man ihn gemacht. Das gleiche [ist] mit Kirchensteuer. Zu was braucht die Kirche Geld, wenn sie den Armen helfen würde, aber das dient nur um ihre Gebäude zu bauen. Um ihre riesigen Kirchen mit vergoldetem, aufgespieltem, verherrlichtem Zeug zu renovieren. Aber in Wirklichkeit heißt es, du sollst deinen Reichtum teilen, das wären dann die Armen. Doch man kann ihnen nicht mit Essen helfen oder mit Maschinen. Sie können diese doch garnicht verwenden. Das einzige womit man ihnen helfen könnte ist *Bildung.*
Das gleiche mit den Pfarrern und Priestern. Diese schieben doch im Monat 4 oder 5 tausend DM ein. Da heißt es wieder, du sollst nicht begehren deines Nächsten Hab und Gut. Jetzt kann man sie fragen, was wahr ist.


20/0374

– Ich glaube an Gott, weil
alles durch jemanden bestimmt werden muß. Weil durch irgend jemand alles entstanden sein muß. Von nichts kann ja nichts werden. Weil es viele Dinge gibt, die nicht durch Zufall geschehen können. Es gibt Menschen, die durch irgend ein Wasser oder sonst etwas von ihrer Krankheit befreit worden sind. Niemand kann ja so ungerecht sein, daß er einen Menschen sein Leben lang behindert sein läßt und danach stirbt und alles aus ist. Darum glaube ich auch, daß es ein Weiterleben nach dem Tode gibt,

sonst hätten die behinderten Menschen nie ihr Leben so leben können wie Gesunde. Und darum glaube ich, daß Gott vielleicht in einem zweiten Leben diese Ungerechtigkeit wieder ausgleicht. Gott gibt mir auch selber Kraft, wenn ich in schwierigen Situationen bin. Ich glaube, da muß man an etwas glauben um wieder Kraft zu bekommen, und da hilft einem manchmal irgend etwas [bricht ab]

## 21   2-jährige Berufsfachschule Metall, 2. Schuljahr
(3 Mädchen)

*Den Schülern wurden die Satzanfänge und Sätze zu Gott vorgelegt*

### 21/0375
*Ich glaube nicht an Gott*
Ich kann nicht an ihn glauben, weil es für mich keine Beweise seiner Existenz gibt. Wenn ich ihn gesehen hätte, könnte ich vielleicht eher glauben.
Aber es heißt doch immer, Gott habe die Welt geschaffen, aber warum unternimmt er dann nichts dagegen, daß es so viel Unheil bei uns gibt, so viel Kriege und so. Und warum müssen immer die Leute, die in Ordnung sind und ihr ganzes Leben gearbeitet haben, früher sterben als solche Penner, die ihr ganzes Leben noch nichts gearbeitet haben und jeden Tag die Bevölkerung attackieren. Also für mich steht fest, daß ich nicht an diesen Typ glauben kann, denn ich glaube nur was ich sehe. Und falls ich es mal glauben sollte, müßte schon ein Wunder geschehen. Und überhaupt die scheinheiligen Christen, die bei jedem Glockenschlag in die Kirche rennen, sind für mich die hinterlistigsten Leute die es gibt. Amen

### 21/0376
Ich will heute nichts davon wissen. Ich will heute nur meine Ruhe.

### 21/0377
Woran denke ich bei dem Wort Gott.
Kirche, Pfarrer, Beichte, Altar, Maria, Josef.
An einen sehr alten weißen Herrn. Wenn ich an Gott denke, bekomme ich Angst, da ich meine, ich werde immer von ihm überwacht, und er sieht all meine Fehler, die ich begehe. Ich kann also nichts unbeobachtet tun. Weiter muß ich an die Leute denken, die jeden Sonntag in die Kirche gehen und doch die größten »Schweine« sind, die sind sich nicht im Klaren darüber, daß sie sich nur selber »verarschen«.

### 21/0378
Ich glaube an Gott, weil es mir von Kind an anerzogen worden ist. Und weil der Mensch einen Rückhalt braucht, den Gott einem geben kann. Früher *mußte* ich immer in die Kirche gehen! Jetzt frage ich mich, kann man es vereinbaren an Gott zu glauben, jedoch nicht in die Kirche zu

gehen. Ich finde aber keine Antwort. Unter der Woche sage ich mir immer, nächsten Sonntag gehe ich in die Kirche. Wenn es dann Sonntag ist, bekomme ich plötzlich eine Abneigung gegen die Kirche, daß ich nicht hingehe. Ich glaube an Gott und gehe nicht in die Kirche!

## 21/0379

– Ich glaube nicht an Gott, weil es ihn schon seit Jahrtausenden als Vorstellung gibt. Keiner hat ihn je gesehen. Keiner weiß wie er aussieht. Keiner weiß ob es ihn überhaupt gibt, und dann soll er uns in manchen Situationen helfen? – Blödsinn. Es ist dann reiner Zufall, wenn man an Gott betet und es geschieht dann wirklich so wie man wollte. Ich könnte wetten, daß es keiner schaffen würde Beweise vorzubringen, daß es ihn wirklich gibt, höchstens daß es ihn nicht gibt. Mir könnte keiner anhängen, daß so eine komische Gestalt irgendwo im Himmel sitzt und die Betenden anhört und sie vor dem Tod bewahrt oder Wünsche erfüllt. Das könnte ich mir auch gar nicht vorstellen.

## 21/0380

Hütet euch vor den Menschen, deren Gott im Himmel ist (B. Shaw, Schriftsteller).
Ich denke jetzt speziell an eine Freundschaft mit einem Jungen oder Mädchen. Man ist schon längere Zeit mit dieser Person zusammen, hat die gleichen Interessen (Hobbies) erzählt sich sehr viel, spricht über Probleme und schöne Dinge die man in der Vergangenheit erlebt hat. Intensive Freundschaft. Doch plötzlich wird diese Person zu einem Rivalen. Haß, Neid, Eifersucht.
Jeder Mensch kommt in Situationen wo er nur an sich selbst und an seine Vorteile denkt. Deshalb sollte jede Freundschaft mit ein wenig Abstand gehalten werden: Ich spreche aus Erfahrung und kann wirklich keinem Menschen vollkommen vertrauen. Deshalb bekomme ich Angst wenn zu mir jemand sagt »Ich liebe Dich«.

## 21/0381

Woran denken Sie bei dem Wort Gott?
Einerseits, als kleines Kind dachte ich an einen alten Mann mit weißem Bart, der ganz hoch oben in den Wolken sitzt, der auf die Menschheit herabsieht und auch mich unentwegt beobachtet.
Heute habe ich kein Bild mehr von Gott, er ist einfach da (es steht auch in der Bibel, du sollst dir keine Bilder von Gott machen).
Meine Eltern haben mich (katholisch) christlich erzogen, deswegen bin ich früher auch jeden Sonntag mit in die Kirche gegangen. Heute gehe ich ab und zu wenn ich meine, daß ich es wieder einmal nötig habe. Vielleicht auch meiner Mutter zuliebe. In den Beichtstuhl bringt mich so schnell keiner mehr rein, als Kind mußte ich immer gehen, es war ein richtiger Zwang. Aber danach war mir doch wohler. Wenn es mir nicht besonders gut ging, wenn ich irgendwelche Probleme hatte, fiel mir plötzlich ein, daß ich wieder beten und in die Kirche gehen könnte.

## 21/0382

Ich glaube nicht an diesen Gott, weil: Ich glaube nicht, daß es irgendwo im Himmel ein Paradies gibt oder eine Wiedergeburt nach dem Tode. Warum und woher weiß ich ob Gott die Welt erschaffen hat. Es ist ja allgemein bekannt, daß die Erde sich im Laufe von ein paar Millionen bis Milliarden Jahre gebildet und geformt hat. Es ist auch bekannt, daß der Mensch oder jedes Lebewesen auf dieser Erde nicht von Gott geschaffen sondern sich aus einem Einzeller gebildet hat und mit der Zeit sich zu dem, was es heute ist, herangebildet hat und es sich noch weiterbilden wird. (Warum Adam und Eva, die Apfelsünde ...).

Ich ... Gott, wenn es ihn geben würde, würde er vielleicht nicht so zuschauen, wie wir Menschen die Erde kaputtmachen, alles vergiften und zerstören, und auch zuläßt, daß wir uns bekriegen mit Waffen, die »Gottes Erde« ein paar mal in die Luft jagen könnten. Das heißt nicht, daß ich kein Christ bin. Ich glaube nur an solche Sachen, die nachweislich da waren und nicht erfunden sind.

## 21/0383

Woran denken sie bei dem Wort Gott?
Kirche, Pfarrer, Maria, Sünde, Leben, Tod, Jesus.
Ich glaube an Gott, obwohl ich kaum in die Kirche gehe, höchstens 3–4mal im Jahr, und da auch nur auf Druck von den Eltern, mehr oder weniger um den Hausfrieden zu erhalten. Früher als ich noch jünger war, so um die 10, da war ich Ministrant und bin jede Woche 3mal gegangen. Aber irgendwann kam dann der Zeitpunkt irgendwie »Kein Bock« oder so. Da sind wir dann immer vor der Kirche gestanden und haben geraucht oder andere Sachen gemacht. Unsere Eltern haben das nie spitz gekriegt. Vor 2 Jahren habe ich meinen um 1 Jahr älteren Bruder bei einem Verkehrsunfall verloren und seitdem ist es irgendwie ganz aus. Obwohl ich an Gott glaube, aber nicht in die Kirche gehe, fühle ich mich als Christ.

## 21/0384

Erst einmal kann man nicht einfach sagen, ich glaube an Gott oder ich glaube nicht an Gott. Denn wer oder was Gott ist, ist nicht so einfach zu definieren. Ich glaube, Gott gibt es nicht in Form einer Person oder in Form eines Gegenstandes. Ich glaube eher, daß dieser Gott in jedem selber ist, und zwar in Form dessen, an was man glaubt. Denn jeder hat irgend einen Glauben, und sehr viele müssen einen ganz bestimmten Glauben haben, um existieren zu können.

Z.B. Ich nehme an, daß die meisten Menschen, auch die, die sich vorher zu keinem Gottesglauben bekennen, zu einem Gott »beten« (es muß nicht unbedingt das von uns übliche Beten sein), wenn ein sehr enger Bekannter (Frau, Freundin usw.) einen schweren Unfall oder so etwas hatte und ihm es sehr schlecht geht (wenn er im Sterben liegt, oder wenn er gelähmt bleiben würde usw.). Und mit diesem Beten versucht derjenige, dem Kranken usw. irgendwie zu helfen.

21/0385
Woran denke ich bei dem Wort Gott?
Ich denke dabei an den Glauben; Zwang in die Kirche zu gehen; an gute
und schlechte Erinnerungen; Zweifel an Gott; Beten; danken für die
Wünsche die in Erfüllung gegangen sind; an das Leben nach dem Tod,
innerliche Gespräche mit Gott, [bricht ab]

21/0386
Viele Menschen stellen sich unter Gott einen vor, der Wunder vollbringt,
der nur gute Sachen macht. Ich habe von diesen Wundern noch nichts
gemerkt. In den letzten Sommerferien war einer meiner ehemaligen Mitschüler mit einer Jugendgruppe in Spanien. Am letzten Tag verunglückte
er tödlich. Er wollte noch ein paar Bilder von der Stadt Barcelona machen,
er rannte über die Straße und auf der anderen Seite liegende Bahnschie-
nen, dort kam ein Zug und erfaßte ihn. Warum hat es ihn gerade erwischt
(er war Ministrant). Es gibt viele solche Fälle. Warum vollbringt Gott da
nicht seine Wunder.

21/0387
Bei dem Wort Gott denke ich z. B. an die verschiedenen Kirchen (kath.,
ev.). Ich finde, es sollte da nicht so ein Unterschied geben sondern man
sollte den Gottesdienst z. B. gemeinsam abhalten und nicht getrennt, so
daß es einem vorkommt, als ob man kein Christ sei, sondern irgendeiner
anderen Religion angehöre. Außerdem denke ich bei dem Wort Gott
auch daran, daß manche Menschen sagen, ich glaube nicht an Gott, weil
ich ihn nie gesehen habe. Dazu muß ich sagen, daß viele auch andere
Sachen glauben, die sie nie gesehen haben (Steinzeit-Saurier). Und wenn
sie dann noch als Ausrede bringen, daß sie davon auch Reste gefunden
haben, dann kann man auch sagen, daß es viele Zeugen gab, die Jesu
gesehen haben und die zwar nicht mehr leben, aber im alten Testament
aufgeschrieben haben, was sie gesehen haben und ich glaube nicht, daß
man so ein Buch erfinden kann. Viele glauben wahrscheinlich an Gott,
aber sie trauen es sich nicht zuzugeben, weil sie dann Angst davor haben,
daß sie ausgelacht werden. Auch ich habe manchmal Angst davor ausgelacht zu werden wenn ich z. B. sage, daß ich an Gott glaube, aber ich
finde, daß man nicht unbedingt in die Kirche zu gehen braucht, um ein
guter Christ zu sein.

21/0388
Ich glaube an Gott, nicht weil alle anderen um mich an Gott glauben,
sondern weil ich selbst ohne jeden Einfluß an ihn glaube. Ich habe wahrscheinlich eine andere Meinung von Gott oder sehe die Aufgabe, an Gott
zu glauben, anders als manche andere. Ich sehe das *Tun zu* meinen
Mitmenschen, das Leben mit ihnen find ich, ist Gottes Aufgabe die er uns
aufgegeben hat. Und so versuch ich zu handeln, jetzt aber wie? Wie
erwartet es Gott von uns? Ich sehe Gott nicht als Person, der im Himmel
ist, obwohl ich ihn doch anbete, und obwohl ich ihn um Sachen bitte wie

wenn es jemand sei. Vielleicht ist er wirklich. Ich sehe nur Gott als das Tun der Menschen. Ich glaube trotzdem an ihn obwohl ich ihn nicht sehen kann. Ich sehe immer, wie Menschen, die eigentlich regelmäßig zur Kirche gehen, sich als Christen und gottesfürchtig ansehen. Und das seh ich nicht. Ich sehe das Tun und wahrer Glauben ist die Hauptsache und daß einfacher regelmäßiger Besuch der Kirche vielleicht gerade das Pünktchen vom i ist aber rein überhaupt nicht die Hauptsache, die meinen, dies sei es.

Ich kann mir vorstellen, daß es Menschen gibt, die noch nie oder selten zur Kirche gehen oder noch nie von Gott gehört haben und doch bessere Christen sind.

21/0389

Ich glaube an Gott, weil mich meine Eltern mit diesem Glauben an Gott erzogen haben. Ich muß jeden Sonntag in die Kirche gehen weil meine Eltern es wollen. Ich persönlich glaube zwar an Gott, aber ich möchte nicht unter dem ständigen Zwang jeden Sonntag in die Kirche gehen, ich finde, daß ich alt genug bin, um selber zu entscheiden, wann und wo ich in die Kirche gehen werde. Ich werde von anderen Kumpels schief angeschaut und ausgelacht, weil ich jeden Sonntag in die Kirche *gehen muß*.

Ich glaube nur teilweise an Gott. Denn in der Bibel steht geschrieben, daß Gott die Welt in 7 Tagen erschaffen habe. Aber Wissenschaftler haben herausgefunden, daß die Welt in einem Urknall entstanden ist und daß Lebewesen sich aus kleinen Organismen entwickelten.

Erkenntnis: Irgendjemand muß lügen. Sind es die, die das Wort Christi niederschrieben oder sind es die Wissenschaftler, die berühmt werden wollen.

Gibt es irgendwelche Beweise, daß Christus auf der Erde war? Man sagt, es gibt das blutige Schweißtuch mit Christi Antlitz darauf, aber als man es Forschern vorlegte behaupten diese, es seien keine Blutflecken sondern Farbrückstände von irgendwelchen Gegenständen. Was soll ich jetzt glauben.

Gibt es einen Gott (laut Bibel) oder gibt es keinen (laut Wissenschaftler, die das Gegenteil der Bibel erwiesen).

21/0390

- Ich habe starke Zweifel am Gottesglauben, weil?
Meine Zweifel bestehen darin, daß ohne jegliche reelle Beweise ein Glaube aufgebaut wurde und noch aufgebaut wird. Die Schriften von »Heiligen«, Anhängern, Gläubigen stellen für mich kein Bild der Religion. Das Leben im Paradies nach dem Tode, die Erzählung vom Fegefeuer, der Glaube an Hölle und Teufel nimmt mir jeden handfesten Glauben. Den Gang zur Kirche meide ich, weil man sich nur Predigten und »Geschichten« aufbinden läßt. Die Sünde und das Abnehmen der Beichte ist für mich nur ein scheinbares »Glücklichmachen« der Menschen. Das einzige, was mir noch Glauben gibt, ist der Zusammenhalt und der Friede unter den Völkern

und Menschen. Freiheit, ich meine die jedes Menschen, ist nicht durch anbeten eines »Scheinbildes« erreichbar.

In vielen Familien wird, besonders in ländlichen Gegenden, der Glaube von klein auf anerzogen. Die Bitte um Gnade, die Reuebereitschaft, sind für mich unsinnig. Es ist vielleicht eine Hilfe, wenn man einem Menschen seine »Sünden« erzählt, aber die Vergebung der Sünden ist »Aberglaube«. Der Kontakt der Geistlichen zu Gott ist widersprüchlich. Wenn ein Mann Pfarrer wird, dann müßte er, wie Jesus, heilig geboren sein. Erlernen dürfte man den Glauben nicht können.

### 21/0391

Gott sei Dank gibt es nicht, was sich 60–80 Prozent der Menschen unter Gott vorstellen (Rahner, kath. Theologe)

Wie kann er so etwas sagen, er hat ja selber auch nur eine vage Vorstellung von Gott, die ihm durch seine Konfession, in die er vielleicht hineingeboren wurde, vorgegeben ist. Er behauptet etwas, obwohl ihm selbst vorgegeben wurde, wie Gott »auszusehen hat«. Jeder Mensch, vermute ich, hat eine andere Vorstellung von Gott und sollte diese auch behalten. Niemand sollte einem anderen versuchen, seine Vorstellung über Gott womöglich noch mit Gewalt zu nehmen. Denn jeder einzelne kann ja nur aus seiner eigenen Überzeugung heraus sagen, wie Gott seiner Meinung nach auszusehen hat. Also hätte jeder Mensch, der an Gott, oder wie er sich Gott vorstellt, glaubt, diesen Satz sagen können. Woher wissen wir überhaupt ob es Gott wirklich gibt?! Aus alten Schriftrollen. Das heißt also, »wir« vertrauen auf etwas, von dem wir nicht wissen ob es »existiert«. Schade daß die Menschen nicht öfter soviel »Blindes Vertrauen« aufbringen. Überhaupt glaube ich kaum, daß es 60–80% der Menschen sind, die an Gott glauben. Ich bin sicher, daß es nur ein verschwindend geringer Teil ist. Er wird wohl sagen, daß er an Gott glaubt. Durch die Gegebenheiten in der Welt wird man im Glauben an Gott sehr eingeschränkt. Ich selber muß von mir sagen, daß ich auch des öfteren daran zweifle, ob es ihn wirklich gibt, obwohl ich an ihn glaube. Eigentlich pervers aber wahr, aber das trifft wohl auf mehrere zu.

### 21/0392

Ehrlich gesagt stelle ich mir bei dem Namen Gott nicht viel vor. Ich denke, daß es, wie es doch so behauptet wird, »einen« geben muß, der die Hauptfiguren der Propheten arg stark beeinflußte. Ich weiß z. B. nicht, was der Name »Gott« für eine Bedeutung hat. Ich kann mir »Gott« auch gar nicht vorstellen wie er aussehen mag. Man sagt, Gott hilft dir, wenn du Hilfe brauchst, ja Gott ist zwar da, aber viel tun kann er auch nicht. Man glaubt halt an ihn, dabei bleibt es auch, denke ich. Man muß sich selber auf seine Art und Weise durchschlagen in diesen schweren Zeiten. Wenn man in der »Scheiße« steckt und hofft Gott, ja Gott wird mir helfen, bleibt es nicht eine Illusion? Der Glaube daran (an Gott) könnte ja sehr hilfreich sein, aber reicht der Glaube, um dich aus der Scheiße rauszuholen. Ich weiß es nicht.

Also obwohl ich an Gott glaube, zwar nicht stark, aber ich glaube, bleibt es bei mir doch ein Seil, woran ich mich klammere, wenn ich mal in der Scheiße stecke oder wenn es mir schlecht geht und sage »Gott hilf mir«, aber man kommt durch Ablenkung oder so wieder in die richtige Bahn zurück. Unbewußt!

## 21/0393

Ich glaube nicht so sehr an Gott, denn ich kann mir darunter nichts vorstellen. Wenn man zum Beispiel etwas Schlechtes oder etwas Gutes getan hat, kommt man in die Hölle oder in den Himmel. Ja wo ist denn die Hölle oder der Himmel. Ich glaube eher an die Wissenschaft. Sie hat zum Beispiel nachgewiesen, daß das erste Leben im Wasser entstanden ist und sich dann langsam vom Einzeller zum Mehrzeller entwickelt hat. In der Bibel heißt es ja, daß die ersten Menschen Adam und Eva waren. Ich glaube aber, daß sich der Mensch langsam von anderen Tieren, wie zum Beispiel den »Affen« entwickelt hat.

## 21/0394

Gott ist für mich noch im Ungewissen, ich habe keine genaue, sondern eher schwankende, Beziehung zu ihm. Ich weiß noch nicht, was für eine genauere Bedeutung er für mich und mein späteres Leben spielt oder spielen wird. Durch meine religiösen Erfahrungen finde ich mich eher noch verunsichert als zuvor. Es stehen mir zwei Seiten (auch in mir) gegenüber, einerseits die meiner Erziehung, die Gott als einen Mann zeigte, der einerseits oben im Himmel andererseits auch auf der Erde für einen dasein soll wenn man [bricht ab] zu laut. Das geht jetzt nicht.

## 21/0395

»Hütet euch vor den Menschen, deren Gott im Himmel ist« (B. Shaw) und die glauben, sie wären bessere Menschen als die, die keinen Gott haben. Die ihre Greueltaten unter dem Mantel des Glaubens machen. Die ihren Gott falsch auslegen und diesen falschen Glauben publik machen wollen und das nicht nur friedlich. Die meinen, ihr Gott wär mit allem einverstanden was sie machen und kein anderer würde es richtig machen darum muß eben dieser bekämpft werden.
»deren Gott«. Wie kommen diese Leute dazu von dem Glauben an Gott zu reden, zu handeln, wenn sie gar nicht wissen, ob das Gott ist oder ihre Vorstellung, die sie dazu verleitet. Außerdem was soll »Gott im Himmel« heißen. Sollte Gott nicht lieber im Gewissen des jeweiligen wohnen. So wie ich das verstehe soll das doch eine Warnung sein vor den Leuten, die von Gott erzählen, die ihn aber als ganz weit weg empfinden.

## 21/0396

Wenn ich das Wort »Gott« höre, denke ich an einen »Menschen« der irgendwo im Himmel lebt und uns brave (Erdengeschöpfe) nach dem Tod zu sich holt. War ich aber nicht brav, gottestreu usw. so soll man in die Hölle kommen.

Wenn ich das alles so überlege, weiß ich nicht, was wahr oder falsch ist, und ich denke manchmal, nach dem Tod ist alles aus. Das finde ich gar nicht so schlecht, denn wenn ich was Schlechtes, Böses getan habe, komme ich nicht in die Hölle und muß nicht »schmoren bis ich schwarz wäre« sondern ich bin tot, fühle, denke, höre, spüre nichts mehr.

## 22   1-jähr. Berufsfachschule Farbe

*Die Texte wurden von einem kath. Kollegen zur Verfügung gestellt.*
*Den Schülern wurden die Satzanfänge und Sätze zu Gott vorgelegt.*

### 22/0397
Ich stelle mir Gott als etwas Überirdisches, nicht Greifbares vor. Es ist schwer für jemanden an etwas zu glauben was man nicht sehen kann. Deshalb kann man auch die Phantasie voll laufen lassen, weil man es sich nicht vor Augen führen kann. Deshalb gibt es auch so unterschiedliche Vorstellungen über Gott. Er ist zwar nicht sichtbar aber irgendwo doch spürbar.

### 22/0398
Ich glaube an Gott, weil ich ein Christ bin und Gott der Herrscher des Himmels und der Erde ist. Und weil Gott alles sieht was auf der Erde geschieht. Und weil er schon vielen geholfen hat, z.B. dem Blinden das Augenlicht, dem Lahmen das Gehen, und in der Beicht kann er uns immer wieder verzeihen. Er nährt uns, er kleidet uns, er gibt uns zu trinken und zu essen.

### 22/0399
Gott ist . . . Jimi Hendrix
Ich glaube an Gott, weil . . . Weil er gelebt hat
Wie stellen Sie sich Gott vor . . . Er hat eine Gitarre in der Hand
Woran denken Sie bei dem Wort Gott . . . An Musik
»Gott sei dank gibt es nicht, was sich 60–80% der Menschen unter Gott vorstellen (ein Theologe)« Die Leute, die sich einen Gott im Himmel vorstellen, sind für mich Traumtänzer
»Worauf du nun dein Herz hängst und verläßt, das ist eigentlich dein Gott«
   Finde ich gut aber zu streng
»Hütet euch vor den Menschen, deren Gott im Himmel ist!«
   Auch nur Traumtänzer

### 22/0400
Gott steckt in jedem Menschen. Das Tiefste in dir ist Gott. [Letzter Satz fast gelöscht]

## 22/0401

»Hütet euch vor den Menschen, deren Gott im Himmel ist«

Die Christen haben im Namen Gottes schon so viel Unheil angerichtet z.B. Kreuzzüge. Sie haben unter dem Vorwand der Nächstenliebe und der Bekehrung Völker ausgebeutet und Menschen als Ketzer oder Hexen verbrannt.

Es gibt zwar auch gute Taten und Werke, die nie zustande gekommen wären ohne die Glaubensvereinigung der Christen und man kann nicht die Christen dafür verurteilen, für Dinge die vor Jahren oder Jahrhunderten geschehen sind, aber ich finde, daß auch diese Seite der Glaubensgeschichte nicht vergessen werden darf und deshalb finde ich sollten sich die Christen, egal ob katholisch oder evangelisch, wenigstens in dem Punkt vereinigen und zusammenarbeiten, um die Welt besser zu machen und den Armen und Unterdrückten helfen und nicht wie in Irland sich bekämpfen.

Shaw hat zwar teilweise recht, aber der Glaube an Gott hat auch vielen schon geholfen und viel Schlimmes verhindert.

## 22/0402

Woran denken Sie bei dem Wort Gott?

Ich denke dabei an den Tod und was danach ist. Ich weiß ja nicht mal ob es einen Gott gibt. Ich hoffe, daß es nach dem Tod noch ein Leben gibt. Ein besseres Leben ohne Haß, Krieg und Neid. Ich habe nämlich ziemliche Angst vor dem Sterben. Ich glaube irgendwie schon an Gott. Wenn ich z.B. Angst habe, bete ich zu Gott. Danach fühl ich mich dann viel besser. Eigentlich ist das alles blöd. Wir wissen ja nicht einmal ob es einen Gott gibt. Manchmal denke ich auch: Was bringt mir die Kirche und Beten zu Gott wenn ich eh nicht weiß was nach dem Tod kommt. Es kommt ganz auf die jeweilige Stimmung an in der man ist, wenn man an Gott denkt.

## 22/0403

Woran denken Sie bei dem Wort Gott?

Ich bin mir nicht im klaren ob es einen Gott gibt oder nicht. Was soll das Wort Gott überhaupt bedeuten. Was bringt mir Kirche und Beten zu Gott wenn ich eh nicht weiß was nach dem Tode kommt. Manchmal glaube ich sogar ganz fest, daß es einen Gott gibt, dann gibt es aber wieder Situationen wo ich gar nicht an Gott glaube.

## 22/0404

»Hütet euch vor den Menschen, deren Gott im Himmel ist«

Man soll sich vor den Menschen in acht nehmen, das muß man glaube ich vor jedem Menschen. Die Menschen haben manchmal gar kein Mitgefühl mehr. Sie lassen andere die krank sind oder arm sind einfach links liegen. Sie denken sich halt, warum soll ich mich um die kümmern solange es mir gut geht. Solche Menschen sind, finde ich richtig skrupellos und haben nur sich im Auge. Ich finde die Menschen die an Gott glauben sind auch nicht viel besser. Sie denken, die anderen Menschen, die nicht an Gott glauben, kommen nicht in den Himmel und seien schlecht, und das finde ich auch nicht richtig. Ich finde alle Menschen sind gleichviel wert.

22/0405
Gott gibt es nicht, weil man ihn noch nicht gesehen hat. Aber der Glaube an Gott ist nicht wahr. Ich glaube an Gott sei Dank aber es muß ein höheres Wesen finden.

22/0406
Ich glaube an Gott, weil er ein Idol der Menschen ist und weil er Wunder vollbracht hat.

22/0407
Ich glaube nicht an Gott weil er mich im Stich gelassen hat.

22/0408
Woran denken Sie bei dem Wort Gott?
Gott: Seit es Menschen gibt, gibt es auch Götter
Lebenserleichterung durch Gott
Kirche. In Kirche »Verbundenheit« mit Gott
Gott ≙ Gerechtigkeit ≙ Gleichheit
Gott ist für *alle* »da«.
10 Gebote (Regeln für den Alltag)

22/0409
Gott ist die Welt. Ich glaube an Gott, weil er sich für die Menschenrechte einsetzt und weil er für die Menschheit gestorben ist. Ich glaube nicht an Gott weil ich ihn noch nicht gesehen habe. Gott stelle ich mir in jedem gut gläubigen Menschen vor. Bei dem Wort Gott denke ich an die Wiedergeburt Christus.

22/0410
Ich kann mir Gott nur in der Bibel vorstellen aber in der heutigen Zeit nicht so recht. Ich kann mir Gott nicht vorstellen weil ich ihn noch nicht gesehen habe.

22/0411
Ich glaube an Gott, weil die meisten Menschen an ihn glauben. Ich glaube nicht an Gott weil ich ihn noch nie gesehen habe. Ein alter Mann mit einem Bart und vielen Händen und Augen.

22/0412
Ich glaube nicht an Gott, weil ich ihn noch nie gesehen habe.
Wahnsinniger, Wahnwitziger, Ich bin ja, von meiner Mutter gezeugt worden, nicht von Gott.

22/0413

Bei dem Wort Gott denke ich an jemand der vielleicht die Erde geschaffen hat. Er hat glaub auch die Menschheit geschaffen. Aber daß es ihn jetzt noch gibt glaube ich nicht so recht, denn wo soll er denn sein.

22/0414

Gott ist der Herr im Himmel!
Ich glaube an Gott weil, er manchmal auch jemandem hilft der in der Not ist, viele Wunder herbringt, aber auch nicht so recht!
Ich glaube nicht an Gott, weil ich mir nicht in diesem Zeitalter vorstelle, in der Bibel ist es anders als in unserem Zeitalter. Wer ist er überhaupt, ich werde ihm nur recht glauben, wenn ich ihn persönlich sehe. In der Bibel glaube ich es, aber heute im Zeitalter nicht so recht.
Wie stellen Sie sich Gott vor?
Ich glaube er muß viel leiden und ist ein armer Mensch, wie viele im Leben, aber dafür geheilig.
Gott sei Dank gibt es ihn nicht [wie sich] 60–80% der Menschen [vorstellen]! Wer an Gott glaubt oder nicht, kommt auf die Menschen an, die aber glauben ist, der in Gottes Hand gewachsen ist, der nach [der] Religion lebt.
Worauf Du nun Dein Herz hängst und verläßt, das ist Dein Gott! Es gibt Menschen die sagen, ich gebe mein Herz dafür wenn Gott mir in meiner Lage hilfst.
Hütet euch vor dem Menschen, dessen Gott im Himmel ist. Gott ist der Herr im Himmel, das steht ganz fest, das glaub ich sehr ernst, nur ich möchte ihm einmal begegnen! Bitte helf mir!!! [ausländischer Jugendlicher]

22/0415

Ich glaube an Gott,
Ich glaube an GOTT.

## 23   Schreiner, 3. Klasse

*Den Schülern wurden die Satzanfänge und Sätze zu Gott vorgelegt.*

23/0416

»Gott sei Dank gibt es nicht, was 60–80% der Menschen sich unter Gott vorstellen«
Oft wird Gott als Rächer, materieller Hilfsdienst, Aufpasser, als im Himmel bzw. Weltall lebende personifizierte Gestalt etc. gesehen. Würde Gott alles das sein, was jeder sich denkt, so würde die ganze Welt in einer Katastrophe enden.
Verschiedene würden denken: »Lieber Gott bring diesen oder jenen durch irgendetwas ums Leben, da er mir irgendetwas angetan hat.« Gott müßte auch andere Dinge erledigen, die nicht im christlichen Sinne wären, und somit der Inhalt des christlichen Glaubens völlig in Vergessenheit geraten.

23/0417
»Hütet Euch vor den Menschen, deren Gott im Himmel ist«
Leider zähle ich wohl auch zu diesen Menschen, und sollte mich wohl manchmal vor mir selbst hüten. Gott ist für mich vorhanden, er ist da, aber oftmals viel zu weit entfernt, weggedrängt, oder dann nicht für mich zu erreichen. Gern hätte ich ihn näher bei mir in meinem Leben, im Alltag mit anderen, aber Leistungsdruck, Termine, Forderungen lassen mir selbst den stärksten Versuch oftmals kläglich scheitern. Gott bleibt für mich im »Himmel«, auf Distanz. Im Gebet, in der Ruhe, bei der Suche nach mir selbst, kann ich öfter zu Gott finden, ist die Phase der Ruhe, der Gedanken vorüber, gelingt es mir auch nicht, seine Anwesenheit hier bei uns Menschen bei mir weiterzuspüren, anderen mitzuteilen, er bleibt im Himmel.

23/0418                                                                19 m.
Gott ist . . . Wahrheit, Provokation, Realität
Ich glaube an Gott, weil . . . ich Christ bin, jeder braucht etwas, an das er glaubt, wo all seine Bestrebungen hinauslaufen. Bei mir ist es Gott. Es ist der Sinn den ich mir für mein Leben gegeben habe.
Ich glaube an Gott nicht, weil . . .? . . .
Woran denken Sie bei dem Wort Gott?
Wärme, Liebe, Gerechtigkeit, Glaube, Strafe, Sünde, Vergebung, Anfangen, Weise
»Gott sei Dank gibt es nicht, was sich 60–80% der Menschen unter Gott vorstellen.«
Woher will er sich denn das Recht nehmen, es diesen Leuten abzustreiten. Es ist richtig daß ich mir kein Bild von Gott machen soll, wenn doch, warum nicht so wie er mir am liebsten ist. Kinder dürfen es bildlich und gedanklich machen. Erwachsene belächeln oder bestrafen es. Doch: werdet wie die Kinder, denn ihrer ist das Himmelreich. Auch als Christ, müssen wir frei von dogmatischen Prinzipien sein. Phantasie verlangt das Wort Gottes und keine Zwangspauschalchristen.
»Worauf du dein Herz hängst . . ., das sei eigentlich dein Gott«
Warum?                                        Aber für mich persönlich schon.
»Hütet euch vor den Menschen, deren Gott im Himmel ist«
Diese Menschen, die solches sagen, sind des Christen Aufgabe. Reden, überzeugend handeln, ihre Gedanken etwas korrigieren. Aber wir müssen uns hüten, sie abzulehen. Toleranz und Aufgabe.

23/0419
Ich glaube nicht an Gott, das heißt aber nicht, daß ich an nichts glaube. Es muß irgendetwas geben an das man glauben kann. Daß es gerade der Gott ist, an den die meisten Menschen glauben, wage ich zu bezweifeln. Es kann aber auch sein, daß die Menschen sich nur in etwas hineingesteigert haben, einen Gott bei dem sie Zuflucht suchen, der ihnen helfen soll, der sie versteht. Diesem Gott kann man so viel erzählen und anvertrauen, aber warum antwortet er nicht. Manche haben behauptet sie haben Ver-

bindung mit ihm. Aber ist es dieser Gott, ist es nicht etwas anderes, stimmen diese Behauptungen auch. Ich glaube nur an das was ich sehe. Wenn er sich zeigt, oder sich mir bemerkbar macht, glaube ich schon, daß ich mich ihm zuwenden könnte. Aber das war bis jetzt nicht der Fall!

23/0420
Gott ist die Antwort auf das Sein.
Die Frage ist die Sinnfrage im Leben (bzw. nach dem Sein).
Es gibt wohl kaum jemand (der im Leben steht) der eine Antwort weiß, der das Wissen hat. Deshalb ist der Glaube Glaube und nicht Wissenschaft. Der Glaube an Gott ist etwas nicht vorstellbares.

23/0421
Ich weiß nicht, ob ich nicht an Gott glaube. Weil in unserer Gesellschaft die Ansicht stark vertreten ist, wer nicht in die Kirche geht zum Gottesdienst oder Beichte oder ähnlichem, und sich auch sonst nicht irgendwie mit Gott befaßt, wird von denen, die der Ansicht sind, daß der Glaube an Gott auch mit den dazu auferlegten oder beiläufigen Pflichten verbunden ist, in irgendeiner Weise als nicht dazugehörend betrachtet. Es kommt meistens, wenn über Gott geredet wird, die Überheblichkeit derer die meinen an Gott glauben zu dürfen, zum Vorschein mit den Worten, »was ich dabei mitzureden hätte, ich hätte doch sowieso keine Ahnung, weil ich nie in der Kirche oder Beichte usw. bin«. Deshalb weiß ich nicht ob ich an Gott glaube, oder nicht. Genügt es nicht, daß einem ab und zu einfällt, daß es Gott vielleicht noch gibt, und den Gedanken im selben Moment schon wieder verdrängt?

23/0422
Obwohl ich weiß, daß es vertraulich behandelt wird, möchte ich mich hierzu jetzt nicht äußern!

23/0423
Ich bin der Meinung, daß andere sich viel besser mit den Problemen auseinandersetzen können als ich.

23/0424
Gott ist für mich mehr ein Gefühl, als etwas was ich mit Worten beschreiben könnte. Deshalb kann und will ich mich zu diesem Thema nicht äußern. Zudem kann ich mir nicht vorstellen, daß dies alles irgend jemandem etwas bringen könnte.

23/0425
Ich glaube *nicht* an Gott, weil ich ihn noch nicht reden gehört und nicht gesehen habe. Keine Beweise, daß es Gott gibt. Man kann nicht an etwas glauben was nicht vorhanden ist.

## 23/0426

»Hütet euch vor den Menschen, deren Gott im Himmel ist.«
Solange Gott im »Himmel« bleibt, glaubt man nicht an Gott, sondern an Götter und zwar so wie es die Römer taten. Das Opfer wäre dann der sonntägliche Kirchgang. Ganz bewußt spreche ich hier die katholische Glaubensrealität an. Es ist sich selbst betrügen. Denn Gott kann man nicht im Himmel finden, die Wahrheit muß jeder für sich selbst in seinem Inneren suchen. Da hilft auch kein Pfarrer und kein Priester. Diese Glaubenshaltung, die Menschen eigen ist, die ihren Gott im Himmel »verlassen« haben, finden wir heute im Übermaß in unserer Welt. Auch in anderen weitverbreiteten Religionen finden wir solche Fehlentwicklungen der Religion. Diese Aussage kommt aus einer Erkenntnis heraus. Diesen Schritt zu vollziehen gelingt nur nach persönlichen Beziehungen.

## 23/0427

Ich weiß nicht ob ich an Gott glauben soll oder nicht, weil ich nicht von irgend einer Seite überzeugt bin.

## 23/0428

Bei dem Wort Gott frage ich mich erst einmal, ob es ihn gibt. Ich bin katholisch, habe christliche Eltern, und glaube auch etwas an Gott. Meine Mutter, glaube ich, weiß viel über das, was in der Bibel steht und wenn ich sie frage, woher ich wissen soll, daß es Gott oder wenigstens Jesus gibt, kann sie mir schon teilweise belegen, daß es ihn gibt. Natürlich vergesse ich die Gründe meistens. Ich reagiere eher wie mein Vater, der eher nur an Gott glaubt, erstens weil er so erzogen worden ist und zweitens dem Gefühl nach. Wenn man ihn etwas über Religion oder so fragt, kann er einem keine Antwort geben. Es ist halt so. Ich mußte jeden Sonntag in die Kirche gehen, so wie meine Eltern auch.
Jetzt wo ich alt genug bin auch allein zu gehen, ist es trotzdem noch ein »muß«. Es ist einfach bequemer im Bett zu bleiben. Doch manchmal, wenn ich froh bin, daß irgendetwas geklappt hat, gehe ich auch freiwillig und gern in die Kirche.
Gott gibt es bestimmt. Ich weiß noch, als meine liebste Tante gestorben ist, hat sie die Arme ausgestreckt und immer gesagt »Komm, komm« aber sie hat nicht uns gemeint, sie hat an uns vorbeigeschaut. Aber es ist so etwas Ungewisses, was man sich nicht vorstellen kann, was einen nach dem Tod erwartet. Ich weiß aber so wenig darüber.

## 23/0429

- Gott ist jemand bei dem man Zuflucht finden kann.
  Geht es jemand gut, frägt er nicht nach Gott, geht es ihm schlecht sucht er in ihm Zuflucht.
- Ich weiß nicht, was sich 60–80% unter Gott vorstellen.
- Einfach den Gott nicht als Person darstellen (mit Vorstellungen nach Aussehen, Hautfarbe . . .), sondern ihn als Glaube, als etwas auf das man sich vorbereitet im irdischen Leben.

126

– Dieser Satz wird wohl damit begründet sein, weil die Menschen ihren Gott (Kirche, Glauben) mißbrauchen, um für sich Vorteile zu erlangen. Und von der Arroganz anders Gläubigen gegenüber.

23/0430

Ich glaube an Gott, weil ich glaube, daß er *nicht* das ist, zu was er von den Religionsanhängern gemacht wird.

Würde ich das glauben, was mir von oder über Gott in den Kirchen gesagt wird oder vielmehr die Verhaltensweisen der »Christen« für von Gott so gewollt ansehen und für richtig halten, würde sich ein Berg von Widersprüchen in mir auftun.

Gott muß für jeden einzeln da sein, und nur jeder ganz für sich muß doch mit Gott klarkommen. Was mich an den Christen stört, ist der Berg von Rechtfertigungen und Ausreden und Entschuldigungen, den viele, *nicht alle*, vor sich herschieben.

23/0431

Worauf du dein Herz hängst, das ist eigentlich dein Gott.

Ich lebe danach. Ich sehe Gott nicht als Kirche oder als Kreuz zu dem ich bete. Würde ich das tun dann wäre ich wohl jeden Sonntag in der Kirche. Es ist nicht so. Ein oder zweimal im Jahr wenn mich das feierliche Bedürfnis überfällt dann gehe ich auch schon mal in die Kirche, meistens zu Weihnachten oder zu Neujahr. Dann sind da noch Kirchenbesuche die ich nicht vorher bestimmen kann, sie kommen einfach auf mich zu, ohne daß ich jetzt das Verlangen danach habe, bei Hochzeiten oder seltener bei einer Beerdigung.

Meinen eigenen Gottersatz habe ich mir in der Arbeit gesucht. Ich freue mich vor jedem Anfang und während der Arbeit, es gibt mir die innere Kraft die ich brauche um mich gegen das Leben und die Einflüsse die damit auf mich zukommen, zu schützen. Diese Arbeit ist das was ich in meiner Freizeit tue, sei es in der Jugendarbeit oder wenn ich schöpferisch oder handwerklich beschäftigt bin.

Ich gehe oft und gerne in die Natur, und freue mich ganz groß wenn ich mal am Wegrand einen Haselnußbaum finde der viele reife Früchte trägt. Oder es interessiert mich die Vergangenheit unserer Stadt, wenn ich hier Neues selbst finde oder gar ausgrabe von dem ich weiß, ich bin der Erste, dann gibt es mir mehr Auftrieb als ein Kirchenbesuch.

## 24   Schreiner, 3. Klasse

*Den Schülern wurden die Satzanfänge und Sätze zu Gott vorgelegt.*

24/0432

Ich glaube an Gott weil ich seine Hilfe schon erfahren habe, und es immer wieder neu tue. Er ist größer und stärker als Menschen und kann mir auch dann helfen, wenn es meine Freunde, Verwandte oder Bekannte nicht können. Und es heißt auch »Wer sich auf Menschen verläßt, der ist verlassen«. Sicher nicht in allen Dingen, aber meistens in den wichtigsten. Ich glaube an Gott, weil er mir hilft bei meinen Problemen und Sorgen. Ich glaube nicht an Gott nur weil ich einen Gott brauche, sondern, weil er der echte Gott ist, der alles erschaffen hat und uns seine Hilfe auch anbietet. Ich glaube auch nicht an Gott nur weil ich dann z.B. gesichert wäre, das stimmt ja nicht, sondern weil ich einen habe, der mit mir auch durch Schwierigkeiten und Tiefen meines Lebens geht!

24/0433
Ich glaube an Gott, weil er Kraft gibt und uns hilft.

24/0434
Ich glaube nicht an Gott, weil es ihn nicht gibt.

24/0435
Ich kann zu den Fragen keine Stellung nehmen, weil mir heute eine Arbeit durch den Kopf geht und ein Referat in der nächsten Stunde.

24/0436
*Ich weiß nicht ob ich an Gott glauben soll.*

24/0437
Ich glaube an Gott weil ich es gelehrt worden bin, weil ich auch selber glaube und manchmal auch schon viel Glück habe z.B. Unfall. Meiner Meinung nach gibt es wirklich einen Gott weil ich selber so fest glaube. Ich gehe zwar nicht in die Kirche oder nur selten. Weil ich finde ich kann auch daheim beten oder beichten.

24/0438
Ich glaube nicht an Gott weil es ihn nicht gibt, und weil ich ihn noch nicht gesehen habe, darum glaube ich [nicht] an Gott. Gott soll auch in jedem von uns sein, ich spüre ihn nicht.

24/0439
- Gott ist ein nicht sichtbares Geschöpf.
- Ich glaube nicht an Gott weil es ihn nicht gibt.
- Ich denke bei dem Wort Gott an eine Geschichte (Märchen) z.B. wie der Pfarrer immer davon spricht, das ist mein Leib der durch euch hergegeben wird und das ist mein Blut das ich für euch hergegeben habe, das finde ich ist ein Märchen. Genauso wie es heißt Gott hat die Welt erschaffen und Jesus sei Gottes Sohn. Wie die Maria einfach so schwanger geworden ist wo der Josef nicht da war. Wie man angeblich einen Engel gesehen hätte bei der Geburt. *Das alles glaube ich nicht.*

24/0440

Der Satz: Gott sei Dank gibt es nicht das, was sich 60–80% der Menschen unter Gott vorstellen.

Ich bin der Meinung, daß gerade von den Kirchen und Pfarrern, Predigern so richtig hochgeschraubt und hochgepriesen [wird], wie ein übermächtiges Wesen [Gott] sei.

In einer Predigt wird gesagt, Gott ist allmächtig, er hält die schützende Hand über die Gemeinde, darin kann man sich vorstellen, daß er ein Riese ist, oder er ist stark, er ist das Leben, der, der über Tod und Leben entscheidet, ich meine ein Supermensch, oder die Menschen stellen sich ihn gar nicht so vor, sondern sie erwarten das eigentlich, daß er mit diesen Eigenschaften auf die Erde kommt und mit dem Elend aufhört, er braucht nicht groß sein, mir würde es reichen wenn er nur 160 cm groß wäre, aber Hauptsache er wäre einmal da, das würde meinen Glauben festigen. Die Pfarrer sagen er wäre allmächtig und groß, sie sagen es weil sich ein großer Mann besser durchsetzen kann, [bricht ab]

24/0441

Ich kann mir Gott nicht vorstellen. Von dem Charakter und vom Handeln. Die Menschheit braucht ein Etwas, an dem sie sich halten können. Ich kann mich nicht an Gott halten. An was halten? Der Gott existiert in den Köpfen der Menschen, in meinem nicht.

24/0442

- Gott ist eine Illusion, den es nur gibt, damit manche sich an etwas halten (glauben können). Irgend einen Glauben braucht der Mensch.
- Ich glaube nicht an Gott. Denn wenn es wirklich Gott gäbe, dann gäbe es auf der Welt nicht so viel Elend, Haß, Krieg, Böse [bricht ab]

24/0443

Gott ist doof. Ich glaube nicht an Gott weil alles Betrug ist. Leute werden von der Kirche ausgebeutet. Der Menschheit werden Hörner aufgesetzt. Die Wirklichkeit wird von Leuten ferngehalten.

24/0444

Ich glaube an Gott weil er von meinen Vorfahren an mich weiter verkündet wurde die alle gläubig sind und ich selbst einen Glauben habe. Er hat viele Wunder gewirkt an der Menschheit Gutes, deren Gesundheit geheilt, Wasser zu Wein, Stein zu Brot und vieles andere noch, und das ist Grund genug an Gott zu glauben.
Meine Meinung                                  Viele Grüße . . .[Unterschrift]

24/0445

Ich glaube nicht an Gott, weil ich mir nicht vorstellen kann, daß es »Gott« überhaupt gegeben hat. Ich glaube eher, daß es eine Legende ist.
Um die Zeit wo Luther gelebt hat, war die Kirche der größte Ausbeuter. Man konnte seine Sünden bei der Kirche abzahlen!

## 25  Maler, 3. Klasse

*Den Schülern wurden die Satzanfänge und Sätze zu Gott vorgelegt*

25/0446– Gott ist kein Mensch, er lebt ja nur im Himmel so wie man
　　　　sagt.
- Ich glaube an Gott
- Ich glaube nicht an Gott, weil ich ihn noch nie gesehen habe und ich
  sage mir, es sind nur Gerüchte.
- Woran denke ich bei dem Wort »Gott«?
  Ich denke dabei garnichts.
- Wie stellen Sie sich Gott vor?
  Ich kann ihn mir garnicht vorstellen, ich denke, daß er ganz winzig ist,
  ich weiß nicht ob das stimmt.


25/0447
Gott sei Dank gibt es nicht, was sich 60-80% der Menschen unter Gott
vorstellen.
Viele Menschen hoffen, wenn sie in Not geraten sind, Gott hilft ihnen.
Viele Menschen sind in Not, Gott hilft aber nicht. Ich kann mir auch
nicht vorstellen, daß er allen Menschen helfen kann. Es gibt Menschen,
die sagen, sie brauchen keinen Gott, und keinen Glauben. Ich bin mir
aber sicher, wenn einmal ein Atomkrieg kommt, und das glaube ich,
werden all diese Menschen zu Gott flehen. Teils aus Verzweiflung, teils
aus Überzeugung, oder Angst. Aber dann brauchen sie auf einmal wieder
Gott. Ich finde Gott ist keine Strohfigur, die sich hin und her blasen läßt.
In guten Zeiten wenden sich viele Menschen von der Kirche ab (Gott).
Werden die Zeiten schlechter, dann strömen sie plötzlich in Massen wieder dem Glauben zu. Wie eine Welle die auf und nieder tanzt. Ich glaube
Gott kann und will keinen Atomkrieg verhindern, ich bin mir sicher, in
den nächsten Jahren sieht man viel. Dies kann nur der Mensch tun, aber
nur mit der Hilfe Gottes.


25/0448
Ich glaube an Gott, aber nicht an die Religion. Mich kotzt es an wenn
Frauen in die Kirche gehen um nur ihren Pelzmantel zu zeigen und nach
der Kirche über andere Leute lästern z.B. (Hast du gesehen was die und
die für Kleidung angehabt hat). Ich würde gerne in die Kirche gehen aber
solange das so ist bete ich lieber zuhause.


25/0449
Gott ist vorhanden, es gibt ihn.
Aber nicht in der Form wie er uns von den Kirchen angedreht wird.
Menschen die sich anmaßen in seinem Namen zu handeln. Andere bestra-
fen, verurteilen und sich in Dinge einmischen (in allen Bereichen) wobei
sie sich auf die Bibel, Kirche oder auf Gott berufen. Ein Gott der die guten
Menschen ins »Paradies« schickt und die schlechten in die Hölle den darf

es nicht geben. Denn solch ein Gott wäre keiner. Jahrhunderte lang hat die Kirche Geld und Macht gescheffelt, sich die größten Prunkbauten hingestellt und mit weltlichen Herrschern konkurriert. Eine Kirche die sogar Kriege führt und vorgibt, im Auftrag Gottes zu handeln und sogar einen Vertreter Gottes auf der Erde hat, auf so eine Kirche bzw. auf so einen Gott können wir verzichten. Gott in der Form, ein gutes Geschäft.

## 25/0450
Hütet euch vor den Menschen, deren Gott im Himmel ist!
Recht hat er! Die christliche Kirche hat in ihrer 2000jährigen Geschichte mehr Verbrechen begangen und gedeckt als alle Diktatoren zusammen. Erst in den 70iger Jahren dieses Jahrhunderts hat die Kirche auch andere Gruppen neben sich geduldet. Rassendiskriminierung ist auch heute noch gang und gäbe (so werden z.B. in Bayern in manchen Kirchen keine Schwarzen eingelassen!). Im Namen Gottes werden Kreuzzüge geführt, die meisten Kriege wurden von Pfarrern auf beiden Seiten gut geheißen. Im ersten Weltkrieg wurden am Anfang noch die Waffen der ausziehenden Heere auf beiden Seiten gesegnet. Von der Kanzel herunter wurde gepredigt, daß der Feind vernichtet werden müsse, und nicht liebe deinen Nächsten wie dich selbst!

## 25/0451
Woran ich denke beim Wort »Gott«?
An die Dritte Welt. Die Ungerechtigkeit. An die Angst, nicht an ihn zu glauben. Erfindung der Menschheit. Alle Sorgen und Hoffnungen zu einem Gott zusammenfügen. Irgend ein Fluchtweg. Notausgang. An seine ungerechte Strafe die er uns auferlegt hat. Sein seltsamer Weg zum Frieden.
Glauben Ohne Tödliche Thesen.
Gott statt Religion. War Gott ein Rassist?
Einmal im Traum ihn sprechen hören.
Wissen wie's wirklich war.
Trotz allem ist Gott eine schöne Einbildung, an dem man sich hält.
Die Angst nicht an ihn zu glauben! [letzter Satz in übergroßer Schrift]

## 25/0452
Gott ist eine Gestalt an die sich ein Mensch halten kann wenn er sich verlassen fühlt, oder einsam, oder wenn er unterdrückt und verlassen ist, gibt es immer etwas wo er sich noch gut vorkommt, denn Gott wird ihm helfen, denn Gott ist immer im Menschen und er meint es gut mit den Menschen wenn man von allen und allem ausgestoßen ist. Kann man immer noch denken vielleicht hilft mir Gott.
Ich glaube an Gott, weil ich mir denke es muß doch irgendwas Besseres der über die Menschen wacht geben. Und wenn sich die Menschen in Not bringen ihnen soweit unauffällig hilft indem er ihnen Blitzüberlegungen oder Handlungen zum Wohl der Menschen gibt, aber ich glaube Gott läßt es immer bis zuletzt ankommen, denn er läßt den Menschen

ihre Chance ihre Probleme selbst zu bewältigen, doch wenn sie es nicht schaffen ist er da. Wie im Krieg z. B.

Woran denken Sie bei dem Wort Gott: An ein Wesen das es nicht gibt und dennoch alles leitet aber in nichts Natürliches wie Krankheit eingreift, nur wenn es um alle oder sehr viele Menschen geht hilft das Wesen Gott oder wie er heißt aus den Gefahren.

Ich stelle mir Gott als nichts vor, als ein Wesen das man nicht sehen kann aber das dennoch über die Menschen wacht. Aber das sich sagt, ich greife nur im allerletzten Moment ein, nicht vorher. Denn ich habe meine Menschen so intelligent gemacht, daß sie sich bei richtigem Verhalten bei allem selber helfen können.

25/0453

Ich glaube nicht an Gott, weil ich nicht weiß, ob es die Type überhaupt gibt, den möchte ich erst mal sehen. Die Scheiße interessiert mich nicht, an das glaube ich erst wenn ich den so genannten (Gott) sehe oder spreche, ist das klar.

Die Kirche ist Mist, Scheiße.

PS. Der ganze Glauben ist Mist. Das Beste wäre, es gäbe keinen Glauben. Aber es gibt ein paar Idioten. ach Mist.

25/0454

Wie stellen Sie sich Gott vor?

Gott kann ich mir nicht vorstellen, weil ich ihn noch nicht gesehen habe. Es ist zwar von den Aposteln überliefert worden. Aber sie wußten ja auch nicht ob es Gott gibt. Sie konnten auch nur an Gott glauben.

25/0455

Mich interessiert das ganze nicht, weil ich von Kind auf nicht mit diesem Thema konfrontiert wurde. Bin aus der Kirche ausgetreten und nahm am Religionsunterricht nur aus Anstand teil. Aber von den Dingen die ich gehört hatte über Gott ist alles unglaubwürdig.

25/0456

Gott ist.

nicht greifbar

   "    sichtbar

   "    materiell – sondern

einfach da, eine Art von Gefühl oder Hoffnung

Ich würde sagen die Zahl »1« von dem Verhältnis 1 : 1000.

(= Meine Chancen stehen 1 : 1000)

---

Gott ist kein Mensch sondern nur
Existierender wenn man glaubt.
Ich habe einmal einen Aufkleber gelesen, der mich zu diesem Satz kommen läßt:
»Er ist ein Schild derer, die an ihn glauben.«

## 25/0457

»Hütet euch vor den Menschen, deren Gott im Himmel ist!«

Was nützt das ganze Getue um »Gott« und »christliche Nächstenliebe« wenn es nur sonntags ab und zu ein wenig praktiziert wird?

Meiner Meinung nach sind 60–80% der Christen »Scheinheilige«, die nach folgendem Motto mehr oder weniger leben: Vorne hui und hinten pfui. Mit anderen Worten stellen sie sich in der Öffentlichkeit (beim Kirchgang) als liebe, brave Bürger dar, die nie auch nur daran denken würden, einen anderen zu ihrem Vorteil auszunutzen – zu gebrauchen. Bei Älteren kann man das vermehrt feststellen: seriös im schwarzen Anzug usw. Wenn ein Teil der Jugend dagegen sich in der Öffentlichkeit *nicht* zum Christentum bekennt, werden sie sogleich als »verkrachte Existenzen« bezeichnet, als solche, die nicht wissen was sie mit sich anfangen sollen.

Ich kann mir gut einen Chef oder Unternehmer vorstellen, der tagtäglich seine Angestellten als Untertanen behandelt und in der Öffentlichkeit als seriöser Geschäftsmann gilt.

## 25/0458

Ich habe über das Thema Gott und Glaube noch nicht genau nachgedacht, weil ich nicht die Zeit und Möglichkeit gehabt habe. Bei dem Wort »Gott« denke ich an Liebe, Allmächtigkeit, an die Auferstehung nach dem Tode. Gott ist wie ein Vater zu uns Menschen, der unser Leben lenkt, und uns vor großem Unheil bewahrt.

Gott stelle ich mir in der Gestalt eines Menschen oder eines Geistes vor. Gott kann für mich eine Stütze sein, wenn ich schwere Prüfungen zu bestehen habe, bete ich zu ihm um seine Hilfe.

## 25/0459

– Gott ist Herrscher über das gesamte Universum. Gott kann alles lenken und steuern. Gott kann helfen und retten aber auch bestrafen.

– Ich glaube an Gott, weil wenn man mal in einer wirklichen Not ist er vielleicht einem helfen kann, weil nur er die Macht oder die Kraft hat, einem zu helfen. Weil er gütig und hilfsbereit sein kann wenn man es verdient.

– Woran denken Sie bei dem Wort ›Gott‹?

Wenn ich das Wort Gott höre dann denke ich an einen Geist der einen ständig bewacht und lenkt, der einen führt, der einen vernichten kann wenn man Böses tut oder belohnt wenn man Gutes tut.

– Wie stellen Sie sich Gott vor.

Als eine riesige Hand, die auf der Erde wacht.

## 25/0460

Bei dem Wort »Gott« fällt mir ein, daß die Menschen schon immer »einen« gebraucht haben, um Dinge, die sie sich nicht erklären können zu verstehen. Im Krieg z.B. sind alle gläubig – das Gebet lenkt sie ab und Gott ist die einzige Hoffnung auf die sie setzen. Als Kind bin ich gerne in die Kirche gegangen, weil die Geschichten des Pfarrers und das Singen mir gefallen haben. Heute denke ich anders darüber. Ich weiß nicht mehr, woran ich glauben soll, denn als erwachsener Mensch ist es mir nicht möglich, an einen braven älteren Mann im Himmel, der uns alle behütet, zu denken. Viele, die an Gott glauben, haben mir schon erzählt, daß sie Gott als einen Teil von sich empfinden. Er sei in der Luft, die sie atmen und in der ganzen Natur.

Wenn Gott in der Natur ist, und wenn Gott die Menschen erschaffen hat, wie kommt es dann, daß eben diese Menschen die Natur so grausam zerstören können? Oder einen Teil von sich selbst? Indem sie trinken, sich betäuben um aus der Wirklichkeit zu entfliehen?

Es gibt sehr viele Fragen, die mir noch keiner, der an Gott glaubt, beantworten konnte.

### 25/0461

Wenn ich an Gott denke, denke ich an Religion, und empfinde es als Blödsinn, daß es so viele verschiedene Religionen gibt. Wenn es wirklich einen Gott geben sollte, dann würde es keine Kriege unter den religiösen Fanatikern geben.

Ich finde sowieso daß Gott nur eine illusionäre Stütze ist und ein Halt in Zeiten in denen der Mensch in Not ist. Ein Mensch kann genauso gut christlich leben, das heißt nach Geboten, ohne daß er betet oder beichtet, und auch ohne daß er in die Kirche geht. Die evangelische Kirche finde ich in dieser Hinsicht noch besser, weil da die Zeit nicht so durch unnötige, langweilige und sich jedesmal wiederholende Feierlichkeiten (Hostien) verplempert wird. Das heißt aber nicht daß die evangelische Kirche dadurch viel interessanter wird, die meisten Predigten, von den wenigen, die ich mir anhören mußte, sind auch langweilig gewesen.

Aber noch viel unsinniger ist das Verbot der Heirat bei katholischen Pfarrern.

### 25/0462

Gott ist für mich sehr unwahrscheinlich und unwirklich, weil ich mir einfach nicht vorstellen kann, daß irgendwo im »Himmel« oder sonstwo ein Wesen sein soll, das uns beherrscht. Ohne daß wir je etwas von ihm hören oder sehen. Manchmal denke ich schon »Gott hilf« oder so etwas, aber wirklich glauben daß Er existiert kann ich nicht.

Da kann ich schon eher den Satz von M. Luther verstehen. Daß ich an etwas glauben kann, das ich täglich sehe und spüre wie z. B. einen Menschen, den ich liebe. Aber nicht so eine Kreatur die irgendwo ist und einem anscheinend hilft wenn man ihn braucht. Das ist doch total unrealistisch und kann sich heute kaum mehr jemand vorstellen. Ich komme aus einem kleinen Dorf und bei uns ist es eben so üblich, daß man ab und zu zur Kirche geht. Aber daß wirklich jemand davon überzeugt ist, daß ein Gott existiert zu dem man betet das glaube ich nicht. Man geht eben zur Kirche damit man von der Nachbarin gesehen wird.

25/0463

Wie stellen Sie sich Gott vor?
Er bestimmt ob die Menschen gut oder schlecht sind.
Gott ist ein mächtiger Mann. Er ist groß und mächtig.
Gott ist der Stärkste wo es auf der ganzen Welt gibt.
Gott hat früher entschieden er ließ sich eine neue Welt bauen.
Es wird viel über Gott geschrieben und erzählt.
Gott hat einen Sohn.
Es gibt eine gute und eine schlechte Welt.
Gott kann uns hören.

25/0464

Ich glaube nicht an Gott, weil ich mir unter ihm gar nichts vorstellen
kann. Ich finde das ist alles nur eine Illusion. Ich verschweige auch zu
98 % die Kirche, weil mir das einfach zu doof erscheint, jeden Sonntagmorgen in die Kirche zu sitzen, und mir das Gequatsche vom Pfarrer anzuhören. Ich habe *auch* schon oft gebetet, wegen irgendetwas und es hat
mir nichts gebracht. Ich wurde früher oft gezwungen in die Kirche zu
gehen, bin aber dann meistens woanders hin. Bei uns in der Familie und
Verwandtschaft sind alle so christlich, daß ihnen beim Händefalten fast
kein Blut mehr durch die Finger läuft; das kann ich einfach nicht. Denn
mir ist das zu unlogisch. Vielleicht bin ich einer der ungläubigsten Menschen der Welt, aber das juckt mich ziemlich wenig. Vielleicht denke ich
darüber anders, wenn ich eine schwere Krankheit habe, oder kurz vor
dem Sterben bin, aber ich glaube und *hoffe* es nicht.

25/0465

Woran denken Sie bei dem Wort »Gott«?
Ich denke bei dem Wort Gott an die Armut die es in der Welt gibt, die
Gott hindern kann. Ich denke an die Ausgestossenen und einsamen Men-
schen die Gott trösten kann. Ich denke an die Menschen die in ihrem
Leben immer Pech hatten, denen kann Gott auch mal Glück bescheren.
Ich denke bei dem Wort Gott an Gerechtigkeit.

25/0466

– Gott ist unter uns Menschen. Gott ist da, um denen Mut zu machen
  die sich verloren vorkommen.
– Ich glaube an Gott, weil mir in der Not schon öfter geholfen wurde.
  Weil jeder einen Halt haben muß.
– Woran denken Sie bei dem Wort »Gott«?
  An jemanden, der uns immer zuhört und versteht, der uns in der Not
  hilft.
– Wie stellen Sie sich »Gott« vor?
  Gott ist unsichtbar, er kann in jedem Menschen vertreten sein.

25/0467

Ich glaube nicht an Gott, weil er nicht Kriege oder Erdbeben oder sonstige Naturkatastrophen aufhält oder daß bei einem Verkehrsunfall ein Unschuldiger ums Leben kommt, als der wo schuldig ist. Warum zeigt er sich dann nicht wenn es ihn gibt. Warum hilft er nicht den Hungernden in den Entwicklungsländern die es nötiger haben. Warum hilft er nicht bei Problemen in meinem Leben oder Sonstigem. In der Schule hat man gelernt, wir sollen an Gott glauben, aber er tut ja nichts, daß wir an ihn glauben können. Es kann wahr sein, daß er vor 2000 Jahren gelebt hat. Ich glaube daran, aber heute denke ich an die Kriege, warum mußten sie sein, warum hat er sie nicht verhindert wenn er Wunder vollbracht hat, warum heute nicht, vielleicht brauchen wir ihn heute nötiger als vielleicht vor 100 Jahren.

25/0468

Manche Menschen heutzutage stellen sich den Gott auf einem hohen Thron mit Engeln wo umeinanderschwirren und mit einem langen Bart vor, und wo von oben herunterblickt auf die schrecklichen Menschen, was sie für böse Sachen machen. In meinen Augen sind das Blöde wo irgendwo einen leichten Schuß haben, die nicht wissen, was sie von der Welt halten sollen. Mir fällt da nichts ein zu dem »Wie stellen sie sich Gott vor?«, was soll man da viel schreiben. Er hat einen langen Bart, ist ein alter Mann mit einem langen Stock, ein schönes langes Kleid hat er auch noch an. Das stellen sich kleine Kinder vor, denen wird es vorgelesen oder auf was weiß ich für Zeichnungen vorgestellt. Aber eine Vorstellung von ihm hab ich ganz gewiß nicht.

## 26  Bau, 3. Klasse

*Den Schülern wurden die Satzanfänge und Sätze zu Gott vorgelegt.*

26/0469

Ich glaube nicht an Gott, denn ich habe schon so viel Schreckliches erlebt: Unfälle, wobei gute Freunde gestorben sind, Katastrophen usw., das geht einfach über meinen gedanklichen Horizont, daß solche Sachen passieren ohne daß dieser Gott eingreift und den Leuten hilft. In der Kirche heißt es immer »Gott kann Wunder vollbringen« aber er läßt solche »Katastrophen« zu. Kommt da ein normaler Mensch nicht ins Zweifeln? Diese Dinge lassen mich zweifeln. Dann noch die Wissenschaftler, wie z.B. Erich von Däniken, welche ihre Theorien über die Entstehung der Welt und den Menschen mit Tatsachen beweisen, obwohl es heißt »Gott erschuf die Welt in 7 Tagen«. Nein ich zweifle an der Existenz Gottes, auch wenn manche Leute, wie z.B. Zeugen Jehovas usw., versuchen mich umzustimmen, ich zweifle an Gott und werde es wahrscheinlich immer tun, außer es passiert etwas, das mich an ihn glauben läßt. Deshalb stehe ich auch, wenn auch mit kleinen Zweifeln, zu dem Satz von Luther: »Woran du dein Herz hängst, das ist eigentlich dein Gott«.

26/0470
Gott ist ...
Ich sehe ihn nicht und höre ihn nicht!
Doch man erzählt von ihm.
Es ist schwierig sich darüber ein Bild zu machen.
Ich glaube jeder sieht in irgend einer Sache seinen eigenen Gott.
Ich sehe in Gott jemanden der für Gerechtigkeit ist, und die Menschen auf den richtigen Weg weist.
Nur wenn ich in Schwierigkeiten oder in Nöten bin dann bete ich zu Gott, das hilft mir dann auch meistens oder beruhigt mich. Ich denke allerdings auch, daß sich viele von Gott enttäuscht vorkommen.

26/0471
– Gott ist ein Sinnbild und Halt für viele Menschen. Er verkörpert das Gute. Viele Menschen beziehen Dinge die sie sich nicht selber erklären können auf Gott. Gott ist aber für viele nur ein Wort.
– Ich glaube nicht an Gott, weil ich mir seine Existenz nicht vorstellen kann. Aber es ist gut möglich, daß es ihn gibt und ich glaube an ihn wenn mir seine Existenz *bewiesen worden ist*.

26/0472
Das Wort Gottes ist für mich nur ein bisher in seiner Bedeutung unerklärliches, nichtssagendes Wortgebilde, unter dem ich mir beim Lesen der Bibel und anderer Schriften nur eine Verherrlichung von Vater- und anderen Leitpersonen des menschlichen Lebens vorstellen kann.
Gott ist eine nicht authentische, nicht greifbare Person die dem Menschen als Vorbild dienen soll.

26/0473
Ich glaube an Gott, weil ich an meinem Glauben festhalten will. Ich bin überzeugt, daß es einen »Gott« gibt, da er mir schon in vielen schweren Entscheidungen und Feststellungen geholfen hat, und mir nicht zuletzt den richtigen Weg gezeigt hat. Außerdem glaube ich an die mündlichen und schriftlichen Überlieferungen, weil sie durch Jahrtausende hindurch immer wieder bestätigt und aufgefrischt wurden. Ich glaube an Gott, weil ich überzeugt bin, daß Gott allmächtig, allwissend und gütig ist. Er wird auch jedem helfen, der bereit ist mit ihm zu sprechen, und mit seinen Problemen zu Gott kommt.

26/0474
Wie stellen Sie sich Gott vor?
Was soll man dazu sagen, einen sich vorstellen den ich noch nie gesehen habe. Man hört viel von ihm, vielleicht sogar spürt man ihn, aber sehen,

ist er groß oder klein, dick oder dünn? Man weiß nur was in der Bibel steht, er tut Gutes und nur Gutes, hat er einen mal bestraft wegen dem, daß er ihn verraten hat, hat er nichts getan obwohl er es verhindern konnte.

Was ist er für ein Gott, ich kann es mir kaum vorstellen! Vielleicht weil ich zu wenig in die Kirche gehe oder kaum an ihn denke, ich weiß es nicht, aber trotzdem mag ich ihn und das nicht mal wenig! Warum, vielleicht weil ich früher ein großer Schläger war, dann kam ich in eine Clique die zu einer Jugendgruppe gehörte und seit ich da drinnen bin habe ich mich völlig verändert, ich schlägere mich kaum, gebe nach, verzeihe anderen. Diese Dinge habe ich früher nie getan und jetzt tue ich sie, warum das weiß ich nicht. Wahrscheinlich weil ich ihn liebgewonnen habe. Obwohl ich aus der Gruppe weg bin, bin ich zurückhaltend geblieben!

## 26/0475

Ich glaube an Gott, weil etwas Wahres an den Geschichten in der Bibel sein muß, denn soviel Phantasie traue ich einem Menschen nicht zu. Wem könnte es schon einfallen, daß sich das Meer teilt, oder daß einer einen Blinden wieder zum Sehen bringt. Und die Natur muß ja auch jemand geschaffen haben. Irgendwoher muß ja der Mensch, das Tier, die Pflanze kommen.

## 26/0476

Ich glaube an Gott, weil er mir in Situationen in denen ich nicht mehr weiter wußte den richtigen Weg gezeigt hat. Ich glaube nicht an den Gott wie ihn die Kirche mir vorschreibt, ich glaube an meinen eigenen Gott, der mich zu nichts zwingt, zu dem ich kommen kann, der mir Beistand leistet, der mich nicht verurteilt. Gott ist für mich neue Lebenskraft, die mir (z.B. nach einem Streit) verlorengegangen ist.

## 26/0477

Woran denken Sie bei dem Wort Gott?
An einen vielleicht nicht sichtbaren Menschen, Wesen oder andere Form der Erscheinung. Er kann sich eventuell sichtbar machen, wenn es ihm beliebt. An einen Zusammenhalt zwischen Menschen (Paare, Gruppen) bei gleichem Interesse durch ihn! Die Gemeinschaft, etwas zu schaffen oder zu tun was auch nach eigenem Streben ist. Daß man sich an ihn halten kann wenn man sich einsam oder zeitweise verlassen fühlt. Man kann seine Probleme an ihn richten ohne daß andere dadurch belastet oder geschädigt werden. An ein Nachhelfen des Schicksals durch ihn, daß es eventuell zum Glück oder Erfolg führen kann. Hilfe aus allen Lebenslagen egal wie sie besteht. An Kirche, Konfirmation, Kommunion in's Aufnehmen seines Lebensabschnitts.

26/0478

Ich glaube nicht richtig an Gott, weil ich ihn noch nie gesehen oder gespürt habe. Aber andererseits glaube ich an ihn. Denn wer soll denn sonst die Welt, die Tiere und Menschen erschaffen haben? Wer sollte denn den Menschen das Wissen gegeben haben, daß sie Dinge wie Autos, Strom oder anderes erfinden, produzieren konnten?

Gott stelle ich mir vor, als groß und mächtig, als einzigen Richter aller Lebewesen. Gott ist unsterblich, ihm kann keiner Schaden zufügen, er ist unantastbar.

26/0479

– Ich glaube an Gott, weil ich bezweifle, daß sich so viele Menschen die an Gott geglaubt haben (die schon gestorben sind), und die noch glauben, sich irren können, daß es einen Gott gibt.
– Ich denke bei dem Wort Gott allgemein an die Kirche, Bibel und Jesus und (Paradies, Hölle, Sünden).
– Gott müßte eigentlich gesehen wie ein liebender Vater zu seinem Kind ist zu den Menschen stehen. Er ist vertrauenerregend durch Jesus, weil er seinen Sohn für die Menschen sterben ließ.

26/0480

Mir fällt zu dem Wort Gott nichts ein, die Menschen reden zwar alle von Gott aber gesehen oder gehört hat ihn doch noch nie einer. Oder wenn sie von der Entstehung der Erde oder Menschheit berichten, daß alles Gott erschaffen haben soll, das glaube ich auf jeden Fall nicht, da gefällt mir die These vom Urknall schon besser.

Wenn es Gott geben sollte warum hat er dann vielen notleidenden Menschen nicht geholfen, das ist wieder ein Grund wo gegen ihn spricht.

26/0481

Ich glaube an Gott weil er die Erde und Menschen erschaffen, er gibt uns Kraft zum Leben.

26/0482

Woran denken Sie bei dem Wort Gott?

Es gibt so viele Menschen auf der Welt die an Gott glauben. Warum eigentlich? Für mich gibt es dafür kaum Beweise. Ich selber glaube auch nicht richtig an Gott. Ich selber stehe in der Mitte zwischen Glauben und nicht Glauben.

26/0483

Woran denke ich bei dem Wort Gott?

Gott? Was ist Gott eigentlich, warum glauben so viele Menschen an den sogenannten Gott!!

Ich bin der Meinung, daß irgend jemand ob Gott oder nicht Gott den Planeten auf dem wir leben geschaffen hat und daß dieser auch irgendwie ein Recht auf uns hat. Gott ist zwar nicht greifbar aber warum soll es ihn

nicht geben diesen Gott, aber was will er dann von mir, mein *Geld* =
Kirchensteuern oder meine ach soo schwarze *Seele* oder will er beides
dieser *Gott*.
Ich glaube an Gott aber an ein Leben nach dem *Tod nicht.*

26/0484
Ich glaube an Gott, weil ich von klein auf von Gott gehört habe. Man geht
in die Kirche, Firmung, kirchliche Trauung, kirchliche Beerdigung, Taufe,
dies alles muß irgendwie einen Zusammenhang haben. Es kann kein
Schwindel sein, wenn man Kirchen, Dome etc. baut und die Bibel hat sich
ja in den Jahren nur wenig verändert und ist von Generation zu Generation weitergegeben worden. Ich glaube zwar nicht alles was in der Bibel
steht, z.B. Gott schuf die Erde in 7 Tagen, aber irgendetwas muß wahr
daran sein, weil sich sonst dieses Buch nicht behaupten könnte, und sich
heute auch noch bchaupten kann.

26/0485
Ich glaube an Gott, weil er Schöpfer über uns ist.

26/0486
Woran denken Sie bei dem Wort Gott?
Gott ist der Schöpfer von Allem, von Berg bis Baum bis zur Neutronen-
bombe oder der Atombombe. Der Mensch ist daher »nur« der Erfinder
von Gutem und Bösem. Gott und die Kirche sind zum Beispiel bei vielen
alten Menschen so etwas wie ein Herzschrittmacher. In den osteuropäi-
schen Staaten wie z.B. Polen ist die Kirche eine Macht wie bei uns die
Terroristen. Nur die Kirche und damit der Gläubige wird zum Staats-
feind. Auf mich selber bezogen möchte ich sagen, ich glaube schon an
Gott aber in die Kirche möchte ich nicht gehen.

26/0487
Ich stelle mir Gott so vor, daß der eine große Macht über die ganze Welt
und das ganze Universum hat. Mehr fällt mir zu diesem Thema nicht ein.

26/0488
Gott ist der Herr über die Menschen und über das ganze Land. Er hat die
Menschen geschaffen und gibt ihnen Essen und Trinken. Er hat Arbeits-
plätze geschaffen. Er ist wie unser Vater bloß er regiert von oben und ist
Herr über uns alle über die Kleinen und die Großen. Gott hat den Glau-
ben und die Kirchen geschaffen.

26/0489
Ich glaube an Gott, weil ...
ich bis zu meinem 16. Lebensjahr christlich erzogen wurde: Ich glaube an
Gott, weil ich einen geistlichen Halt habe, damit ich das Gute vom Bösen
unterscheiden kann. Ich gehe nicht in die Kirche um christlich zu sein
(scheinheilig), ich glaube für mich allein in Gottes Namen in aller Ruhe.

Gott ist:eine Antimaterie die man nur mit dem Geiste sich verbinden kann. Gott ist ein Zufluchtsgedanke für viele Menschen.

## 26/0490

Ich glaube an Gott weil ich katholisch erzogen worden bin und weil für mich die Kirche (Gott) zur Pflicht von den Eltern wurde, ich musste jeden Sonntag in die Kirche ob ich wollte oder nicht, das war Pflicht. Ich glaube an Gott weil ich durch Wunder überzeugt von der Bibel wurde. Jetzt wo ich in meinem Ausbildungsberuf bin, entscheide ich ob ich in die Kirche gehe oder nicht. Ich gehe nur noch in die Kirche wenn ich ein *innerliches* Verlangen habe. Gott ist für mich wunderbar nur lasse ich es mir äußerlich nicht anmerken wenn meine Kameraden mich nur verspotten.

## 26/0491

Bei dem Wort »Gott« denke ich an etwas mächtigen und etwas übermenschlichen, der große Gewalten ausüben kann. Bildlich kann man das sich schlecht vorstellen, da wird jeder eine etwas andere Fantasie haben. Ob man an Gott glaubt ist schwer zu sagen, es gibt Situationen da man an Gott denkt oder »glaubt«. Wenn es einem gut geht glaubt man an Gott nicht so sehr wie wenn man in einer schlechten Zeit lebt. Alte Leute glauben mehr an Gott weil sie niemanden mehr haben mit dem sie ihre Probleme lösen können, jüngere Menschen haben mehr Freunde, die vergessen Gott eher.

## 26/0492

Gott ist für mich eine übersinnliche, nicht vorstellbare Kraft, die alles direkt steuert. Z.B. die Menschheit kann doch nicht durch Zufall entstanden sein, sie muß doch irgendwie gesteuert oder geplant werden. Gott oder eine außerirdische Kraft muß es geben sonst würden doch nicht so viele daran glauben, sogar alles dafür aufgeben z.B. Mönche. Mir selbst ist es so gegangen, ich bin knapp an einem Unfall vorbeigegangen und hatte einfach das Bedürfnis, am Sonntag in die Kirche zu gehen und Gott zu danken, daß ich glücklich davongekommen bin.

## 26/0493

Ich glaube nicht an Gott, weil alles was passiert, mit Gott in Zusammenhang gebracht wird. Das ist jedoch unmöglich, weil jeder Mensch seine persönliche Einstellung nicht mit Gott vergleichen kann. Der Zusammenhang würde dadurch einen Sprung bekommen, denn man kann nicht etwas tun, was einem Menschen selber seinen Vorstellungen vollkommen widerspricht.
Von Gott redet jeder Mensch, auch wenn es Glaube ist, aber er kann sich darunter keine Vorstellung machen, was der Begriff »Gott« überhaupt bedeutet. Dies wird am deutlichsten in der Kirche. Sie geht nach den Vorstellungen von Gott aus und will ihn verkörpern. Was daran jedoch falsch ist, das ist, daß der Glaube einem aufgezwungen wird. Dies muß doch unter den Menschen ein anderes Bild von »Gott« darstellen.

26/0494

Ich glaube an Gott, weil er mir in manchen Situationen beiseite steht. Ich
bete an ihn, daß ich bei der Klassenarbeit mein Bestes gebe, und hoffe auf
Verständnis zwischen meinen Eltern und Kameraden.
Es kommt eine Zeit, daß ich ihn nicht brauche, aber wenn ich zu ihm
rede, flehe ich ihn mich zu verstehen.
Ich habe meine Freundin verloren, und da brauche ich Unterstützung von
meinen Eltern aber auch von Gott, ich glaube, daß er mich unterstützt die
Schwierigkeit zu bewältigen.

## 27 Einjährige Berufsfachschule für Elektrotechnik

*Den Schülern wurden die Satzanfänge und Sätze zu Gott vorgelegt*

27/0495

Woran denken Sie bei dem Wort Gott?
Gott; Symbolfigur des Guten, jeder gebraucht ihn, aber für ihn etwas tun,
nein! Viele Menschen rufen Gott an, wenn sie in Not sind, bitten ihn um
Hilfe, weil er der einzige ist, der im Moment nahe ist. Sobald sie aber
nicht mehr in Not sind, vergessen sie ihn. Stellen wir uns die Frage:
»Warum gehen Menschen in die Kirche?« Viele gehen damit sie der
Pfarrer sieht, weil er sie gut kennt. Andere gehen damit sie sagen können:
»Schau her ich war heute in der Kirche«! Es sind nur wenige, die aus
Überzeugung und Glauben in die Kirche gehen. In dem Ort, wo ich
wohne ist es schon vorgekommen, daß nur 2 Leute in der Kirche gesessen haben, daß der Pfarrer niedergeschlagen und mit Tränen in den Augen
aus der Kirche ging, und den Gottesdienst ausfallen ließ. Andererseits ist
an Weihnachten oder anderen Feiertagen die Kirche gestopft voll, Sie
können sich nun selbst ausmalen, wieviele Heuchler in der Kirche sitzen
nur damit sie gesehen werden. Ich selbst war schon seit 2 Jahren nicht
mehr in der Kirche, ich glaube zwar nicht an Gott, doch ich weiß, daß ich
mir oft wünsche es würde ihn geben.

27/0496

Woran denke ich bei dem Wort »Gott«?
Ich denke an die Kirche und an die Bibel die auf ihn bezogen ist. Ich finde
es blöd, daß es zwei Glauben gibt (evangelisch katholisch) denn sie glauben doch alle an das gleiche.

27/0497

Mir fällt zu diesem Thema nichts ein, weil ich mich nicht dafür interessiere. (F)?

27/0498

Zu diesem Thema fällt mir nichts ein.

27/0499
- Woran denken Sie bei dem Wort Gott?
  An einen Herrscher über die Menschheit.
- Ich glaube an Gott, weil
  Mir fällt über diese Frage nichts ein, weil ich mich noch nicht mit dieser
  Frage beschäftigt habe.
- Wie stellen Sie sich Gott vor?
  Auch so wie ein normaler Mensch.

27/0500
Ich glaube an Gott, weil ich denke, daß es ein Leben nach dem Tod gibt.
Außerdem denke ich, daß Gott für uns alle ein Halt sein kann. Wenn wir
an ihn denken kann es uns eine Hilfe sein, und unsere Entscheidungen
beeinflussen. Ich glaube nicht an die Wunder die durch Jesus, seinen Sohn
vollbracht worden seien, sondern denke, daß diese »Wunder« in der Bibel
nur Gottes Reich bestärken (bezeugen) sollen. Ich glaube an Gott obwohl
ich nicht sonntags in die Kirche gehe. Außerdem denke ich, daß sich *jeder*
Mensch in seinem Innersten nach (einem) dem Gott sehnt. Ich glaube an
Gott, weil wenn ich an ihn denke er wie ein Vater zu mir ist. Ich kann alle
meine Sorgen ihm vortragen und fühle mich verstanden. Ebenfalls glaube
ich, daß die Aussicht in Gottes Reich zu kommen einem in den letzten
Minuten seines Lebens einen riesigen Halt geben kann. Dann ist der Tod
nicht das Ende des Lebens.
*Ich glaube an Gott!*

27/0501
Woran denken Sie bei dem Wort Gott?
Ich denke bei dem Wort Gott an jemanden, der für mich in ungreifbarer
Entfernung ist, den ich aber näher zu mir holen möchte. Zur Zeit habe
ich jedoch kein Interesse, Gott mir näher zu bringen, weil ich von einer
Enttäuschung zur nächsten komme. Die ewigen Streitereien mit meinen
Eltern machen mir doch ganz schön zu schaffen. Außerdem hetzen sie
mich die ganze Zeit in die Kirche. Ich finde es komisch aber es ist so:
schicken mich meine Eltern in die Kirche gehe ich nie, aber sagen sie mal
nichts gehe ich meistens. Dann bringt es mir auch etwas. Der Predigt höre
ich oft nicht zu, aber ich habe mal die Zeit über Gott nachzudenken, also
was ich von ihm halte, was ich erwarte und wie ich ihn mir vorstelle.

27/0502
Woran denken Sie bei dem Wort Gott?
Gibt es ihn oder nicht? Warum nahm er meinen Vater schon mit 41 zu
sich, das hat sich meine Mutter auch schon gefragt.
Ich denke an ein Wesen in Menschengestalt. Begegnet man ihm nach
dem Tode oder nicht. Hat ihn schon jemand gesehen. Gibt es Gott hat
sich schon meine Mutter gefragt weil er ihn genommen hat. Hat er was
Falsches gemacht, gesagt, getan.

**27/0503**

*– Woran denken Sie bei dem Wort Gott?*
Ich denke an die Kirche, die Predigt und den Pfarrer. Daß man sich taufen lassen soll und in die Gemeinschaft der Gläubigen aufgenommen wird. An die Geburt Jesu, die Taufe im Jordan und den Tod am Kreuz. Er hat die Erde und Menschen geschaffen. An den Tod und an das Leben nach dem Tod.

**27/0504**

Gott hat die Menschen erschaffen.
Er hat die Erde geschaffen.
Gott will Frieden bei den Menschen.
Ich denke an die Kirche, an die Predigt des Pfarrers.
An die Geburt Jesu, den Tod Jesu.
An die Auferstehung.
Ich denke an das Abendmahl.
Daß er mir hilft.

**27/0505**

Wie stellen Sie sich Gott vor?
Gott ist nicht einer der uns beherrscht, er muß irgendeiner sein der alles weiß und alles *versteht*. Er muß einen auch in schwierigen Situationen vestehen. Gott ist etwas Uraltes. Aber es ist sehr schwer an ihn zu glauben weil, man sieht, ihn nicht, er kann einem nur beistehen. Er ist nicht irgendwo im Himmel, er ist in jedem drin ein zweiter Mensch in einem selbst. Er lenkt einen. Es muß irgendeine Kraft geben die einen lenkt!?

**27/0506**

*Ich glaube an Gott, weil* das Leben sonst absolut ohne Sinn wäre. Denn, würde es keinen Gott geben, der den Menschen, die Erde geschaffen hat, wäre der Mensch mit seinem Verstand das unvollkommenste Wesen was es auf dieser Erde gibt. Denn ich glaube, daß es keinen Menschen gibt, der nicht 1000 Fragen über sein Dasein hat. Dazu möchte ich ein Beispiel aufführen. Tiere z.B. können nicht denken, sie wissen nicht zu was sie da sind, sie wissen nicht daß sie sterben müssen, sie fressen nur um gefressen zu werden. Der Mensch dagegen steht vor Problemen viele können sie vielleicht aus eigener Kraft bewältigen, viele gehen an ihren Problemen kaputt, sie werden abhängig von Drogen oder begehen Selbstmord. Damit will ich ausdrücken, daß diese Erde in ihrer Funktion (siehe Pflanzen, Tiere), absolut vollkommen ist, nur der Mensch nicht, er plagt sich mit allem möglichen herum. Es muß einen Gott geben, von dem ich fest überzeugt bin, der dem Menschen helfen kann, der seinem Dasein einen Sinn geben kann und der den Menschen bei ihren Problemen helfen kann. Ich sage dies nicht, weil ich mich in einer Phase befinde in der ich mit mir selber nicht mehr zurecht komme, sondern weil ich selbst an meinem eigenen Leibe erfahren habe, daß es einen Gott gibt der meinem Leben einen Sinn gegeben hat, der mir bei meinen Problemen hilft.

27/0507

– Ich glaube nicht an Gott, weil ...

wenn ein Mensch noch so jung stirbt dann heißt es meistens »das war Gottes Wille«. Auch wenn ältere Menschen sterben. Weil man daran glauben will, daß es ihn gibt und damit man sich selber einreden [kann], daß der Mensch in den Himmel kommt obwohl er doch vergraben in der Erde liegen bleibt.


27/0508

– Woran denken Sie bei dem Wort Gott?

Ich denke an eine große Macht, die alles bestimmt, die alles machen kann.

Ich denke an zahlreiche Unglücke, bei denen Menschen ums Leben kamen, die es gar nicht verdient haben und wieso Gott, falls es einen gibt, dies nicht verhindert hat. Mörder, Diebe und ähnliches werden nicht bestraft.

Ich denke auch daran, daß ich mich früher nur an Gott gewendet hab, wenn mir etwas daneben ging. Ich habe dann die Schuld auf ihn geschoben. Heute tue ich dies auch noch, aber ich danke ihm, wenn mir etwas geglückt ist.

Meine Meinung ist, daß Gott in uns allen steckt. Es gibt zwar verschiedene Arten von Gott z.B. Allah oder Manitou, aber für mich ist es ein und der selbe. Die Leute feiern ihn zwar verschieden, aber irgendwie meinen sie doch den gleichen.

Ich denke auch an den Tod, den ich auch einmal zu spüren bekomme. Ob die Hoffnung in den Himmel zu kommen umsonst war oder ob es vielleicht doch ein weiter Leben gibt.

Wenn ich an Gott denke, denke ich an einen alten Mann mit Bart, der Friede ausstrahlt.

Ich weiß nicht, ob es Einbildung ist, aber manchmal spüre ich sogar, daß Gott in meiner Nähe ist.

Ich finde nur, daß Gott gerechter sein müßte, gegenüber allen Lebewesen.

– Ende –


27/0509

»Worauf du nun dein Herz hängst und verläßt, das ist eigentlich dein Gott« (Luther)

Ich glaube, daß Luther mit diesem Satz erklären will, daß für viele Menschen gar kein Gott existiert.

Meine Meinung ist, daß viele Menschen eigentlich überhaupt nicht an einen Gott glauben sondern nur so tun. Für sie ist es eine nicht existierende Macht, an die man sich in Notsituationen hängt; es ist für sie dann eine Art »Sinnbild«, an die sich der Mensch hängt um von den eigenen Schuldgefühlen loszukommen.

– Das ist meine Meinung über die Aussage des Satzes von Luther

27/0510

»Hütet euch vor den Menschen, deren Gott im Himmel ist!« (B. Shaw)
Dem ersten Eindruck nach warnt B. Shaw vor Menschen, die ihren Gott
im Himmel sehen. Es erweckt den Eindruck, als seien diese Menschen
aus irgendeinem Grunde anders als solche, die »nur« an Gott glauben
und ihn nicht im Himmel sondern auf der Erde selbst vermuten. Shaw
warnt vor fanatischen Gläubigen, denen ihr Gott über alles geht und sie
selbst nicht vor Verbrechen zurückschrecken, nur wenn einer anderer
Ansicht ist. Meiner Ansicht nach will Shaw damit ausdrücken, daß es
falsch ist, Gott nur im Himmel als großes »Vorbild« zu sehen, und ihn
über alles hervorheben, eher sollte man Gott auf der Erde suchen. Wenn
man wirklich an Gott glaubt, dann sollte man in ihm eher einen Freund
sehen, der unmittelbar in der Nähe sein kann und nicht nur oben im
Himmel ist. Gott sollte also eher als Freund u. Vertrauter gesehen werden. Es ist ja Unsinn, nur in die Kirche zu gehen, um ein guter Christ
(oder anderer Religion) zu sein. Man kann auch ein guter »Gläubiger«
sein, ohne jeden Sonntag in die Kirche zu gehen.

27/0511

Woran denken Sie bei dem Wort »Gott«?
Ich denke an den Schöpfer der Erde.
- an die Erschaffung der Menschen.
- an die Auferstehung Jesu, der Sohn Gottes.
- an den Tod Jesu, der Sohn Gottes.
- an die Geburt Jesu, der Sohn Gottes.
- an die »heilige katholische Kirche«.
- an die Firmung und die Kommunion
- an das Abendmahl
- an die Mutter Jesu »Maria«, und den Vater Josef.
- an den Tempel den er einstürzen hat lassen und in 3 Tagen wieder
  aufgebaut.
- an die Pfarrer und Bischöfe.
- an den »Papst«.
- an den Täufer Johannes
- an Christi Himmelfahrt
- an Weihnachten und Weihnachtsferien
- an die Wüste wo Gott als brennender Dornbusch erschien
- an den Tod, und das Leben nach dem Tod
- an das Leben
- an die Erschaffung der Erde
- an das Gesangbuch
- an das Gebetbuch

27/0512

Woran denken Sie bei dem Wort Gott
Ich denke an die Herrlichkeit im Ewigen Leben.
Ich denke an die Güte Gottes, daß er uns trotz vieler sich wiederholender

Fehler immer wieder in der Beichte vergibt. Ich denke an das Leiden Christi, daß er für uns in eine armselige Krippe und dann ans Kreuz ging. Ich denke an die Aufopferung Christi, daß er sich bei jeder heiligen Messe auf dem Altar darbietet und uns vom falschen Weg durch die Kommunion auf den richtigen Weg zurückbringt.
Ich denke an die 7 Sakramente, es sind Hilfen beim Beschreiten des Lebensweges.
Ich denke an die Liebe Gottes.
Ich denke an den heiligen Geist, der bei der Firmung Kraft für das ganze Leben bringt.
Ich denke an unseren Pfarrer, der mir schon als kleiner Junge Gott gezeigt hat, wie er wirklich ist.
Ich denke an Gott weil ich in schweren Entscheidungen auf ihn hoffen kann und er mich berät.
Ich denke bei dem Wort Gott an die Unsterblichkeit und die Auferstehung der Toten.
Ich denke an die harten Worte Gottes, wer nicht für mich ist, ist gegen mich. Das macht mich immer wieder stutzig und ich habe schon oft schwache Stellen in meinem Glauben festgestellt. Zum Beispiel das Gebot: Du sollst deine Eltern ehren. Ich bin oft frech und nachher tut es mir leid, dann gibt mir Gott die Kraft zu bereuen und ich entschuldige mich.
Gott ist unendlich, ich kann mir die Welt ohne Gott nicht vorstellen. Es muß jemanden geben, der das Ganze erschaffen hat. Ohne Gott wäre mein Leben sinnlos, ich bin froh und freue mich immer auf den Sonntagsgottesdienst. Ich freue mich dieses Jahr besonders über die gute Ernte in diesem Jahr.

27/0513
Ich glaube an Gott, weil ich schon einmal eine Herzoperation gehabt habe, und habe sie gut überstanden. Es hätte auch schief gehen können. Und ich glaube auch, daß Gott da seine Hand dabei gehabt hat.

27/0514
Woran denken Sie bei dem Wort Gott?
Die meisten Menschen denken wohl wenn sie das Wort hören an etwas Übersinnliches. Etwas Großes, Herrliches, an etwas Unerreichbares. Gott ist etwas Mächtiges das über die Menschen herrscht und die Macht hat unter ihnen zu richten.
Die Kirche hat früher dies den Leuten tief hineingepredigt, sie glaubten alles was der Pfarrer predigte.
Die Kirche wurde mehr als die mächtige Hand Gottes dargestellt. Sie hatte Macht und Einfluß. Heute nicht mehr, aber ältere Menschen lassen sich immer noch von der Kirche beeinflussen. Ich glaube nicht, daß das was einige Pfarrer und die Kirche machen auch das ist was Gott möchte. Wie goldene Altäre, Figuren, Statuen. Wenn ich zu Gott beten will genügt doch auch ein einfaches Holzkreuz. Es braucht auch nicht einmal ein Holzkreuz sein. Man kann auch so beten. Er hört einem immer zu.

27/0515

Woran denken Sie bei dem Wort Gott?
Von meiner Erziehung her denke ich, wenn ich das Wort Gott höre oder
lese, immer an den Anfang, als Christus geboren wurde, als Abgesandter
Gottes. Ferner denke ich an die Bibel, den Kirchgang. Warum gehe ich
eigentlich in die Kirche. Bin ich eigentlich ein echter Christ, wenn solche
Fragen oder Zweifel auftauchen. Bei dem Wort Gott denke ich auch an die
Auferstehung und an das Ewige Leben. Gibt es ein ewiges Leben? Kein
menschliches Wesen weiß es, und wird es je wissen werden, man kann
nur glauben, daß es dies gibt. Und wenn ich an das ewige Leben glaube,
so glaube ich auch an Gott. Auch denke ich an die Gebote Gottes, lebe
ich nach ihnen oder sind sie mir völlig egal. Von mir kann ich sagen, daß
ich nicht immer nach ihnen lebe, es sind keine großen Verstöße gegen die
Gebote.

27/0516

Gibt es ihn oder nicht, das ist mein erster Gedanke den ich habe. Je älter
daß ich werde, desto weniger glaube ich an Gott. Wenn ich früher immer
in die Kirche ging und die Predigten anhörte, dann wußte der Pfarrer
immer nur positive Dinge über Gott. Ich glaubte das alles, und betete zu
Gott. Ich ließ mich da durch niemanden beeinflussen. Ich war immer ein
Junge der böse zu seinen Geschwistern und seinen Eltern war, der nicht
gehorchte. (Ich war in der Schule immer einer der Schlechtesten. Ich
betete, doch das war zwecklos. Was mich aber am meisten bewegt zu
schreiben ist, daß ich nur aus Haut und Knochen bestehe, kurz gesagt,
dürr wie eine Bohnenstange.) Ich habe Tag für Tag gebetet doch ich fand
bei Gott keine Anhörung. Tag für Tag wurde ich in der Schule ausgelacht,
doch was kann ich dafür, nichts. Ich habe schlechte Erfahrung bei Gott.
Jedesmal wenn ich das Wort Gott höre graust es mich. Und wenn ich an
das Leid in der Welt denke, die Morde, Kriege, Unglücke dann kann ich
nicht an Gott glauben. So viel schlecht kann doch ein Gott nicht sein.
Beispiele sind für mich Unfälle, wie Flugzeugabstürze, Zugunglücke bei
denen viele unschuldige Menschen ums Leben kommen. Sie wollten
Urlaub, Ruhe, Entspannung.

27/0517

»Worauf du nun dein Herz hängst und verläßt, das ist eigentlich dein
Gott« (Luther)
Ehrlich gesagt ich glaube zu dem Thema kann man eigentlich nicht viel
schreiben. Ich habe es aber trotzdem genommen, weil mir, nach einiger
Zeit gerade zu dem Thema was eingefallen ist. Es ist nicht viel aber bei
den anderen Themen ist mir überhaupt nichts eingefallen, und ich glaube
das hat was zu sagen, daß vielleicht mich gerade das Thema im Inneren
von mir stark beschäftigt und ich will echt versuchen es aufs Blatt zu
bringen. Jetzt sage ich aber was mir da eingefallen ist. Ich hab mir gedacht,
daß ich es aufteile wenn es da heißt »Worauf du nun dein Herz hängst
und verläßt«.

Da meint man jeden selbst, nicht eine Gruppe sondern eine Person, keine bestimmte, irgend eine Person. Daß man sein Herz bloß auf was hängt u. verläßt [das] eine Person ist die ziemlich nahe zu einem steht, z. B. Mutter, Familie, Freund(in), usw. darauf hängt und verläßt man bloß sein Herz. Und das ist eigentlich mein Gott weil ich in ihm mein Gott vorstelle und zu ihm besser beten, halt nicht beten, ich meine zu ihm offen reden, praktisch mein Herz ausschütteln und ihm beichten [kann] was ich angestellt habe und so weiter. Also zum Schluß der am nächsten von uns und wenn es die Puppe ist [ist] unser Gott, den wir uns vorstellen. Jetzt habe ich doch einiges geschrieben und ehrlich es ist bestimmt noch nicht alles, wenn ich mehr Zeit hätte wie bloß 25 min wäre bestimmt mehr herausgekommen.

## 28    1-jährige Berufsaufbauschule (4 Mädchen)

*Den Schülern wurden die Satzanfänge und Sätze zu Gott vorgelegt.*

### 28/0518
Ich glaube an Gott, weil: Ich stellte fest durch intensive Gebete, daß meine Bitte erfüllt wurde z. B. Gesellenprüfung, Führerschein, Aufnahme in der BAG. Ich glaube ganz sicher, daß ich als Krankenpfleger unterkomme (durch Gott). Es muß nach dem Tod ein zweites Leben geben in irgend einer anderen Form schon wegen der Ungerechtigkeit, Armut, Brutalität, Egoismus. Bibel nicht mehr ganz wahrheitstreu (glaubwürdig) z. B. als Moses von Ägypten flieht, wie sich dabei das Meer spaltet. Wegen einer Übung in Mathe, abgebrochen.

### 28/0519
Woran denken Sie bei dem Wort Gott?
Ich finde die Einstellung zu Gott ist jedem selber überlassen. Aber heutzutage glaube ich schon zum Teil, daß es Gott überhaupt nicht mehr gibt. Da passieren Sachen, z. B. bei Unfällen usw. da fragt man sich wirklich selbst wie konnte so etwas passieren, gibt es denn überhaupt keinen Gott mehr, hat er denn überhaupt kein Herz mehr für die Mitmenschen. Ich selber glaube schon an Gott, aber bei manchen Ereignissen komme ich auch ins Schleudern wo ich mich selber frage, gibt es denn Gott.
Sehr viele Jugendliche glauben an Gott nicht, weil schon unter den Mitmenschen Komplikationen auftreten. Anstatt sie sich einander helfen u. näher kommen, streiten, zanken sie sich. Ich glaube jeder hat ein klein wenig ein Mitgefühl, aber jeder bringt es anders zur Geltung. Einer kann es handwerklich, nützlich zu helfen, der andere hat sehr starkes Mitgefühl und kann aber nicht helfen.

### 28/0520
*Woran denke ich bei dem Wort Gott?*
Bei diesem Wort denkt man natürlich gleich an Kirche oder Religionsun-

terricht. Obwohl ich der Ansicht bin, daß man auch ohne in die Kirche zu gehen an Gott glauben kann wie es bei mir der Fall ist, denn Gott ist nicht nur in der Kirche sondern überall. Weiterhin denke ich bei diesem Wort an ein Weiterleben nach dem Tode an dem ich ebenfalls nicht zweifle. Um an dies zu glauben braucht man meiner Meinung nach nicht die 10 Gebote etc. auswendig können.

### 28/0521
*Ich glaube an Gott, weil er mir schon in vielen Lebenssituationen geholfen hat.* Ich denke er ist bei mir, und wenn der Zeitpunkt gekommen ist, an welchem ich zu viel Platz auf der Erde eingenommen habe, ruft er mich zu sich. Trotz wenig Religionswissen und nicht in die Kirche gehen, habe ich eine positive Einstellung zu ihm.
Ich bin kein großer Schreiber, aber ich hab mich der Situation angepaßt.

### 28/0522
Ich glaube an Gott, weil ...
Wenn ich mir das Universum anschaue, dann muß ich immer wieder staunen. Eine unendliche Menge an Sternen, Galaxien und Milchstraßen. Dann unser Sonnensystem, mit seiner genialen Aufteilung, mit der Sonne, die Milliarden von Jahren unaufhörlich Licht und Wärme unserer Erde spendet. Ja, und unsere Erde ist die Krönung der Schöpfung. Bedenkt man die genaue Einhaltung der Vier Jahreszeiten, den Kreislauf der Natur, die Vielfalt der Tiere, die jedes seine genaue Bestimmung hat, und dann natürlich den Menschen. Wenn man sich das alles überlegt, dann muß es doch einen Gott sprich ein höheres intelligentes Wesen, das wir nicht wahrnehmen können, geben. Die Kreuzigung Jesu und danach die Auferstehung, womit Gott beweist, daß es ihn gibt. Und die Wunderheilungen in Lourdes, wo die Menschen als Wracks ankommen und als Gesunde wieder nach Hause gehen. Es waren auch schon Menschen klinisch tot die wieder ins Leben zurückgeholt wurden die danach fast alle hunderte! das gleiche aussagten, daß sie durch einen großen Tunnel flogen, nachdem sie sich von ihrem Körper gelöst hatten, und ein weißes Licht in der Ferne sahen.
Ich muß aufhören weil der Religionslehrer [Name] uns dazu auffordert.

### 28/0523
Woran denken Sie bei dem Wort Gott?
Darunter kann ich mir viel vorstellen, zum ersten ist da die heuchlerische Kirche die schönen Predigten an die sich nicht einmal der Verfasser hält. Die gespielte Gläubigkeit der Gemeindemitglieder die zum größten Teil nicht aus Interesse an Gottes Wort sondern nur aus Neugierde die »Gotteshäuser« betreten. Unter Gott stelle ich mir einen Gesprächspartner vor der stundenlang zuhören kann ohne je etwas zu sagen, der über uns wacht und doch nichts für unser Wohl tut. In der heutigen Gesellschaft die nur noch auf Profit aus ist wird er wohl bald verschwinden müssen, denn seine Lehre wird nicht weiterleben wenn niemand mehr danach lebt

(leben kann). Es ist schön wenn ich nicht weiter kann und doch die Gewißheit habe, daß ich nicht allein bin. Doch Gott dienen, sein Wohlgefallen zu finden, ist einfach nicht mehr möglich. Die Nächstenliebe wird mehr und mehr vernachlässigt. Durch die Gefühlskälte der Menschen füreinander wird es auf die Dauer ein schweres Leben für uns geben, in dem wir so hoffe ich wieder zum Ausgangspunkt des Glaubens zurückfinden müssen. Ich weiß nicht, ob Gott Materie oder Antimaterie, ob er existiert oder nicht, doch an ihn zu glauben muß das Schönste sein das es gibt, denn mir ist das Schönste nicht bekannt.

28/0524
Ich glaube an Gott, weil . . .
er mich unterstützt. Er gibt mir Sicherheit im Leben. Wenn man vor einer Prüfung steht, braucht man einen Glauben, an den man sich halten kann. Dabei glaubt man an ihn und meint er ist dabei und bewahrt mich vor dem Unheil. Würde die Prüfung schief gehen, wäre es für den Gläubigen eine Enttäuschung.
Wenn ich an Gott glaube, habe ich auch jemand bei mir, obwohl niemand da ist. Er läßt mich nie allein, er hilft mir aus jeder Situation. Wenn ich an Gott glaube, dann denke ich mehr an die Psyche, denn das Materielle bei uns gibt es ja immer, z.B. Nahrungsmittel. Die in der dritten Welt werden wohl mehr an das Materielle denken, da sie es nicht haben. Ich frage mich manchmal, wie das Leben nach dem Tod aussehen wird, ob Gott ihn nachher aufnehmen wird, wenn man die ganze Zeit an ihn geglaubt hat? Man könnte weiter schreiben, dazu braucht man aber mehr Zeit.

28/0525
Bei dem Gedanken sich an Gott zu erinnern oder glauben an Gott geht die Besinnung tiefer d.h. ich denke dabei an die Natur, und wer sich da tiefer hineindenkt, muß sich sagen, es muß eine höhere Gewalt geben und das ist vor meinen Augen eben Gott. Allerdings im heutigen Alltagsleben wird der tiefere Glauben so wie früher (wenn eine Krankheit ausbricht oder sonst eine Panik ausbricht, daß dies Gottes Wille sei) nicht mehr so konzentriert aufgenommen sondern ist mit der heutigen Technik etwas abgeflacht.
Wie es allerdings ein seelisches Weiterleben nach dem Tod geben soll, ist mir unvorstellbar.
Mit dem Satz »Tue Recht und scheue niemand« glaube ich auf dem rechten Weg zu sein. Denn mit den Vorschriften der Kirche (tun müssen und bleiben lassen) deckt sich meine Vorstellung nicht immer, denn da hat sich doch manche weltliche Vorstellung der kirchlichen Obrigkeit eingespielt und nicht nur die Forderung von Gott durch die 10 Gebote.

28/0526
1. Gott stelle ich mir irgendwie als einen kleinen Teil des Menschen vor. Ich glaube, daß in jedem Menschen ein Teil von Gott steckt. Bei manchen kommt er stärker und bei manchen kommt er schwächer heraus. Gott ist

irgendwo im Körper ein Teil der mobilisiert werden muß. Gott ist überall (habe ich im Religionsunterricht gelernt). Für mich ist Gott der »gute Kern« im Menschen. Je nachdem, wie dieser Kern ausgebildet ist, beeinflußt er die Denkweise des Menschen. Wenn z.B. ein Mensch in seiner Kindheit überhaupt nichts von Gott gehört hat, dann ist dieser »Kern« nicht stark genug ausgebildet, und kann somit die Denkweise nicht so stark beeinflussen. Gott ist so etwas wie ein siebenter Sinn, dem Unterbewußtsein.

2. Gott bedeutet für mich auch Hoffnung. Wenn ich irgendwie in Not oder Unannehmlichkeitn bin, dann denke und spreche ich zu Gott um ihm meine Bitten vorzutragen oder, das kommt *leider* weniger vor, um ihm zu danken. Ich fasse vieles für selbstverständlich auf. Gott ist manchmal der letzte Faden der einen noch hält. Man braucht einfach einen Glauben um etwas fertig zu bringen. Der Glaube an etwas *stärkt*, es macht Kraft.

Diese Angaben sind in der Zeit von 8.00 h bis 8.25 h am 6. 10. 82 eingefallen.


### 28/0527

Ich glaube an Gott weil ich daran glaube, daß nach meinem Tode kein Ende kommt, sondern ein zweites Leben in einer anderen Welt. Mein ganzes Tun auf dieser Erde ist bestimmt nicht umsonst. Dafür muß ich einmal Rechenschaft ablegen, denn sonst bräuchte ich nicht leben, wenn nach dem Tode ewige Dunkelheit herrschen würde.

Ich hatte einmal einen schweren Autounfall, vor 4 Jahren, wo ich zwar Beifahrer aber doch auch mitbeteiligt gewesen war. Diesen Unfall, ich und mein Bruder waren nicht angegurtet, überstanden wir fast ohne größere Verletzungen. Wir hätten gelähmt oder eingeklemmt werden können.

Ich bin ihm dafür ewig dankbar, daß ich jetzt in dieser Klasse sitzen kann und nicht in einem Rollstuhl. Es hatte einen Grund, daß ich bei diesem Unfall nicht größere Verletzungen erlitt – gar starb.

Die ganzen Wunder auf dieser Erde geschehen nicht umsonst. Die Zeugung daß es ihn gibt ist deutlich genug. Man muß nur die Augen aufmachen und man kann ihn sehen.


### 28/0528

Wie stellen Sie sich Gott vor?                                    GRÖSSER!

»Gott sei Dank gibt es nicht, was sich 60–80% der Eidgenossen unter Gott vorstellen« (Rahmer, kath. Theol.)

Ich meine, diesen Satz könnte man ohne größere Abänderungen auf die »Deutschen« übertragen. Das Gottesbild ist in unserer Umgebung total verunstaltet. Man glaubt weitgehend, Gott sei der Opa mit Bart oder man hat die »Erkenntnis« der dt. Schultheologie. Gott, und ich möchte das gleich erweitern, Christsein ist größtenteils zu einer Ideologie heruntergekommen. Zu einer Ideologie die als sinnlos oder zu konservativ betrachtet wird. Im Folgenden möchte ich etwas sagen über meine persönliche Auffassung.

*Ich glaube an eine Person Gott.* Gott ist für mich nichts Abstraktes, keine Ideologie sondern Wirklichkeit. Gott ist erfahrbar, erlebbar; man kann mit Gott reden, mit ihm rechnen, auf ihn bauen.

Gott ist mein Halt – nicht krampfhaft, sondern wie Boden und Luft aus denen sich das Leben einer Pflanze erhält.

*Gebet ist Reden mit Gott* – nicht mit dem eigenen Unterbewußtsein.

- Im Gebet spreche ich mit Gott. Ich sage ihm »Danke« für all das, was er mir an »Positivem« zukommen läßt. Für solches kann ich ihm auch sagen, *daß* und *warum* ich ihn gut finde (Loben).
- Im Gebet sage ich Gott meine Aggressionen gegenüber Menschen, und ich bitte ihn mich davon zu befreien, damit ich anderen helfen kann in ihrem Leben.
- Im Gebet sage ich Gott, was mir stinkt an dem Weg den Er mich führt, damit er mir helfen kann, daß ich mich nicht mit den Problemen kaputtmache, sondern sie bewältigen kann.

*Gott ist Gott, Jesus und hl. Geist! – Das ist ein Ganzes.*

Hl. Geist ist die personifizierte Kraft Gottes.

Leider ist die Zeit um, ich hätte noch mehr gesagt.

*Gott ist das Größte!*


## 28/0529

*»Hütet euch vor den Menschen, deren Gott im Himmel ist«*

Dieses Zitat hat mich sehr beeindruckt. Es wirkt richtig erlösend und befreiend, befreiend von der Wahnvorstellung, daß es einen Gott im Himmel gibt, der nur als einziges zählt. Meine persönliche Erfahrungen haben mir gezeigt, daß es Menschen gibt, die Fanatiker sind. Diese Menschen springen sonntags in die Kirche, ziehen ein Grinsen in ihr Gesicht und sind *ja so* gottesfürchtig. Eine Stunde später dann wenn sie aus ihrem Gotteshaus rauskommen, handeln sie genauso wie vorher, meist egoistisch und habgierig ohne einmal über nichtmaterielle Dinge nachgedacht zu haben.

Menschen deren Gott nur im Himmel ist, haben so glaube ich, kein Interesse daran sich mit Problemen zu befassen, die auf der alten guten Mutter Erde vorhanden sind. Probleme von geistiger und zwischenmenschlicher Natur. Diese gottesfürchtigen Leute haben die große Gabe, ihre Probleme in die Kirche zu tragen, in dieser Kirche für eine Stunde alles zu vergessen und später dann doch wieder mit Scheuklappen durch die Welt zu laufen. Denn Gott gibt es ja im Himmel und dieser wird schon alles richtig machen.

Diese Einstellung ist von Grund auf falsch und es wird immer unmenschlicher auf dieser Welt. Deshalb ist es für mich unmöglich, daß ich mich nicht mit diesen Problemen beschäftige.


## 28/0530

*Woran denken Sie bei dem Wort Gott?*

Wenn mir jemand von Gott erzählt, kommt es bei mir besonders auf meine Tageslaune an woran ich dabei denke. Z.B. Meine Oma ist sehr christlich. Wenn sie zu Besuch kommt hält sie jedesmal eine Predigt über Gott. Ich denke dann oft: Wenn sie mich mit ihrem Geschwätz über »Gott« und dem ganzen Glauben in Ruhe lassen würde.

Ich kann auch wenn ich mit einem Menschen, mit dem ich mich gut verstehe, auf das Thema Gott komme, gut zuhören und zuhause mir sagen: »Der hat ja gar nicht so unrecht«. Wenn mir jemand das Wort Gott an den Kopf wirft dann denke ich an jemand der über mir steht und mir mein Tun und Lassen dirigiert, aber mich nicht beobachtet, sonst würde ich mich eingeengt fühlen. Komme ich einmal in eine problematische Situation, ist mir schon öfter mal ein Stoßgebet über die Lippen gelaufen. Ich kann sagen, daß ich bei Gott nichts Abstoßendes finde sondern im Gegenteil, sonst würde ich mich nicht immer wieder »ertappen« wenn ich mit Gott »spreche«. Die heutige Zeit bringt es mit sich, daß man bei dem Wort Gott gerne lacht, spöttelt oder sich ganz einfach darüber hinwegsetzt, obwohl es vielen dann bestimmt so geht wie mir, daß wenn man zuhause sitzt und sich mit dem Wort Gott beschäftigt »mal weniger mal mehr« je nach Situation, daß man diesen Gott gar nicht so schlecht findet und ihn doch als irgend einen Lenker und Führer durch das Leben anerkennt, was nicht sein muß, daß man deswegen immer oder regelmäßig zur Kirche gehen muß. Gott ist für mich oft eine Stütze an die ich mich vielleicht leider erst an letzter Stelle wende. Auf jeden Fall kann ich bei dem Wort Gott hauptsächlich an nichts Schlechtes denken, wobei ich für die hl. Schrift nicht viel Verständnis aufbringen kann. Für mich ist diese Zeit fast zu lange her. Ich glaube daß man vor dem Gott als Mensch der sich gegenüber anderen Menschen gut und verständnisvoll verhält besser angesehen ist als der der die ganze Schrift kennt und alles glaubt und zu den Menschen schlecht ist.

28/0531

– Worauf du nun dein Herz hängst und verläßt, das ist eigentlich dein Gott.

Ich glaube, daß viele (die meisten) nur an Gott denken, wenn sie in irgend einer Situation sind, die verbessert werden müßte. Wenn man in einer schwierigen Situation ist (so ist es auch bei mir) dann sucht man irgend etwas an das man sich halten kann. Glaubt man in einer solchen Situation an Gott, Gott verbinde ich mit etwas Übernatürlichem, mit Kräften die auf mich und andere einwirken, dann hilft oft schon nur der Glaube, um zuerst einmal mit der Situation fertig zu werden. Wenn ich hoffe oder irgend etwas ersehne, dann hoffe ich, daß irgend eine Fügung, oder ein Ereignis eintritt, daß das Erhoffte zur Wirklichkeit wird. Dieses Hoffen (besser ist fest daran glauben) auf eine Kraft, Fügung usw., dies halte ich eigentlich für meinen Gott. Wenn ich glücklich bin und es mir gut geht denke ich meistens nicht an Gott. Für mich ist mein Gott so was ähnliches wie der letzte Rückhalt.

## 28/0532

Ich glaube an Gott, weil ich an ein Weiterleben der Seele nach dem Tod glaube. Mit dem Tod kann nicht alles aus sein.
Gott kann ich mir nicht vorstellen als menschliches Wesen. Gott spürt man, oder man spürt ihn nicht.
An Glauben und christl. Denken und Handeln.
Falsche Vorstellung von Gott haben sicherlich viele. Sie erinnern sich immer nur dann an ihn wenn sie ihn brauchen (z.B. schwerer Krankheit). Aber Gott hilft auch diesen Menschen.
Im Grunde kann jeder Mensch ein guter Gott »sein«. Man ist ja auch nicht nur Christ für sich selbst, sondern auch für andere.
Oft haben die Menschen das Testament (den Glauben) so gedreht wie sie es brauchen (z.B. Ablaßgeld oder so). Die Kirche hat sich auch schon zu oft in der Vergangenheit in die Politik eingemischt. Da kann es nicht verwundern wenn Kritiker solche Sätze zitieren.
Mir fehlen im Augenblick die richtigen Worte

## 28/0533

Ich glaube an Gott weil . . .
Die Naturgesetze sind so gefügt, daß ein Rädchen ins andere greift. Dies fängt mit der Geburt des Universums an und geht über in den Kreislauf des Lebens. Nichts kann den Naturgesetzen zuwider handeln. Ich habe mir gedacht, irgendwer muß es ja so eingerichtet haben. Schon die Sumerer machten sich darüber Gedanken und brachten sie in ihrem Gilgamesch zum Ausdruck, der von der Erschaffung der Welt und des Menschen berichtet. Wenn schon diese einfachen Menschen mit ihren einfachen Methoden zur Beobachtung der Natur faszinierend waren, wie muß es uns erst gehen die z.B. Radiosignale von Sternen empfangen die 10 Milliarden Lichtjahre von der Erde entfernt sind und den gleichen chemischen und physikalischen Aufbau wie unser Stern haben. Ein Beweis dafür, daß die Naturgesetze im ganzen Kosmos gelten müssen. Ein weiterer Grund wäre »was ist der Sinn des Lebens«. Der Mensch kann ja nicht bloß leben um sich zu vermehren. Es muß ein weiterer Sinn dahinterstecken. Aber diese Frage kann nur Gott uns allein beantworten. Wir bekommen sie spätestens bei unserem Tod beantwortet. Der auch bei uns unweigerlich kommt und vor dem sich niemand drücken kann. Die Atheisten behaupten, daß es keinen Gott gibt. Aber die Frage, wer das alles geschaffen hat, beantworten sie mit Hinweisen auf die Naturgesetze. Aber wer diese geschaffen hat können sie nicht beantworten.

## 28/0534

Ich glaube an Gott, weil ich mir nicht vorstellen kann, daß das Leben nur für eine kurze Zeit sein soll und danach dann alles tot ist. Ich finde auch, daß irgendeine überirdische Kraft da sein muß, die unser Leben in manchen Lebensabschnitten beeinflußt. Bei Gott möchte ich auch noch auf Jesus Christus kommen, der uns (ich glaube) wirklich den Weg zu einem neuen Leben zeigte. Wenn alle Menschen nur auf Ellenbogenart durch das Leben gehen würden wäre es hier auf dieser Welt unerträglich, deshalb finde ich, daß jeder Mensch auch auf Schwache oder Kranke Rücksicht nimmt. So wollte uns Jesus Christus das Leben vormachen. Was wäre das Leben wenn es nach dem Tode zuende wäre, diesen Gedanken könnte ich mir nicht vorstellen, denn sonst hätte unser Leben doch kaum noch einen Sinn. Ich glaube auch an Gott weil er mir manchmal auch Halt gibt. Aber das mit dem Beichten halte ich für nicht so wichtig, da ich meine, daß jeder Mensch irgendwie wenn es auch nicht so erscheint anderen hilft und Rücksicht nimmt, klar, daß jeder Sünden macht, aber wenn am Schluß das Gute überwiegt finde ich ist man dann besser durch das Leben gegangen, als diese die jede 14 Tage zur Beichte gehen.

### 28/0535
Woran denken Sie bei dem Wort Gott?
An ein Weiterleben nach dem Tode. Zusammenhalt in der Familie. Eine Freundin die zu einem hält. Nächstenliebe die sehr wichtig ist, für die Menschheit. Später eine Familie gründen mit ein paar Kindern. Festlegen kann man sich auf das Wort Gott nicht, weil das Wichtigste ist der Glaube überhaupt, an irgend was. Denn wir richten uns nach Aussagen vom Alten und Neuen Testament. Und das beweist noch nicht, daß Jesus für uns gestorben ist, und sich für uns geopfert hat, und daß unser Glaube der richtige ist. Es könnte z. B. auch ein anderer Glaube der richtige sein, von dem wir keine Ahnung [haben] oder von dem wir gar nichts wissen. Wenn ich an Gott denke, denke ich an Frieden, der aber nicht leicht durchzuführen ist weil es immer Völker geben wird, die sich wegen Kleinigkeiten oder Angst, Habgier, Neid, Geld, Öl usw. bekämpfen, deswegen frage ich mich manchmal, wenn es den Gott gibt an den wir glauben, warum hilft er uns dann nicht Kriege und Unheil zu vermeiden?

### 28/0536
Woran denken Sie bei dem Wort »Gott«?
Bei dem Wort Gott denke ich an Kirche, an Glauben, an Gott. Ich finde diese Leute, die in ihrer Kindheit eher christlich erzogen wurden, haben eine andere Einstellung über Gott und der Kirche als jene, die eher ohne Religion aufgewachsen sind. Ich komme wenig mit der Kirche in Berührung, ich gehe mal bei besonderen Anlässen zur Kirche, und in der Schule die erholsame Stunde der Religionsunterricht, den ich immer ziemlich locker finde. Die alten Menschen, sind mehr mit Gott verbunden als die heutige Jugend, sie gehen jeden Sonntag zur Kirche und glauben wie ich meine fest an Gott, das brachte vielleicht der Krieg mit sich in dem diese Menschen einiges durchgemacht haben, und in schweren Zeiten oft gebetet haben, und bis heute den Glauben an Gott nicht verloren haben. Die heutige Jugend vertritt wie ich meine eine negative Einstellung zu Gott.

### 28/0537
Ich glaube nicht an Gott, weil ...
Bisher hat Gott noch keinen Krieg oder Meinungsverschiedenheit zwi-

schen den Völkern verhindert. Ich glaube wenn es Gott tatsächlich gäbe müßte er milder mit seinen »Geschöpfen« umgehen, da er uns ja geschaffen hat (angeblich). Die Menschheit kann nur das ganze Leben geprüft werden, ohne Beweis, daß es ihr nach dem Tod tatsächlich besser geht. Früher hat die Kirche den Leuten Sünden abgekauft um Kirchen zu bauen oder daß ihre Oberhäupter noch komfortabler leben können. Das war bestimmt nicht richtig, aber Gott hat es ebenfalls zugelassen. Ich könnte noch weitere Beispiele aufzählen wie z.B. die Glaubenskriege, der Krieg jetzt im Libanon. All das soll der so mildtätige und weise Gott zulassen? Ich glaube die Menschheit (besonders die alten Menschen) brauchen nur etwas an das sie glauben können.

## 28/0538

*Gott sei Dank gibt es nicht, was sich 60–80% unter Gott vorstellen.*
Ich bin der Meinung, daß es nicht damit getan ist in die Kirche zu gehen, und dann zu sagen, man sei christlich. Wenn ich z.B. sehe, wie die Leute einer Gemeinde in die Kirche gehen, und hinterher daheim ihre Kinder, Frauen oder Männer anschreien, so ist das meiner Meinung nach nicht der Gedanke Gottes. Wenn ich dann noch sehe, wie Geschäftsbesitzer bei jeder Gelegenheit in die Kirche springen, um ihre Christlichkeit der Gemeinde zu beweisen, und vielleicht damit sein Geschäft besserzustellen versucht, ist es nur Geschäftemacherei. Ich persönlich glaube an etwas wie den Gott, aber immer, wenn ich in die Kirche gehe, und sehe, wie diese mehr oder weniger in ein Modehaus verwandelt wurde, habe ich immer einen anderen Gedanken im Kopf als Gott. Im übrigen muß ich jetzt abgeben.

## 28/0539

Ich glaube *nicht* an Gott, weil ich der Auffassung bin, daß sich das gesamte Leben auf der Erde selber entwickelt hat, es ist für mich unvorstellbar, daß es am ersten Tag Tiere gab, und jeden weiteren Tag andere Lebewesen. Doch die Vorstellung, daß sich das gesamte Leben aus kleinen Lebewesen weiterentwickelt hat, und so zu einem Bestand aus Millionen und aber Millionen Pflanzen und Lebewesen zusammengefunden hat.
Das Wort Gott, ist für mich kein Begriff. Ich kann auch nicht die vielen Sekten verstehen, welche vom Leben danach oder das Leben für Gott beten und predigen. Ich habe auch schon viele Schicksalsschläge einstecken müssen warum hat mir da der Gott nicht geholfen. Weshalb hat man ihn bis jetzt noch nie gesehen. Ich glaube alte Leute welche behaupten sie haben den Gott schon einmal gesehen, behaupten dies nur, weil sie den anderen Hoffnung machen wollen, die sie vielleicht schon aufgegeben haben.
Ich bin nur einmal gespannt ob er sich sehen läßt. Bis dahin glaube ich noch an die biologische Entwicklung der Menschheit, leider ist es in unserer Generation und unserem Zeitalter so, daß man vom Hoffen nichts zu Essen bekommt. Ich kann nicht sagen ich hoffe, daß *morgen*

etwas im Kühlschrank ist, oder daß *morgen* Milliarden von Menschen sterben, welche bestimmt nichts dafür können, daß sie so arm sind, weshalb geschieht nicht mal ein Wunder. → Es wird nie geschehen, weil es keinen Gott gibt.

## 29   Wirtschaftsschule 2. Jahr

*Den Schülern wurde die Frage vorgelegt: Woran glaube ich?*
*Mitteilung des Lehrers: Freiwillige Schülerantworten.*
*Von 17 Schülern (evang. + kath.) haben 11 geantwortet.*
*Lehrer will mit den Schülern am Thema weitermachen.*

29/0540                                                                      16. m.
Glaubst du an Gott? (oder an was sonst?)
Ja, ich glaube an Gott und zwar glaube ich, daß Gott jedem Menschen hilft, unabhängig davon, ob der Betreffende viel oder wenig betet. Ich denke, daß Gott zwar überall ist, aber daß man sich in der Kirche, beim Gottesdienst, besser konzentrieren, sich besser sammeln kann. Dort werden mir auch oft nützliche Tips für mein Leben gegeben, z.B.: daß man in den meisten Fällen mehr von einer schulischen Weiterbildung als von einem Job hat. Auch in den zehn Geboten spiegelt sich der Alltag, du sollst Vater und Mutter ehren (ohne sie gäbe es dich gar nicht, durch ihre gute Erziehung bist du zu etwas geworden, darum danke es ihnen, indem du sie ehrst). Was ich immer wieder bezweifle ist die Bibel, diese kann ja gar nicht ganz mit dem übereinstimmen was Jesus gesagt hat. Ich finde, daß man Glauben nicht in der Kirche, im Priestergewand, im Kloster geradezu »geheimhalten« sollte. Jeder Gläubige sollte seinem Kollegen, Mitschüler seinen Glauben erklären. Auch sollte man nicht nur an Ostern, Pfingsten und Weihnachten in die Kirche gehen, sondern auch einmal werktags. Außerdem glaube ich »wegen« der Natur, wie sie eingerichtet worden ist, jede Pflanze, jedes Tier hat seine Funktion und der Mensch sollte alles überwachen.
Da ich sehr gerne reite, bin ich, logischerweise, oft in der freien Natur, dort kann ich beobachten, wie gut dieses System funktioniert. Der Mensch aber, der alles überwachen sollte, fällt mir meist nur dadurch auf, daß er alles überfährt bzw. über den Haufen schießt. Auch viele dumme Landwirte tragen dazu bei, daß Tiere sterben, indem sie zu viel Dünger (große Schweinemastanlagen z.B. fahren die ganze Gülle auf kleine Äcker, von dort gelangt es in das Grundwasser) auf ihre Felder bringen. Schade, daß Gott den Menschen soviel Spielraum gegeben hat.
Also an Gott und seine Gesetze glaube ich, an die Bibel, den Papst, die Kirche schlichthin nur schwach, da sich diese zu sehr mit anderen äußerlichen Dingen beschäftigen.                                              Amen?

29/0541                                                                      18. w.
Ich glaube nicht an Gott, da es für mich keine Beweise für die Existenz

Gottes gibt. Es ist zwar eine Kunst und das muß ich schätzen, wenn man an etwas glaubt und nicht sicher weiß ob es überhaupt da ist. Glauben und sicher wissen, daß es wahr ist, ist nicht so schwer. Wenn es Gott wirklich geben würde, würden nicht täglich soviele unschuldige Menschen sterben. Die guten Menschen würden glücklicher sein. Denken wir doch an die Kriege, den letzten Krieg, Auschwitz, Massen unschuldige Menschen wurden umgebracht auf bestialische Weise, sie alle glaubten an Gott und beteten um Hilfe, es geschah nichts. Vor kurzem passierte ein Unfall, wo ~ 40 Kinder tot wurden, wo war der Gott?
Den Religionsunterricht in der Schule finde ich sehr interessant, weil man da viel dazu lernen kann über die Religionen, was zur Geschichte der Menschheit gehört.
Ich glaube an die Seelenwanderung, an das Leben nach dem Tod, deswegen habe ich keine Angst zum sterben. Ich glaube an mich, an meine Stärke meines Charakters.

29/0542                                                                17 w.
Ich kann einfach nicht an Gott glauben, es gibt keine richtigen Beweise dafür, es gibt zwar die Bibel aber das ist alles viel zu unglaublich für mich. Ich kann an nichts glauben bevor ich es nicht sicher weiß, daß es das gibt. Ich glaube deshalb nicht an Gott, weil ich mir nicht vorstellen kann wer er überhaupt ist und wo er lebt und wenn es Gott gibt wer hat ihn erschaffen. Er kann ja nicht einfach aus dem Nichts entstehen.

29/0543                                                                17 m.
Ich kann nichts glauben was vor mehreren Jahrtausenden passierte. Wenn ich zu dieser Zeit gelebt hätte würde ich eher daran glauben. Man kann nur glauben was man selber glaubt. Früher sind solche Wunder vielleicht passiert aber heute nicht mehr.

29/0544                                                                16 w.
Man kann an Gott glauben, auch wenn man nicht regelmäßig in die Kirche geht. Viele Menschen glauben nicht an Gott und wenn sie aus einer Schwierigkeit gut herausgekommen sind glauben sie, daß es der Wille Gottes war.

29/0545                                                                16 w.
Woran glaube ich?
Ich glaube an den Frieden, an Gott und an das Leben. An die Liebe, und an alle Menschen. Alles von denen ist schön, jeder hat Schlechtes, aber auch Gutes. Das Leben ist nur sinnvoll, wenn man an etwas glaubt. Sonst ist einem ja alles egal.

29/0546                                                                16 w.
*Woran glaube ich?*
Ich kann manchmal einfach nicht an Gott glauben.
Ich sehe Menschen die einfach so ermordet werden. Warum sind wir auf

der Welt, nur um uns gegenseitig anzuekeln. Ich kann an nichts mehr glauben, nicht einmal an Gott.

**29/0547** 18 m.

Den Glauben an andere Dinge habe ich zum größten Teil verloren. Bin viel mit mir selbst und der Natur beschäftigt. Mit anderen habe ich meist schlechte Erfahrungen gemacht.

**29/0548** 16 J.

Ich glaube an Gott, an die Auferstehung und an das ewige Leben. Wenn ich vor einer wichtigen Arbeit stehe, bitte ich Jesus um Hilfe, er soll mir beistehen. Ich werde dann ruhiger, denn ich weiß, er läßt mich nicht im Stich.

**29/0549** 17 w.

*Woran glaube ich*
- Gott
- Auferstehung
- daß er mich hört (beim Gebet), mich versteht, mir hilft und beschützt.
- Daß er mich mag, immer für mich da ist, wenn ich ihn brauche.
- An die Kirche und die Predigt des Pfarrers
- daß Gott die Menschen gut behandelt; und gerecht
- daß wenn ich bete, daß mir das hilft und Mut + Hoffnung gibt.

**29/0550** 17 w.

Ich glaube an das Weiterleben der Seele und das Seelenleben. Früher habe ich für die Eltern und den Kindergarten gelebt, dann für die Eltern und die Grundschule, schließlich für Eltern und Hauptschule. Jetzt lebe ich immer noch für der Eltern Freunde und die Wirtschaftsschule. Ich lerne um später, wie alle (= vorprogrammiert), in einen Beruf einzusteigen und etwas zu verdienen.
Um wirklich Freude am Leben zu haben, wäre Zärtlichkeit oder Geborgenheit nötig, die man allerdings lange suchen muß, bevor man sie findet.

## 30 Bäcker, 2. Jahr

*Die Schüler haben sich zu unterschiedlichen Fragestellungen geäußert. Die einzelnen Fragen sind angegeben.*
*Mitteilung des Lehrers: Von 24 Schülern (21 kath.) haben 11 Schüler ihre Äußerung abgegeben.*

**30/0551** 17. w.

Wie sehe ich »Gott«?
Mit dem Wort »Gott« bezeichnet man eine innere Stimme die man zu hören vermutet. Sein angeblicher Sohn Jesus verkündete seine innere Stimme (die Worte Gottes).

Der Gott existiert nicht, für mich gibt es keine innere Stimme die mir was zuflüstert. Die Tatsache, daß Jesus unter uns Menschen einmal gelebt hatte, ist für mich eine Tatsache, daß der Glaube an Gott nur eine Einbildung ist, weil er ja nicht gelebt hat. Es gibt keine Beweise, daß er einmal ein Mensch gewesen sein sollte.

Ich selber glaube nicht an Gott. Aber ich glaube an das, daß Jesus einmal gelebt hat und Wunder vollbracht hat, oder die Mensch[heit] über ihren Glauben einen dicken Schleier gelegt hat, weil er die innere Stimme verkündet hat.

## 30/0552 · 17. m.

### Was Gott für mich bedeutet

Gott bedeutet für mich sehr viel, da ich täglich in irgendeiner Weise mit ihm zusammen komme. Er ist immer bei mir oder in mir. Gott ist für mich derjenige, der diese Welt erschaffen und weitergeführt hat. Ohne Gott gibt es kein Leben.

In der heutigen Zeit, ein guter Christ zu sein, ist sehr schwierig. Es gibt so viele Menschen die nicht mehr an Gott glauben und solche beeinflussen einen ständig und es gibt viele die glauben an Gott, geben es aber nicht zu. Ich selber glaube an Gott und glaube auch an ein Leben nach dem Tode. Doch ich setze mich nicht allzusehr dafür ein, d. h. ich bin ein sehr fauler Christ und ich glaube so geht es noch vielen anderen auch.

## 30/0553 16. m.

### Was Gott für mich bedeutet

Ich sehe Gott als Beschützer an, einer der einem hilft wenn man in Not ist. Ich glaube an Gott, und ich habe ein schlechtes Gewissen wenn ich nach längerer Zeit die Kirche nicht besuche. Wenn ich dann allein bin bete ich oft und entschuldige mich bei Gott weil ich nicht in die Kirche komme. Ich war jetzt bald schon 2 Monate nicht mehr in der Kirche und ich fühle mich dann irgendwie schlecht. Ich bin jeden Abend bei meiner Freundin, ich liebe sie sehr, und wenn ich nachhause fahre, fahre ich immer an einem Kreuz vorbei, da bedanke ich mich immer bei Gott, daß er mir so ein Glück, nämlich die Fähigkeit einen Menschen zu lieben, gegeben hat. Ich bitte dann auch, daß er uns beschützt. Ich sehe Gott als großen Mann der alles kann und ich kann mir Weihnachten ohne Kirche überhaupt nicht vorstellen. Ich hoffe auch, daß wenn es mal gar nicht mehr geht mit der Wirtschaft und der Welt, daß sich dann Gott zeigt und daß er dann der Erlöser ist der uns weiterhilft.

## 30/0554 17. m.

### Was ist Gott

Gott ist ein Mann, er beherrscht die Welt. Er sieht alles. Er macht die Kranken wieder gesund, und die Blinden kommen wieder zum Sehen. Gott ist über uns.

## 30/0555

Wie ich mir Gott vorstelle

Ich glaube an Gott aus Überzeugung, denn es muß irgend eine Intelligenz über uns geben. Irgend einer, der mir innerlich sagt, was ich zu tun habe. Gott allein ist nichts, wir sind seine Werkzeuge. Gott als Gestalt kann ich mir nicht vorstellen. Er kann nicht alles. Er kann nur Dinge tun, die wir als seine Werkzeuge ausführen können.

## 30/0556

(Was ich von Jesus Christus halte.)

In der Bibel steht, daß Gott die Menschen erschaffen hat. Aber wenn man in der Geschichte zurückgeht so kommt man auf die Tiere. Denn aus den Tieren ist der Mensch entwickelt worden. Soll man überhaupt an Gott glauben. Er sagt, daß alle gleich sind. Warum gibt es dann in Asien, Südafrika usw. noch Hungerleidende. Was ist Glaube eigentlich. Man sagt ich soll an Gott glauben dann wirst du erlöst nach dem Tode. Was soll denn da noch erlöst werden. Man liegt im Sarg und vermodert langsam. Das einzige was übrig bleibt sind Knochen. Ich finde der Glaube ist Blödsinn.

## 30/0557

Gott heißt für mich oder bedeutet für mich folgendes:

Gott steht mir immer bei, das Gefühl habe jedenfalls ich persönlich.
Doch spreche ich längere Zeit nicht mehr mit ihm d. h. ich sprech längere Zeit kein Gebet so bedrückt es mich irgendwie, denn ich habe bis jetzt nur Gutes erfahren und hatte immer Erfolg.
Darum glaube ich daran, daß Gott uns hilft jedoch dürfen wir ihn nicht nur ausnützen sondern wir sollten ihn ehren. Ich lebe darum in dem Gedanken, daß es Gott gibt, genauso wie es andere Menschen gibt.
Gott schenkte uns das Leben und noch viel anderes darum sollten wir ihm dafür danken.
So könnte ich noch viele Meinungen äußern aber ich finde es reicht wenn man sagt ich glaube an Gott den Vater...

## 30/0558

*Was ich [mir] unter Gott vorstelle*

Unter »Gott« stelle ich mir etwas vor das wirklich vorhanden aber auch nicht vorhanden ist. Ich war einige Jahre in meinem Heimatort Ministrant, konnte aber nie in einen wirklichen Kontakt mit Gott treten. Ich tat meinen Gottesdienst aus Spaß, aber nicht aus unbedingtem Drang Gott nah zu sein. Vieles das heute in der Welt passiert kann nach meiner Meinung nicht die Welt sein, die von Gott erschaffen wurde. Gott ist nach meiner Meinung nur dort vertreten wo Menschen in Not, Elend oder anderen Sorgen ihn »wünschen«. Das soll nicht heißen, daß ich Gott total abschreibe, ich weiß, daß etwas da ist womit man sprechen kann, sage ich mal ein sehr guter Freund. Auch einige Gebote die von Gott gegeben wurden finde ich total undurchführbar. Ich verlor die normale

Vorstellung von Gott an so vielen Ereignissen die in unserer Welt vorgehen, weil wenn es wirklich der Gott wäre könnte man sowas nie verlieren.

30/0559      16. m.

Was Gott für mich bedeutet
Ich glaube wenn es Gott nicht geben würde:
wären viel mehr Menschen in der Lage was Schlechtes zu tun. Man hat Angst vor Gewissensbissen.
Gott hilft in letzter Not:
Vor dem Sterben glaubt bestimmt jeder an den Gott. Aus Angst vor dem Ungewissen. Gott gibt einem Halt. Ich finde, daß dies die wichtigsten Gründe sind und daß alles herum nur Geldmacherei ist.
Ich kann dieses auch begründen:
z.B. Bei uns im Ort ist eine reiche Familie die jede Woche 3mal in den Gottesdienst gegangen ist. Die Eltern und ein 16-jähriger Sohn. Der Sohn ist ihnen innerhalb von 2 Tagen gestorben, unverhofft. Als die Mutter die Nachricht bekam, daß ihr Sohn an einer Lungenentzündung starb, schrie sie laut durch das Krankenhaus: »Warum hat mich Gott so bestraft und meinen einzigen Sohn von mir genommen, was habe ich getan. Was haben wir Unrechtes getan.«
Seit diesem Tag geht die Frau nicht mehr in die Kirche. Sie hat die Schnauze voll.

30/0560      19. w.

Gott?
Existiert Gott oder nicht, das ist für mich eigentlich nicht interessant. Wir haben heute verschiedene Religionen und Lehren, von denen die jeweiligen Vertreter mehr oder weniger ihre Lehre als die richtige ansehen. Unter anderem ist da eine Überlieferung von der Existenz Jesus/Gott. Vieles spricht von der Echtheit der Bibel und Geschehnissen aus dieser Zeit. Andere sprechen von klugen Menschen, die sich das mehr oder weniger zusammengetragen haben. Ich selber glaube mehr oder weniger an Gott, wobei ich in vielen Glaubensfragen unschlüssig bin und meiner Meinung nach auch Widersprüche in der Bibel vorkommen. Aber ich finde die ganze Überlieferung von Jesus Christus so übermenschlich ja fantastisch, würde jeder Mensch sein Leben etwas mehr nach der Bibel ausrichten... Ich glaube, daß wir Gott + die Bibel als Wegweiser für unser Leben nehmen können, in den kleinsten alltäglichen Dingen. Ich versuche mir kein Bild von Gott zu machen oder die Echtheit von der Existenz Gottes ein Bild zu machen. Ich betrachte Gott mit seiner Hinterlassenschaft als nützlichen Lebensbegleiter für das irdische Leben.

30/0561      17. m.

- Was Gott für mich bedeutet -
Gott ist für mich, in meinem Leben eine sehr wichtige Person, oder Sache. Ich habe »meinen Gott«, so wie ich ihn mir vorstelle, nur konnte ich »meinen Gott« bisher nicht mit meiner Konfession unter einen Hut

bringen. Von der Kirche als solches, jeden Sonntagmorgen 9.⁰⁰ Hauptgottesdienst, halte ich nichts, ich war schon jahrelang in keinem Gottesdienst oder keiner Beichte mehr, das heißt ab und zu gehe ich ins Requiem eines Verstorbenen, wenn ich ihn gekannt habe. Ab und zu spreche ich mit Gott, ich bedanke mich für etwas, worüber ich mich gefreut habe, aber ich kritisiere auch ab und zu. Wenn mein Moped z.B. mitten auf der Strecke den Geist aufgibt, dann schau ich, ob ich selber etwas reparieren kann, ich sage: »Mensch, lieber Gott, laß doch diese Mistkarre wieder laufen«, und wenn sie dann läuft, und ich kann noch bis nach Hause fahren, dann bedanke ich mich »Danke lieber Gott, ich bin froh, daß ich nun zu Hause bin«. Ich glaube, daß Gott mir das nächste Mal wieder hilft, denn ich hatte ihn um etwas gebeten, und hinterher habe ich mich bedankt, und dieses »Danke« ist meiner Meinung nach das Allerwichtigste. Früher, wenn ich 2mal in der Woche an Gott erinnert wurde, wohl oder übel, im Religionsunterricht, war mir das immer lästig, ich hatte die Schnauze voll von Gott und so, und ich glaube das kommt von der »Eintrichterei« in der Schule. In Amerika, wo ich vor einigen Wochen zu Besuch bei meiner Freundin war, gibt es in der Schule keinen Religionsunterricht. Aber die Kinder, wie auch meine Freundin interessieren sich selbst für Gott. Meine Freundin z.B. fand irgendwann eine Bibel, sie las darin, sie interessierte sich für Gott, für seine Lehre, sie erfuhr, daß 40 km weit weg von ihr eine kath. Kirche ist, (sie ist röm. kath. getauft, da sie deutschstämmig ist) und sie fährt sehr oft am Sonntagmorgen diese 40 km zur Kirche, weil sie sich dafür interessiert und ich finde, so sollte Glauben sein. Sie ist kein Einzelbeispiel, in den USA beschäftigen sich viel mehr junge Leute mit Gott als hier bei uns in Deutschland, und mich wundert das auch nicht. Ich gehe nicht oder nur selten in den Gottesdienst, ich bin aber aktiv tätig im Dekanatsausschuß der kath. Landjugendbewegung im Dekanat N. Ich kenne einige, die nicht verstehen, wie ich das unter einen Hut bringen kann. In der Landjugendgruppe in meinem Wohnort bin ich auch arg engagiert, ich gehe auch oft in die Kirche oder zum Schmücken dieser (z.B. Erntedankaltar und Blumen), ich gehe auch sonst oft zur Kirche, aber nachmittags, wenn ich alleine bin, aber in keinen Gottesdienst. Morgens um 4.³⁰, wenn ich zur Arbeit fahre, fahre ich an einem Feldkreuz vorbei, und ich wünsche Jesus am Kreuz jeden Morgen einen »Guten Tag«.

Äußerlich gesehen finden sicher sehr viele, daß ich ein schlechter Christ sei, weil ich selten in den Gottesdienst gehe, aber ich glaube, ich zähle vor Gott mehr, wie einer der jeden Sonntag zur Kirche geht, weils die anderen halt auch tun.

## 31  2-jährige Berufsfachschule Wirtschaft 1. Jahr
(5 Schülerinnen, 3 Schüler)

*Den Schülern wurden die Satzanfänge und Sätze zu Gott vorgelegt unter der Überschrift – Mein Gott – und unter der Aufgabe: Bitte wählen sie einen der Sätze oder Satzanfänge und schreiben Sie Ihre Gedanken dazu nieder.*

### 31/0562
Woran denken Sie bei dem Wort Gott?
An einen Weg, an Hilfe wenn es anderen und mir mal nicht so gut geht, daß es dann einen Weg gibt der einen wieder aus den schlechten Zeiten herausführt.
Ich bin dankbar wenn es mir vorher schlecht gegangen ist und dann wird es z.B. durch ein Gebet alles einfacher, ich freue mich wenn ich jemanden helfen kann, also kommt die Hilfe von mir, von Gott, ich bin nur derjenige der die Hilfe ausführt. So stelle ich mir Gott vor.

### 31/0563                                                      15.
Ich glaube nicht an Gott, weil es für mich nicht einen einzigen Beweis dafür gibt, daß es ihn gibt. Niemand kann mir beweisen, daß in der Bibel die Wahrheit gesprochen wird, denn es ist für mich undenkbar, daß er Blinde wieder sehend macht Tote auferstehen läßt und seinen eigenen Sohn in den Himmel auffahren läßt.
Der Glaube an Gott ist nur für solche Menschen die seelisch ein Ruin sind und auf die Erfüllung Gottes warten, wie sollte er auch die Erde entstehen lassen haben, etwa durch seelische Kraft und körperliche Anstrengung. In der Bibel stehen auch zwei Texte über die Entstehung der Erde. Beide enthalten zwar den gleichen Sinn aber sind beide anders formuliert. An welchen von beiden soll man da glauben.

### 31/0564                                                      18.
Ich glaube an Gott, weil es irgendetwas Höheres geben muß, etwas was unsere Zeit bestimmt. Jahreszeiten, Angst, Freude und Glück. Aber ich weiß nicht ob ich zu Gott beten kann oder so an ihn glauben, wie es in der Bibel steht. Denn die Bibel oder die Kirche ist teilweise überholt. Der Glaube an Gott wird einem manchmal aufgezwungen. Denn wenn alle Leute in die Kirche laufen und zu Gott beten ist das noch lange nicht richtig.

### 31/0565
Ich glaube an Gott – Ich glaube nicht an Gott
Ich glaube an Gott weil es einen geben muß der die ganze Erde für uns leitet und der uns hilft. Ich glaube an Gott weil man es mir so gelernt hat, zu glauben.
Ich glaube nicht an Gott weil ich nicht verstehen kann warum er soviele unschuldige Menschen sterben läßt. Ich glaube nicht an Gott, weil ich

nicht verstehen kann warum es Kriege gibt, warum es Gewalt gibt, warum es Mörder gibt, warum es Sexualverbrecher gibt.

Ich glaube nicht an Gott weil ich ihn noch nie gesehen habe, und weil ich nicht glaube, daß ich ihn je sehen werde.

Ich denke immer, irgendeiner muß ja irgendwo sein, aber wer und wo??????

31/0566 18.

Ich glaube an Gott, aber ich glaube nicht, daß es ihn wirklich gibt. Andererseits muß ja irgend jemand unsere Zeit bestimmen können so wie die 4 Jahreszeiten, Freude, Angst usw. Beten, tu ich schon lang nicht mehr und in die Kirche gehe ich nur selten, aber das hat nichts damit zu tun, daß ich nicht an Gott glaube.

31/0567 16.

Woran denken Sie bei dem Wort Gott?
Daß die meisten an Gott glauben. Er hat die Erde erschaffen. Gott ist unerreichbar. Der Herrscher über die Erde. Manche Menschen fühlen sich durch das Wort »Gott« gezwungen an ihn zu glauben. Manche Menschen glauben nicht an Gott auch wenn sie das Wort »Gott« hören. Manche Menschen leben in Armut, weil sie an Gott glauben.

31/0568 16.

Woran denken Sie bei dem Wort Gott?
Die meisten Menschen glauben an Gott. Er hat die Erde erschaffen. Gott ist unerreichbar. Der Herrscher über die Erde. Manche Menschen fühlen sich durch das Wort »Gott« zum Glauben gezwungen. Manche Menschen leben durch den Glauben an Gott in Armut.

31/0569 16.

Gott ist für mich wie Luft. Man sieht ihn nicht, aber man braucht ihn zum leben. Ich stelle mir Gott als Masse vor, die herrschende Gewalt und Wissen hat. Zum größten Teil bisher habe ich nicht an Gott geglaubt, mein Glaube ist mehr an Dinge geknüpft, wie z.B. ein festes Vorhaben (guten Beruf erlernen). Wenn ich aber in der Kirche oder an sonst einem religiösen Platz bin, habe ich das Verlangen so religiös zu sein, daß es stärker nicht mehr geht. Dies ist vielleicht ein Trugschluß oder auch ein innerlicher Aufruf von Gott.

## 32 2-jährige hauswirtschaftl.-sozialpädagog. Berufsfachschule, 2. Jahr

*In dieser Klasse konnten die Schülerinnen wählen zwischen einer Äußerung zu Gott und zu der Frage, »was mir meine Musik wert ist«. Vier Schülerinnen haben den Satzanfang »Ich glaube an Gott, weil . . .« weitergeschrieben. Mitteilung der Lehrerin:*
*Die Schülerinnen sind im Durchschnitt 17 Jahre alt.*
*Einige Mädchen gehören zu Jugendkreisen.*
*Etwa ein Drittel ist katholisch.*

### 32/0570
Ich glaube an Gott, weil
ich immer zu ihm kommen kann wenn ich Angst habe oder in Schwierigkeiten bin, mit denen ich nicht zurechtkomme. Ich weiß, daß Gott eines Tages auf die Erde kommt um die Menschheit zu erlösen, oder sie vor Gericht zu stellen. Wenn ich morgens für einen Augenblick in Gottes Wort lese fängt der Tag für mich ganz anders an, viel fröhlicher, mir fallen die Arbeiten in der Schule nicht so schwer, weil ich weiß Gott denkt an mich, er gibt mir seine Kraft und hält die Hände über mich in allen Situationen. Für mich ist Gott derjenige an dem ich mich festhalten kann. Ihm zu folgen ist mein Ziel in diesem Leben. Wenn ich auch einsam bin weiß ich doch, daß Gott bei mir ist. Er läßt mich nicht im Stich. Wenn alle Menschen an Gott glauben würden so wie er es wollte würde es heute in dieser Welt anders aussehen.

### 32/0571
Ich glaube an Gott, weil . . .
- mein Leben sonst keinen Sinn hätte
- ich dadurch (gute) Leitplanken in meinem Leben finden kann.
- mir meine Schuld bei ihm vergeben wird.
- ich ewiges Leben nach dem Tode habe.
- die Bibel, mir dies bezeugt (daß Gott lebt)
- es viele Menschen gibt die auch so denken wie ich, also die an die Bibel glauben.
- die Bibel im Alten Testament Verheißungen gibt, die im Neuen erfüllt werden (Beweis)
- ich mit ihm Erfahrungen gemacht habe
- *seine Liebe, seine Nähe ich gespürt habe.*
- mich dies erfüllt, ich habe dadurch erfülltes Leben bekommen.
- ich meine Probleme mit ihm besprechen kann und zu ihm alles sagen kann.
- er nur das Beste für mich möchte.
- er mich liebt (z.B. durch seinen Sohn)
- ich mich bei ihm geborgen fühle
- ich somit mit anderen, mit meinen Nächsten, ein besseres Verhältnis habe, denn Gott sagt, wir sollen unsere Nächsten lieben.

- 1. ich nichts versäume auf dieser Erde, wenn ich nicht an ihn glaube und 2. später viel mehr gewinne (ewiges Leben)
- er mich erschaffen hat
- weil Jesus auferstanden ist
- weil nur er die Rettung in dieser Zeit, mit dieser Zukunft, mit diesen Aussichten ist.
- weil er für die heutige Zeit schon viele Ereignisse in der Bibel vorausgesagt hat.
- weil es wahr ist, daß es ihn gibt.

32/0572                                                                    17 w.

*Ich glaube an Gott, weil ...*

Gott ist mein Vater und ich bin sein Kind. Ich darf spüren, daß er es gut mit mir meint. Wenn ich z.B. vor einer Klassenarbeit stehe, bete ich um seinen Beistand. Er hat mir schon oft geholfen. Wenn ich im Gottesdienst bin fühle ich mich so nah bei ihm. Mein Vater vergibt mir wenn ich gesündigt habe. Wenn er mir die Sünden vergeben hat fühle ich mich wieder wohl und danke meinem Gott und Vater.
Ich glaube u. vertraue ihm weil ich weiß, daß es ihn gibt. Er stützt mich in schwachen Tagen. Er ist kein Hirngespinst wie so viele behaupten. Aber eines Tages werden wir es alle erfahren. An dem Tag an dem er uns heimholt. Als reine Braut für seinen Sohn.
Ich bin kein guter Christ ich mache sehr viele Fehler ich habe auch schon oft an allem gezweifelt aber Gott hat mir Kraft gegeben. Kraft daß ich wieder glauben kann ohne Zweifel.


32/0573

Ich glaube an Gott, weil ...
- ich das was in der Bibel steht glauben kann
- er mir zur Seite steht, so daß ich es spüre
- weil ich schon oft seine Hilfe gespürt habe
- weil ich ein Leben ohne Gott sinnlos finde
- weil ich wieder von einer merkwürdigen Krankheit gesund wurde, weil ich darum betete
- weil ich es sehr schön finde, wenn ich zu ihm beten kann, und so wie er es für richtig hält geschieht es auch, und deshalb kann ich alles viel besser verkraften, weil ich es weiß, es ist sein Wille, auch wenn es gegen meinen Willen ist
- weil ich keine Zukunft hätte, wenn ich nicht wüßte, daß nach dem Tod es noch viel schöner sein wird, im Himmel bei Ihm
- ich glaube wenn ich Gott nicht hätte, wäre ich bestimmt schon an der Verzweiflung, Angst, Traurigkeit ... zugrunde gegangen.
- weil ich dieses Ziel anstrebe, nach dem Tod ein »himmlisches« Leben zu führen, weil Jesus sagte ja einmal in der Bibel:
  »bei mir wird es keine Tränen, keine Angst, keine Traurigkeit, keine Verzweiflung ... geben« (dem Sinn nach)

- weil ich einfach viel glücklicher sein kann, als wenn ich mich in Discos, Kinos usw. rumtreiben würde, das sind alles vergängliche Freuden.
- Jesus gibt mir *immer* Freude ins Herz
- er ist der einzige, der mir dauernde Freude schenkt.

## 33 KFZ-Mechaniker 2. Klasse

*Den Schülern wurden die Satzanfänge und Sätze zu Gott vorgelegt. Außerdem die Jesus-Frage: Wer sagt ihr, daß ich sei?*
*Mitteilung des Lehrers:*
*Die Schüler waren auf die Fragen nicht vorbereitet.*
*Die Schüler konnten sich ungezwungen, allerdings auch unkonzentriert, äußern.*

### 33/0574

Wie stellen Sie sich Gott vor?
Gott ist eine Produktion der Menschen die vor Jahrtausenden sich nicht erklären konnten wie die Erde entstanden ist.
Jesus: Wer sagt ihr, daß ich sei?
Meiner Meinung ist er ein erfundenes Geschöpf.

### 33/0575

Ich kann mir keinen Gott vorstellen.
Ich würde mir gern Gott vorstellen, mich mit ihm unterhalten, seine Meinung von uns Menschen anhören, dann würde ich an Gott glauben.
Unter Jesus kann ich mir schon eher etwas vorstellen, weil ja bewiesen ist, daß es ihn gegeben hat.

### 33/0576

Ich glaube an die 3 edlen W's: Wein/Whisky/Weiber.
Wein und Whisky helfen mir, wenn es mir schlecht geht, es geht nichts über ein großes Saufgelage. Gott ist für mich eine Lachplatte.

### 33/0577

Gott ist ...
Ich weiß nicht, was Gott ist. Mir wurde Gott als Schöpfer und Herr der Welt erklärt. Ich weiß nicht ob ich an Gott glauben soll, weil ich noch nie bemerkt habe, daß Gott hinter mir steht. Wie es gesagt wird.
Wenn ich aber in einer schlimmen Situation bin bete ich zu dem Gott von dem sie mir in meiner Kleinkindheit erzählt haben. Wenn ich mir etwas ganz arg wünsche, denke ich auch an Gott aber meist bin ich enttäuscht worden. Deshalb ich stelle mir immer wieder die Frage was ist Gott und gibt es Gott. Ich glaube man müßte mir richtige Beweise bringen daß es Gott überhaupt gibt. Wenn ich die Geschichten der Bibel höre, Christi Himmelfahrt und so weiter, wenn das alles stimmt, kann es ja auch nicht von ungefähr kommen. Aber stimmt das alles oder sind es nur alte Sagen.

Mich würde es aber schon interessieren wenn wir über Gott und die Geschichten in der Bibel diskutieren.
Jesus: Wer sagt ihr, daß ich sei?
Ein ganz normaler Mensch der besondere Fähigkeiten besaß. Obwohl gesagt wird er sei Gottes Sohn.

### 33/0578

*Wie stellen Sie sich Gott vor?*
Unter »Gott« kann ich mir nichts vorstellen, da Gott in meinen Augen nur die Erfindung eines verkappten vorgeschichtlichen Science Fiction Schriftstellers ist. Die Frage stellt sich, wo kommt Gott her, wer hat Gott erschaffen? Er kann nicht so einfach aus dem »Nichts« auftauchen. Dies ist in meinen Augen nur ein *Hirngespinst*. Ich sehe die Bibel als überdimensionalen Science Fiction Roman an!!
Jesus: Wer sagt ihr, daß ich sei?
Er ist meiner Meinung nach ein weiteres Hirngespinst dieses Schriftstellers!!

### 33/0579

Gott ist für mich eine unbekannte nicht bestehende Gestalt die für mich nicht besteht.
Jesus ist vielleicht bestandene oder erfundene Person.

### 33/0580

Woran denken Sie bei dem Wort »Gott«
An Größe; an Macht;
an etwas Unglaubliches.

### 33/0581

*Ich glaube an Gott, weil* ich auf ein »späteres« Leben hoffe denn es kann ja nicht auf einmal »Schluß« sein.
*Gott ist*... Ich glaube, daß Gott keine Person ist sondern ein fester Glaube an jemanden.
Jesus: Wer glaubt ihr, daß ich sei: (Etwas) der (das) uns helfen wird.

### 33/0582

Wie stellen Sie sich Gott vor?
*Ich habe dazu keine Meinung!!*

### 33/0583

Ich weiß nicht wie ich mir Gott vorstellen soll. Wenn ich das Wort »Gott« höre, denke ich auf jeden Fall mal daß er über mir steht, also daß er mehr bedeutet wie ich. So vom Hören und Sagen, ist Gott der Erschaffer der Welt.
Jesus ist Gottes Sohn.

33/0584

Ich interessiere mich sozusagen nicht für Gott, ich habe auch keine Ahnung davon wer Gott sein soll, wo er ist, bin nicht der Mensch der für so etwas Interesse zeigt, sich dem Thema widmet. Ich kann mir auch nicht vorstellen, daß man nach dem Tode weiterlebt, der Körper nicht aber die Seele.
Keine Meinung zu der Frage von Jesus.                    Ende!!!

33/0585

Gott ist . . . ein Mensch der irgendwo im Weltall herumschwirrt und es ist nur eine Einbildung den alten Menschen nur den Kopf voll schwätzen und uns das Leben schwer machen. Meine Meinung es ist nur ein Aberglaube.

33/0586

Woran denken Sie bei dem Wort Gott?
An eine Gestalt aus der Sage die am meisten vermarktet worden ist. Der unwissende Mensch hat ein Ding gesucht an dem er seine Wut auslassen kann. Er fand Gott. Aus einer Sage ist ein höheres Wesen geworden an das alle glauben weil sie das Gegenteil nicht beweisen können. Gott wird gebraucht wenn man sich niemandem mehr zuwenden kann. Er könnte auch alles andere sein, ein Tier (Ratten in Indien) oder sonst ein Objekt.

33/0587

Woran denken Sie bei dem Wort Gott
An eine Person die ich mir nicht bildlich vorstellen kann.

33/0588

Zitat: Worauf du dein Herz hängst und verläßt, das ist eigentlich dein Gott.
*Gott ist* mein Fluchtpunkt für mich, wenn es mir schlecht geht oder unzufrieden bin ist Gott da für mich. Hoffe ich wenigstens. Manchmal wenn ich Erfolg hatte der mir viel bedeutet dann denk ich an Gott. So kann ich irgendwie denken, daß es vielleicht doch jemand gibt der alles steuert und lenkt. Oft hab ich aber auch Zweifel am Glauben an Gott. Es würde mir sicher helfen wenn sich Gott mal zeigen würde, damit man nicht nutzlos betet. Ich meine ich hätte ihm auch schon oft Geheimnisse anvertraut, Gott behält sie sicher für sich.
Jesus: Wer sagt ihr, daß ich sei?
Der absolute Boss, ein Zauberer, ein Mann der den totalen Überblick hat, der alles kann. Bloß wo wohnt er, warum sieht man ihn nie es kann ihm doch niemand was antun.

33/0589

Ich finde Gott soll mal ein Zeichen von sich geben, dann könnte ich mehr an ihn glauben. Man sagt immer nur von den Taten von Gott er soll *mir* mal ein Zeichen geben.

Im Religionsunterricht soll man nicht immer von Bibel u.s.w. reden sondern den Religionsunterricht mit modernen Sachen von Religion unterrichten und nicht von den alten Daten von Gott, Jesusgeschichten u.s.w.

## 33/0590
Er ist ein Feigling, weil er sich niemals zeigt.
[Jesus: Wer sagt ihr, daß ich sei?]
Einer wie ich auch. Nichts besonderes, ein Mitläufer der durch die geistige Kurzsichtigkeit dieser Leute auf ein höheres Niveau gebracht wurde.

## 33/0591
Ich glaube nicht an Gott, weil er nie da ist, wenn ich ihn brauche. Wenn es ihn gibt, dann könnte er sich doch wenigstens einmal zeigen.
Jesus: Wer sagt ihr, daß ich sei?
niemand, Begründung s.o.

## 33/0592
Gott ist eine Einbildung, den hört man nicht den kann man nicht sehen. Alles andere ist mir egal.

## 33/0593
Gott ist Nichts.
Gott kann ich mir nicht vorstellen. Gott kann man sich nicht vorstellen, denn wenn welche an ihn glauben hat jeder eine andere Ansicht über ihn.
Jesus: Wer sagt ihr, daß ich sei.
Der Sohn des Erlösers.

## 33/0594
Ich glaube an Gott weil ich eben daran glaube was in der Kirche über Gott gesagt wird, daß er alles in der Hand hat, also das Schicksal der Menschen.
Ich stelle mir Gott als einen Geist vor an einem Übermenschlichen der alles in der Hand hat.
Ich glaube, daß Jesus der Sohn Gottes ist weil er von ihm für die Menschen geschickt wurde um sie umzudrehen besser gesagt ihnen zu helfen.

## 33/0595
Gott ist: Ich stelle mir unter »Gott« eine von Menschen erdachte »Peson« vor. Die uns helfen soll mit dem Leben und den Problemen fertig zu werden.
Erklärung: Kirchenbesucher! Wer geht in die Kirche? z.B. Ältere Leute, die noch einen Sinn im Leben suchen, z.B. »Schwache«, die mit dem Leben nicht fertig werden, oder: Leute, die anderen helfen wollen.
Ich glaube *nicht* an Gott: »Gott« kann mir im Leben nicht helfen. Er kann mir keinen konkreten Rat geben. Ich kann keine Beziehung zu »ihm« bekommen. (sehen, hören, spüren)

Jesus ist: Ein religiöser Revolutionär, der versucht hat Religion verständlicher zu machen. Was über »Jesus« geschrieben steht ist oft übertrieben und erdacht, um es dem Menschen verständlich zu machen.

33/0596

Gott ist . . . für mich nichts gewisses. Ich glaube nicht so an Gott da ich zu wenig von ihm weiß. Man weiß ja nicht mal 100 %ig ob es Gott gibt. Geschichten von Jesus sind mündlich überliefert und deshalb meistens die Hälfte falsch.

33/0597

Ich bin mir nicht sicher ob ich an Gott glaube, obwohl ich mir vorstellen könnte daß es ihn gibt.
[Gott stelle ich mir vor] als guten »Geist« der versucht alles Unrechte und Böse zu rehabilitieren.
[Bei dem Wort Gott denke ich an:] Christen, Kirche, Bibel, Gebote, Schutzengel
Jesus: Wer sagt ihr, daß ich sei?
Bote des Christentums, Diener und Vertreter Gottes auf der Erde.

33/0598

Wie stellen Sie sich Gott vor?
Ich stelle mir Gott als einen Geist vor der alles in der Hand hat und eine große Macht hat.

## 34    1-jährige Berufsfachschule Elektrotechnik

*Den Schülern wurden die Satzanfänge und Sätze zu Gott vorgelegt.*

34/0599                                                                                          18. m.

Ich glaube an Gott insofern, daß es um die Geschichte des Volkes Israel geht. Ich glaube auch an die zehn Gebote und daß Jesus Gottes Sohn ist. Ich glaube an Gott, weil ich mir einfach nicht vorstellen kann, daß nach unserem irdischen Leben alles vorbei sein soll, daß da nichts mehr kommt, wofür wir gelebt haben. Weshalb wurde dann die Bibel geschrieben in der Menschen von Taten Jesu Christi erzählen. Kann ein Mensch normalerweise solche Wunder vollbringen wie Gelähmte wieder gehen zu lassen und daß Blinde wieder sehen. Wenn Jesus von Gott spricht, seinem Vater, so glaube ich, daß weil es etwas Höheres da sein muß das solche Wunder vollbringen kann, und daß dieses »Wesen« seine Kraft Wunder zu vollbringen auf Menschen übertragen kann. Aber andererseits widerspricht mein Glaube der Bibel nämlich in dem Punkt der Welterschaffung. Ich glaube hierbei vielmehr, daß dies ein natürlicher Prozeß ist und nicht ein Werk von sechs Tagen. Denn ich glaube, wenn etwas entstehen will muß etwas z. B. Materie, Gase, Gesteine, schon vorhanden gewesen sein, das läßt sich auch chemisch durch die Zusammensetzung des ältesten Gesteins, das man gefunden hat, erklären. Aber ich glaube an die Wiedererstehung Jesu und an die Auferstehung nach dem Tod.

34/0600                                                                           17. m.
Ich glaube an Gott, weil ich irgendwie aus meinem Innersten heraus davon überzeugt bin. Was ich nicht sicher weiß ist, als was ich diesen Gott bezeichnen soll. Ist er ein katholischer, evangelischer, islamischer, …? Dies erweckt in mir den Glauben, daß es wohl *einen* Gott gibt, aber nicht *einen* für jede Religion. D.h. für mich, daß die *eine* Religion, zu welcher ich erzogen wurde, nicht unbedingt die richtige ist, da ja jede davon überzeugt ist. Dies führt mich zu der weiteren Überzeugung, daß es so ziemlich egal ist welcher Religion man angehört wenn jeder einzelne für sich an Gott glaubt. Denn weder Jesu, noch Mohammed noch Buddha haben behauptet dies oder dies sei die einzig wahre Religion. Ebenso falsch ist es in meinen Augen zu glauben, daß wenn man Sonntag für Sonntag den Gottesdienst besucht, ein gläubiger Mensch sein muß, genauso als wenn man viel Geld spenden würde um gläubig zu sein. Von mir aus kann jeder glauben was er will, ich glaube an Gott und nicht unbedingt an all die Religionen.

34/0601
Woran denken Sie bei dem Wort Gott?
Ich denke an das was in der Bibel [steht], und was man in der Kirche über ihn sagt. Daß er einen Sohn hat »Jesus« und, daß er lange weiße Haare hat, einen langen weißen Kittel und einen Bart. Daß er Jesus auf die Erde geschickt hat, um den Menschen Gutes, Gerechtes und Frommheit beizubringen. Außerdem denke ich an Pfarrer, Kirche, Religion, Teufel, Sünde und die Bibel. Doch es stellt sich die Frage lebt beziehungsweise gibt es Gott überhaupt. Noch niemand hat ihn gesehen, es kommt nur von den Sagen bzw. Erzählungen. Ich kann mir einfach nicht vorstellen, daß es da jemand gibt, der im Himmel ist. Ich möchte damit zwar nicht sagen, daß ich nicht an Gott glaube, aber irgend ein Zweifel besteht. Ich »könnte« mir höchstens vorstellen, daß es jemand ist der wie Luft über uns ist. Nach meiner Ansicht ist es kein menschliches Wesen, sondern sozusagen etwas »Außerirdisches«. Also sozusagen etwas wie die Luft, die wir zum Leben brauchen. Es hat uns in seinen Bann gezogen.

34/0602                                                                           17. m.
Gott ist allmächtig und hoch erhaben über die ganze menschliche Schöpfung. Ich glaube an Gott, weil die Wundertaten und sein Verständnis zu den Menschen mich fasziniert. Gott ist das Ziel des Lebens. Durch Gott wird das Leben lebenswerter gemacht. Gott ist für mich eine mächtige Person die nur die Hand ausstrecken muß um einen in seine Herrlichkeit zu holen. Gott muß eine unglaublich große Gestalt sein die für den Menschen nur physisch wahrzunehmen ist.

**34/0603**                                                   16. m.

Ich stelle mir Gott als alten Mann mit einem langen weißen Bart und
weißem Gewand vor. Aus seinen Augen strahlt Weisheit und Güte, Verständnis und Liebe für seine Schafe und ihre Fehler. Er wird nie wütend
und nimmt auch die auf die in ihrem Leben alles falsch gemacht haben.
Auch glaube ich nicht, daß er den Leuten böse ist die ihr Leben freiwillig
beenden denn er lenkt ja die Menschen und er sieht ja auch voraus was
geschieht. Ich glaube aber auch, daß er haß und andere Gefühle hat, es
aber versteht, diese nicht überhand nehmen zu lassen denn nur wer
vollkommen ohne Haß ist kann über die Fehler und Schwächen der
anderen hinwegsehen und ihnen vergeben.

**34/0604**                                                   17. m.

»Hütet euch vor den Menschen, deren Gott im Himmel ist!«
Viele Menschen glauben an einen Gott im Himmel, der ihrer Meinung
nach ihnen alles verzeiht. Haben sie einmal, nach den Geboten eine
Sünde begangen, eilen sie schnell in die Kirche um sie dem Pfarrer zu
beichten. Danach tun sie wie unbefleckte Schafe und glauben, daß alles
vergessen ist, ihr Gott im Himmel verzeiht ihnen ja alles, (ihrer Meinung
nach).
Andere Menschen wiederum leben ihr ganzes Leben in einer strengen
Tugend, daß ihr Gott im Himmel ja nicht auf sie böse ist, wie z. B. Pfarrer.
Sie bleiben ihr Leben lang Junggeselle oder Jungfrau und erfüllen eigentlich nicht den Sinn des Lebens. Sie leben nur vor sich hin und nicht nach
dem was Gott gesagt hat: »Wachset und vermehret euch, und macht euch
die Erde »zum Untertan.«

**34/0605**                                                   16. m.

Ich glaube nicht an Gott, weil ich ihn noch nie gesehen habe. Und das
was ich nicht sehe glaube ich nicht.
Ich denke bei dem Wort Gott an Kirche, Vergebung der Sünden, Güte,
Barmherzigkeit und an meine Mutter.
Gott kann ich mir nicht vorstellen. Ich kann höchstens das übernehmen
was die Leute so sagen.
Gott ist barmherzig, gnädig, geduldig, überall anwesend, gerecht

**34/0606**                                                   16. m.

Ich glaube an Gott weil ich in einer christlichen Familie aufgewachsen
bin. Früher habe ich mich viel mit der Bibel beschäftigt und auch andere
Bücher über den Glauben gelesen. Ich beschäftigte mich mit Wundern
der Bibel und versuchte sie anhand von anderen Büchern zu erforschen.
Mein Opa hatte viel Bücher über den Glauben, die er mir oft erklärt hat:
Er hat alles geglaubt. Ich hatte immer wieder Zweifel.

**34/0607**                                                   19. m.

Woran denke ich bei dem Wort Gott?
Unter dem Wort Gott stelle ich mir einen Herrscher vor, der die Macht

über alle Menschen der Erde besitzt, den man aber nicht nur von früher her kennt, wie er seine »Wunder« vollbracht haben soll, sondern er sollte unter uns leben. Die Menschen glauben an etwas, das sie als Gott bezeichnen, den sie aber noch nie gesehen haben, sondern nur von der Bibel her kennen. ich persönlich glaube nicht an Gott, weil er nicht beweisen kann, daß er existiert. Früher mag es ja so gewesen sein wie es die Bibel sagt, aber wer weiß, ob man die Bibel nicht erfunden hat? Ich könnte an ihn glauben, wenn er zeigen könnte, daß er existiert und ich glaube, mit dieser Meinung bin ich nicht allein.

34/0608                                                          16. m.

60–80% der Zeitgenossen, so kann ich mir vorstellen, denken bei Gott an einen Automaten, bei dem man sich nur bedient wenn man ihn braucht, sonst läßt man ihn links liegen. Viele mögen ihn sich auch als gütig, demütig und großherzig vorstellen. Der nur als Wohltäter gilt. Nicht auch ein Gott der Herrscher der Welt ist und der auch richtet. Viele stellen sich in Gott nur ein Bild vor, das man nicht ernst nimmt. Jedenfalls kann ich mir vorstellen, daß viele Nichtchristen sich unter Gott nur jemand vor Augen stellen, der von den Christen einfach so geschaffen ist. Viele mögen ihn auch nur zum Erfüllen ihrer Wünsche brauchen. Einen Gott der über alle Welt herrscht und der straft und auch Forderungen stellt, nicht nur gibt, den mögen sich nur wenige vorstellen.
Martin Luther hat recht, denn das was für einen am wichtigsten ist und für am erstrebenswertesten gilt, für das lebt man auch. Jemand vergöttert sein Auto ein anderer sein Geld oder Fernseher. Wenn derjenige nur sein Herz daran hängt so ist dies für ihn lebensdominent, ist also sein Gott. Ich glaube an Gott, weil er meinem Leben einen Sinn gibt. Man hat wirklich etwas für das es sich zu leben lohnt. Für jemand der die Hilfe Gottes schon an sich gemerkt hat, wird dies ebenfalls sichtbar.

34/0609
Gott ist
- gegenwärtig                    - gnädig
- gut                            - vertrauensvoll
- sanftmütig                     - groß
- barmherzig                     - der Allmächtige
- geduldig
Ich glaube an Gott, weil
- er mir hilft (Ausbildung, Krankheit, etc.)
- er mir meine Sünden vergibt
- er mir Liebe schenkt
- ich mich bei ihm geborgen fühle
- er mich behütet
- er mich segnet
- er mir Freundschaft schenkt (göttliche u. weltliche)
- er immer noch Wunder tut.

34/0610                                                                16. m.
Ich glaube nicht an Gott, weil ...
Es sollte bei mir heißen: Ich glaube nicht mehr an Gott.
Vor ein paar Monaten habe ich noch an Gott geglaubt, und war auch im
Jugendkreis vom CVJM bis sich ein paar Dinge geändert haben.
Ich mußte in's Krankenhaus und da habe ich Menschen gesehen die
wirklich schlimm dran waren. Jedoch keine selbstverschuldeten Unfälle,
sondern Krankheiten für die sie nichts konnten. Aber das erste mal wo
ich mir überlegt habe ob es Gott gibt war als meine Mutter gestorben ist.
Damals war ich 10 Jahre alt.
Vor kurzem lernte ich ein Mädchen kennen (19) mit der ich viel geredet
habe. Sie erzählte mir, daß sie einen Tumor im Arm und einen in der
Gebärmutter hat. Wenn sie sich aufregt dann muß sie Blut husten, weil
sie früher mal gekifft hat. Einige Verwandte von ihr sind schon an Krebs
gestorben, und sie hat Angst daß sie auch Krebs hat.
Seitdem ich das weiß, kann ich nicht mehr an Gott glauben, weil er so
grausam zu den Menschen ist und ihnen viele Schmerzen (nicht nur
körperliche) bereitet. Wenn man an Gott glaubt, muß man vieles von dem
was ich geschrieben habe übersehen. Lieber keinen Gott als so einen an
den so viele glauben.

34/0611                                                                16. m.
Woran denken Sie bei dem Wort Gott?
Es muß und es gibt mit Sicherheit einen Menschen den wir als Geist
bezeichnen der den Menschen hilft und jedem die Gleichberechtigung
gibt zu leben auf seine Art und Weise. Wenn ich das Wort Gott hör denke
ich immer an etwas Gutes. Jemand muß die Erde erschaffen haben denn
von nichts kommt nichts.
Ich glaube an Gott, weil ...
Ich glaube an Gott weil ich in einer christlichen Familie aufgewachsen bin
und mich früher immer mit der Bibel beschäftigte. Denn dieser Gott hat
dem Menschen alles gegeben was der Mensch zum Leben braucht. Er ist
für die Menschen gestorben und hat für uns gelitten denn er fühlte sich
für uns verantwortlich. Er will ja, daß die Menschen sich vertragen und
nicht immer Krieg gegeneinander machen.


## 35   1-jährige Berufsfachschule Elektrotechnik

*Den Schülern wurden die Satzanfänge und Sätze zu Gott vorgelegt.*

35/0612                                                                15. m.
Ich glaube an Gott, weil man mit ihm »sprechen kann« und seine Probleme ihm anvertrauen kann. Wenn ich auch einmal eine Klassenarbeit
habe, glaube ich auch er hilft mir und dann läuft sie meistens gut.


177

35/0613                                                    16. m.

Ich glaube nicht an Gott, es bringt ja nichts und außerdem ist die Kirchensteuer zu hoch. Man lernt dort ja keine Mädchen kennen.
Ich trinke lieber 5 Bier als einmal Kirchensteuer zu zahlen denn vom Bier hat man eben mehr. Ich kann einfach nicht an Gott glauben denn ich habe erst vor kurzem gelesen, daß ein Flugzeug in eine Kirche gestürzt wo Menschen drin waren.

35/0614                                                    18. m.

Ich glaube an Gott weil, wenn ich ein Problem habe und ich mit niemand sprechen kann mir vorstelle daß ich mit Gott sprechen kann und das hilft mir manchmal. Aber es gibt auch Sachen an denen ich nicht glaube weil es Gegensätze hervorruft bei denen ich nicht weiter weiß und es keinen Sinn hat daß ich mich ängstige.

35/0615                                                    16. m.

Woran denken Sie bei dem Wort Gott?
Glaube, Kirche, Kirchensteuer, Sonntagmorgen, Religion, Gläubige, Gottesdienst, Konfirmation.
Beim Wort Gott denke ich an die obengenannten Dinge. Ich glaube nicht an Gott, weil er in diesem Jahrhundert noch nicht gesehen wurde und noch nicht auf sich aufmerksam gemacht hat (also nicht erschienen ist). Weiterhin glaube ich nicht an Gott, weil es soviel Ungerechtigkeit auf dieser Welt gibt. Viele Leute hungern, andere dagegen schwimmen im Wohlstand. Wenn es Gott gibt sollten solche Unterschiede nicht vorkommen.

35/0616                                                    15. m.

Ich glaube nicht an Gott weil . . . viele Menschen trotzdem sterben; wo soll er auch sein; deshalb gehe ich nicht in die Kirche.

35/0617                                                    15. m.

Ich glaube nicht an Gott, weil es mir ja nichts bringt.
Verrecken tue ich auch wenn ich an Gott glaube, und ins Grab komme ich auch so. An Gott glauben finde ich sehr idiotisch. Das Bier ist ja auch billiger als die Kirchensteuer. Ich kann doch nicht an etwas glauben, wo ich nicht kenne bzw. kennengelernt habe.

35/0618                                                    15. m.

1. Gott ist irgendwo und nirgends
- Ich glaube an Gott, weil
- Ich glaube nicht an Gott, weil ich ihn noch nicht gesehen habe.
- Wie stellen sie sich Gott vor? Weiß ich nicht
- woran denken sie bei dem Wort Gott?
  Kirchensteuer, Glaube, Kirche, Sonntagmorgen, Kirche, Gottesdienst, Kommunion, Konfirmation, Ministranten, Pfarrer

35/0619

Ich stelle mir den Gott so vor als Marsmenschen [darunter Zeichnung,
roboterartige Gestalt]

35/0620                                                          16 J. m.

Ich glaube nicht an Gott weil ich mir darunter nichts vorstellen kann. Es
gibt so viel Ungerechtigkeit auf der Welt.

35/0621                                                          16. m.

Woran denken Sie bei dem Wort Gott?
Kirchensteuer, Kirche, Sonntagmorgen. Ich glaube nicht an Gott, weil er
sich noch nicht in diesem Jahrhundert gezeigt hat.
Die Geschichte von dem Schriftsteller da ist ein Krampf, denn wenn man
das alles tun würde könnte man mit keinem Menschen mehr reden.

35/0622                                                          16. m.

Ich glaube an Gott, weil sich manche Menschen in ihrer Not an Gott
festhalten, und weil er ja die Welt und die Menschen erschaffen hat.
[Auf der Rückseite eine durchgestrichene Erstfassung:
Ich glaube nicht an Gott, aber es ist doch schlecht; die evangelischen und
die katholischen jeder will seinen Gott für sich alleine haben. Ich kann es
einfach nicht glauben, daß Gott die Welt und die Menschen geschaffen
hat. Die Priester sagen, sie – bricht ab –]

35/0623                                                          16. m.

Ich glaube an Gott, aber ich weiß nicht warum. Ich glaube weil wenn
man Sorgen und Probleme hat man ihm alles sagen kann.

35/0624                                                          17. m.

Gott ist an wen die Menschen glauben.
Gott hilft den Menschen die an ihn glauben aus Not + Elend. [Bei dem
Wort Gott denke ich an] Kirche, Religion, Glauben, Bibel, 10 Gebote.

35/0625                                                          17. m.

Gott ist jemand, an den manche Menschen glauben und manche auch
nicht.
Woran denken Sie bei dem Wort Gott?
Jerusalem, Berg Sinai, Gelobte Land, Kirche, Bibel, Religion, 10 Gebote.

35/0626                                                          16. m.

Woran denken Sie bei dem Wort Gott?
An Glaube, Bibel, Jesus,
Religion,
Frieden,
Freundschaft,
Gemeinschaft,
An das Gute was ein Mensch besitzt, *denn es kommt von Gott.*

**35/0627**                                                            16. m.

Ich glaube nicht an Gott, weil ich es als alten Aberglauben ansehe, es gibt
für mich auch kein Beweis daß es ihn je gegeben hat. Bei uns hat es in der
Kirche eingeschlagen (Blitz). Ich habe auch gelesen, daß ein Flugzeug in
eine Kirche gestürzt ist die voll mit Menschen war, deswegen kann ich
nicht an Gott glauben.

**35/0628**                                                            15. m.

Ich glaube an Gott, weil wenn es Gott nicht gäbe, würde es auch keine
religiösen Einrichtungen usw. geben.

**35/0629**                                                            17. m.

Ich glaube an Gott, weil: Ich weiß, daß er mir in meinem Leben viel
helfen kann, daß er für mich und alle anderen seinen Sohn leiden und
sterben ließ, Er meine Sünden vergeben kann, weil ich einen Halt habe
um mich in schweren Zeiten daran festzuhalten.
Ich stelle mir Gott vor wie einen Vater, der sein Kind beschützt, liebt und
mit all seiner Kraft umsorgt.
Wenn ich das Wort Gott höre, denke ich daran: Wo ich wieder gesündigt
habe, daß alles Leben nur durch Gottes Gnade existieren kann, daß man
im Gebet mit Gott Verbindung aufnehmen kann.

## 36  Einjährige Berufsfachschule für Körperpflege (Friseusen)

*Den Schülerinnen wurden die Satzanfänge und Sätze zu Gott vorgelegt.*

**36/0630**                                                            25. w.

Woran denken Sie bei dem Wort Gott?
Bei dem Wort Gott denke ich an Glaube und Hoffnung. Aber dann
wieder glaube ich nicht daran, weil ich noch keine handfesten Beweise
gesehen oder erlebt hab. Nur gelesen oder das was man uns erzählt hat.
Einmal möchte ich daran glauben ein andermal nicht. Ich glaube auch,
daß es Gott nicht gibt sondern nur den Glauben an Ihn. Ich bin überzeugt
davon, daß den Menschen, die daran glauben, der Glaube hilft. Diese
Menschen glauben wirklich und echt an das, was ihnen in Kirchen erzählt
wird. Leider kann ich das nicht nachfühlen, weil einem einerseits dies und
andererseits das erzählt wird, aber bewiesen wird uns nichts. Ich bin der
Meinung, daß man die meisten Begebenheiten die man als Gottes Erfüllung, Wunsch oder Fluch ausgelegt hat ganz natürlich erklären kann. Und
wenn jemand, dem etwas Schlimmes widerfahren ist sagt, das war Gottes
Wunsch. Dann teile ich diese Meinung nicht. Denn es kann nicht sein,
daß es Gottes Wunsch ist, daß z.B. jemand gelähmt ist. Ich habe den Film
Joni gesehen und muß sagen, daß ich die Ansicht dieses Mädchens nicht
verstehe. Denn sie ist durch einen Unfall gelähmt und nicht weil es Gottes
Wille war. Es ist zwar möglich, daß der Glaube daran das Mädchen

aufgerichtet hat und sie so wieder Mut zum Weiterleben bekam. Jedoch Gottes Wille wörtlich gesehen war es nicht.

Es gibt allerdings auch viele Sachen von denen ich meine, daß es gut wäre, wenn die Menschen danach leben würden. Als Beispiel die 12 Gebote. Sie sind unbedingt zu befolgen. Wenn sich alle Menschen auch nur annähernd daran halten würden wäre es die friedliche Welt von der wir alle glaube ich irgendwie oder irgendwann träumen. Ich stehe also im Zwiespalt zwischen daran glauben und nicht. Ich muß ganz ehrlich zugeben, daß ich mich schon oft damit beschäftigt habe und mit verschiedenen Leuten darüber gesprochen habe. Leider bin ich bis jetzt nicht mit den Erklärungen zufrieden gewesen. Ich möchte darüber mehr erfahren und zwar so, daß ich das glauben kann. Ich habe manchmal das Gefühl manches ist Humbug was man mir da erzählt. Mich beschäftigt das Thema sehr aber ich habe immer noch keine rechte Beziehung dazu bekommen und das haben auch die allsonntäglichen Kirchgänge nicht zu ändern vermocht. Deshalb habe ich sie inzwischen aufgegeben. Ich kann also *nicht* sagen »ich glaube an Gott« ich kann aber auch nicht sagen ich *will* nicht an ihn glauben. Ich habe nur noch keine rechte Beziehung dazu, weil ich nicht weiß wer oder was ist Gott und was soll er darstellen.

36/0631                                                                          15. w.

Ich glaube an Gott, weil ich denke er hilft den Menschen. Und wenn etwas passiert muß es so sein. Ich denke er hat mir schon manchmal geholfen, wenn ich eine Arbeit vor mir habe und sie raus bekomme ist sie gut ausgefallen denke ich er hat mir geholfen. Aber manchmal denke ich wieder er hilft den Menschen nicht. Wenn man sieht wie alte Leute manchmal leiden müssen, und man hilft ihnen nicht, daß sie sterben dürfen da finde ich er existiert gar nicht. Ich glaube aber nicht, daß man in den Himmel oder in die Hölle kommt.

36/0632                                                                          16. w.

Ich glaube an Gott ...

Ich bin katholisch, früher mußte ich immer jeden Sonntag in die Kirche. Das paßte mir nicht aber jetzt fand ich es gut, daß ich gegangen bin. Ich war bei der Kommunion und Firmung. Man kann beweisen, daß Gott die Welt erschuf, man kann aber auch beweisen, daß die Erde entstanden ist.

36/0633                                                                          15. w.

Gott ist einer, der über uns wacht. Manchmal denke ich, daß Gott manchmal ganz schön im Streß hängt. Hier betet jemand »Gott laß uns nicht verhungern«, woanders betet jemand, »Befrei uns von dem Krieg«, und dann komme ich mit meinen Sörgchen und Problemchen. Dann denke ich, daß ich vielleicht lange auf seine Hilfe warten kann, denn er hat ja so viel anderes zu tun.

Wieso läßt Gott eigentlich zu, daß es so viel Elend gibt? Oder warum hat er es zugelassen, daß man die Atombombe erfunden hat? Der Teufel hat halt zu viel Macht.

Ich glaube nicht an Gott, weil er sich bei mir noch nicht gemeldet hat.
Wie soll man an Gott glauben wenn man in der Kirche sagt Gott hätte die
Erde erschaffen wobei das ja nicht stimmt. Wir Menschen sind ja auch
nicht von Gott zum Leben erweckt worden, wir haben uns von Tieren
(Affen) zum Menschen langsam entwickelt. Außerdem haben wir Jugend-
lichen Gott ja nicht gesehen, wir werden doch von der Kirche und älteren
Leuten davon beeinflußt.
Ob man an Gott glaubt oder nicht es stirbt im Grunde doch jeder. Wenn
es Gott gibt warum sorgt er dann nicht für Gerechtigkeit, oder hilft den
armen Menschen.

Ich glaube an Gott, weil er die Erde erschaffen hat. Wenn Gott nicht
wäre, wäre unsere Erde bestimmt nicht so schön heute gegen früher. Da
ich nicht weiß wie Gott aussieht, stelle ich ihn mir einfach vor, er wäre
bestimmt auch ein Mensch, das denke ich mir. Wir müssen froh sein, daß
Gott uns etwas zum Essen erschaffen hat. Sonst würden wir bestimmt
nicht mehr leben. Gott hat mir bestimmt schon oft geholfen, wenn ich
z.B. eine Arbeit geschrieben habe. Aber manchmal denke ich er hilft
nicht jedem. Wenn einer einen Unfall hat, kann das auch Zufall sein, das
hat Gott bestimmt nicht gewollt.

Ich glaube nicht an Gott, weil ich ihn noch nicht gesehen habe, es ist
nicht erwiesen, daß es ihn gibt. Ich glaube vielleicht an Gott wenn sie mir
beweisen, daß es ihn gibt, was tut er für uns denn, wir sollen jeden
Sonntag in die Kirche rennen, warum? Der Pfarrer erzählt uns Geschichten von Gott woher will er das wissen. Meine Meinung ist wer an Gott
glaubt soll an ihn glauben. Jeder muß sterben ob er an Gott glaubt oder
nicht. Das was in der Bibel steht kann auch erfunden sein, ich versteh
auch nicht warum die Bibel das meist gelesene Buch ist. Ich habe nichts
gegen die Kirche, jeder hat seinen Glauben, und soll ihn vertreten.

1. Jeden Abend bete ich. Ich glaube an Gott weil ich schon so oft zu ihm
gebetet habe wenn ich Hilfe brauchte, und jedesmal ging alles sofern gut
aus. Wenn mal was nicht gut ausging trotz beten, glaube ich daß Gott
wollte, daß ich auch mal selbst damit fertig werde. Z.B. wenn ich nachts
so um 11$^{00}$ Uhr abgehauen bin, damit ich mit meiner Freundin noch mal
weggehen kann, betete ich jedesmal daß meine Eltern mich nicht erwi-
schen wenn ich erst gegen 5$^{00}$ Uhr nach Hause kam. Aber einmal bin ich
mit jemandem weggegangen der nichts für mich war, und so erwischten
mich trotz beten meine Eltern und ich glaube Gott wußte dies und wollte
mich irgendwie bestrafen.
2. Ich kann mir Gott einfach nicht vorstellen, ich glaube halt an ihn, ich
denke daß man Gott nicht sehen sondern nur spüren kann, weil ja so

viele schon auf den Mond gefahren sind und haben niemand gesehen, aber ich glaube an ihn.

**36/0638**  16. w.

Ich glaube nicht richtig an Gott, weil schon zuviel passiert ist. Andererseits glaube ich doch an Gott, oder ist es nur Glück? Z. B. Als ich mir den Wirbel brach, hatte ich die Hoffnung schon aufgegeben, ich dachte selber daran querschnittsgelähmt zu sein. Ich brauchte viel Mut. Heute kann ich wieder normal gehen, Schmerzen bleiben.
Ich glaube daran daß Gott mir die Kraft gab und Mut machte.
Woran denken Sie bei dem Wort Gott?
Oft denke ich an die Kriege, an Quälereien. Warum läßt Gott es zu?

**36/0639**  15. w.

Gott ist . . .
Wer ist er überhaupt? Wie sieht er aus? Es heißt immer Gott paßt auf uns auf, er hilft uns in der Not. Doch es gibt so viel Menschen die an Hunger leiden kein Obdach haben. Warum hilft er dann nicht solchen Leuten die ihn wirklich brauchen. Warum müssen so viel Menschen sterben, an Unfällen auf den Straßen. Warum kann er das nicht verhindern. Wir sollen beten, in die Kirche gehn, wir sollen an Gott glauben doch was hilft es uns? Wir leben so oder so, die an Gott glauben oder nicht, und jeder Mensch stirbt auch. Das ist mein Gedanke!

**36/0640**  15. w.

Ich glaube nicht an Gott, denn es ist nicht erwiesen daß es ihn nicht gibt. Ich habe ihn auch nie vor Gesicht bekommen. Er hat mir in meiner Not auch noch nie Beistand gegeben. Ich weiß nicht ob das in der Bibel seine Ehrlichkeit besitzt, es muß vor oder nach Christus nur ein Mann herumgelaufen sein und sagen, daß es einen Gott gibt. Z. B. Jesus streifte immer durchs Land und sprach zu Völkern die es glaubten und alles auf Papier bringen und nun sollen wir auch an Gott glauben. Wieso sollen wir auch sonntags in die Kirche gehen wenn wir nicht an Gott glauben. Wir gehen doch nur in die Kirche daß sie drin waren. Auf dem Dorf ist es besonders schlimm wenn die Jugendlichen nicht in die Kirche gehen. Aber die Alten gehen auch nur in die Kirche damit sie drin waren. Dies ist meine Einstellung. Aber jeder hat seinen eigenen Glauben.

# 37  Industriekaufleute, 1. Jahr

*Den Schülern wurden die Satzanfänge und Sätze zu Gott und außerdem wahlweise zwei Texte unter der Überschrift »Religion in unserer Zeit« mit folgender Fragestellung vorgelegt:*
*1a) Welche Erscheinungsformen von Religion in unserer Zeit werden in den Texten beschrieben?*
*1b) Inwiefern kann dies als Religion bezeichnet werden?*
*2) Versuchen Sie, in Auseinandersetzung mit den Texten, Ihre »Religion«/ Ihren Glauben zu verdeutlichen.*

37/0641                                                                    17. m.
Ich glaube an Gott, weil . . .
Ich glaube an Gott, nicht weil ich als kleiner Junge die Kinderstunde besucht habe, auch nicht, weil ich getauft und konfirmiert bin, sondern ich glaube an ihn, weil ich zufällig, hier mal da Bibelsprüche u. Interpretationen gehört u. gelesen habe, die mich in meiner Frage »kann es sowas wie Gott geben«, bekräftigt haben. Doch letztendlich war es Gott selbst, der mir zeigte, daß es ihn gibt.
Ich wurde früh mit dem Thema Religion, Kirche, Gott u. Jesus konfrontiert. Bis vor ein paar Jahren noch, war es mir z. T. egal oder langweilte es mich, wenn ich von ihm hörte. Aber heute nachdem ich auf Gebete tatsächliche Erhörung fand gibt es keinen Zweifel für mich. Gott, und das klingt naiv, dumm u. eingebildet, hat mir schon geholfen. Ein Gebet vor einer Klassenarbeit, vor einem Handballspiel, zur Genesung meines Bruders – alles ist eingetroffen. Es klingt unglaubwürdig und wenn einer sagt: Einbildung ist alles, so stimmt das auch, aber mit einer Bitte, die intensiv und von Herzen kommt, da erhält man auch eine Antwort. Und ob das alles Einbildung ist, weiß ich nicht, aber Gott gibt es. Ich schaffe es fast nie seine Weisungen u. Gebote einzuhalten, genügend Probleme kommen noch auf mich zu, in punkto Gottes-Gebote und das Zivilleben bzw. Bundeswehr. Ich trenne Gott von Politik, bete aber daß Frieden bleibt, der wiederum von Menschen abhängig ist. Gott gibt es. Ob dieses etwas »Gott« oder »Allah« heißt, ist egal. Aber ich glaube an ihn, weil er mir geholfen hat. Und wenn einer sagt, hier als Christ widersprichst du deinem Glauben, und überhaupt gibt es ihn nicht, dann gibt es nur das eine: Christ zu sein ist schwer, nach Gottes Lehren zu leben ist noch schwerer. Gott gibt es, für mich auf jeden Fall, und jeder sollte seine eigenen Erfahrungen mit Gott selber haben.

37/0642
Ich glaube an Gott, weil:
Ich habe mir vor einiger Zeit die Frage gestellt, ob es überhaupt einen Gott gibt. Ich habe darüber mit meinen Freundinnen diskutiert. Wir sind zu dem Ergebnis gelangt (nicht alle), daß es Gott gibt. Aber was eigentlich den Ausschlag für dieses Ergebnis gab, war die Überlegung, ob es Jesus auch gibt. Und da waren wir uns ganz sicher, daß es ihn geben würde.

Wenn es einen Sohn gibt, dann gibt es auch einen Vater. Also existiert Gott. Eine meiner Freundinnen hatte Zweifel. Sie sagte: Wenn es jetzt blitzt, dann glaube ich an Gott. Natürlich geschah nichts, sie glaubt auch nicht an Gott. Jeder Mensch muß irgend etwas glauben. Jeder glaubt natürlich, daß das, was er glaubt das richtige sei. Deshalb glaube ich an Gott. Bei der Konfirmation wird gefragt, ob man Gott bejaht.

37/0643                                                                      17. w.
Ich glaube nicht an Gott, weil ich mir nicht vorstellen kann, daß über uns einer ist, der alles Weltgeschehen irgendwie von sich aus leitet. Aber wiederum kann ich nicht glauben (wenn ich zurückdenke), daß die Dinge, die früher passiert sind, gelogen oder erfunden wurden. Das ist wie eine Zwickmühle. Ich kenne manche Menschen die an Ihn beten, finde das auch nichts Schlimmes. Aber ich glaube wenn die an Gott beten, daß die das eher als Befreiung machen, weil sie mit jemandem reden müssen. Dadurch fangen sie dann an, eben an Gott zu beten, das ist für sie wie eine Befreiung wie wenn einer eine schwere Last von einem nimmt. Oder wenn einer nachts schlecht einschlafen kann und immer an seine schlechten Noten oder an den Ärger im Geschäft denkt, daß er einfach sich die Befreiung vom Herz redet. Dann geht es ihm wieder besser, er hofft daß es jemand erhört hat; (den er leider aber nicht kennt).

37/0644                                                                      16. m.
»Hütet euch vor den Menschen, deren Gott im Himmel ist« (B. Shaw, Schriftsteller)
Diesen Satz von Shaw finde ich alles andere als richtig. Ich verstehe nicht wie ein Mensch so etwas sagen kann. Sicherlich ist für viele Menschen, vielleicht besonders für alte und einsame, Gott die letzte Hoffnung. Zu ihm können sie sprechen, wenn sie sonst niemand mehr haben. Gott ist für diese Menschen nicht so einer, der sagt »Moment mal, ich habe jetzt keine Zeit« oder »Komm später nochmal«. Dieser Satz hört sich an, wie wenn diese Menschen etwas Unrechtes tun wenn sie an Gott glauben. Wenn dieser Shaw nicht an den Gott im Himmel glauben will, so ist das seine Sache. Aber so eine Bemerkung zu machen ist frech, unverschämt und dumm!

37/0645                                                                      17. m.
Gott ist für mich der einzige Traum der noch vorhanden ist, ich glaube an ihn weil Glaube das Selbstvertrauen stärkt. Ich glaube nicht, daß Gott etwas Materielles ist, ich würde sagen er ist da (bei mir) wenn ich an ihn denke.
Jedem Menschen steht es frei über seine Gedanken zu verfügen und jeder hat mit seiner Meinung zu Gott »recht« ob er glaubt oder nicht. Es gibt ihn – es gibt ihn nicht (wie man möchte). In unserem täglichen Leben hat Gott keinen sehr großen Einfluß nur für manche »fanatische Anhänger« (Sekten) bringt es seelische Überlastung.

Wie stellen Sie sich Gott vor?

Früher stellte ich mir Gott als alten Mann mit weißen Haaren und weißem Vollbart vor, der im Himmel in einem langen Gewand auf einem
goldenen Thron saß; und um ihn herum waren Engel. Neben ihm stand
Petrus. Aber heute denke ich anders darüber, weil das überhaupt nicht
sein kann; in der Bibel steht auch, daß man sich von Gott kein Bild
machen soll, deshalb habe ich jetzt auch keine genaue Vorstellung mehr
von ihm. Er ist für mich ein unsichtbares Wesen, das übernatürliche
Kräfte besitzt.

Manchmal frage ich mich auch ob es Gott überhaupt gibt, denn vielen
Menschen die mit ganzem Herzen an ihn glauben widerfährt ein schweres Schicksal (im negativen Sinn) und den Menschen die wie Heiden
leben geht es gut. Das ist doch nicht gerecht?! Aber gerade die Menschen,
die schon einen schweren Schicksalsschlag erlitten haben glauben an ihn
und geben ihre Hoffnung nicht auf.

Die Aussage »hütet euch vor den Menschen, deren Gott im Himmel ist«
finde ich nur teilweise richtig, weil ich glaube, daß Gott für die meisten
Menschen im Himmel ist.

Woran denken Sie bei dem Wort »Gott«?

Bei dem Wort Gott denke ich an die Kirche, an den Glauben an Gott, an
den Himmel, ... an das was er erschaffen hat, an die Menschen, an die
Tiere, die Pflanzen, an alles was uns umgibt. Aber Gott wollte, daß die
Menschen friedlich zusammenleben, wieso läßt er dann zu, daß in so
vielen Ländern der Erde Krieg herrscht? Es heißt doch: »Liebe Deinen
Nächsten« und sehr viele Leute sagen, daß sie an Gott glauben und nach
seinen Geboten leben, aber warum wird die Welt immer grausamer? Ich
finde so könnte man immer weiter fragen! ... z.B. Warum zerstören wir
die von Gott geschaffene Welt und den von Gott geschaffenen Menschen? Den Menschen, als das höchste Gut!

Es gibt noch sehr viele Menschen, die wirklich an Gott glauben und nach
seinen Geboten leben, die aber durch ein tragisches Schicksal z.B. sehr
dazu getrieben werden an Gott zu zweifeln. Wiederum anderen Menschen die einen Schicksalsschlag erlitten haben ist Gott die große Hilfe,
der Halt, den sie brauchen, auf den sie hoffen und vertrauen können.
Zum Thema Glaube: viele Menschen beten doch nur, wenn sie in Not
sind und sich nicht mehr helfen können, sonst brauchen sie Gott ja nicht!
Wer denkt schon, solange es ihm gut geht, daß es ihm auch einmal
schlecht gehen könnte. Bei dem Wort Gott denke ich, wie die Leute
früher gelebt haben, da hieß es noch: »in Gottesfurcht«. Heute zweifelt
man ja immer mehr daran, daß es Gott überhaupt gibt.

Ich glaube an Gott, weil ich sonst vollkommen verlassen wäre. Ich glaube
daran, daß es irgend etwas gibt, was mich hält, auch wenn alle anderen

mich fallenlassen. Ich habe kein Bild von Gott. Er ist für mich die Inkarnation des Guten, des Verstehens und des Verzeihens. Ich weiß immer, wenn es mir schlecht geht, kann ich mich an ihn wenden. Wenn ich mir dann alles von der Seele geredet habe, geht es mir besser. Allerdings gehe ich nicht sehr oft in Gottesdienste, weil Gott den Menschen dort durch, meiner Meinung nach, unzeitgemäße Predigten, nicht nahe gebracht wird. Ich finde auch, daß ich um mit Gott zu reden nicht in ein Gotteshaus muß, denn in den gemeinsamen Gebeten dort, werden den Leuten doch Worte in den Mund gelegt, die sie vielleicht gar nicht sagen wollen und vieles, was sie sagen wollen, bleibt ungesagt. Ich will hier aber die Gottesdienstordnung nicht absolut verdammen, ich will nur sagen, daß meinem Glauben nach, Gott überall ist.

Ich glaube nicht, daß es möglich ist festzustellen, was Gott wirklich ist, und das ist auch ganz gut so, weil sonst die Vorstellungen vieler enttäuscht würden. Ich bezweifle auch, daß der Gott der Bibel als »richtiger« gesehen werden kann, weil diese Niederschriften doch auch von Menschen gemacht wurden, die jeder eine andere Vorstellung hatten und die eben ihren Glauben dokumentieren wollten.

37/0649                                              16. w.

Ich glaube an Gott, weil ich in Ihm einen Halt sehe u. habe, denn zu ihm kann ich kommen u. all meine Sorgen u. Probleme vorbringen, er ist für mich ein ständiger Begleiter, der über mir wacht wie über viele andere auch. Denn ich weiß auch, daß alle schwierigen Situationen die ich in meinem Leben meistern muß, daß dabei mir Gott hilft, denn ohne ihn wäre mein Leben sinnlos und leer. Aber andererseits finde ich, daß der Glaube zu Gott nicht abhängig ist von irgendwelchen Bezugspersonen wie z. B. die Kirche, denn ich persönlich finde man kann ein genau so guter Christ sein, wenn man nicht so oft in die Kirche geht, denn ich finde einen Glauben hat man oder nicht u. da dies nichts Sichtbares ist, sollte man dies erstmals nicht so verschmähen, oder gar Schande mit treiben. Ich finde man sollte unter den Jugendlichen ein viel besseres Verhältnis zu Gott finden, denn es ist ganz falsch, wenn sich jemand nicht mehr getraut sich zu bekennen, das ist doch nicht fair.

37/0650

»Worauf du nun dein Herz hängst und verläßt, das ist eigentlich dein Gott.« (Martin Luther)

Mit dieser Aussage von Luther kann ich mich gut identifizieren. Sie entspricht meiner Auffassung von Gott. Für mich ist Gott keine bestimmte Person. Er ist nur ein Wort, ein Ausdruck, die Personifizierung dessen, was einem Menschen Halt gibt. Die Realität, unsere Umwelt ist und war schon immer nicht vollkommen. Um an ihren Problemen und Schwierigkeiten nicht zu verzweifeln, braucht jeder Mensch eine Vorstellung des Besseren.

Der Mensch lebt für bestimmte Ziele und Dinge die ganz individuell bei jedem verschieden sind. Aber gerade diese Dinge geben dem Leben einen

Sinn. Gott ist für mich hierbei nur eine Bezeichnung die das alles umfaßt. Durch seine Person kann jeder für alle verständlich ausdrücken, was ihm etwas bedeutet.

Alle Völker und Kulturen haben etwas wie unseren Gott. Die verschiedenen Bezeichnungen spielen dabei keine Rolle. Der Sinn dieser Religionen bleibt eigentlich immer derselbe.

37/0651                                                                17. w.

Ich glaube an Gott, weil...

Jeder Mensch braucht etwas an das er sich klammern kann und an dem er sich festhalten kann. Er ist eine Bezugsperson an die man sich immer wenden kann. Er ist ein geduldiger Zuhörer in guten sowie in schlechten Zeiten. Je fester der Glaube ist umso eher hat man das Gefühl er hilft einem. Wenn man schwer krank ist überwindet man diese Krankheit wesentlich leichter wenn man fest an Gott glaubt und weiß, daß er einem hilft.

37/0652                                                                18. m.

Religion in unserer Zeit

1a) Welche Erscheinungsformen von Religion in unserer Zeit werden in den Texten beschrieben?

In den beiden Texten wird deutlich gemacht, daß bei der Mehrzahl der Menschen der Hang zu materiellen Dingen bei weitem größer ist als der Hang zur Religion oder menschlichen Beziehungen. Die Texte kritisieren, daß dem Menschen sein Auto oder sein Besitz am wichtigsten sind. Oftmals sind ihm diese Dinge am »heiligsten«. Für die Autopflege opfert er einen großen Teil seiner Freizeit anstatt diese für sinnvollere Dinge anzuwenden.

1b) (Inwiefern) kann dies als Religion bezeichnet werden?

Bei vielen Menschen stehen diese Dinge bei weitem vor Religion und Glauben. Für diese Dinge ist ihnen kein Opfer zu groß. Bei vielen ist das Auto ein Heiligtum, wehe dem, der es beschädigt.

2) Versuchen Sie, in Auseinandersetzung mit den Texten, Ihre »Religion«/Ihren Glauben zu verdeutlichen!

In einer gewissen Weise verhalte ich mich wie in den Texten. Auch bei mir hat das Auto einen hohen Stellenwert, für den ich Teile meiner Freizeit gerne opfere. Diese Dinge erleichtern in gewisser Weise auch das Leben. Jedoch geben sie auch einen Sinn, wofür man arbeitet. Jedoch ist die Kirche hierfür kein gutes Bild. Man gibt hohe Beträge für Kirchen aus; die Würdenträger verdienen gut, sind mit teuren Gewändern ausgestattet und wohnen in komfortablen Wohnungen. Jedoch glaube ich an Gott, nur sehe ich es nicht ein, wofür man dazu in die Kirche gehen muß, denn diese Besucher handeln auch nicht christlicher als andere.

37/0653                                                                17. m.

1a) zu No. 1   Es wird die Religion zu Göttern dargestellt

Hier wird das Daimler Benz-Gebäude angegraben. Die Archäologen denken, sie haben die Götter unserer heutigen Zeit gefunden. Wenn wir uns in unserer heutigen Zeit einmal umsehen, so kann man sagen, daß es stimmt, was die Archäologen vermuten, denn heutzutage verehren sehr viele ihr Auto. Die Autos werden manchmal besser behandelt als die eigenen Kinder. Man kann sagen, daß in unserer Zeit das Auto wie ein Heiligtum behandelt wird.

zu Text 2)

Hier wird ganz klar das Geld als Gott herausgehoben, mit dem man alles anfangen kann. Denn mit Geld kann man sich alles herbeizaubern.

1b) Ich finde, dies kann zwar als Religion bezeichnet werden, denn das Auto und Geld sind in unserer Zeit Götter, doch ob hier ein fester Halt gegeben ist, wie man ihn zu Gott haben kann, das bezweifle ich sehr.

## 38 Metall, 2. Klasse

*Den Schüleren wurden die Satzanfänge und Sätze zu Gott vorgelegt. Der Text entspricht der Zusammenfassung, die der Lehrer vervielfältigt wieder in die Klasse gebracht hat.*

### 38/0654

»Ich glaube an Gott« – Dieser Satz ist meiner Meinung nach mit dem Gewissen eines Menschen in Verbindung zu bringen. Das Gewissen eines gläubigen Menschen wird meines Erachtens unter anderem dadurch beunruhigt, wenn er eine »schlechte Tat« vollbringt, aus Angst vor einer Strafe in irgendeiner Form von »diesem Gott«. Das veranlaßt manchen Menschen an Gott zu glauben. Viele glauben auch an Gott, wenn sie in Not geraten sind; sie hoffen, Gott könne ihnen aus ihrer mißlichen Lage helfen. Ansonsten, so meine Meinung, ist Gott in unserem heutigen Überfluß doch sehr in »Vergessenheit« geraten. Gott stelle ich mir als eine große Hand über allem Irdischen vor, die über Gutes und Böses wacht.

### 38/0655

Ich glaube, daß die Menschen (Großteil) sich unter Gott etwas Falsches vorstellen. Geht es uns gut, wollen sie von Glauben und Gott nichts wissen. Kommen schlechte Zeiten, dann dreht es sich auf einmal alles wieder um ihn. Ich glaube, auch viele Leute verstecken sich unter dem Deckmantel »Gott« und »Glaube«.

### 38/0656

Ich denke bei dem Wort Gott an die Bibel und Kirche. Von Gott habe ich keine direkte Vorstellung. Man kann ihn sich gar nicht richtig vorstellen.

### 38/0657

Ich glaube an Gott, weil ich glaube, daß es eine übermenschliche »Macht« gibt, die unsere Geschichte lenkt. Aber ich glaube nicht an die Bibel mit ihren »sinnlich gemeinten Geschichten« von Jesus, da diese durch den heutigen Stand der Forschung widersprochen werden und als »unmöglich« erscheinen.

## 38/0658

Gott ist ein Mensch, der über uns allen steht. Er verfolgt das Böse und spricht sich für das Gute aus. Er versucht, das Böse von uns zu halten. Ich glaube an Gott, weil er wirklich in manchen schon fast aussichtslosen Situationen zu einem steht. Er ist für manche Menschen die letzte Zuflucht. Aber man sollte sich nicht nur dann an Gott wenden, wenn es einem schlecht geht, sondern man sollte immer an ihn glauben und an ihn denken. Es gibt nämlich viele Menschen, die normalerweise nicht an Gott glauben, die meinen, wenn es ihnen im Moment schlecht geht, daß sie dann schnell beten u. er ihnen helfen soll. Das ist falsch.

## 38/0659

Ich glaube an Gott, weil ich glaube, daß jeder Mensch einen Rückhalt benötigt. Die Erde und ihre Bewohner sind sicher nicht aus Zufall entstanden, jemand muß sie erschaffen haben. Bei dem Wort Gott denke ich an jemand, der gerecht, selbständig und frei handelt, der alles recht macht, der allmächtig ist. Ein menschliches Wesen, das keine Schwächen hat.

## 38/0660

Gott ist Herr und König der Welt. Ich glaube, weil wir viel Nahrung haben, zu trinken usw.

## 38/0661

Ich glaube nicht an Gott, weil er zuläßt, daß unschuldige Menschen verhungern, weil er zugelassen hat, daß man 6 Mio Juden ermordet hat, die doch ein Volk Gottes sind. Ein Gott hat in unserer Zeit einfach keinen Platz mehr.

## 38/0662

Ich glaube nicht an Gott, da ich mir unter dem Begriff »Gott« nichts mehr vorstellen kann. Außerdem sehe ich nichts von ihm (oder ihr? oder was sonst?)

## 38/0663

Ich denke bei dem Wort Gott an Kirche, Glauben, Liebe. Ich glaube an Gott, weil ich mit dem Glauben aufgewachsen bin. Viele Menschen suchen in ihm die Erlösung. Gott ist eine Erfindung. Viele Menschen stellen sich viel zu viel unter Gott vor, z.B. Erschaffung der Welt, Wunder, Himmel, Hölle.

## 38/0664

Gott ist eine Erfindung von Leuten, denen es schlecht ging (Unterdrükkung, Armut). Er war ihre letzte Hoffnung, um nicht aufzugeben. Ich glaube nicht an Gott, weil er noch nichts Entscheidendes tat, damit ich an ihn glauben kann. Er soll allgegenwärtig sein, aber wie soll man an ihn glauben, wenn man das sieht, was in unserer Welt geschieht, nicht nur heute, auch vor 100 und 1000 Jahren. Kriege, Unterdrückung, Morde, Hungersnöte, Armut... Wenn er allgegenwärtig wäre, würde er es ändern, wenn es ihn gäbe. Aber er ist nur Wunschdenken vieler. Bei Gott denke ich an stumpfsinniges Beten und Hoffen, das sowieso zu keiner Änderung führt.

## 38/0665

Bei dem Wort Gott denke ich an einen Vater, der alle zu sich aufnimmt. Heiliger Mensch. Überwacher der Welt. Retter der Verlorenen. Ich glaube an Gott, weil das als Christ sozusagen mein Glaube ist. Die Hoffnung, daß man später aufgenommen wird. Daß er in schlechten Zeiten zu einem hält.

## 38/0666

Ich glaube nicht an Gott, weil das Vorstellungsvermögen über Gott – was Gott ist – nicht ausreicht. Die Schriften übernatürliche Taten aufzeigen! (Heilung, Vorsehung) ... weil die Kirche Gott preist und selber sich über Gott kein Bild machen kann, also somit auch anderen nicht erklären kann und nur Vermutungen aufstellt. Bei dem Wort Gott denke ich an Liebe, Vertrauen, Geborgenheit, Zuneigung, Tod. Gott ist für viele die Hoffnung, Glaube, Erhabenheit, Schöpfung, das Leben, der Tod. Ich glaube an Gott, weil ein Ziel vorhanden sein muß, ein Weiterleben stattfindet, ein Glaube da ist (Hoffnung).

## 38/0667

Ich stelle mir Gott als einen Richter vor, der nach dem Tod gnadenloses Urteil spricht, aber am Ende viel verzeiht. Ich glaube, daß es Gott gibt, da ich aus einer kath. Familie komme. Habe aber kein Bedürfnis, mein Leben oder mein Handeln und Tun auf ihn einzustellen. Somit bin ich nicht gläubig.

## 38/0668

Antwort auf den Satz von Shaw: Manche Menschen glauben an Gott nur damit sie in das, was man den »Himmel« nennt, kommen, aber nicht aus innerer Überzeugung. Diese Menschen können alles andere als Heilige sein, die außerhalb der Kirche aggressiv und gemein sind und dann glauben, daß durch die Beichte und einen häufigen Kirchenbesuch alles wieder in Ordnung ist. Deren Glauben ist kein richtiger Glaube, sondern nur ein Bestreben auf einen Platz im Himmel. Man sagt nicht umsonst, der oder die sind Scheinheilige. Gott ist etwas woran jeder glaubt, nur hat Gott verschiedene Namen. Jeder braucht etwas, an das er sich in der Not klammern kann. Die meisten glauben an Gott nur, wenn ihnen wohl ist, in der Not glauben sie, Gott hat sie verlassen.

38/0669

Ich glaube an Gott, weil Gott mit der Kirche geht und ich seit meiner Taufe an die Kirche gebunden bin. Gott stelle ich mir als großzügigen und großherzigen alten Mann vor, der die Menschheit korrigiert. Bei dem Wort Gott denke ich an Heilung, an das zweite Leben, an die Sonne und ihr Licht. Bei dem Satz von Martin Luther denke ich an das Leben. Bei der Geburt gibt Gott Leben, beim Tod nimmt er das Leben wieder an sich.

38/0670

Der Herr der Welt. Ich glaube, weil er uns glücklich macht. Ich glaube nicht an ihn, weil ich ihn nicht gesehen habe. Er ist unsichtbar und nicht ansprechbar.

38/0671

Ich glaube an Gott. Ich liebe meine Eltern.

38/0672

Ich glaube an Gott, weil ich ihn so auffasse, wie ich ihn mir vorstelle. Und es gibt auch noch Gegenstände und Gebäude aus dieser Zeit, die überliefert sind, z.B. Olivenbäume.

38/0673

Gott hilft jedem, der an ihn glaubt. Der Glaube an Gott, daß es ihn überhaupt wirklich gibt, ist nicht immer leicht. Denn man hat ja ihn noch nie gesehen. Man kann sich Gott nur so vorstellen, daß er unsichtbar ist.

38/0674

Ich glaube an Gott. Ich glaube, daß man ihn nicht definieren kann, z.B. als irgendeine Kraft oder ein Lebewesen. Jeder stellt ihn sich bestimmt anders vor.

38/0675

Gott – Bezugspunkt für das eigene Ich, eigenes Gewissen, unvorstellbare Größe, außerirdische Kraft, an die sich die Menschen (vor allem in der Not) klammern. Sinnbild für Errettung.

# 39   Einjährige Berufsfachschule Maler

*Den Schülern wurde ein Blatt mit folgendem Kopf ausgegeben:*
*Was ich wirklich glaube*
*Wie mein Glaube zur Zeit aussieht*
*Schreib' ohne Rücksicht auf den Religionslehrer*
*                          die Klassenkameraden*
*                          die Mode-Wellen.*
*3 Blätter wurden leer abgegeben.*

39/0676                                                    16. w.
Ich glaube, daß Gott und die Verstorbenen (Armen-Seelen) einem helfen
können, bei Problemen. Aber manchmal zweifle ich auch, ob ich den
richtigen Glauben habe, ob sie wirklich helfen können. Ich denke nach
über Gott, die Religion, das Leben, dann spüre ich in mir eine Leere, die
mich traurig macht. Den einzigen Halt bietet mir dann Gott oder was es
sonst ist. Aber ohne Glauben wäre das Leben langweilig, eintönig.
Ich kann das Wort Glauben nicht definieren, ich weiß es oder ich fühle es,
glauben in diesem Zusammenhang ist etwas dazwischen. Ich kann meinen Glauben nicht ausdrücken, in Worte fassen [bricht ab]

39/0677                                                    17. w.
Es ist schwer für mich an irgend etwas zu glauben. Z.B. daß man den
Erzengel Gabriel gesehen hat und daß 1984 die Welt untergeht. Ich find
das einen Schmarrn. Genauso ist es mit Gott irgendwie kann ich nicht an
ihn glauben, er läßt doch so viel Unheil auf der Welt geschehen. Meine
Eltern waren krank Gott hat aber nur meiner Mutter geholfen. Meinen
Vater ließ er sterben. Seit 1976 bin ich ein suchender Christ. Wenn ich
Probleme [habe] sagen andere zu mir, gehe ganz alleine in die Kirche Gott
wird dir helfen. Das ist ein Schmarrn er hört mich und sieht mich nicht.
Und ich sehe ihn auch nicht. Warum soll ich dann glauben. In die Kirche
muß ich alle 2 Wochen aber zuhören tue ich nicht. Ich langweile mich
dann nur.

39/0678                                                    19. m.
Es ist schwer für mich in der Schule aufzupassen. Unser Religionslehrer
ist ein komischer Mensch. Meine Klassenkameraden sind nicht alle
freundlich, nur einige davon sind sehr nett. Ich ziehe mich an wie es mir
gefällt und ich gehe nicht nach der Mode die ist zu teuer für mich. Ich
glaube zum Beispiel nicht das was in meinem Horoskop steht oder ich
glaube daß ich z. Zeit ein ruhiger Mensch bin.

39/0679                                                    15. m.
Ich bin sauer mit Gott und der Welt. Es ist wie mit einem bösen Traum,
alles rings um mich fällt zusammen. Wir stehen kurz vor einem Krieg es
gibt Menschen die nichts zu Essen haben die verzweifelt sind, daß das
Gott nur zulassen kann. Die Menschen sind alle blöd. Ich glaube zwar an

Gott aber nicht an die Kirche und deswegen gehe ich auch nicht. Von den Kirchen weiß ich Gutes aber auch Schlechtes, es wird in der Öffentlichkeit nur Gutes über die Kirche gesprochen. Ich hoffe es wird alles wieder gut und daß Gott wenn es ihn wirklich gibt ein Wunder geschehen läßt.

39/0680                                                                 15. m.
Das weiß ich nicht genau. Ich weiß nicht was ich unter Glaube verstehen soll. Ich glaube z.B. nicht an den Weihnachtsmann oder an den Osterhase. Ich finde man ist noch lange kein Heiliger wenn man jeden Sonntag in die Kirche sitzt und dem Pfarrer zuhört was er da verkündet. Ich finde man ist eher ein Heiliger wenn man Nächstenliebe ausübt oder an Gott glaubt. Aber eigentlich will ich gar kein Heiliger sein, das soll nicht heißen, daß ich meine Mitmenschen nicht liebe oder an Gott nicht glaube.

39/0681                                                                 16. m.
Ich möchte darüber Nichts sagen! Ich glaube an Vieles

39/0682                                                                 19. w.
Meine Eltern haben mich nicht getauft daher habe ich auch nie viel mit Gott und Kirche zutun gehabt. Ich glaube nicht, daß es wirklich einen Gott gibt. Ich glaube, daß Gott ein Mensch war der zur damaligen Zeit mehr Verstand hatte und ihn verstand zu benutzen.
Persönlich glaube ich an gar nichts, ich glaube nicht an die Zukunft, nicht an Gott. Ich glaube nur, daß ich irgendwann sterben werde und bis dahin muß ich aus meinem Leben das Beste machen.

39/0683                                                                 15. m.
Ich glaube an Gott und seine Auferstehung.
Ich glaube an die Freiheit.
Ich glaube an die Liebe.

39/0684                                                                 16. m.
Ich glaube schon an Gott, denn ein normaler Mensch braucht etwas Höheres, an dem er sich festhalten kann. Aber man kann doch auch an Gott glauben ohne in die Kirche zu gehen. Meiner Ansicht nach sind die meisten, die in die Kirche gehen, scheinheilig. In der Kirche tun sie recht fromm, aber beim Kaffeeklatsch machen sie die anderen schlecht. Genauso wie die Pfarrer und Päpste im Mittelalter. Sie riefen zu Kreuzzügen auf und marschierten unter dem Kreuz in den Krieg. Sie sagten sich, für das Kreuz darf man töten, obwohl es in einem Gebot heißt, du darfst nicht töten. Oder um Beispiel die Hexenverbrennungen usw.

39/0685                                                                 17. m.
Ich glaube nicht an den Nikolaus, früher habe ich daran geglaubt, daß es den Nikolaus gibt. Ich glaube, daß Gott für mich immer da ist und auch überall. An guten und schlechten Tagen.

Ich glaube, daß mein Religionslehrer ein guter und menschenfreundlicher Mensch ist auch wenn er einen anderen Glauben hat.

Ich glaube, daß manche Klassenkameraden keine Freunde für mich sind, weil sie immer stören und einen ärgern.

Ich glaube, daß ich ein Christ bin.

## 39/0686 16. m.

ich glaube an Gott und Jesus und an die Heilige Maria.
Ich glaube meine Familie.
ich glaube an das Leben.
ich glaube nur Menschen die ich kenne.
ich glaube an die Kirche.
ich glaube an meine Freunde aber nur manchmal.
ich glaube an die Welt.
ich glaube an das Neujahr.
ich glaube an die Liebe.
ich glaube auch an das böse Menschlichkeit.
ich glaube meinen Lehrer[n].
ich glaube an manche Geschichten.
ich glaube an den Tod.
ich glaube an das ewige Leben.
ich glaube auch an manche Götter auch.
ich glaube an die Armen.
ich glaube an die Polizei.

## 39/0687 17. m.

Ich weiß nicht recht, was ich mit dieser Frage anfangen soll. Sicher glaube ich an Gott, und ich habe, glaube ich sagen zu dürfen, ein gutes Verhältnis zu Gott. Ich bin aber bis jetzt nicht in Not oder so gekommen, deshalb weiß ich nicht, wie *fest* mein Glaube ist? Zur Zeit sieht mein Glaube ziemlich gut aus. So etwas merke ich u. a. auch am Gebet, es ist irgendwie persönlicher geworden. Auch die Sache mit dem Apostolat klappt zur Zeit ziemlich gut. Jetzt höre ich aber auf, da ich keine Zeit mehr habe und jeder meinen Aufschrieb lesen will.

## 39/0688 16. w.

Ich glaube, daß wir Menschen eine schwere Zukunft vor uns haben, denn was man über Atomkraft und andere Kriegsmittel hört muß man einfach daran glauben. Außerdem glaube ich daran, daß es bald Krieg geben wird.

Und auch daß alle Menschen nie mal alleine zurechtkommen obwohl sie es wollen, denn jeder braucht Hilfe. Ich glaube auch an Gott jedoch nicht an die Kirche, denn man muß nicht in die Kirche gehen um an Gott zu glauben, Gott wird jedem Menschen helfen der ihn darum bittet.

Ich glaube an Gott, denn ich denke daß man auch in größter Not und Verlassenheit sich immer wieder zu Gott wenden kann. Sicher gibt es Menschen die sich fern und von Gott vernachlässigt fühlen, aber in Wirklichkeit haben sie vielleicht ein oder mehrere Male große Niederlagen oder Not empfunden, die sie vielleicht nicht vergessen können und sie denken dann: Warum hat *mir* Gott denn nicht geholfen als ich allein war. Gerade diese Leute dürfen den Glauben an Gott auf keinen Fall verlieren, gerade sie sind sehr gefährdet, ihn zu vernachlässigen und schließlich aufzugeben. Aber ich denke, daß auch die Menschen sich ab und zu an Gott wenden. Mit ihm in Gedanken reden und sprechen, und ihn um Rat und Meinung fragen. Nach meiner Ansicht sollten alle Menschen sich Gott anvertrauen zumindest ihn zu verstehen lernen und nicht von ihm denken, daß er böse und ungerecht ist weil er einem einmal in großer Not und Verzweiflung nicht geholfen hat. An was sollte sich ein Mensch sonst halten außer an Gott. Ich denke er wird diese Welt und ihren Kreislauf, mit unseren Meinungen und Gebeten bei sich behalten und ihr Vertrauen.

39/0690
*Ich glaube an Gott!*

39/0691
Ich glaube Gott dem Herrn

## 40   Schneiderinnen (Industrie), 3. Klasse

*Die Schülerinnen wurden gebeten, ihr eigenes Glaubensbekenntnis zu schreiben. Die Texte wurden vom Lehrer unter dem Titel »Unser heutiges, tastendes Glaubensbekenntnis« vervielfältigt wieder in die Klasse gebracht.*

40/0692
Gott – unsichtbar – ich glaube, daß er nicht so aussieht wie ein Mensch – manche Menschen glauben nur, was sie sehen – ich glaube nicht an Wunder.

40/0693
Ich glaube ...
daß Gott hilft, wenn man ihn braucht
daß er wenigstens bei mir ist
daß es ohne Gott viel mehr Unheil geben würde
daß mancher Tod von einem Freund von Gott bestimmt war.
Wenn es Gott nicht geben würde, an wen sollte ich dann glauben? Kinder, die mit Gott aufwachsen, geraten nicht so schnell auf die ›krumme Bahn‹.

**40/0694**

Gott ist unsichtbar – man kann ihn mit unserem Auge nicht sehen – er kann schweben.
Er ist wie ein Vater – er kann zerstören oder wachsen lassen.

**40/0695**

Ich glaube, daß Gott die Natur ist, die Sonne, die Unwetter, Katastrophen, das Licht, die Wärme und die Kälte.
Das alles kann nicht einfach so sein – da steckt eine riesige Kraft dahinter, die Kraft des Lebens überhaupt, und das ist für mich Gott. Jesus sagte, daß Gott der Vater Aller ist, und das kann kein Wesen sein, das in der Luft sitzt.

**40/0696**

Man hört, was in der Bibel steht, aber man lernt ihn nicht richtig kennen.

**40/0697**

Gott ist für den Menschen eine Beruhigung. Wer an Gott glaubt, verzweifelt nicht so schnell am Leben. Vielen Menschen gibt nur der Glaube an Gott neuen Aufschwung und neue Kraft zum Leben. Gott ist wie der Sonnenschein, der die Menschen fröhlicher macht. Niemand kann ohne den Sonnenschein leben.
Gott ist wie die Hoffnung. Jeder Mensch lebt in der Hoffnung. Ohne die Hoffnung wird das Leben sinnlos. Gott ist wie die Liebe, die jeder Mensch braucht und gibt.
Jeder Mensch braucht Sonnenschein, Hoffnung und Liebe zum Leben und den Glauben an Gott.
Manche Menschen verlieren schon sehr früh den Glauben an Gott und manche Menschen finden erst sehr spät zu Gott. Aber jeder Mensch glaubt oder hat einmal in seinem Leben an Gott geglaubt meiner Meinung nach.

## 41 Schreiner und Holzmechaniker, 3. Klasse

*Den Schülern wurde ein Blatt mit folgendem Kopf gegeben:*
*Versuchen Sie bitte – vielleicht in Beispielen – Ihre Erfahrungen aufzuschreiben mit Religion, Glauben, Gott, Kirche, glaubwürdigen oder unglaubwürdigen Menschen.*

| | |
|---|---|
| *Was war belastend,* | *Was hat gefallen,* |
| *hinderlich, wirkt schlecht nach?* (a) | *geholfen, ermutigt?* (b) |

**41/0698**

a) Als ich mein Moped kaufte sagte der Händler zu mir, daß sein Laden alle Ersatzteile vorrätig hat. Ich habe mal eines dringend gebraucht und mußte 2 Monate darauf warten, seitdem gehe ich zu einem anderen Händler.

b) Als ich einmal einen riesen Scheiß gebaut habe und es nicht mehr zu ändern war hat mir mein bester Freund (35) geholfen es zu verdecken. Er sagte er sei auch mal jung gewesen und hätte auch Mist gemacht. Es hat mir damals sehr geholfen.

41/0699
a) Sture Kirchenchristen, die immer nur geradeaus schauen.
b) Es ist erleichternd zu wissen, daß man nicht alle Entscheidungen alleine treffen muß, sondern damit zu Jesus kommen kann.
(Führerschein)

41/0700
b) Daß es Aufklärung gegeben hat über Gott und den Glauben. Es hat vielen geholfen zur Eingliederung in die Kirche.

41/0701
a) Ich habe die Erfahrung gemacht, daß viele katholische Menschen die öfter zum Beichten gehen, meinen daß sie hinterher wieder von neuem, ohne schlechtes Gewissen, sündigen können.

41/0702
b) Als ich noch kleiner war und meine Mutter mich zur Beichte geschickt hatte kam ich mir nach der Beichte irgendwie leichter vor. Ich nahm mir auch vor nicht mehr zu fluchen oder sonstiges nicht mehr zu tun. Heute ist das anders bei mir. Ich kann zur Beichte gehen wenn ich will (ich geh sowieso nicht so oft, höchstens Weihnachten). Mir ist nicht leichter oder so. Ich bin froh wenn alles vorbei ist.

41/0703
a) Hinderlich finde ich, wenn man ein Problem hat und dasselbe mit *Gebeten* oder in der Hoffnung Trost von Gott zu erhalten, abzubauen versucht.
Belastend ist die Schematik in die man sich fügen muß, also sich selbst, (das Ich nicht den Ego) zurückstecken muß ohne für irgend jemanden eine Stütze (Zweck) zu sein.

41/0704
a) Belastend war die manchmal lasche Art wie Christen sich mit Gott und dem Glauben auseinandersetzen.
Bedauerlich ist auch heute die Tatsache, daß sich die Jugend immer mehr von der Kirche distanziert, um in ihrer »scheinbaren Umwelt« nicht behindert zu werden.
Hinderlich war auch, daß der Jugend immer mehr der Weg zu Gott verbaut wird, z.B. Drogen, Arbeitslosigkeit, Kriminalität.
b) Ermutigt hat die Tatsache, daß zu jeder Zeit Menschen sich bereitgefunden haben dem Ruf Jesus zu folgen, und sich ganz in den Dienst der Kirche gestellt haben,

Menschen die alle weltlichen Gelüste abgelegt und dem Ruf Christi gefolgt z.B. Franz von Assisi, Benedikt von Nursia, der hl. Dominikus, usw.
Mir hat gefallen, daß man sich wenigstens an einen Ort (Kirche) klammern kann, wo man verstanden wird und Hilfe erwarten kann.

### 41/0705

b) Nach einer depressiven Phase, in der ich mir nichts zutraute und zu nichts Lust hatte, half mir ein Kurs zur Weiterbildung zu dem ich mich überwunden habe weiter.

### 41/0706

a) Abschreckend von der Kirche wirkt der pietistische Clan z.B. »N. in Stgt.« mit seinen extremen Vorstellungen vom Glauben, Religion, »Christ sein«. Verführung junger Menschen, ähnlich wie bei Sekten, »religiöse Fanatiker«
b) Zu glaubwürdigen Menschen, die entsprechend moral., ethischen Grundwerten leben, habe ich mehr Vertrauen als zu Menschen, die sich als »Christen« deklarieren.
Religion, Moral, Ethik ist so fest im Unterbewußtsein verankert, daß man automatisch danach lebt ohne jedesmal bewußt die Religion bei einer Entscheidung zu berücksichtigen.

### 41/0707

a) Die Kirche in der DDR steht in einem schlechten Licht.
Ich wollte mal mit jemand über die Kirche sprechen, da hat er einen heillosen Streit vom Zaun gebrochen.
b) Es ist gut, daß die Kirche gegen den § 218 vorgeht.
Ich finde es gut, daß sich die Kirche für die Länder der 3. Welt einsetzt.
Es ist gut, daß die Kirche jegliche Rassenverfolgung verurteilt.

## 42  Hauswirtschaftliche Berufsfachschule, 1. Jahr

*Den Schülerinnen wurden die Satzanfänge und Sätze zu Gott vorgegeben. Außerdem wurden sie aber auch noch um Äußerungen gebeten zu: Mein Lieblingsposter (-bild), die Welt von der ich träume, Alt werden – wie kann man das aushalten und Jesus.*

### 42/0708

Worauf du nun dein Herz hängst und verläßt, das ist eigentlich dein Gott. Wenn mein Herz an meiner Mutter hängt und ich mich auf sie verlasse, dann ist sie für mich noch lange nicht Gott. Dann müßte ja jeder Mensch einen anderen Gott haben. Aber Gott ist ja nur eine ganz bestimmte Person und nicht jeder ixbeliebige.

42/0709

»Gott sei Dank gibt es das nicht, was sich 60–80% der Leute unter Gott vorstellen«.

Kein Mensch weiß wie Gott aussieht (ob er groß ist, ob er klein ist). Jeder Mensch hat eine andere Vorstellung von Gott wie er aussieht usw. Ich finde jeder soll seine eigene Meinung darüber bilden man sollte ihm keine Meinung aufzwingen. Denn der eine oder andere könnte enttäuscht sein, wenn man sagt er ist nicht so wie du meinst. Er könnte das Vertrauen zu Gott verlieren. Denn es ist leichter einem zu glauben der einem vertraut ist, als einem Fremden.

42/0710

Ich glaube an Gott, weil ich mit dem Glauben an Gott erzogen wurde, und ich glaube, daß es irgend jemand oder irgend etwas geben muß das die Welt schuf, natürlich nicht so, wie es in der Bibel steht aber die Lebewesen konnten doch nicht so einfach aus dem Nichts entstehen. Ich glaube vielleicht auch nur an Gott weil ich Angst vor dem Tod habe, vor dem was danach kommt, ich glaube nicht, daß es nach dem Tod nichts mehr gibt.

Wenn ich Sorgen habe dann bete ich und das Beten gibt mir neue Hoffnung, obwohl ich nicht glaube, daß Gott zum Wünsche erfüllen da ist.

42/0711

Ich glaube an Gott, weil es für mich ein Weiterleben nach dem Tode gibt. Die nicht an Gott glauben, werden einmal von Gott in ewige Verdammnis gestoßen werden. Gott ist mit uns gnädig, er hilft uns immer wenn wir ihn brauchen. Viele Menschen wollen von Gott nichts wissen, sie meinen sie seien von Gott endlich los, aber das werden sie erst nach dem Tode merken wenn sie von Gott verstoßen werden. Sie merken gar nicht, daß Gott trotzdem gegenwärtig ist. Weil ich weiß, daß ich einmal nicht von Gott verstoßen werden sein will, glaube ich an Gott. Darin liegt für mich auch der Sinn meines Lebens.

42/0712

Woran denken Sie bei dem Wort Gott?

Ich denke an die Predigt in der Kirche, Konfirmation, Bibel, Martin Luther, Altes u. Neues Testament. An die Wunder die Jesus vollbracht hat. An Weihnachten, Ostern, Pfingsten. An Mose, Abraham, Noa. An den Himmel. An das Vertrauen und Güte, Geduld die Gott mit uns hat. An den Religionsunterricht, Götter, an die Juden. An Missionare die in der 3. Welt Gottes Botschaft verkündigen. An Taufen, Beerdigungen, Hochzeiten. An die Kinderkirche, Opferkässchen, Gesangbuch. An den Altar, Abendmahl, Krippe. An die Geschichten die mir schon erzählt wurden im Konfirmandenunterricht. An Engel und an die Erlösung wenn man eines Tages in den Himmel kommt. An die Entstehungsgeschichte der Welt, an unsern Pfarrer.

42/0713

*Ich glaube an Gott,* weil er mir oft Trost gibt, auch wenn er nicht direkt mit mir spricht. Aber schon daß man einen Gott [erste Fassung: sozusagen Menschen] hat, dem man alles sagen kann ist für mich eine große Hilfe im Leben, da man immer weiß man ist nicht allein. (Auch wenn man dies oft vergißt).

Ich glaube an Gott aber nicht an die Kirche, denn Gott ist doch für alle da, nicht nur für die, die alle Sonntage in die Kirche gehen.

Wahrscheinlich ist der Glaube zu Gott sehr von der Erziehung abhängig, und meine Eltern haben mir sehr geholfen an Gott zu glauben mich aber nie gezwungen.


42/0714

Ich glaube an Gott, weil . . .

er mir zur Zeit einen unheimlichen Halt gibt und die eigentlich letzte Hoffnung auf Frieden und ein schöneres Leben als bisher gibt. Ich glaube, ich glaube auch an Gott weil mich etwas sehr belastet und ich ihn bitten kann mir zu helfen. Zu Gott kann ich ehrlich sein ich kann ihm meine innersten Gedanken, Wünsche und Sorgen anvertrauen. Ich möchte auch noch sagen, daß ich (leider) nicht immer an Gott glaube, sondern nur wenn mich etwas bedrückt oder wenn ich Lust zu glauben habe. Ich weiß auch nicht, ob ich es wert bin zu glauben. Danke fürs Zuhören. Shalom C. Es gäbe noch viel dazu zu sagen.


42/0715

Gott sei Dank gibt es nicht was sich 60–80 % der Leute unter Gott vorstellen.

Das ist für mich ein unmöglicher Satz wenn ich denke an was ich als Christ glaube. Wenn ich denke Gott hat die Welt gemacht und alle Menschen dann würde das nicht stimmen weil er, ich und die Welt nicht dawären. Schon der Anfang »Gott sei Dank« ist zu bedenken, er dankt Gott und sagt, daß er nicht existiert.


42/0716                                                                                    15, w.

*Gott ist* für mich ein Mensch, der immer bei mir ist, der mich nie verläßt, auch wenn ich mal etwas Schlechtes tue. Ein Mensch der alle Menschen gleich behandelt (er macht keine Unterschiede z.B. Rasse, Reiche oder Arme).

Manchmal geht es mir so, daß ich mich selber nicht mehr verstehen kann, und dann wend ich mich an Gott, dem ich alles sagen kann was mich bedrückt.

Ich weiß nicht, ob ich an Gott glaube. Ob es überhaupt einen Gott gibt, wo so viel Böses auf der Welt geschieht.

*Lieblingsposter:*

Ich habe eigentlich kein bestimmtes Lieblingsposter.

*Die Welt von der ich träume*
Eine Welt, auf der Ruhe und Frieden herrscht. Wo jeder versucht den anderen zu lieben.
*Alt werden – wie kann man das aushalten?*
Darauf finde ich keine Antwort? [Fragezeichen übergroß]

42/0717                                                                    16, w.
*Woran denken Sie bei dem Wort »Gott«?*
Herrscher, Schöpfer der Welt
Gott ist das Leben, die Hoffnung und die Gerechtigkeit auf Erden.
*Die Welt von der ich träume*
Frieden, Gerechtigkeit, keine Verbrechen, keine Hungernden, niemand wird unterdrückt, [bricht ab]

42/0718
*Gott ist ...*
Gott ist das Leben, die Hoffnung und die Gerechtigkeit auf Erden.
*Die Welt von der ich träume* müßte friedlich sein. Das Laufen der Menschen sollte abgeschafft werden als Fortbewegungsmittel sollten nur Motorräder erlaubt sein. Jeder hat das Recht das zu tun was ihm gefällt, im friedlichen Sinn.
Du bist das Leben, die Hoffnung, die Gerechtigkeit auf Erden.

42/0719                                                                    16, w.
*Wie stelle ich mir Gott vor?*
Gott ist für mich eigentlich unvorstellbar, er ist einfach großartig. Seine Werke und Taten, die er selber, oder durch andere vollbracht hat, sind wunderbar. Ich kann mir Gott nicht als Person vorstellen. Wenn ich Gott malen müßte würde ich ein leeres Blatt abgeben.
*Mein Lieblingsposter!*
Mein Lieblingsposter ist eigentlich gar kein Poster, es ist mehr ein Bild, auf dem mein Gedenkspruch von meiner Konfirmation geschrieben ist. Das Bild hat einen ganz tollen blauen Hintergrund und im Vordergrund fliegen einige Vögel. Das Bild wirkt auf mich wie frei sein.
*Alt werden – wie kann man das aushalten?*
Alte Menschen tun mir im Grunde genommen leid. Wie sie so traurig umher gehen (vor allem in der Stadt), wenn sie keinen Anschluß mehr haben und die Angehörigen nichts mehr wissen wollen.

42/0720                                                               16. + 15. w.
Gott ist für uns jemand an den wir glauben können. Der uns hilft und uns versteht und uns auch anhört und uns vergibt.
Ich glaube an Gott, weil wir jemanden brauchen an den wir glauben können und ihm einiges anvertrauen können, denn er versteht uns. Weil wir uns bei ihm geborgen fühlen.
Wir stellen uns Gott als herrschenden Herrn der über uns steht vor. Der überall ist und uns beschützt.

Wir denken bei dem Wort »Gott« an einen über uns herrschenden Heiland an den wir glauben *können und* der unsere Gebete erhört.

Meine Lieblingsposter sind Sonnenuntergänge und kleine Kinder oder auch alte Bäume mit einer Sonne. Weil ich die Bilder romantisch finde und mich frei und wohl fühle. Der Sonnenuntergang oder Aufgang, da fängt für mich ein neuer Tag an. Ein Tag ohne Probleme und voller Friede.

42/0721                                                                          17, w.

Ich glaube an Gott, weil er der Sinn meines Lebens ist. Ich möchte nicht mehr ohne ihn leben und bin froh, daß ich ihn habe. Er ist für mich mein himmlischer Vater. Ich kann zu ihm kommen und darf wissen, daß er mir hilft und daß er mich nicht abweist. Ich darf spüren, daß er da ist auch in schwierigen Zeiten. Er ist für mich Realität nicht nur irgendwie erdacht. Die Menschen, die Jesus nicht kennen tun mir leid, weil sie keinen festen Halt im Leben haben und nicht wissen zu wem sie mit ihren Problemen hingehen sollen. Ich freue mich, daß ich weiß, meine Sünden sind mir vergeben, Jesus starb für mich und er ist nun mein persönlicher Herr und Heiland. Und so brauche ich auch keine Angst vor der Zukunft haben, weil er bei mir ist. Jesus sagt auch: Ich bin bei Euch alle Tage bis an der Welt Ende.

*Mein Lieblingsposter:*

Ich habe viele Poster und Bilder, aber eines gefällt mir besonders gut. Eine Spur im Sand mit Spruch: Der Mensch ist wie eine Spur im Sand nur Gottes Liebe weiß wo sie hingeht.

Jesus ist für mich mein:

Heiland, guter Hirte, Weinstock, Herr,
Gottes Sohn, Messias, Vater, das Licht,
der Weg, die Wahrheit, das Leben.


42/0722

Ich glaube an Gott, weil ich mit ihm durch das Gebet reden kann, ihn um Vergebung bitten kann und ihn um Hilfe bitten kann. Durch den Glauben an Gott heißt das nicht, daß ich täglich die Bibel lese. Denn für mich bringt die Bibel durch ihre Texte solche Schwierigkeiten mit, da ich die Texte nicht immer verstehe. Auch halte ich nichts vom sonntäglichen Kirchengang. Denn die meisten Leute gehen in die Kirche, daß die anderen Mitbürger sehen, sie sind in der Kirche. Man kann versuchen mit Gott zu leben, ohne sich an solche Dinge zu halten.

Die Welt von der ich träume . . .

Sie sollte ohne Haß, Zwang, List, Lügen, Verbrechen und all solche Dinge sein. Eine Welt in der man frei leben kann.


42/0723                                                                          15, w.

Woran denken Sie bei dem Wort »Gott«

Ich denke daran, daß er mich beschützt, daß er uns hilft, daß er uns zu essen und zu trinken gibt, daß er ein »Vorbild« ist.

Die Welt von der ich träume
Ich träume von einer Welt, ohne Krieg, wo die Menschen in Frieden zusammenleben, ohne Streß, ohne Sorge um Arbeitsplätze, Umweltverschmutzung, ohne Sorge um Nahrung.

42/0724
Woran denken Sie bei dem Wort »Gott«
Ich denke daran, daß es jemand ist der mir in allen Notlagen hilft, der immer zu einem hält, daß er keinen verachtet. Ich verstehe unter dem Wort Gott halt, daß es einer ist der mir immer hilft und mir das Leben geschenkt hat und daß er für unsere Sünden gestorben ist. Gott ist jemand, an den wir glauben!
Mein Lieblingsbild:
Auf dem Bild ist ein Mädchen dargestellt das einen Hauch von Zärtlichkeit und Selbstbewußtsein erweckt.

42/0725
Ich glaube an Gott, weil es einfach jemand geben muß, der größer und mächtiger ist als der Mensch. Es muß auch vorher, bevor der Mensch da war, jemand gegeben haben, der die Erde geschaffen hat. An den Urknall und solche Theorien glaube ich nicht. Gott ist für mich jemand, der einzigartig und unangreifbar ist. Von Menschen wird man eigentlich immer enttäuscht aber von Gott nicht. Wir möchten bloß immer unsere eigenen Wege gehn und nie dem Willen Gottes unterliegen.
Mein Lieblingsposter:
Pablo Picasso: »Das Kind mit der Taube«
Das Bild strahlt einen Frieden, Ruhe aus. Manchmal möchte man auch so ein Kind sein und einfach den Frieden festhalten wollen. Um einen ist die Welt so kaputt, daß man ab und zu in ein Bild fliehen will.
Ich weiß jetzt noch nicht, wie ich über das Altwerden denke. Aber wenn es soweit ist, werde ich mich schon damit abfinden. Ich finde es blöde, wenn Menschen sich mit ihrem Alter nicht abfinden und sich immer jünger machen wollen.

42/0726                                                          15, w.
Gott ist  der Schöpfer der ganzen Welt
          das A und das O
          von Ewigkeit zu Ewigkeit
          der gute Hirte
          gnädig, barmherzig und von großer Güte
          der Weinstock
          der Herr aller Herren
          der Retter der ganzen Welt
          das Brot des Lebens
          das lebendige Wasser
          der Richter der Welt

Ich glaube an Gott weil er uns liebt, weil er seinen Sohn nicht für uns verschont hat und in die Welt gegeben hat, daß wir durch ihn gerettet werden können, Vergebung der Schuld und das ewige Leben haben können. Daß ich einmal das ewige Leben erhalten werde. Gott ist immer bei mir in Not oder Angst, Anfechtung, schwierigen Problemen. Wir brauchen nicht alleine zu sein.

*Die Welt von der ich träume:* Das goldene Jerusalem, dort wird es einmal kein Leid (Tod) mehr geben, (Gottes ewiges Reich) und Gott wird regieren von Ewigkeit zu Ewigkeit

Halleluja. Amen.[auf der Rückseite des Blattes]

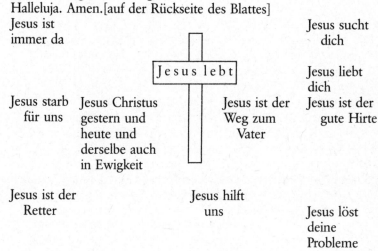

Jesus ist immer da

Jesus sucht dich

Jesus lebt

Jesus liebt dich

Jesus starb für uns

Jesus Christus gestern und heute und derselbe auch in Ewigkeit

Jesus ist der Weg zum Vater

Jesus ist der gute Hirte

Jesus ist der Retter

Jesus hilft uns

Jesus löst deine Probleme

## 43  Bäcker, 3. Klasse

*Den Schülern wurden folgende 5 Fragen gestellt:*
*1. Was bedeutet für mich der christliche Glaube?*
*2. Was halte ich von der Kirche?*
*3. Wie oft gehe ich in die Kirche?*
*4. Wie lebe ich als Christ?*
*5. Was sollen Christen tun?*

43/0727
1. Regelmäßig in die Kirche gehen, an Gott glauben, die Kirche achten, sich an die 10 Gebote halten.
2. Ort wo man andere Menschen trifft, durch die Beichte kann man seine Sorgen und Schuld ablegen.
3. an Feiertagen z.B. Weihnachten immer, 1mal im Monat.
4. Immer darauf achten keine Schuld auf mich zu laden.
5. Mit seinen Mitmenschen christlich umgehen und zusammenleben, einander helfen, einer sollte für den anderen da sein, keine anderen Götter verehren, Christen sollten zu ihrem Glauben stehen, Christen sollten sich nicht zu einem anderen Glauben bekehren lassen

43/0728
1. Wenn man an etwas ganz fest glaubt.
2. Kirche ist der Treffpunkt mit Gott.
3. Nur bei besonderen Anlässen (Weihnachten, Hochzeit, Beerdigung.) [Nachtrag zu 3.] zu langweilig, die Predigt, Orgel, Musik, bessere Musik z. B. A . . ., man sollte rauchen können in der Kirche.
4. Man lebt ganz normal, warum sollte man anders leben?
5. Kirche gehen, Gott glauben, Beten, an die 10 Gebote [sich] halten, regelmäßig in die Kirche gehen.

43/0729
1. An Gott zu glauben, öfters in die Kirche gehen, die Kirche achten,
2. Wenn man Probleme hat daß die Kirche einem hilft sie zu lösen;
3. nicht sehr oft, früher bin ich jeden Sonntag gegangen; immer an Feiertagen gehe ich in die Kirche z. B. Ostern, Weihnachten usw.
4. Als Christ versucht man, keine Schuld auf sich zu laden; mit anderen christlich umgehen und sie nicht brutal zusammenschlagen.
5. Christen sollten zusammenhalten, Christen sollten immer an Gott glauben egal in welcher Situation sie sind, Christen sollten Gott nicht verspotten, Christen sollten die 10 Gebote halten, Christen sollten keine anderen Götter verehren, Christen sollten zu ihrem Glauben stehen, Christen sollten sich nicht bekehren lassen zu einem anderen Glauben z. B. Zeugen Jehova.

43/0730
1. Glauben ist sehr schwer in unserer Zeit, weil Christen an was glauben was noch niemand in unserer Zeit erlebt hat.
2. Die Kirche ist ein Ort des christlichen Glaubens man versammelt sich dort zu gemeinsamem Gebet.
3. sehr selten, ich weiß auch nicht warum ich so selten gehe. Zeit hätte ich genug.
4. Ich lebe wenig nach dem christlichen Glauben wenn es mir gut geht nur wenn ich in Bedrängnis bin dann bete ich.
5. Als Christ sollte man nach den 10 Geboten leben. Jeder nach sich, der eine strenger der andere nicht so streng.

43/0731
1. Wenn [man] einen Halt hat und ihn sprechen kann obwohl er nicht anwesend ist. Wenn man an ihn glaubt und zu ihm spricht.
2. Die Kirche ist für mich ein Gebäude da wo man sonntags hingehen sollte deshalb ist es für [mich] einfach unsinnig dahin zu gehen weil [es] blödsinnig ist.
3. Fast nie aber in letzter Zeit öfters.
4. Wie alle anderen Menschen, bloß ich mach das was mir gefällt und nicht was die anderen von mir verlangen außer beruflich.
5. Jeder Christ soll das tun was er für richtig hält, ob er in die Kirche geht oder in eine Kneipe, er muß selber wissen ob er an ihn glaubt.

43/0732
1. Glaube an ein höheres Wesen
   Glaube an ein Leben nach dem Tod.
2. Glauben kann man auch [ohne] Kirche. Viele gehen auch bloß in die Kirche um gesehen zu werden.
3. 2Mal im Monat manchmal auch gar nicht
4. Verständnis für andere zeigen, hilfsbereit sein

43/0733
1. Mit den Mitmenschen friedlich zusammenleben. An Gott glauben. Niemals den Glauben verlieren. *Lieben* (alles)
2. Ich finde wenn ich den Glauben an Gott habe und christlich handle, brauche ich keine Kirche. Die meisten hocken auch bloß rein und schlafen, und dann kommen sie raus und sagen das war wieder eine schöne Predigt vom Herrn Pfarrer.
3. Zu Weihnachten, Ich schlafe gerne aus am Sonntag.
4. Man soll zwar seinen Nächsten lieben, aber manchmal wird man doch sauer. Ich finde es völlig richtig wenn man geschlagen wird soll man zurückschlagen, nicht einstecken, das ist gerecht. In Frieden leben. Mitmenschen helfen.
5. Das was sie wollen nur nichts Böses.

43/0734
1. Den Glauben an Gott nicht verlieren. Hoffen auf ein Weiterleben nach dem Tod. Nett und lieb zu seinen Mitmenschen sein.
2. Die Kirche ist ein Haus Gottes wenn man Sünden hat geht man in die Kirche um seine Sünden abzulegen und Buße tun, oder man geht in die Kirche um Gott nahe zu sein.
3. 2–3 mal im Jahr. (Weihnachten, Pfingsten) Sie ist mir zu kalt, Weihrauch vertrage ich nicht. Schlafe gerne aus. [Nachtrag zu 3.] Ich gehe nicht zur Kirche weil ich am Sonntag gerne ausschlafe, und weil es in der Kirche zu kalt ist. Außerdem vertrage ich keinen Weihrauch.
4. Ich bin völlig ungebunden. Ich kann zu Gott reden wann und wo ich will.
5. Den Glauben an Gott nicht verlieren. Hilfsbereit und höflich sein. Nicht habgierig, sondern mit seinen Freunden teilen.

43/0735
1. Ich versuche zu glauben, aber es ist schwer an jemanden zu glauben den noch niemand gesehen hat.
2. Ich halte von der Kirche nicht viel, weil sie nur von älteren Menschen besucht wird. Würden mehr junge Leute in die Kirche gehen würde ich vielleicht auch öfter die Kirche besuchen.
3. Ich war bei meiner Konfirmation das letzte mal in der Kirche.
4. Ich versuche mit meiner Familie möglichst gut auszukommen, das gelingt aber nicht immer da meine Eltern eine ganz andere Einstellung von mir erwarten.

5. Spenden für Arme, regelmäßig die Kirche besuchen, Ausländerfreund-lichkeit, hilfsbedürftigen Menschen zu helfen.

43/0736

1. bedeutet für mich Glaube an Gott und Jesus.
   an seine Hilfe bei Schwierigkeiten
   an seine Güte daß er meine und andere Gebete immer anhört.
   Daß er als einziger über einen richten kann
   als Herrscher über Leben und Tod
   Glaube an die Gerechtigkeit.
2. Die Kirche halte ich als Vollstrecker Gottes. Sie soll uns die Botschaf-ten Gottes näherbringen und uns in schwierigen Situationen helfen.
3. 4mal im Jahr oder mehr. Daß ich von dem Leben »ich gehe jeden Sonntag zur Kirche somit bin ich ein guter Christ« nichts halte. Ich bin mehr für das praktische Christentum. Hilfsbereitschaft und Nächsten-liebe.
4. Am besten nach den 10 Geboten. Aber wichtig finde ich auch, daß ich anderen helfen soll ohne mich nachher damit zu schmücken. Beschei-den leben.
5. Anderen Menschen in Not helfen, nicht egoistisch sein, hilfsbereit sein.

43/0737

1. Halt und Hilfe beim Meistern von schwierigen Lebenssituationen, Trost bei Schicksalsschlägen. Ich kann aber auch meine erfreulichen Erlebnisse mit Gott teilen. Mit meinem Glauben kann ich auch Ent-scheidungen leichter u. bedachter treffen.
2. Ich halte sehr viel von der katholischen Kirche, obwohl sie sehr viele Fehler im Laufe der Geschichte gemacht. Denn wir brauchen ein sichtbares Zeichen unserer Gemeinschaft.
3. Ich versuche regelmäßig wöchentlich 1–2mal in [die Kirche] zu gehen.
4. Ich engagiere mich im sozialen sowie seelsorgerlichen Bereich unserer Kirche. Bin noch Ministrant und glaube, daß ich meinen Glauben fröhlich und *wirklich* als Frohe Botschaft mit all meinen Fehlern weiter-hinaus in die Welt trage.
5. [Christen] sollen Nächstenliebe üben, Frieden stiften, Feste feiern, fröh-lich sein und Fehler bzw. ›Sünden‹ eingestehen und nicht meinen, daß sie allmächtig sind.
1. Ich glaube auch an die Auferstehung Jesus Christi sowie die Existenz des dreieinigen Gottes. Genauso an ein schöneres, besseres und vom Frieden beherrschtes Leben nach dem Tod.

43/0738

1. Chr. Glaube bedeutet für mich an Gott zu glauben, die Gebote zu halten, in die Kirche zu gehen; wenigstens das Bußsakrament und die Eucharistie wahrnehmen.
2. Die Kirche könnte öfters als Jugendmesse gestaltet werden. Die Prie-

ster sollten die Predigt öfters weglassen und eine Diskussion ansetzen, denn manche Themen aus der hl. Schrift sind zur Diskussion geeignet.

3. Fast jeden Sonntag [gehe ich in die Kirche], da ich Ministrant und Lektor bin habe ich ein bißchen die Verpflichtung, in die Kirche zu gehen.
5. [Christen sollen sich] an die Gebote halten, öfters zur Kirche gehen, Eucharistieempfan und Bußsakrament wenigstens an Ostern und Weihnachten wahrnehmen, auch zuhause beten.

## 43/0739
1. Daß man den Glauben an Gott nicht verlieren soll.
2. Ich halte nicht viel [von der Kirche], denn ich finde es recht langweilig.
3. Ich gehe sehr selten in die Kirche (Begründung: zu faul, zu langweilig)
4. Wie jeder andere auch.

## 43/0740
1. Ich bin zwar ein Christ aber für mich ist der christliche Glaube wie eine andere Religion z.B. Moslem.
2. Die Kirche ist ein Haus des Friedens und wenn ein Mensch nur hingeht daß er dort war und weiter mit anderen Menschen schlecht ist und Streit sucht das hat auch keinen Sinn, oder.
3. an Weihnachten, Allerheiligen, wenn für Bekannte und Verwandte eine Messe ist, ansonsten nicht.
4. als ganz normaler Mensch, wieso denn anders?
5. Dem Mitmenschen helfen und friedlich zueinander sein und nicht einander bekriegen.

## 43/0741
1. Ich glaube daß es keinen Gott gibt.
2. Die Kirche hat Seelsorge-Aufgaben, soziale Aufgaben z.B. Kindergärten, Heime.
3. Ich gehe fast nie in die Kirche, weil ich glaube daß was der Pfarrer dort predigt alles erlogen ist und erfunden.
5. Die sollen ordentlich leben.

## 43/0742
1. Ich glaube an Gott, finde es aber falsch deswegen immer in die Kirche zu gehen. (scheinheilig)
2. Ich finde es dumm, daß die Predigt so bieder und unreal ist. Es sollte mehr als Treff oder sonst eine Gruppenarbeit sein.
3. Ich gehe zu Festen (Hochzeit), zu Weihnachten und sonst gehe ich nicht. Ich bin der Meinung, daß man auch im Alltag an Gott glauben kann.
4. Sobald ich eine große Schwierigkeit überwunden habe gehe ich aus Dank in die Kirche, ich finde daß es so jeder machen sollte.

43/0743

1. An Gott glauben, an die Kirche glauben, an die Geschichten Gottes, an alles Heilige glauben.
2. Ich halte von der Kirche nicht viel, weil ich vieles nicht glaube, was in den Predigten erzählt wird.
3. Einmal im Jahr, zu Weihnachten, und Hochzeiten, Beerdigungen.
4. Ich mache was mir Spaß macht, ich halte mich an nichts Christliches.
5. Immer in die Kirche gehen, an Gott glauben, nach Gott leben, was Gott tut sollen die Christen auch tun.

43/0744

2. Ich halte von der Kirche nichts.
3. Ich gehe nie in die Kirche das letzte mal wo ich in der Kirche war, war ungefähr vor zwei Jahren.

43/0745

1. Glaube heißt man soll regelmäßig in die Kirche gehen.
2. [Kirche ist] das Haus zum beten.
3. Fast regelmäßig gehe ich zur Kirche.
4. Christen sollen immer zur Kirche gehn, man muß so lange sitzen. Christen sollen ihren Glauben halten.

43/0746

1. Glauben an das Leben nach dem Tod.
2. Es ist gut, daß jeder darin [in der Kirche] Zuflucht finden kann.
3. Nie (außer bei Hochzeit, Beerdigung), weil ich schon alles über die Kirche und den Glauben weiß.
4. [Ich lebe] nicht sehr enthaltsam, ich mache was mir gefällt.
5. sich nach den Gesetzen Gottes richten.

43/0747

1. Für mich heißt Glaube, daß ich nicht regelmäßig in die Kirche gehe. Ich glaube daran, daß mein Verein gewinnt.
2. [Die Kirche] kassiert zu viel Kirchensteuern.
3. 1–2mal im Monat.
5. Weniger Kirchensteuern kassieren, nicht so geschwollen daherreden.

43/0748

[Der Jugendliche hat in den gestellten Fragen ›christlich‹ durch ›islamisch‹ und ›Kirche‹ durch ›Moschee‹ ersetzt.]

1. Auf dieser Welt gibt es viele Verbrecher wenn ich tot bin, glaube ich an das Leben danach und an eine schönere Welt ohne Verbrecher.
2. Der Glaube an Allah hilft vielen armen und reichen Menschen zu überleben.
3. Wenn ich Gelegenheit und Zeit dazu hätte, würde ich sehr oft [in die Moschee] gehen.
4. Ich lebe nach den islamischen Gesetzen.
5. Sich nach dem isl. Glauben richten.

# 44  Berufsvorbereitungsjahr

*Mitteilung des Lehrers:*
*Die Schüler der Klasse kommen aus verschiedenen Schulen (Sonderschule,*
*Hauptschule, Realschule).*
*Außer den deutschen Schülern haben sich auch griechische und türkische*
*Schüler schriftlich geäußert.*
*Religionszugehörigkeiten: evangelisch, katholisch, griechisch-orthodox,*
*Muslime.*
*Den Schülern wurde nur eine Frage vorgelegt:*
*Gott – was soll's?*

## 44/0749

Für uns heute ist Gott ganz viel was manche Menschen sagen, den gibts
doch garnicht. Für uns bedeutet er, was andere sagen den gibts doch
garnicht, warum sollten wir glauben. Jedenfalls ich glaube an Gott und
alle müssen glauben an ihn. Nicht sagen den gibts doch garnicht, aber in
Wirklichkeit gibt es ihn. Aber den kann keiner sehen. Wir gehen immer
jeden Sonntag in die Kirche und den gibt es. Manche früher haben gebetet um ihre Angst zu nehmen. Die Orthodoxen glauben und gehen in die
Kirche um zu beten. In Griechenland die Menschen gehen an Weihnachten in die Kirche, dann wenn der Christus diesen Tag geboren wird,
gehen alle in die Kirche danken dem Gott und beten auch noch. Das
machen wir, weil wir an Gott mit Liebe glauben. Das kann auch in
Deutschland sein! Noch mal zu sagen: wir glauben nämlich bei Gott!

## 44/0750

Was habe ich noch für eine Bedeutung im Leben?
Im heutigen Leben soll die Angst beseitigt sein.
Im heutigen Leben soll es nicht so viel Auto geben.
Sind wir hier nur zu arbeiten deine Welt (?) aufzubauen oder hast du uns
erschaffen, daß wir fühlen wie das Leben aussieht?

## 44/0751

Ich fühle mich sehr vernachlässigt zur Zeit, das ist wie eine Krankheit die
auf einen Schlag kommt und wieder sehr spät geht und es tut auch weh.
Es ist unter Freunden so, aber nicht alle, mit manchen kann man darüber
reden aber die sind auch nicht immer da. Ich finde daß die Religionsstunde sehr gut ist wenn man Probleme hat man kann darüber mit dem
Lehrer reden, also ich finde die Reigionsstunde gut. Ich finde mich irgendwie leichter wenn ich aus dem Religionsunterricht komme wenn man die
Probleme abgebaut hat. Ein Mensch der seine Probleme nicht abbaut
oder nicht darüber reden möchte ist ein unglücklicher Mensch, also ich
bin sehr froh darüber wenn ich meine Probleme loswerden kann aber
doch habe ich Angst ausgelacht zu werden wenn man mich nicht versteht
und es ist auch öfters so.

44/0752

Früher haben die Menschen an Gott geglaubt weil sie Angst hatten bete-
ten sie zu Gott, Gott soll ihnen die Angst nehmen. Gott gibt es nicht.
Wenn es Gott gäbe müßte sich was ändern wenn man an ihn glaubt.
Manche Leute glauben heute noch an Gott.

44/0753

Ich würde sagen, daß Gott für mich sehr große Bedeutung hat. Es müßte
eigentlich auch für die anderen Menschen eine Bedeutung haben genauer
gesagt ein Glauben an Gott.
Aber zur Zeit denken die Menschen, daß es keinen Gott gibt. Nicht alle
aber ein Teil fast die Hälfte.
Ich würde es so denken. Wer hat uns das Leben geschenkt, wie sind wir
in so eine [Körper, gestrichen] Welt gelandet. Man müßte auch so denken. Mache die Augen auf und genieße das neue Leben und die anderen
machen die Augen zu und sind schon tot. Wieso werden die Menschen
überhaupt tot, es muß doch ein Gott geben der das Leben schenkt und
das Leben wieder zurück nimmt. Und das kann nur der Gott machen als
meine Meinung. Also man sollte auch an Gott glauben.

44/0754

Man sollte der Dritten Welt mehr Hilfe leisten. Wir Menschen bringen
uns selbst um. Keine Ausländerfeindlichkeit. Wozu sind die Kriege da. Ich
glaube an Gott weil es mir von klein an gelehrt worden ist. Aber glauben
heißt nicht wissen.

44/0755

Daß die Menschen sich selber mit Waffen zerstören. Die Menschen sind
abergläubisch. Die Dritte Welt braucht mehr Hilfe. Daß jedes Land seinen
eigenen Glauben hat. Daß die Umwelt zerstört wird von Abgasen. Wer
glaubt, daß es Gott gibt. Glauben heißt nicht wissen. Warum gab es
Kriege. Man sagt, daß Gott die Menschen erschaffen hat. Die Liebe ist
groß zu Gott. Nach einigen Jahren ist die Welt zerstört.

44/0756

Gott ist nur ein Glauben und irgend einen Glauben muß man haben
denken die Menschen. In manchen Sachen glaube ich an Gott aber
manchmal nicht. Warum zeigt sich Gott nicht existiert er überhaupt.
Andere Menschen versuchen uns Gott aufzudrängen z. B. Pfarrer, Nonne,
Religionslehrer. Gott was ist das, ein Glauben oder ein Geist. Gott ist die
einzigste Hoffnung für die Menschen. Das Wort »Gott was solls« könnte
ein armer oder ein kranker Mann oder Frau gesagt haben. »Gott was
solls« ist ein Sprichwort heute nur noch. »Gott was solls« das Sprichwort
ist wie wenn einer fluchen tut.

44/0757

| Was ist Gott? | Ich kann nichts für Gott empfinden. |
| Wer ist Gott? | Wer glaubt an Gott? |
| | Glauben heißt nicht wissen! |

44/0758

Was habe ich noch für eine Bedeutung? In meinem Leben. In dem heutigen Leben zählt die Jugend nichts! (Arbeitslosigkeit) – Ausbildung. Weiß man wie es weiter geht. Aufrüstung, Politik, Wehrmacht.

44/0759

Das könnte ein kranker Mensch gesagt haben oder sagen der die Hoffnung am Leben verloren hat.

44/0760

Man sollte nicht so viel Geld der Kirche geben, und mehr den Armen oder denen in der dritten Welt die nichts zu essen haben.

44/0761

Man soll der Dritten Welt mehr helfen. Man soll nicht so viel Geld für die Kirche geben statt der Armen.

44/0762

Auf der Welt glauben viele Menschen an Gott. Viele aber nicht. Viele gehen überhaupt nicht in die Kirche glauben nicht mehr an Gott. Das passiert meistens in reichen Ländern, bei den armen Ländern glauben die Leute mehr an Gott. Man fragt sich warum wir den Leuten in der Dritten Welt nicht helfen. Man fragt sich warum es Krieg gibt.

44/0763

Ich halte Gott für einen Aberglauben! Gott und Jesus sind für mich alte Märchen. Das ganze Kirchensystem ist seit Jahrhunderten eine Geldmacherei, die Kirche trachtete schon immer nach Macht und Geld. Früher hatte sie Macht in der Politik, heute macht sie diesen Aufstieg wieder. Wozu gibt es eine Kirche!

44/0764

Aberglaube, langweilig, gibt es Gott wirklich? Oder ist es nur Erzählung. Ich könnte an Gott glauben aber niemand hat ihn schon mal gesehen. Deswegen ist es schwer für mich an ihn zu glauben. Die Jugend von heute kann nicht an Gott glauben weil sie nie Gott gesehen haben. Nur von dem Religionsunterricht her haben sie ihn kennengelernt. Ich war zwar schon oft in der Kirche aber dort wird doch nur von Jesus geredet manchmal von Gott. Die Kirche ist Geldmacherei, was ich gut finde, daß die Kirche für die Hungernden sammelt und es ihnen gibt. Wenn ich Fernsehen anschaue und sehe die verhungerten Kinder wie sie da liegen und rühren sich nicht, dann könnte ich fast kotzen.

44/0765

»Kirche«! ist alles Geldmacherei. In der Kirche beten sie auf Latein das
kein ... versteht.
Ich kann nicht glauben, daß Jesus übers Wasser ging, wenn ich's versuch
dann geh ich unter.
Wenn es ihn gibt dann soll er sich zeigen ansonsten glaube ich *nichts* schon
gar nicht an Gott.
Gott meint er wär's dabei bins *Ich*.

44/0766

*Sind wir hier nur zu arbeiten deine Welt aufzubauen oder hast du uns*
*erschaffen daß wir fühlen wie das Leben aussieht. [Alle Worte sind*
*unterstrichen]*

44/0767

Heute sind die Menschen nichtmehr wir früher.
Früher haben die Menschen gegenseitig immer geholfen. Man hat heutige Zeit Angst auf der Straße zu laufen, die Menschen glotzen ob du ein
Räuber wärst.
Früher war es nicht wie heutige Zeit so alles leicht aber die Menschen
sind immer durchgekommen und heute ist es so leicht aber die Menschen sind so irgend wie anders geworden einfach andere Menschen die
haben Angst, daß jemand von denen ein Stück Brot klauen wird. Die
Menschen von heute wollen gar nicht gegenseitig helfen sondern die
wollen immer noch, daß die anderen in Schlamm rein fallen.
*Steinzeit wäre mir lieber.*

44/0768

In der heutigen Zeit sollte die Bedeutung der Religion eigentlich ge-
stiegen sein. [bricht ab]

44/0769

Daß sich Menschen nicht zerstören sollen. Man soll den Menschen in der
Dritten Welt helfen. Man soll sich gegenseitig nicht hassen egal ob Ausländer oder nicht. Man sollte keine Menschen terrorisieren die nichts getan
haben (Unschuldige).

44/0770

Ein bißchen ein blöder Spruch. Vielen alten Leuten bedeutet Gott noch
sehr viel. Doch den meisten jungen Leuten ist Gott egal weil sie einfach
nicht an ihn glauben. Für sie ist Gott so etwas wie ein Märchen weil sie es
nun einfach nicht glauben können ob es wirklich ein Gott gibt. Es klingt
auch für mich etwas unglaubwürdig. Schon allein was mit Jesus passiert
ist können viele nicht glauben weil das einfach übermenschlich ist was er
alles ausgehalten hat und dann das mit der Wiederauferstehung. Also ich
glaube da die Hälfte auch nicht ich kann mir das alles gar nicht vorstellen
(auf dem Wasser laufen usw.) Und daß es einen Gott gibt, kann ich mir
auch nicht vorstellen. Die Kirche und Gott gibt Halt für viele Menschen.

44/0771

Gott ist ein geborenes Kind von Maria. Gott ist ein gläubiger und ein ungläubiger. Er schuf Himmel und Erde. Er hat auch Eva und Adam gewarnt, sie hatten einen Apfel sie hat davon gegessen, und Adam hat zuletzt gegessen. Und nach dem haben sie sich geschämt, die Schlange hat Eva und Adam verführt.
Gott ist der Schöfer der Erde Gott ist überall in aller Welt er ist der Herrscher der Erde und des Himmels. Der Himmel ist das Paradies. Gott hat verboten von den Bäumen zu essen. Der Baum der Erkenntnis, die Schlange reichte die Früchte der Erkenntnis. Sie haben also Adam und Eva verführt, nachdem haben sie sich geschämt, sie haben sich ein Feigenblatt auf ihre Geschlechtsteile, sie schämten sich so sehr daß sie sich hinter einem Busch verstecken. Gott oder Jesus hat einen alten kranken Mann geheilt, er war danach wie ein neu geborener Mensch. Gott hat auch einen Blinden wieder sehend gemacht.

44/0772

Daß sich Menschen nicht zerstören sollen. Man soll den Menschen in der Dritten Welt helfen. Man soll sich gegenseitig nicht hassen egal ob Ausländer oder nicht.
Man sollte keine Menschen terrorisieren die nichts getan haben.

44/0773

Gott schuf Himmel und Erde, er schuf Tiere, Gott hat Adam und Eva geschaffen. Jesus starb für uns.
Als Gott zuerst Adam und Eva [geschaffen hatte] Gott sprach: wenn ihr vom Baum der Früchte eßt sterbt ihr. Gott hat verboten vom Baum der Erkenntnis zu essen. Als eine Schlange vom Baum der Früchte heruntersagte: ihr könnt auch vom Baum der Früchte essen, ihr werdet nicht sterben, Gott wollte euch nur warnen, daß ihr nicht von diesem Baum der Früchte essen sollt. Eva zupfte vom Baum einen Apfel. Da sagte Eva, Adam du kannst auch ein Stück abbeissen, als Adam vom Apfel aß, warteten sie auf den Tod. Als sie unter dem Baum lagen, schliefen sie ein, sie warteten auf den Tod, als sie aufwachten passierte ihnen nichts.

## 45  Berufsvorbereitungsjahr

*Mitteilung des Lehrers: Schüler aus Sonderschulen und Hauptschulen.*
*Einige Schüler wollen Hauptschulabschluß erwerben.*
*Die Schüler wurden gebeten:*
*Bitte, schreibt für unsere Tagung auf, was euch zu der folgenden Frage einfällt und was euch wichtig ist: »Gott – was soll's?«*

45/0774

Ich finde das Leben ist sehr unterschiedlich, wenn nichts klappt mag man auch nichts davon wissen, man wäre am liebsten gar nicht geboren. Hat man aber Glück so freut man sich königlich und wünscht sich noch mehr und ein langes Leben. Dann geht es aber öfters wieder schlechter. Man muß sich halt durchschlagen.

## 45/0775

Ich finde das Leben ist beschissen. Man geht in die Schule und paukt bis der Kopf raucht. Wenn man mit der Schule fertig ist und es geht auf den Beruf zu, dann sitzt man auf der Straße. Man schreibt Bewerbungen 30, 40 Stück und kriegt eine Absage um die andere. Viele Arbeitgeber verlangen den Realabschluß. Warum denn? Diese Frage stelle ich mir oft. Sind denn die Realschüler besser wie die Hauptschüler? Ich finde nicht. Auch die Hauptschüler haben ein gutes Zeugnis. Manche Hauptschüler denken oft an die Realschule und möchten auch in die Schule gehen. Aber es klappt eben nicht. Trotz allem sollen die Firmen und das Arbeitsamt mal nachdenken warum wir Jugendlichen kein Vertrauen zu ihnen mehr haben. Wir kommen uns total verblödet vor den Leuten vor.

## 45/0776

Kriege im Irak, Frauen, Kinder, Soldaten kommen um. Soll das Gott sein? Der die Menschen *angeblich* liebt. Ein Gebot verrichtet du sollst nicht töten, aber er läßt es zu. Gibt es Gott wirklich? Menschen in Armut, hungernd sterben sie elendig ist das Gott?

## 45/0777

Warum gibt es Gott? Und seit wann? Das weiß keiner so genau. Man betet zu ihm und hofft, daß das Gebet erhört wird. Doch auch das wissen wir nicht mit Sicherheit. Manchmal denke ich wie kann es Gott zulassen, daß so viele Menschen im Krieg sterben. Wie kann Gott es zulassen, daß es so viele Behinderte gibt, die nichts vom Leben mitbekommen, die vor sich hindämmern und nichts verstehen. Ist das eine Strafe von Gott? Ich weiß es nicht.
Warum haben Menschen einen Glauben? Ich denke wenn sie einmal niedergeschlagen sind und Probleme haben brauchen sie etwas woran sie sich festhalten können also Gott. Ich glaube daß die Menschen ohne Glauben nicht leben könnten, sie könnten sich an nichts festhalten würden an gar nichts glauben, würden nur in den Tag hinein leben ohne zu wissen »Gott ist da er erhört mich wenn ich zu ihm bete er gibt mir Kraft«.
Also ich könnte nie ohne Gott leben auch wenn ich nicht oft bete.

## 45/0778

»Gott – was soll's?« Ist eine der dümmsten Fragen die man stellen kann. Für jemanden wie mich, der noch an Gott glaubt ist dies eine lächerliche Frage die entweder von einem ungläubigen oder einem sehr verzweifelten Menschen gestellt worden ist. Für mich ist sie in sofern eine lächerliche Frage weil ich auch in schlechten Zeiten mich nicht von ihm verlassen fühle, höchstens an ihm *zweifle*. Aber später wenn es mir wieder besser geht danke ich ihm daß es mir wieder besser geht. Ich finde gerade in der heutigen Zeit wo wir alle einer sehr schlechten Zeit entgegengehen z.B. sei es einem Krieg, starken Verlusten des Waldes, weiter zunehmender Umweltverschmutzung usw., denke ich daß es sich schwer leben läßt ohne ein Ziel oder Glaube vor Augen zu haben. Auch glaube ich daß ein verzweifelter Mensch wieder an Gott glauben kann, es wieder lernt; aber nie über ihn reden wird »Gott, was soll's«

Da dies mein Glaube und meine Meinung ist werde ich immer dazu stehen. [mit Vornamen und abgekürztem Familiennamen unterschrieben]

## 45/0779

Wenn es um etwas geht und man nicht mehr weiß was man machen soll und die Lage ist verzweifelt dann sagt man ›Gott, was soll's‹. Damit ist gemeint im Prinzip als wenn man es versucht hat und es immer noch nicht klappt dann kann es mir nicht mal der Gott beibringen. Denn wenn man etwas anfängt soll man es fertigbringen und nicht nach jeder Schwierigkeit aufgeben also Gott was solls denn Gott ist ein fester Glaube an das die Menschen sich aufrichtig halten. Wenn man ›Gott was solls‹ denkt oder sagt hat man so eine Art Selbstgespräch das weitergeht, da bekommt unser Geist den Willen zu Aufbauung zu Verbesserung Reichtum u.s.w.

## 45/0780

Ich weiß leider nichts zu dem Thema weil mir nichts eingefallen ist und ich kaum Ahnung davon habe.

## 45/0781

Mir fällt nichts ein. Weil ich mir noch nie darüber Gedanken gemacht habe. Wenn ich mir Gedanken darüber gemacht hätte wäre mir bestimmt mehr eingefallen. Aber mich interessiert es nicht so.

## 45/0782

Ich bin der Meinung wenn es Gott gibt ist er nicht so gerecht und mächtig wie man sagt denn er läßt zu, daß die einen sich den Kragen vollfressen können und die anderen vor Hunger verrecken. Ich sage verrecken weil das Wort sterben zu schön ist denn unter sterben verstehe ich nicht mit Schmerzen, oder nicht mit leerem Magen oder mit einem eingehauenen Schädel oder mit einer Kugel im Leib oder sonstige Gewalt. Und solange das existiert kann man nicht an Gott glauben und wenn das wirklich stimmt daß Gott allmächtig ist und nichts dagegen tut, ist er ein Versager und ein Unmensch. Denn beinahe jeder Mensch würde es verhindern wenn er die Macht hätte. Also wenn die meisten Menschen was dagegen machen würden gehört diesem Mann namens Gott die Macht nicht. Oder es gibt ihn überhaupt nicht.

## 45/0783

Gott was soll's?
Aberglaube. Den hats noch nie gegeben. Ich glaube den Schmarren nicht.

45/0784

Auf der einen Seite glaube ich an Ihn, aber auf der anderen Seite zweifle ich auch, daß es ihn gibt. Zum Beispiel mit den 6 Millionen Juden und auch Deutschen. Viele Tausend Menschen sind sinnlos einen »Freitod« gestorben. Nach dem Motto: »Du gefällst mir nicht, ab in die Gaskammer!«
Aber auch heute noch gibt oder gab es Kriege in Vietnam und Israel. Oft wegen Kleinigkeiten sterben Menschen. Und jeder Mann wo fällt hat auch eine Frau und Kinder und auch er will leben wie jeder von uns.
Beispiel 3 Japan: Hiroshima + Nagasaki. Noch heute leiden Strahlenopfer an dem damals sinnlosen Versuch. Die Qualen und Schmerzen sind undenkbar. Verkrüppelte Leute verbringen ihr ganzes Leben im Rollstuhl. Es wurden viele sinnlose Versuche gemacht an denen noch heute Menschen sterben oder darunter leiden siehe Japan.
Im Grunde glaube ich an Gott denn es siegt doch oft (aber nicht immer) das Gute.


45/0785

Krieg ist blöd
Fabriken sind blöd
Mehr Arbeitsplätze
Mehr Natur
Kinder- und tierfreundlicher (Menschenfreunde)
Weniger Autos
Schule nicht den ganzen Tag
Gut daß man Englisch lernt
Mir stinkt die schlechte Klassengemeinschaft
In der anderen Schule war's besser
Ich glaub an Gott,
Er soll mir aber mehr Mut machen


45/0786

| für | dagegen |
|---|---|
| Ich finde die Lehre alles ohne Gewalt zu regeln gut. | ich finde diese Lehre zu einfach gemacht, daß einer im Himmel die Sache kontrolliert. Auf der einen Seite wird in der Bibel von Frieden und Liebe erzählt. Und im Mittelalter zog der Papst mit der Waffe in den Krieg. Die Lehre von der Liebe und dem Frieden haben die Priester im Mittelalter schamlos ausgenutzt sie haben die Menschen als Hexen umgebracht. |

45/0787
Er ist überflüssig. Solange es noch Killer und Killerkarpfen gibt, benötigen wir ihn nicht.

45/0788
Es gibt keinen Gott der hätte nämlich viele böse Sachen wie Motorhead, Saxon, Girlschool, Punkers, Buttlers, Schule, Polen nicht erschaffen.
Aber wiederum auch gute Sachen wie VHS, ABC, DURAN DURAN, SIMPLE MINOS, CAPTAIN SENSIBE, TOM TOM CLUB,

45/0789
Gibt es Gott? Gibt es etwas was man nicht sieht? Ist Gott so wie in der Bibel steht? Ich glaube nicht! Ich habe meinen eigenen Gott wie ich ihn mir vorstelle.

45/0790
Ich finde es blöd, daß man zum Beten in die Kirche geht. Denn beten kann man auch zu Hause. Beten ist quatsch, das Beten ändert ja sowieso nichts an Problemen. Was ich noch blöd finde ist, daß die Menschen wenn sie mal an Gott denken oder glauben, dann nur wenn sie Probleme haben.

45/0791
Krieg ist furchtbar. Ich glaub an Gott, denn wie wurde sonst [bricht ab].
Er ist irgend ein Lebewesen das sich in den Wolken unsichtbar ist und sieht was Böses und Gutes geschieht.
Krieg ist furchtbar, denn das Elend und vor allem die Armut.

45/0792
Ich glaube nicht an Gott.
Warum? Hunderte von Menschen verhungern, werden umgebracht und gefoltert.
Unsere Wälder werden zerstört usw.
In der Bibel steht, daß wir uns lieben sollen, uns untereinander helfen und akzeptieren. Akzeptieren? Man wird nur akzeptiert wenn man Leistungen bringt. Wer Leistungen bringt wird anerkannt, in die Gesellschaft aufgenommen. Ich finde es Schwachsinn. Natürlich gibt es Leute die faul sind, es gibt aber auch Leute die keine Initiative haben weil sie seelisch krank sind. Sie wollen schon, aber der Mut wird ihnen immer wieder genommen.
Beispiel: Du hast eine 6 geschrieben Tomas, du bist ein Versager.
Ein Beispiel was ich mitbekommen habe. Und wenn er in den Leistungen ein Versager ist, menschlich ist glaub ich keiner ein Versager. Versager werden hergestellt. Durch unsere Gesellschaft. Sie stempelt diese dazu ab. Ich habe bei diesem Test geschrieben was ich gerade dachte. Bitte entschuldigen Sie die falsche Satzstellung und Rechtschreibfehler.

45/0793

Gott hat La Costé erschaffen dafür danke ich ihm. Und Atarie auch noch. Gott hat aber auch den Kaktus oder das Pepper Mint erschaffen. Er hat auch Fehler gemacht nämlich Grundig 2000 oder Betange, den Krieg und Türken, Lehrer, Lehrerinnen, Schulen, Adamskis, Koewenig Enten und Führerscheine.

Gott ist gut, weil er ABC, Simple Minds, Captain SENSIBLE, FLIRDS, DERECHE MODE, TOM TOM CLUB, DURAN DURAN, KID CREOLE, SPLIFF erschaffen hat. Aber minde Sachen wie Motorhead, Iron Maiden, Judas Priest, Girlschool und sonstige Biff Baff Musik hat er auch erschaffen.

45/0794

Ich weiß nicht was ich schreiben soll!

## 46   Technische Zeichner, 1. Klasse (viele Mädchen)

*Den Schülern wurde die Frage vorgegeben: »Gott – was soll's?«*

46/0795

Ich weiß nicht, was ich dazu schreiben soll, weil ich einerseits glaube, daß es Gott gibt, andererseits aber auch nicht. Meistens ist das Gefühl, daß es Gott nicht gibt, stärker, da man von Gott nichts sieht und hört. Ich kann irgendwie auch nicht glauben, daß Gott mich für etwas bestraft. Wenn mich jemand bestraft, dann sind es meine Eltern, Freunde oder die Umwelt. Ich glaube ab und zu z.B. an Gott, wenn ich unglücklich bin oder wenn ich jemand helfen möchte und es nicht kann. Ich denke aber auch an ihn, wenn mir eine Sache gut gelingt. Ich denke dann immer: »Gott hat es so gewollt.« Ich weiß, daß es dumm ist, wenn ich nur an Gott denke, wenn es mir schlecht geht, aber ich finde, wenn es wirklich einen Gott gibt, muß er das auch verstehen. Gott ist dann ein Freund. Ich denke auch nur an Freunde, die ich nicht so gut kenne, wenn es mir schlecht [geht], die mir dann helfen sollen oder können. Genauso ist Gott auch. Normal brauche ich ihn nicht. Ich brauche ihn nur, wenn ich alleine bin und Sorgen hab (Dann rede ich mich bei ihm aus). Wenn ich mich mit Gott »unterhalten« habe, fühle ich mich meistens besser und die Sache klappt oft danach besser, oder ich finde eine Lösung für ein Problem. Manchmal verblüfft mich das oder ich erschrecke darüber. Aber zum Schluß bin ich eigentlich ganz froh.

46/0796

Man sieht ihn nicht man weiß nichts über ihn. Man kann nicht beweisen, daß es ihn gibt. Ich weiß nicht ob ich an ihn glauben soll. Wenn es ihn geben würde, gäbe es keine Kriege. [Unter dem Text ein übergroßes Fragezeichen]

## 46/0797

Wenn jemand an Gott glaubt, muß er es ja wissen warum, es ist ja jedem seine Sache, was er von Gott hält. Es kommt auch auf die Eltern an, wenn sie nämlich mit ihrem Kind in die Kirche gehen, also wenn die Eltern an Gott glauben, glauben da automatisch die Kinder auch dran, weil sie schon so erzogen werden. Ich finde auch das gut, daß die Jugendlichen von allein entscheiden dürfen, ob sie konfirmiert oder gefirmt werden wollen. Es gibt ja auch Jugendgruppen von der Kirche aus, wenn man da rein geht kommt man vielleicht drauf, was Gott bedeutet.

## 46/0798

Wenn es Gott geben würde, kann ich mir nicht vorstellen, daß es so viel Elend auf dieser Welt gibt z.B. die 2 Millionen Arbeitslosen oder die vielen Hungernden, genauso wie Blinde, Kontergangeschädigte oder Krüppel. Warum läßt Gott das zu, daß sich Menschen selber umbringen, wo er sie doch anscheinend geschaffen hat. Es gibt Menschen, die mit ihrem Leben einfach nicht fertig werden, die Schulden haben oder Liebeskummer und keinen Ausweg mehr wissen, warum hilft er ihnen dann nicht.

Da heißt es immer, Gott würde einem helfen, wenn man in Not ist. Bestimmt viele haben ihn schon gerufen, aber sie haben keine Antwort bekommen. Bei Unfällen oder wenn jemand im Sterben liegt, da ist weit und breit nichts von Gott zu spüren, man läßt sie einfach sterben, dann heißt es immer, da sei nichts mehr zu machen, soll er doch helfen.

## 46/0799

Ich persönlich glaube nicht an Gott. Warum? Ich weiß es selbst nicht genau. Es liegt vielleicht daran, daß ich mir nicht vorstellen kann, daß da noch »ein Wesen« über uns ist, das wir nicht sehen können.

Über das Wort »Gott« mache ich mir eigentlich ziemlich wenig Gedanken. Morgens sage ich auch zu Menschen »Grüß Gott« – ich habe mir aber über den tieferen Sinn dieser Worte noch nie so viel Gedanken gemacht. »Grüß Gott« – ein Gruß an Gott, von mir, die ja nicht an Gott glaubt? Eigentlich komisch, jetzt fällt mir gerade auf, daß wir eigentlich das Wort »Gott« (Grüß Gott, mein Gott, oh Gott etc.) ziemlich oft im Alltag aussprechen, ohne genauer darüber nachzudenken. »Was ist Gott eigentlich, wie sieht er aus, was nützt er uns oder was nützen wir ihm?« – Diese Frage habe ich schon oft an Menschen gestellt, die an Gott glauben. Sie haben dann immer eine Antwort gefunden, haben mich mit der Bibel zu überzeugen versucht, daß es ihn wirklich gibt. Doch ohne Erfolg.

## 46/0800

Daß die Bevölkerung wirklich an Gott denkt, wenn es ihr schlecht geht steht für mich fest. Das beste Beispiel war vor, im und kurz nach dem 2. Weltkrieg. Die Kirchen waren zum Brechen voll. Und in den Jahren wo die Industrie aufblühte, hat man in unseren Regionen die Kirchenbesucher abzählen können.

So mancher der schon Ewigkeiten nicht mehr gebetet hat, geht zur Beerdigung und versucht noch, ob er vielleicht nicht die eine oder andere Strophe irgendwo noch in Erinnerung hat.

Die Taufe, Kommunion und Firmung macht man aus Traditionsgefühl. Hochzeitsfeiern werden immer mit dem Hintergedanken, ob Geschenke kommen, gehalten.

Wieviel Leute zahlen Kirchensteuern, obwohl es für sie im Prinzip egal ist ob es Gott überhaupt gibt oder nicht.

Wenn man die Geschichten aus dem Testament glauben soll, so fragt man sich, wie Gott früher so viel Gutes erbringen konnte und heute traut man sich kaum ab 22 Uhr auf die Straße.

Es ist besser nicht an ihn zu glauben, wenn man das Elend auf der Welt sieht, so muß man sich selbst und nicht ihm die Schuld in die Schuhe schieben.

## 46/0801

Ich glaube nicht an Gott. Ich bewundere diejenigen die das können, aber ich selbst kann damit nichts anfangen. Ich kann mir die Dinge die in der Bibel stehen und was man im Religionsunterricht so erzählt bekommt einfach nicht vorstellen. Ich find, das ist etwas, was die Christen einfach vergöttern. Sie halten sich daran fest und glauben dann, daß es ihnen nach dem Tode besser geht als den Ungläubigen. Genauso finde ich die Beichte Blödsinn. Man wird vor der Kommunion u.s.w. und auch sonst immer wieder aufgefordert zur Beichte [zu gehen], so daß man frei von der Last seiner Sünden ist. Ich finde ein Mensch der nicht gerade ein Krimineller ist hat nicht allzu schwer an seinen Sünden zu tragen. Sicherlich macht jeder Mensch Fehler, das will ich auch gar nicht abstreiten, aber ich glaube mit diesen Fehlern wird man selbst fertig so daß man sie nicht erst beichten muß. Es heißt immer Gott würde dann den Menschen helfen wenn sie in Not und Elend sind. Glauben dann alle die Leute in der 3. Welt und andere armen Leute nicht an Gott. Gehören sie zu den Menschen die so viele Sünden haben daß ihnen Gott nicht hilft.

## 46/0802

Ich finde daß sich die Überschrift voll meiner Meinung anpaßt. Denn was soll's denn ehrlich an Gott zu glauben von dem ich glaube, daß es ihn gar nicht gibt. Heutzutage glauben vielleicht noch alte Leute daran aber die Jugend läßt sich doch so ein Märchen nicht mehr aufschwätzen (Wiederauferstehung... und so einen Mist). Wenn es ihn wirklich geben tät warum kommt er dann nicht einfach, er ist doch der Größte, ihm kann man doch nichts antun. Oder weshalb gibt es dann so viel Elend auf der Erde. Bestimmt nicht weil es ihm so gefällt – oder? Er könnte uns ja helfen! Und überhaupt das ganze Theater mit der Kirche. Für was soll ich denn da hin. Erstens glaube ich sowieso nichts von dem allen und zweitens kann man in der Kirche nur noch die neugekauften Pelze alter Damen besichtigen, die aus diesem Grund in die Messe gehen.

Wenn es heißt Gott hat die Welt geschaffen dann hätte er es bestimmt nicht so weit kommen lassen wie die Welt heute ist. All die Grausamkeit usw. Okay die Sünder kommen ins Fegefeuer oder zum bösen Teufel, aber da hab ich nichts davon, denn das Böse ist schon passiert.

Wenn man nur mal an den Weltkrieg denkt, an Kontergan-Kinder, Krüppel, Blinde ... ich könnte diese Reihe noch eine Stunde fortsetzen.

Bei solchen Sachen kann ich beim besten Willen nicht an Gott glauben, und deshalb sage ich auch Gott – was soll's?, denn er nützt ja sowieso nichts.

## 46/0803

Ich glaube Gott gibt es nicht direkt. Es ist nur eine Art Gestalt an die die Leute glauben. Ich glaube, daß es so etwas gibt, an das was man glauben kann, man hält an ihm fest, und wenn etwas passiert, sagt man auch es war Gottes Wille. Aber in Wirklichkeit sind alles Naturereignisse (Wetter, Erdbeben). Mir ist Gott unvorstellbar. Wie soll jemand einen kranken Menschen heilen können nur mit seiner Kraft. Wieso gibt es so viele Naturkatastrophen und Ungerechtigkeiten auf dieser Welt, wenn Gott dies beeinflussen kann, wieso tat er es dann nicht. Wieso soll man an etwas glauben, etwas anbeten, ihm opfern. Ich glaube die Menschheit braucht etwas an das sie glauben kann an was sie sich festhalten kann und auf was sie alles Unerklärliche, Unfaßbare schieben kann. Wenn mir etwas unvorstellbar ist, oder ein Zufall passiert, denke ich auch es war Gott aber in Wirklichkeit kann ich mir nicht vorstellen, daß jemand so etwas vollbringen kann, deshalb kann ich nicht so recht glauben, daß es einen Gott gibt in dem Sinne von einer Gestalt die die Macht über alles hat. Für mich ist es vielmehr die ganze Natur, alles Unsichtbare, wie die Luft, das Weltall.

Ich glaube daß es so etwas gibt, ich schiebe oft auch Unerklärliches auf Gott aber unter »an Gott glauben« verstehe ich ihn anbeten, ihn vergöttern und ihn als Vorbild (Idol) hinzustellen. Und genau dies tue ich nicht weil es so viel Ungerechtes auf dieser Welt gibt und dies kann doch nicht sein Wille sein.

## 46/0804

Ich weiß wirklich nicht was ich davon halten soll. Wenn ich ehrlich bin so kann ich mir nicht vorstellen, daß es überhaupt ein höheres Wesen gibt, das »auf uns aufpaßt«. Gerade, weil man nichts von Gott sieht, hört, spürt. Doch wenn es mir einmal schlecht geht, wenn ich Sorgen habe, dann fange ich an zu beten. Das ist paradox, ich weiß. Und ich weiß nicht ob es Zufall war, aber oft hat es geholfen. Meistens dann, wenn ich echt nicht mehr daran geglaubt habe, daß es besser werden könnte.

Ich habe mir auch schon einmal überlegt, ob die Bibel nicht nur durch erfundene Erzählungen, welche immer weitererzählt und phantasievoll ausgeschmückt wurden, entstanden ist. – Es könnte doch sein. – Aber dann frage ich mich, wie so viele Menschen auf der ganzen Welt das glauben konnten. (Es geht also doch nicht).

Irgendwo widerspricht sich Gott: es heißt, *er leitet unsere Wege,* und wenn z.B. Krieg ausbricht, wenn alles kaputt geht sagt man wiederum: *die Menschen machen alles kaputt, sind selber Schuld.* Wären wir von Gott geführt worden, wäre es doch nie zum Krieg gekommen, oder? Genauso: Warum läßt er Naturkatastrophen, Unfälle, Krankheiten, Unglück im allgemeinen zu? Ich kann das wirklich nicht verstehen und zweifle deshalb mehr oder weniger oft an ihm.

### 46/0805

Ich darf mir meinen Glauben selbst aussuchen. Mein Vater und meine Mutter durften dies nicht. Sie wurden zum Glauben erzogen. Ich glaube an Gott, weil *ich* davon überzeugt bin, und nicht irgend jemand mich dazu zwingt. Ich glaube auch nicht deshalb daran, weil es »in« ist. Obwohl ich mich manchmal frage, ob es Gott gibt, glaube ich es. Ich frage mich immer dann, wenn jemand Unrecht geschieht oder immer denjenigen Unrecht und Leid widerfährt, die es nicht verdient haben. In solchen Momenten zweifle ich, aber ich sage mir dann immer wieder: wie hätte sonst alles entstehen sollen, das ganze Leben, daß es Leben gibt, wie es funktioniert und wer es dazu gebracht hat. Ältere Leute haben eine ganz andere Beziehung zu Gott. Sie wurden glaube ich, dazu hin erzogen.

### 46/0806

Weiß nicht ob man dran glauben kann. Irgendwo ist alles so ungerecht und auswegslos. Wenn er wirklich so gut ist wie man sagt, warum ist die Welt dann so beschissen. Warum machen dann so viele Selbstmord? Etwa, weil sie schnell zu Gott wollen? Ich glaub das nicht, weil sie eben in dieser kozigen Gesellschaft nicht mehr leben wollen, da geht es ja eh nur darum, daß jeder besser ist, (sein will), Konkurrenzkampf usw. Warum ändert Gott daran nichts? Er hat doch so viel *Macht.* Ja, die Macht in dieser verkorksten Gesellschaft, da will doch jeder Macht haben und der, der sie hat, macht die anderen eben fertig, warum auch nicht? Würde wahrscheinlich jeder machen. Warum soll Gott dies nicht auch? Er ist wahrscheinlich nicht anders als wir alle hier.

### 46/0807

Mir fällt nichts dazu ein außer Religion. Und Religion ist langweilig. Sich mit diesem Thema auseinanderzusetzen ist etwas für Leute die was auf Religion halten und nicht für mich. Religion ist für mich wie ein Frosch ohne Sahne.

### 46/0808

Warum nicht an Gott glauben? Es kommt ganz auf die Erziehung des Menschen an ob er an Gott glaubt oder nicht. Deshalb hört es sich für manche etwas brutal an wenn man liest – »Gott – was soll's«? Es steht ja jedem Menschen frei ob er an Gott glaubt oder nicht. Die meisten Menschen schreien zwar groß, daß sie nicht an Gott glauben, aber so ist es gar nicht. Sonst würden sich diejenigen nicht konfirmieren lassen oder nicht zur Firmung gehen. Natürlich gehen sie dann jahrelang nicht in die Kirche, aber bei der Kommunion oder der Konfirmation wird dann ein großes Fest gemacht. Die Frage: Gott – was soll's? steht eigentlich nur für die Leute, die sich ganz von Gott abgewandt haben. Vor allem bei Jugendlichen kommt es dann auch darauf an mit welchen Leuten sie verkehren.

## 46/0809

Ich komm aus einer katholischen Familie und meine Eltern sind ziemlich streng katholisch erzogen worden. Damit will ich sagen daß sie z. B. jeden Sonntag in die Kirche gehen und ich geh gezwungenermaßen mit. Ich bin der Meinung daß man nicht jeden Sonntag in die Kirche gehen muß um an Gott zu glauben. Das alles mit Gott finde ich sowieso etwas unglaubwürdig und trotzdem bete ich jeden Abend weil es mir anerzogen wurde und weil es mich auch irgendwie erleichtert. Ich bin mir also nicht so ganz klar über das, was ich von Gott glauben soll. Es hängt auch damit zusammen, daß ich fast nur Freunde habe die daran nicht glauben. Zuhause wird es mir indirekt wieder eingehämmert. Wenn man diesen Gott mal sehen könnte, denn an Wunder glaube ich nicht, es gibt für jedes »Wunder« eine logische Erklärung. Oder wenn ich am Abend vor einer Arbeit um eine gute Note bei Gott bitte, dann hoffe ich ja schon, daß es in Erfüllung geht. Na und wenn ich die Arbeit bekomme und ich habe eine gute Note geschrieben, dann denke ich nicht, daß es Gottes Willen war, sondern daß ich gut auf die Arbeit gelernt habe, denn dies ist auch logischer, oder?
Angenommen ich habe ein Problem, da hilft mir kein Gott, da hilft kein beten. Es ist für mich so wahnsinnig schwer richtig an Gott zu glauben. Es ist auch blöd wenn man nur das glaubt, was man gesehen hat.
Ich hab auch noch nie mit jemandem der an Gott glaubt, also ich meine so richtig davon überzeugt ist, über dieses Thema gesprochen. Man kann so einen Menschen bewundern, denn er hat etwas an das er sich halten kann, von dem er überzeugt ist. Ich habe das leider nicht.

## 46/0810

Ich glaube, daß es in letzter Zeit modern geworden ist nicht an Gott zu glauben. Jede Art von »höherem« Sein wird abgelehnt. Man glaubt nicht an ihn Gott, weil man sagt: wie kann Gott nur solche Sachen zulassen wie Krieg, Behinderte, schreckliche Unfälle, Krankheiten usw. Ich finde man macht es sich ziemlich einfach, wenn man so denkt und redet. Aber man sollte es sich auch nicht so einfach machen und sich hinter Gott verstecken und sagen: es war eben Gottes Wille was passiert ist. Man sollte Gott ruhig mal »anfechten« und sagen, daß dieses und jenes nicht so gut ist was er zuläßt.
Ich selbst bin Christ und ich bin es gerne, obwohl das manche nicht verstehen, aber ich weiß, was es selbst für mich bedeutet. Mir fällt es eigentlich schwer, mit Gott laut zu reden, ich komme mir da immer etwas komisch vor. Ich bevorzuge Gespräche, die sich in meinen Gedanken abspielen. Ich heiße auch nicht alles gut was Gott zuläßt, aber vielleicht ist es sein Ziel, daß sich die Menschen früher oder später einmal selbst

zerstören wie vielleicht durch einen Atomkrieg und später alles nochmals von vorne anfängt mit der Schöpfungsgeschichte.

Ich bin auch total gegen das alte Testament, weil es ganz arg brutal geschrieben ist.

Ich habe erst ein Buch gelesen: »Hallo Mister Gott, hier spricht Anna.« Dieses Buch ist von einem kleinen Mädchen, das für alles eine Erklärung weiß. Ich habe viel von Anne gelernt, denn sie weiß ihre Gefühle und ihre Meinung in Worte auszudrücken was mir in Beziehung zu Gott auch manchmal schwer fällt.

Ich glaube auch an ein Leben nach dem Tod. Denn ich kann nicht glauben, daß das Leben auf der Welt schon alles sein soll.

Viele Menschen fragen auch nach dem Sinn des Lebens. Man hat Leben von Gott erhalten und ich finde, man sollte das Beste daraus machen. Man soll Liebe geben und empfangen. Dafür lohnt es sich doch zu leben.

### 46/0811

Ich bin von daheim aus nicht direkt dazu gezwungen worden, in die Kirche und in die Jungschar zu gehen, aber es wurde doch von mir erwartet. So richtig dafür interessieren tue ich mich erst seit einem ¾ Jahr aus eigenem Willen. Ich fühlte mich in meinem Freundeskreis nicht wohl, da da nur der etwas war, der eine große Klappe hatte. Ich kam dann langsam in einen Jugendkreis, in dem ich auch mit meiner etwas ruhigen Seele anerkannt wurde. Ich habe die Erfahrung gemacht, daß ich ohne Gott nicht weit komme und habe mich deshalb zu ihm gewandt. Es war für mich sehr schwer das zu tun und kein Zimmerchen mehr in meinem Leben zu haben in das Gott keinen Einblick haben darf. Es ist so toll was ich seit meinem festen Entschluß zu ihm alles erleben durfte. Ich habe einen Freund gefunden. Die Beziehung zu ihm ist so toll, so ganz anders als die anderen zu ihren Freunden haben. Wir sind eigentlich nur wie Bruder und Schwester zusammen und fühlen uns in der Gegenwart des anderen wohl. Das alles hat mir Gott geschenkt, dessen bin ich mir sicher. Und ich bin so traurig, wenn ich von den anderen höre wie sie Gott verachten. Wie viel ihnen an schönen Erfahrungen verloren geht, und wie sinnlos ihr Leben doch ist.

### 46/0812

Gott ist dazu da damit die Menschen an etwas glauben, sie halten sich an ihrem Glauben an Gott fest, manchen Menschen hilft es in ihrer Verzweiflung an Gott zu glauben, sie können ohne ihren Glauben nicht leben. Ich selber weiß nicht ob es einen Gott gibt, aber ich finde es gut, daß viele Menschen daran glauben, es gibt ihnen einen Halt bei ihren Problemen.

### 46/0813

Ob jemand an Gott glaubt oder nicht hängt meiner Meinung hauptsächlich mit der Erziehung zusammen. Meine Eltern sind vor ca. 15 Jahren aus der Kirche ausgetreten. Ich bin zwar in der Grundschule in den Religionsunterricht gegangen habe aber nie richtig darüber nachgedacht da in unserer Familie nie darüber gesprochen wurde. Manchmal denke ich auch, daß es jemand geben muß der alles sieht und alles in seiner Hand hält.

Es gibt aber leider viele Leute die, wenn es ihnen schlecht geht, wenn sie schlecht behandelt werden oder wenn es z. B. einen Krieg gibt, sagen daß Gott es so wolle und daß man nichts dagegen machen könne. Außer beten.

Außerdem ist es irgendwo pervers wenn man z. B. den Papst sieht der vor hungernden Menschen predigt, und aber selber im Reichtum schwimmt. Viele Menschen nennen sich Christen und sind habgierig, böse etc. Aber sie gehen jeden Sonntag in die Kirche, spenden wohlmöglich viel Geld und haben so wieder ein reines Gewissen. Ich kenne viele Leute die mit Gott überhaupt nichts im Sinn haben, aber trotzdem sehr liebe Menschen sind. Damit will ich sagen daß man nicht jeden Sonntag in die Kirche gehen muß oder die Bibel auswendig kennen soll um ein guter Mensch zu sein (An Gott glauben und ein guter Mensch sein gehört ja nicht zusammen).

Es ist wichtiger ein guter Mensch zu sein als an Gott zu glauben.

## 46/0814

Mir fällt so plötzlich gar nichts darauf ein, ich schreibe halt mal drauf los. Von der 1.–4. Klasse hatten wir 1mal in der Woche Religion, in den Stunden paßten wenige Schüler, unter anderem auch ich, nicht auf im Unterricht, jeder ließ den Pfarrer nur schwätzen, keiner machte sich Gedanken über das was er uns sagen wollte, ich lernte nur die Blätter für die Arbeiten, sonst nichts!!

Eigentlich glaube ich fest an Gott, war damals aber nicht bereit zuzuhören, es hat mich ehrlich gesagt gelangweilt, in die Kirche gehe ich sonntags auch nicht, es ist komisch aber ich glaube trotzdem fest an Gott, aber Opfer zu bringen bin ich nicht bereit, ich habe mir schon oft Gedanken darüber gemacht ob mich Gott dafür auf irgendeine Weise bestraft, manchmal glaube ich es auch, aber Todesfälle in der Familie durch ein Unglück oder sowas gab es eigentlich nicht. Zum Glück!!!

Was mich immer wieder beeindruckt, ist gerade zu Weihnachten, wie die Leute die Krippe und die Geburt Jesu so schön aufstellen, und so toll schmücken, es sieht so warm aus. Im Fernsehen sind auch schon Filme über die Kreuzigung Jesu, die Geburt und Auferstehung gezeigt worden und fast jeden Film habe ich angeschaut sie beeindrucken mich alle wahnsinnig.

## 46/0815

Man soll nie jemanden zwingen an Gott zu glauben und in die Kirche zu gehen. Jeder sollte es aus seiner Überzeugung heraus tun. Es ist schwierig jemandem zu sagen, warum er an Gott glaubt, weil es ja keine einleuchtende Erklärung gibt. Wenn ein Jugendlicher in einer Gruppe ist, die auch an Gott glauben, hat dieser es einfacher als wenn die anderen gegen Gott sind. Man kann sich leichter durch die Umgebung beeinflussen lassen.

Wenn die Eltern an Gott glauben, glaubt das Kind auch daran, es liegt auch an der Erziehung.

## 46/0816

Wo ist er? Was tut er? Ich glaube nicht an ihn*, erst dann, wenn er mir ein Bier zahlt! Lauter offene Fragen, die keiner beantworten kann.
Außerdem möchte ich wissen:
Name
Adresse
Telefon
Schuhgröße
* Dieser Wahnsinn kostet nur einen Haufen Geld.


# 47  Verwaltungsfachleute, Postfachleute

*Mitteilung des Lehrers: Alter der Schüler 16–18*
*Realschulvorbildung*
*Texte aus 2 Klassen.*
*Den Schülern wurde die Aufgabe gestellt: Vollenden Sie die folgenden Sätze bzw. beantworten Sie sie.*
*1. Gott ist ...*
*2. Ich glaube (nicht) an Gott, weil*
*3. Wie stellen Sie sich Gott vor?*
*4. Woran denken Sie bei dem Wort Gott?*
*5. Zitat: »Hütet euch vor den Menschen, deren Gott im Himmel ist«*
*(B. Shaw)*

## 47/0817

1. ... der, der über allen steht.
2. ... ich überzeugt bin, daß es ihn gibt.
3. Ich habe keine Vorstellung von ihm als Lebewesen, glaube aber daß er vom Charakter her gütig ist.
4. Daran, daß Gott über den Menschen steht und an seine Kirche.
5. Gott sollte unter den Menschen weilen und nicht nur als Vorwand benutzt werden, daß er im Himmel existiert.

## 47/0818

1. Gott ist überall, wenn es der Betreffende will.
2. Ich glaube an Gott, weil es jemand geben muß, der das Weltall erschaffen hat (die Materie für den Urknall)
3. Gott hat keine feste Gestalt, jeder Mensch sieht Gott anders. Gott ist nicht materiell.
4. An Frieden und Seligkeit, an Geborgenheit und an ein Leben nach dem Tod.
5. Das stimmt. Gott ist nicht im Himmel, sondern überall, in jedem von uns.

47/0819

1. Gott ist der Schöpfer (nach der Bibel)
2. Ich bin mir nicht darüber im Klaren.
3. Ich kann ihn mir nicht vorstellen.
4. An nichts, höchstens an Kirche.
5. Dummes Gerede. Der Glaube sollte die Sache jedes Einzelnen sein.

47/0820

1. Gott ist ein Supermann
2. Ich glaube an Gott, weil ich mir dadurch Vorteile im Leben erhoffe.
3. Alter Mann, weißes Haar, gutmütig, groß, mächtig
4. An alle guten oder erfreulichen Dinge.
5. Ich halte nichts von diesem Ausspruch.

47/0821

1. Gott ist allmächtig
2. Ich glaube an Gott, weil ich durch erarbeitete Bibelstellen überzeugt wurde.
3. verschiedene Erscheinungen, wenn man sich Gott überhaupt bildlich vorstellen kann. → höheres Wesen
4. An Glaube, Vertrauen, Gerechtigkeit, Verzeihen, Bitten, Jesus Tod, Wunder
5. Dieses Zitat [von B. Shaw] verstehe ich so, daß man sich nicht auf irgendeine Weise von solchen Menschen beeinflussen lassen sollte, die behaupten, ihr Gott sei im Himmel. D.h. für mich, daß sie eine unvorstellbare Distanz zwischen ihnen und Gott entstehen ließen, oder es hat eine Verbindung, die man sich normalerweise vorstellt, nie gegeben. Mit dieser Verbindung meine ich das Leben gemeinsam mit Gott, daß man behaupten kann, Gott ist unter uns, und nicht irgendwo im Himmel. Ich finde dieses Zitat betrifft die Menschen, die zwar behaupten, an Gott zu glauben, aber dies jedoch nur »nach außen hin« tun. Das kann dann natürlich zur Folge haben, daß die Betroffenen sich nicht an die 10 Gebote halten. Ich finde, daß man sie wenigstens im »Hinterkopf« haben sollte; was sicher viele von uns, vielleicht auch unbewußt, bestimmt haben. Und vor den Menschen, die dies absolut nicht beachten, soll man sich hüten, lt. Zitat.

47/0822

1. Gott ist allmächtig
2. Ich glaube an Gott, weiß aber nicht warum
4. An verschiedene Religionen, verschiedene Glauben

47/0823

1. Gott ist über alles erhaben
2. Ich glaube an Gott, ich weiß aber nicht warum
3. Überhaupt nicht, hat keine Gestalt.
4. An die Kirche.

47/0824

1. Gott ist eine Stütze für alle Verzweifelten.
2. Ich glaube an Gott, weil er mir sein Vorhandensein laufend beweist.
3. Er ist überall vorhanden und keiner bemerkt ihn.
4. An Kirche, Glauben (Leben nach d. Tod)
5. Jeder hat seine eigene Vorstellung wo Gott ist usw. Man darf deshalb auch diese Menschen deren Gott im Himmel ist nicht verurteilen.

47/0825

1. Gott ist der Schöpfer aller Menschen, der es sich zum Ziel gesetzt hat seinen Glauben der Welt zu offenbaren.
2. Ich glaube an Gott, weil er seinen Sohn auf die Erde zu den Menschen gesandt hat, um uns zu zeigen, daß er an uns denkt.
3. Als einen Menschen, der jedoch über uns allen steht, um uns zu beschützen und uns auf den rechten Weg zu führen.
4. An Vater und Schöpfer, an seinen Sohn Jesus, an Auferstehung, an ein Leben nach dem Tod.
5. Man soll lieber versuchen an einen Gott zu denken, der mit einem leidet, und nicht an einen Herrscher, der in seinem Himmel thront und uns als Untertanen Befehle gibt.

47/0826

1. Gott ist der Schöpfer der Menschen und der Erde.
2. Ich glaube an Gott, weil er uns schon etliche Zeichen seiner Existenz gegeben hat. z.B. Heilung nach schwerer Krankheit.
3. gütig, gut, großzügig, vergeben kann, hilfsbereit
4. Sündenvergebung, Leben nach dem Tod, Paradies (Adam und Eva), Schöpfer, Bibel, Kirche, an Jesus
5. Weil Menschen, die an Gott glauben, einen weit stärkeren Willen auch in Notsituationen haben als Menschen, die keinen Glauben haben.

47/0827

1. Gott ist Liebe, Vergebung, Vater, allmächtig, ewig
2. ich glaube an Gott, weil ich erkannt habe, daß ich von mir aus nicht gut sein kann und jeden Tag oftmals versage. Durch Jesus Christus hat er mir Vergebung zugesichert, die nehme ich dankbar an und brauche meine Schuld nicht mit mir herumzuschleppen und kann so froh sein und diese Freude möchte ich auch anderen mitteilen.
3. Gott kann ich mir nicht vorstellen, weil er so unendlich groß ist und einen solchen Glanz und Licht hat.
4. an Gott Vater, Jesus Christus, an Götter wie Geld, Auto, Fußball; an Schöpfung
5. Er meint, diese Menschen seien weltfremd, daß sie hoffen, daß bei ihren Problemen ein lichtes Wesen vom Himmel erscheint und ihnen bei der Lösung ihrer Probleme hilft. Wenn er damit Christen ansprechen will, hat er bis jetzt noch keine gute Meinung von ihnen.
[Verfasserin hat mit vollem Namen unterschrieben]

47/0828

1. Gott ist eine mir nicht erscheinbare Gestalt, an dessen Existenz ich glaube.
2. Ich glaube an Gott, weil ich zu diesem Glauben erzogen wurde und selbst oft Erleichterung nach Gebeten und Fürbitten empfand.
3. Wie einen guten Geist, der mit erhobenem Finger auffordernd [gestrichen: (zärtlich, gnädig)?] auf die Einhaltung der 10 Gebote pocht.
4. Jesus
5. Vorurteile gegen Gläubige. FALSCH

47/0829

1. Gott ist mächtig. Der Herrscher über Himmel und Erde, Leben, Tod.
2. Ich glaube an Gott, weil ich der Meinung bin, daß er mir hilft.
3. Groß, mächtig, langes weißes Gewand, gütig.
4. An einen Vater
5. Den Ausspruch finde ich nicht richtig. Ich würde eher sagen, daß man sich vor den anderen Menschen hüten muß.

47/0830

1. Gott ist Ursprung v. Allem (Ursprung aller Existenz)
2. Ich glaube an Gott weil ohne ihn nichts existiert
3. Im Universum – universale Intelligenz
4. Naturgesetze, Gerechtigkeit, Glaube, Liebe, Hoffnung
5. es müßte vervollständigt werden: »denn Gott ist allgegenwärtig«.

47/0831

1. Gott ist gegenwärtig, barmherzig, geduldig. Er will immer das Beste für die Menschen. Dies erkennt man daran, daß er seinen Sohn hingegeben hat.
2. Ich glaube an Gott weil ich die Bibel lese und erkannt habe, daß das Ziel des Lebens das ewige Leben ist (Nachfolge Jesu).
3. In der Bibel steht, daß man sich von Gott kein Bildnis machen soll.
4. An Jesus, Vergebung der Sünden Dreifaltigkeit, Kirche, Sakramente, Heiliger Geist, ewiges Leben, Gericht Gottes, Bibel.
5. Das Zitat finde ich falsch, weil Menschen (Christen) die an Gott glauben (Jesus angenommen haben) von der Liebe Gottes geprägt sind und werden dadurch offen für andere Menschen weil sie ihre eigenen Sorgen auf Jesus werfen. Und das finde ich ist sehr wertvoll.

47/0832

1. Gott ist – mein Vater und Schöpfer Himmels und der Erde
   – mit all denen, die ihn lieben, an ihn glauben und den von ihm gelegten Weg gehen.
   – Ewigkeit, Herrlichkeit, Friedefürst, *gerecht,* allmächtig, gnädig, Liebe . . .
   – ein geistiges Wesen, das immer ist und immer war; von Ewigkeit zu Ewigkeit.

2. Ich glaube an Gott, weil
   – er mich aus seiner großen Gnade auserwählt hat und ich dadurch sein Liebeswirken erkennen durfte
   – ich ihn liebe und seine Nähe *täglich* verspüren darf.
   – ich einmal auf Ewig in des Vaters Herrlichkeit sein möchte.
3. Für mich ist Gott der Anfang und das Ende, ein vollkommenes, gerechtes, liebevolles *und liebenswertes Wesen*.
4. An den Herrscher und Schöpfer Himmels und der Erden, den ich von Herzen lieben darf.
5. Gott hat den Menschen erschaffen und ihm seinen freien Willen gegeben. Durch diesen freien, eigenen Willen, ließen sich die Menschen vom »Verführer« beeinflussen und verblenden. Hätten sich die Menschen an Gott gehalten, und wären nicht ihre eigenen Wege gegangen, wäre dieses Zitat bestimmt nie entstanden.

47/0833
1. Gott ist ein Wundermann
2. Ich glaube an Gott, weil ich mir Hilfe von Gott erwarte
3. groß, mächtig, stark
4. Wunder


## 48  Wirtschaftsgymnasium, Klasse 12

*Der Lehrer gab den Schülern ein Blatt, auf dem die Meinungsumfrage der Wochenzeitschrift ›Der Spiegel‹ von 1967 mit 5 Fragen über Gott und im unteren Teil die Satzanfänge und Zitate zu Gott standen. Die Schüler beantworteten die Fragen der Umfrage und führten dazu noch entweder eine dieser Fragen oder einen der Satzanfänge mit einem Text weiter aus. Im Folgenden sind nur die Textausführungen der Schüler wiedergegeben. Die jeweilige Frage oder der Satzanfang, von dem ein Schüler ausgegangen ist, ist mitgeschrieben worden.*

48/0834
»Worauf du nun dein Herz hängst und verläßt, das ist eigentlich dein Gott!« (Martin Luther)
Ich glaube, dieser Satz trifft voll und ganz zu, denn es gibt nach meiner Auffassung kein einheitliches Bild von Gott unter den Menschen. Aus meiner bisherigen Erfahrung glaube ich sagen zu können, daß die meisten (nicht alle!!) Menschen sowieso nur an Gott glauben bzw. denken, wenn es ihnen schlecht geht. Ich glaube auch, daß sich die meisten Menschen die in irgendeiner Form an Gott glauben, gar kein Bild von ihm machen, denn dies würde auch dem Gebot »Du sollst Dir kein Bildnis von mir machen« widersprechen.
Mir persönlich geht es so, daß wenn ich verzweifelt bin, nicht an Gott glaube und versuche mit ihm »Kontakt« aufzunehmen, sondern daß ich versuche mir selber über meinen momentanen Zustand klarzuwerden

und Lösungsversuche mir überlege. Wenn dies nicht klappt werde ich mir von einer außenstehenden, mir vertrauten Person Rat holen.
Warum glaube ich heute nicht mehr an Gott?
Als Kind habe ich an Gott geglaubt, hab' ich auch gebetet, in die Kirche bin ich fast nie gegangen und wenn, dann nur weil ich mußte. Ich bin auch konfirmiert. Doch nach dem Konfirmandenunterricht habe ich eigentlich erst richtig angefangen mir Gedanken zu machen. Da merkte ich erst, wie widersprüchlich vieles in der Bibel ist, wie wissenschaftlich unhaltbar vieles ist und wie ein Mensch, »Gott«, verherrlicht wird.
Der große Bruch mit der Kirche kam wohl als ich mitbekam, wie reich die Kirche ist (Vatikan z.B.) und wie arm viele Menschen sind.

## 48/0835

Ich finde, daß das Zitat von Martin Luther am ehesten zutrifft. Gott muß meiner Meinung nach jeder für sich selbst definieren. Reden von Gott in der Kirche oder sonstwo halte ich für unsinnig, denn im Prinzip wird dort verkündet, was der Pfarrer oder der Kirchenrat will. Gottes Worte wurden schon so oft mißbraucht, die politischen Interessen durchzusetzen (z.B. span. Inquisition). Deshalb finde ich, daß jeder seinen Gott selber suchen soll, wie er ihn nennt, aus welcher Religion er stammt, oder ob der eigene Glaube eine Mischung aus vielen Religionen ist, ist meiner Meinung nach egal. Er soll demjenigen der daran glaubt helfen über Schwierigkeiten hinwegzukommen.

## 48/0836

»Worauf du nun dein Herz hängst. . .« (Martin Luther)
Dieses Zitat deutet eigentlich darauf hin, daß es eigentlich nicht einen Gott für alle gibt sondern der individuelle Mensch sich selbst seinen Gott in Gedanken geschaffen hat, der eine mehr der andere weniger. Es ist heute für viele sicherlich schwer einen festen Glauben an Gott zu haben, da durch die Wissenschaft viele Sachen bewiesen sind z.B. Entstehung der Lebewesen und anderes. Der etwas noch kindliche Gedanke mit: ›Gott lebt im Himmel hinter den Wolken‹, solche Sachen z.B. wurden den Kindern früher erzählt – das kann man heute gar nicht mehr – sie würden einen ja auslachen, da sie ja gerade durch die Wissenschaft Bescheid wissen. Heute ist dies viel nüchterner und skeptischer. Man hat aber trotzdem noch eine Vorstellung von irgendeinem Gott an den man sich klammert in schweren Zeiten und den man sich selbst zurechtdenkt, wenn auch nicht so ausgeprägt.

## 48/0837

Ich halte das Zitat von M. Luther für am ehesten zutreffend, weil es sich schließlich jeden Tag aufs neue beweist. Der Materialist hängt sein Herz an Geld, der Streber sein Herz an gute Noten usw. Da kann die Kirche lange göttliche Wertschätzung predigen, es wird sich trotzdem nichts ändern, weil sich die meisten Menschen eben nicht von Gott sondern nur von ihrem eigenen Vorteil lenken lassen.

## 48/0838

Ich glaube an Gott, weil es für mich eine Hilfe ist. Ich möchte nicht sagen daß ich diese seine Hilfe immer brauche, weil ich von Seiten meiner Eltern und meiner Schwester sehr viel Hilfe und Geborgenheit bekomme. Probleme werden in der Familie besprochen und gelöst. Ich stehe also nie ganz allein da.

Eigentlich würde das genügen, gut zu leben. Doch ich glaube an Gott, weil ich denke, es muß etwas geben, woran man glauben kann. Gerade weil viel Unrecht geschieht, auf der Welt, bin ich der Meinung, daß der Glaube einem wirklich weiterhelfen kann; besonders in schwierigen Situationen.

Ich bin nicht sehr christlich erzogen worden und doch kann ich von mir behaupten ein relativ überzeugter Protestant zu sein. Ich verbinde diese Überzeugung nicht etwa mit Kirchgängen und Bibellesen, nein, eher mit dem Glauben an etwas, was eigentlich gar nicht so einfach zu verstehen ist.

Ich glaube an Gott und an die Wunder die geschehen. Diese Wunder sind oft für mich ein Beweis, daß es einen Gott geben muß, der diese Wunder geschehen läßt. Ich bin der Meinung, daß ohne Wunder, große und klitzekleine Wunder, welche fast schon alltäglich geworden sind, zu leben sehr schwierig ist.

Ich glaube an Gott weil es einen Punkt gibt, wo selbst Wissenschaftler zu zweifeln beginnen und um diesen Punkt überschreiten zu können muß man an Gott glauben. Ich glaube an Gott weil es der Vater Jesus Christus war, ich glaube an Jesus Christus seinen Sohn, der zu uns in Menschengestalt kam.

## 48/0839

Ich glaube nicht an Gott, weil ...

Ich kann an etwas nicht glauben was es für mich nicht gibt. Ich bin in einer Umgebung aufgewachsen wo ich von zu Hause her mit solchen Dingen nicht konfrontiert wurde.

Dann in der Schule konnte ich an solche Dinge den Glauben auch nicht mehr finden.

Die Kirche, als Vertreter von Gott, ist für mich zur willigem Institution herabgesunken. Sie kann mir einfach nichts vermitteln. Außerdem ist die »Vertretung Gottes« ein Gebäude* voller Widersprüche. Sie ist in unserer Zeit und Wohlstandsgesellschaft sehr von den Menschen abgerückt. Es geht alles nur noch automatisch. Z.B. Konfirmation, glaube ich, machen doch viele Menschen nur weil es jeder andere auch macht. Es ist zur Gewohnheitssache und zum Sachzwang gegenüber anderen geworden.

* bezieht sich auf meine Person

## 48/0840

Was meinen Sie warum Menschen nicht oder nicht mehr an Gott glauben?

Weil er wahrscheinlich nach ihrer Meinung zu viel zuläßt – Krieg, Hungersnot usw. – weil es wegen dem ganzen Konsumdenken wahrscheinlich keinen Platz mehr hat für Gott.

Ich glaube nicht an Gott, weil ich gerade dabei bin nachzudenken, warum so viele Menschen an Gott glauben und wie sie sich ihn vorstellen. Ich kann mir Gott nicht vorstellen und deswegen kann ich an etwas das keine Gestalt (innerlich gemeint) hat nicht glauben. Viele Menschen sagen Christen sind gut, und in jedem ist Gott drin, aber ich bin der Meinung Nichtchristen sind genau so gute Menschen wie Christen. Ich kann nicht an Gott glauben, bloß weil ich früher »Lieber Gott mach mich fromm, daß ich in den Himmel komm« gebetet habe oder im Konfirmandenunterricht die Bibel gelesen habe. Ich kann nicht an Gott glauben, wenn ich nicht weiß wofür. Das soll nicht heißen daß ich mir von dem Glauben nur Vorteile erwarte. Ich muß einen Weg suchen wie ich an Gott glauben kann, ich kann nicht wie manche Menschen beten wenn ich vor einem Problem stehe, daß Gott mir hilft. Wenn ich einmal an Gott glauben werde, dann nicht so. Ich finde es ist nicht wichtig, ab wie viel Jahren man an Gott glaubt, lieber glaube ich erst mit 50 oder älter an Gott, aber dann bin ich mir meiner sicher.

### 48/0841

Ich glaube nicht an Gott weil ich mir nicht vorstellen kann, daß irgendwo ein höheres Wesen vorhanden sein soll. Ich bin schon oft während Diskussionen angegriffen worden, weil ich der Meinung war, daß es keinen Gott gibt. Ich kann nicht genau erklären warum ich nicht daran glaube, vielleicht habe ich mich nicht intensiv damit befaßt und mit der Bibel auseinandergesetzt. Früher als kleines Kind war Gott ein Mann im Himmel mit weißem Rauschebart. Heute glaube ich eher, daß das Wort Gott dazu führt, Leute zusammenzubringen, die davon überzeugt sind in einer großen Einheit vieles leisten zu können.

### 48/0842

Was meinen Sie, warum Menschen nicht oder nicht mehr an Gott glauben?

Viele Leute z. B. fragen, »Warum läßt Gott Kriege zu?« und verstehen nicht, daß der Mensch ja die Kriege anzettelt, sie weigern sich, an einen Gott zu glauben, der Kriege, Mißhandlungen, Folterungen, – Ungerechtigkeiten überhaupt – »zuläßt«. Viele lassen sich von den Zweifeln anderer anstecken, außerdem war es wahrscheinlich nach der Zeit der Aufklärung modern nicht zu glauben. Die Wissenschaft läßt ebenfalls immer mehr Menschen an der Existenz Gottes zweifeln nach dem Motto »Was ich nicht sehen kann glaube ich nicht«. Es gibt bestimmt noch tausend andere Gründe, Kleinigkeiten, im Kindesalter durch winzigste »Enttäuschungen« können zum Zweifeln führen. Gott ist im Prinzip alles und nichts, ich selbst habe keine genauen Vorstellungen. Ich glaube an Gott weil ich etwas brauche an das ich glauben kann und vielleicht auch weil ich so erzogen wurde.

[Bei dem Wort Gott denke ich an] Liebe, verzeihen.

48/0843
Woran denken Sie bei dem Wort Gott?
Bei dem Wort Gott denke ich an irgendein außerirdisches höheres Wesen, das einem immer beiseite steht, wenn man es benötigt. Gott ist etwas Undefinierbares, das keiner so recht weiß, was es bedeutet. Für manche existiert Gott nur in schlechten Zeiten, er gibt also Hilfestellung.
Gott ist ein Wort, an das man sich halten kann, dieses Wort geht nie unter.
Wenn etwas gut läuft, so dankt man Gott (Gott sei Dank). Das Wort Gott bringt man oft schnell zum Ausdruck. Im Guten und im Bösen. Gott ist für mich ein mitlaufendes Wort, das man oft benutzt, ohne es zu bemerken.

48/0844
Woran denken Sie bei dem Wort Gott?
Ich denke zuerst an die Kirche und an das Übersinnliche. An etwas, was man nicht begreifen kann, an etwas was überall ist. Mit dem Wort Gott verbinde ich noch die Natur, die nicht vom Menschen erschaffen wurde, sondern was von selber da war. Ich denke an Schicksal und an Dinge die unbegreiflich sind wie Tod, Seele. Im Zusammenhang mit Gott und Kirche denke ich noch an Menschen, die früher lebten und die heute in den anderen armen Ländern leben.

48/0845
Woran denken Sie bei dem Wort Gott?
An Etwas ohne menschliche Gestalt, jedoch irgendeine Seele, die Kraft ausströmt, und die die Fähigkeit besitzt alles was auf der Welt geschieht, zu registrieren und zu kontrollieren. Diese Kontrolle erfolgt jedoch indirekt durch den Glauben an Gott, denn ein Mensch, der weiß, daß alles was er tut beobachtet wird, nimmt sich mehr zusammen als einer, der etwas Verdecktes tun kann (nur bei Unrecht, spricht das Gewissen einem zu).
Die Tatsache, daß Menschen Menschen bleiben, hängt mit dem Glauben an Gott zusammen, den wenigstens ein Teil der Menschheit diesem, irgendwo über uns vorhandenen Gott, entgegenbringen.

48/0846
Wie stellen Sie sich Gott vor?
Ich stelle mir Gott eigentlich nicht wie viele Leute es tun als einen alten Mann mit Bart vor, sondern als ein überirdisches Wesen, das in verschiedener Form vorkommt. Er ist für mich Wasser, Licht, Luft und Leben. Wenn ich in eine Kirche gehe ohne daß dort ein Gottesdienst abgehalten wird meine ich Gott sehr nahe zu sein. Es ist so ein Gefühl im Unterbewußtsein das man nicht beschreiben kann. Und so stelle ich mir Gott auch vor. Nur ein Gefühl das unbeschreiblich ist und das man nicht erklären [kann]. Genauso fühle ich wenn ich auf einem Gipfel stehe und um mich herum lauter Berge und einsame Almen sind. Dann glaube ich

auch ganz fest, daß es einen Gott gibt und daß er mir in diesem Augenblick ganz nah ist. Das Gefühl der Stille und Einsamkeit läßt mich alle Probleme die ich habe vergessen. Sie werden überhaupt sehr nebensächlich. Gott ist für mich etwas, das über meinen Horizont geht. Manchmal ist es darum für mich sehr schwierig an ihn zu glauben, da er etwas Unvorstellbares ist. Ich kann ihn auch nicht in Bildern beschreiben, sondern nur als Gefühl in mir.

### 48/0847

Gott ist ein höheres Wesen, an das man glaubt, weil es einem eingetrichtert wird daran zu glauben. Ferner denke ich an diesen Gott, wenn man jemanden braucht um Halt zu finden. So zum Beispiel wenn man in Not ist oder nötig Hilfe braucht.
Es heißt sogar, daß Gott immer beiseite steht, wenn man ihn benötigt, doch leider war er noch nie an meiner Seite.
Gott ist auch Schutzperson für viele Leute, die in Armut, Elend und sonstigen Verhältnissen leben.

### 48/0848

Haben Sie früher einmal an Gott geglaubt?
Diese Frage ist für mich nicht zu beantworten, da ich früher nur beeinflußt wurde (durch die Eltern, den Religionsunterricht), sodaß ich nicht weiß ob der »Gottesglaube« aus mir selber herauskam oder ob ich nur nachgeredet habe, also beeinflußt wurde.
Warum glauben Sie heute nicht mehr daran?
Weil es sich wissenschaftlich nicht belegen läßt.
Was meinen Sie warum Menschen nicht oder nicht mehr an Gott glauben?
Weil es zu viel Unglück auf der Welt gibt (Kriege, Katastrophen).
Gott ist für mich kein höheres existentes Wesen, sondern nur ein Medium, das die Leute zusammenbringt, und sie somit Gemeinschaft erleben läßt.
Diese Gemeinsamkeiten kristallisieren sich heutzutage in »Konfusclubs« in Gesprächskreisen oder in Hilfsorganisationen immer stärker heraus.
Die Institution Kirche ist für mich heute sinnlos, viele Predigten sind unverständlich. Früher war die Kirche auch ein Mittel um die Leute zusammenzubringen.
Durchaus falsch finde ich zum Beispiel, daß man bei der Konfirmation das Glaubensbekenntnis sagen muß, ich glaube, daß man durchaus christlich sein kann ohne daß man an »Gott den Allmächtigen, Vater, den Schöpfer des Himmels und der Erde« glaubt!
Die Leute, die an Gott glauben, haben in schweren Zeiten ein »besseres« Durchstehvermögen weil sie sich an einen Strohhalm klammern können.
Dies ist bestimmt gut so, denn »Glaube versetzt Berge«. Gerade bei Krankheiten wird der Seelenzustand derer, die an Gott glauben verbessert.
Es ist bestimmt gut, daß viele Menschen an Gott glauben, jedoch wie er dargestellt wird durch Religionsunterricht und Kirche und vor allem bei der Schöpfungsgeschichte finde ich falsch.

*Gott ist Vater:* Ich habe diesen Satz gewählt, weil damit ziemlich gut gezeigt werden kann, daß wir Menschen mit diesem Gott in Beziehung treten können. Er ist also nicht irgend ein höheres Wesen, das über uns schwebt und uns auf der Erde herumtanzen läßt. Ich glaube auch, daß mit diesem Begriff die Liebe Gottes zu uns Menschen deutlich wird. In der Bibel gibt es eine Stelle, in der es heißt: »Wie sich ein Vater über Kinder erbarmt, so erbarmt sich der Herr über die, die ihn fürchten«. Ich denke, daß die Liebe Gottes am meisten durch die Menschwerdung Jesu und durch die Vergebung unserer Schuld im Kreuz deutlich wird. Das trennende der Schuld ist damit weggenommen und wir haben die Möglichkeit, auf »dieser Brücke« zum Vater zurückzukehren.

Die Vaterrolle Gottes wird auch besonders im Gleichnis vom verlorenen Sohn deutlich. Der Sohn stellt eine ziemlich freche Forderung an den Vater. Er fordert das Erbe, das ihm eigentlich erst nach dem Tode des Vaters zusteht. Der Vater erfüllt ihm jedoch die Bitte. Er steht dem Willen seines Sohnes nicht im Wege, ohne ihn leben zu wollen. Als der Sohn enttäuscht von dem vaterlosen Leben wieder heimkehrt nimmt ihn der Vater auf ohne ihm eine Lektion zu erteilen. Die Liebe zu seinem Sohn hat sich trotz der Abkehrung des Sohnes nicht verändert.

Wir Menschen handeln auch in so einer provokativen Art. Wir meinen wir würden alleine am besten zurecht kommen. Umso erstaunlicher, daß Gott uns weiterhin die Chance gibt zu ihm zu kommen. Leider von wenigen genutzt.

## 49   Wirtschaftsgymnasium, Klasse 12

*Der Lehrer gab den Schülern ein Blatt, auf dem die Meinungsumfrage der Wochenzeitschrift ›Der Spiegel‹ von 1967 mit 5 Fragen über Gott und im unteren Teil die Satzanfänge und Zitate zu Gott standen. Die Schüler beantworteten die Fragen der Umfrage und führten dazu noch entweder eine dieser Fragen oder einen der Satzanfänge mit einem Text weiter aus. Im Folgenden sind nur die Textausführungen der Schüler wiedergegeben. Die jeweilige Frage oder der Satzanfang, von dem ein Schüler ausgegangen ist, ist mitgeschrieben worden.*

49/0850

»Worauf du nun dein Herz hängst und verläßt, das ist eigentlich dein Gott« (Martin Luther)

Jeder Mensch hat eine andere Vorstellung von Gott und darauf, auf was er vertraut, darauf hängt er sein Herz und verläßt sich, d. h. für viele Menschen ist Gott jemand dem man seine Sorgen und Probleme mitteilen oder mit dem man sein Glück teilen kann. Ältere Menschen haben etwas woran sie glauben können, was sie aufrechterhält. Etwas mit dem sie ihre Einsamkeit teilen können, egal wie es auch aussehen mag.

Und es ist gut daß niemand wirklich weiß wie oder was Gott ist, denn jeder Gläubige und auch Nichtgläubige macht sich seine eigenen Vorstellungen und er wäre sicher enttäuscht wenn diese nicht in Erfüllung gehen und würde sich u. U. von Gott abwenden. Er hätte dann nichts mehr woran er sich in Notfällen halten könnte und würde u. U. am Leben zerbrechen.

## 49/0851
»Gott sei Dank gibt es nicht, was sich 60–80% der Zeitgenossen unter Gott vorstellen«
Dieser Ausspruch trifft voll zu, denn ich glaube, wenn es einen Gott geben würde, so wie ihn sich die Menschen vorstellen, würde es noch viel mehr Unheil in der Welt geben.
Die Leute glauben an einen Gott, der ihnen alle Sünden vergibt, wenn sie einmal kurz beten. Wenn es diesen Gott nun jetzt geben würde, wäre dieses Verhalten noch viel ausgeprägter.

## 49/0852
»Worauf du nun dein Herz hängst und verläßt, das ist eigentlich dein Gott« (Martin Luther)
Man sollte sich einen eigenen Gott, nicht suchen aber erdenken. Es ist oft gut, wenn man etwas hat woran man glauben kann, denn dann glaubt man wieder an sich selbst. Wenn man vor irgendetwas Angst hat und glaubt Gott hilft einem, dann bekommt man die Kraft sich selber zu helfen. Ich kann mir durch die wissenschaftlichen »Aufklärungen« nicht vorstellen, daß es einen gibt. Wo sollte der denn sein, im Himmel bestimmt nicht?! Aber selbst wenn man nicht an Gott glaubt, finde ich, kann man gläubig sein. Ich finde jeder sollte das glauben was er denkt. Wenn ich eine Kirche betrete oder Filme an Weihnachten sehe, die um Bibelgeschichten handeln wird einem richtig ehrfürchtig zumute. Es ist ein gewisser Respekt vorhanden. Aber man hat mehr davon, wenn man die Bibelsprüche für sich selbst in die heutige Zeit überträgt. Manchmal glaube ich es gibt Gott, aber vielleicht ist das nur mein persönlicher Gott.

## 49/0853
Was meinen Sie, warum Menschen nicht an Gott glauben?
Heute »kann« die Wissenschaft fast alles erklären (auf einen biolog., physikalischen Vorgang zurückführen). Da hat der Glaube bei vielen keinen Platz mehr, der Glaube ist ihnen zu mystisch und zu kindisch. Weiter paßt Glaube nicht in die heutige Gesellschaft.
»Gott sei Dank gibt es nicht, was sich 60–80% der Zeitgenossen unter Gott vorstellen!« (K. Rahner)
Gott ist für viele jemand, der eigentlich alle Sünden und Laster eines weltlichen Lebens übersieht, aber der dann wenn Not herrscht alles vergißt und vergibt. Nur liegt das Problem so: Die Sünden ... werden *im Bewußtsein begangen*, daß man gleich danach Vergebung bekommt. Und das ist der springende Punkt: Gott ist nicht nur der »Schönwettergott«, *nein* er kann auch richten. Viele denken, wenn sie an Gott denken, an

den Gott der die kleinen Kinder beschützt, der sie zufrieden macht, der sie in dem Bewußtsein durchlebten Sünde gleich wieder erlöst. *Aber* Gott sieht auch wie wir denken, er sieht daß wir nur aus Selbstzweck an ihn glauben und da er das mitbekommt richtet er, setzt strenge Prüfungen usw.

Ich glaube mit den 60–80% meint der Theologe *auch* die 60–80% Menschen die meinen sie wären Christen, *aber* es gibt da den Unterschied zwischen einem, der meint er sei Christ und einem »echten« Christen der das *echt* auch durch sein *Leben bezeugt*. Die 60–80% meinen (wie schon genannt) daß Kirchensteuer, kirchl. Trauung, an Heiligabend Kirchenbesuch heißt man sei Christ, und stelle so Gott zufrieden. Aber Gott ist mit diesen Menschen nicht zufrieden.

Hier ist der große Unterschied zwischen Gott → Welt zu sehen. Gott bedeutet ewig, ganz und gar mit Leib und Seele. Welt ist vergängliche, oberflächliche Materie. Deshalb das ›Gott sei Dank‹ des Theologen. Er will damit ausdrücken daß er dankbar dafür ist, daß der Glauben an Gott etwas anderes, *viel göttlicheres, ewigeres* ist als die *Vorstellung die 60–80% der Menschen haben.*

### 49/0854

Hüte Dich vor den Menschen, deren Gott im Himmel ist. (B. Shaw)
Die Gefahr sehe ich darin daß Gott zu etwas wird, das über einem steht, das dadurch aber auch 100%ige Verantwortung trägt, über alles Geschehen.

Ich glaube, daß viele Menschen sich Gott zuwenden, um sich damit eine Gewissensversicherung zu schaffen, d.h. mit dem Wissen zu leben, Jesu ist für die Sünden der Menschen gestorben, also auch für meine. Deswegen kann ich unüberlegt Dinge tun, durch Gebete und Beichten wird mir alles wieder verziehen.

Ich glaube auch, daß viele Menschen nur der Tradition ihrer Vorfahren folgen, indem sie z.B. Gottesdienste besuchen, und dadurch vielleicht glauben an Gott zu glauben.

Ich lehne aus diesem Grunde in mancher Hinsicht die Kirche als Institution ab, weil ich ihr teilweise vorwerfe mit Schuld daran zu sein, an der Gewissensversicherung der Menschen.

Ich glaube an Gott, weil ich glaube daß er überall ist. An einen Gott im Himmel kann ich nicht glauben, weil ich der Meinung bin, ein so hierarchischer Aufbau ist von menschl. Hand. Ich glaube auch nicht daß es Gott gibt, um unsere menschlichen Fehler zu begleichen.

### 49/0855

*Ich glaube an Gott weil...*
Ich war schon oft in gefährlichen Situationen, aus denen ich nur mit Glück herausgekommen bin. Ich glaube aber auch, daß das Glück nicht von ungefähr kommt. Es muß irgendetwas geben, das das Glück herbeigeführt hat. Wahrscheinlich war es nur der Glaube, daß es Gott gibt, der mir in diesen gefährlichen Situationen geholfen hat.

Oft wenn ich in Bedrängnis komme, oder niemand habe mit dem ich darüber reden kann, dann spreche bzw. bete ich zu Gott, daß er doch alles wieder gut machen soll. Ich sehe Gott als eine höhere Macht an, als etwas, das man im voraus nie genau wissen kann.

## 49/0856

Ich glaube an Gott, weil ich weiß, daß er mich und die Erde erschaffen hat. Gott hat die Entwicklung zum heutigen Planeten Erde bestimmt. Gott hat sich uns Menschen offenbart, indem er uns seinen Sohn Jesus Christus gesandt hat.
Gott gibt mir als kleiner Mensch unter vielen tausenden eine gewisse Zuversicht, daß ich nicht verloren gehe und das Leben auch im Hinblick auf den Tod nicht sinnlos ist.
Daß der Tod nur eine Tür ist, durch die man hindurchgeht.
Gott vergibt Schuld und formt Menschen.
Ich glaube an Gott, weil er Natur, Weltall, eben alles erschaffen hat.

## 49/0857

Ich glaube an Gott, weil er eine außergewöhnliche, geheimnisvolle Macht auf die Menschen ausübt. Er bestärkt die Menschen durch ihren Glauben an ihn. Er ›wacht‹ über alle Vorkommnisse, die auf der Erde geschehen. Er ›lenkt‹ sie in ihrem Tun und ihrem Dasein.

## 49/0858

Ich glaube an Gott weil ich durch meine Erziehung, die für mich immer noch geltende, richtige Einstellung zu Gott bekommen habe. Ich wurde nie gezwungen in die Kirche zu gehen, weil meine Eltern der Meinung sind, daß der Kirchgang nichts mit Gläubigkeit zu tun hat, daß Gläubigkeit von innerer Überzeugung herkommt. Ich habe nie Geschichten aus der Bibel vorgelesen bekommen, weil meine Eltern der Meinung sind, daß man zu sehr an Gottes Wunderwerke glaubt als an seine jetzigen, heutigen Erscheinungen. Ich habe schon sehr früh über diese Einstellungen meiner Eltern nachgedacht und empfand sie als vollkommen richtig. Diese Empfindung machte es mir möglich meinen eigenen Weg zu Gott zu finden.
Ich hatte natürlich auch Phasen wo ich begann zu zweifeln, ob da wirklich jemand ist der mich hört, denn gewisse Dinge kann man nur mit sich selbst ausmachen, trotzdem möchte man sie sich von der Seele reden, oft hab ich mich in solchen Situationen »an Gott gewendet«, mich mit ihm »ausgesprochen«. Manchmal wußte ich nicht weiter, aber meine Mutter (vor allem) gab mir immer wieder Kraft, Hoffnung und Mut das Leben wieder positiv zu sehen. Ich habe mich oft gefragt, woher sie dieses nimmt. Heute weiß ich, daß es ihr Glaube ist. Sie hat mir vorgelebt, daß man Glauben nicht zur Schau tragen muß, ihn genauso wenig verbergen muß. Sie empfindet Glauben als selbstverständlich, sie läßt den Glauben in ihrem täglichen Leben eine Rolle spielen, so daß er ihr hilft, aber ohne daß es auffällt oder sie es übertreibt. Dies ist für mich ein Ziel und ich

wünsche mir, daß ich es erreichen kann. Durch dieses Vorbild meiner Mutter, sind in meinem Charakter Veränderungen eingetreten die sicher zum Teil unbewußt vor sich gegangen sind, zum Teil auch bewußt (auf die bin ich ein bißchen stolz), denn sie liefen (Gott sei Dank, aber es war zu dieser Zeit auch gar nicht anders möglich) alle ins Positive und den Anstoß an mir selbst etwas zu verändern gab mir meine Mutter + ihr Glaube. Weil für sie Dinge selbstverständlich sind (begründet in ihrem Glauben) die andere nie lernen werden und ich wollte nicht zu den anderen gehören und ich spüre in vielen Situationen, daß ich nicht mehr zu den anderen gehöre und dafür bin ich dankbar.

49/0859
Warum glauben Sie heute nicht mehr an Gott?
Als Kind wird einem immer erzählt Gott säße im Himmel und schaue auf einen herab, aber allein dies ist ja schon unmöglich. Ich meine damit, daß [es] für die ›Gottesexistenz‹ *absolut* keine Beweise gibt irgendwie nichts Materielles. An Gott glauben kann ich nicht, ich glaube daß für viele Menschen der Gottesglaube deshalb so wichtig ist, weil sie sonst keinen Sinn im Leben sehen, vielleicht haben sie auch Angst vor dem Tod und erhoffen sich durch den Glauben an Gott Hoffnung nach dem Tod. Ich bin bereit an eine höhere Macht zu denken, aber der Name Gott ist zuviel dafür. An Gott glauben hieße für mich, sich jemanden unterwerfen der für mich nicht existiert, dies soll nicht heißen daß ich bereit wäre mich irgend einem existierenden Wesen zu unterwerfen. Ich könnte Gott höchstens mit Menschlichkeit vergleichen, aber Menschlichkeit ist nichts Materielles, Menschlichkeit kann man von sich aus geben. Vielleicht ist Gott in einem drin? Die Kirche verbreitet für mich einen Gott den ich mir nicht vorstellen kann. Aus der Bibel dagegen kann ich für mich selbst viel herauslesen, wie ich mich anderen Menschen gegenüber verhalten sollte. Vielleicht sehe ich das alles etwas zu eng aber ich glaube man kann nur von sich aus an Gott glauben und gerade dies ist für mich im Moment nicht möglich, ich kann Gott nicht akzeptieren.

49/0860
Warum glauben Sie heute nicht mehr an Gott?
Weil ich nicht verstehen kann, warum sich Gott heute nicht zeigt und weil er vielen Menschen viel Leid antut, obwohl sie es gar nicht verdient haben.
Ich glaube auch nicht mehr an Gott, weil ich noch nie das Gefühl hatte, daß er um mich herum ist. Also auch wenn ich schon gebetet habe, habe ich nie gemerkt, daß in irgendeiner Weise eine Antwort darauf kam.
Ich sehe keinen Sinn darin, daß Jesus sich vor knapp 2000 Jahren unter die Menschen »mischte« und mit ihnen lebte und ihnen, auch den Verachteten, half und heute zu uns nicht kommt. Auch wir bräuchten Hilfe!
Was meinen Sie, warum Menschen nicht oder nicht mehr an Gott glauben?
Weil viele schon viel Leid erfahren haben und ihre Situation hat sich nicht

gebessert und sie sich darum fragen, warum Gott ihnen nicht hilft und ihnen dieses Leid antut und vorherbestimmt hat.

Auch glaubte man an Gott, weil man dann immer noch einen Funken Hoffnung hatte, daß irgendwann alles wieder gut wird. Viele aber haben sich zuviel erhofft und wurden enttäuscht. So suchen sie sich nun neue Hoffnungen und sei es nur in Form von Glücksbringern, Talismännern usw.

## 49/0861
Warum glauben Sie heute nicht mehr an Gott?

Weil ich mit zu vielen anderen Gedanken beschäftigt bin, um sich intensiv mit dem Gottesglauben befassen zu können.

Ich kann momentan noch nicht an Gott glauben, weil ich denke daß das Wesen Gott und auch die Bibel geschaffen wurden um Menschen, die Stärke und Kraft benötigten, dies zu vermitteln. Es ist doch erwiesen, daß der Mensch immer etwas benötigt woran er glauben kann, eine Illusion, die ihm Antrieb und Selbstbewußtsein gibt, das ihn aber andererseits immer in Grenzen hält und ihn nicht zu tollkühn werden läßt.

Ein Mensch der mit seinem Leben zufrieden ist, den Hunger nicht kennt und ansonsten auch keinerlei größere Nöte und Ängste hinter sich hat kommt selten auf den Gedanken den Glauben an Gott zu suchen um sich an dem Guten (Gott ist das Symbol für das Gute) zu stärken oder zu schützen.

Darum bekennen sich auch wenige junge Leute zu Gott, da die Jugend noch vollkommen unbeschwert und jeder Tag neu ist. Hingegen ältere Leute die viele bittere Erfahrungen hinter sich haben und nun einen ruhigen Pol benötigen neigen sehr zum Glauben an Gott. Vielleicht sucht ein Gottesgläubiger auch eine Entschuldigung für das Treiben der Menschen, denn gäbe es wirklich einen allmächtigen Herrn, hätte er ihm nicht schon längst ein Ende gesetzt, da er es nicht tut kann man nur im Glauben leben daß er zwar alles sieht und vielleicht verzeiht.

## 49/0862
Warum glauben Sie heute nicht mehr an Gott?

Weil man in der Schule »aufgeklärt« worden ist (wissenschaftl.) Darum sind die Dinge mir heute unvorstellbar. Einerseits heißt es Gott tut nur Gutes und dann nimmt er z.B. einer Mutter ihren letzten Sohn weg. Diese tröstet sich dann »daß er ihn zu sich geholt hat«. Für Verbrecher die die Tat im Affekt getan haben findet man keine Entschuldigung. Aber für Schicksalsschläge wo Gott einmal nicht geholfen hat, entschuldigt man alles. Vielleicht haben diese Leute Angst ihren Glauben zu verlieren.

## 49/0863
Warum glauben Sie heute nicht mehr an Gott?

Der Glaube an irgendetwas wurde mir genommen.

Gott gibt es nicht, vielleicht gab es früher als die Leute noch abergläubisch waren mal einen guten Arzt der wider Erwarten Leute vom Tod bewahrt hat. Aber ansonsten ist Gott nur Schein.

49/0864
Woran denken Sie bei dem Wort Gott?
Etwas Schlechtes ist z.B. daß ich nur an Gott denke, wenn ich Hilfe brauche. Nur ab und zu bedanke ich mich auch. Für mich ist Gott jemand, den ich bitte mir zu helfen. Ich kann zwar mit Freunden über Probleme reden, aber sie können mir nicht Wünsche erfüllen, die ich selber erledigen muß. Ich bitte Gott mir dann die Kraft zu geben um das Nötige zu tun und ich habe dann dabei ein ruhigeres Gefühl, da ich meine es hält noch jemand zu mir. Ich bin nicht ganz alleine dabei.
Für mich existiert Gott nicht in der Kirche und nicht in der Allgemeinheit. Dagegen sträube ich mich. Gott ist für mich so etwas wie ein Schutzengel und jemand dem ich mein Herz ausschütten kann.
Ich habe meinen eigenen Gott und ich würde mich selber nicht als christlich bezeichnen, da ich nicht an den Gott glaube, an den die meisten glauben. Sie beten zu ihm in Gebeten aus der Bibel und in der Kirche singen sie die Lieder. Außerdem tun sie das alles regelmäßig. Ich bete, indem ich Gott sage was ich mir wünsche, z.B. daß meine Mutter schnell wieder gesund wird. Nicht mit vorgefertigten Gebeten. Darum glaube ich nicht wirklich an Gott, sondern an jemand, der nur mir hilft, aber ich bezeichne es als Gott.

49/0865
Ich denke nichts, ich fühle etwas. Man kann das Gefühl nicht beschreiben. Ich brauche Gott, damit ich etwas habe an das ich mich halten kann. Allerdings habe ich nicht das Bedürfnis, dieses Gefühl, diesen Halt den ich habe, anderen mitzuteilen und dann ihre Gegenargumente anzuhören. Weil ich jedem seine Meinung lassen will, meine aber auch behalten. Ich meine ich sehe keinen Sinn darin mit anderen darüber zu sprechen. Zurück zu den Gefühlen, ich sehe ihn mehr in Charakterzügen. Vielleicht so etwas wie ein *fast* perfekter »Mensch«, fast, weil er z.B. Kriege die Menschen führen nicht verhindern kann.

49/0866
Woran denken Sie bei dem Wort Gott?
An Nächstenliebe, Verständnis, Geborgenheit, Vertrauen, Glück, Seligkeit, alle die Dinge die in unserer heutigen Gesellschaft ein bißchen vernachlässigt werden. Man nehme nur die Nächstenliebe als Beispiel, sie verkörpert eigentlich Zufriedenheit, Ausgelassenheit, aber dieses gibt es heute immer weniger, weil der Mensch viel zu sehr auf sich selbst fixiert ist, und das was um ihn herum ist, kann er nicht mehr wahrnehmen, dieses kann man als Egoismus höchsten Grades bezeichnen. Es ist eigentlich schade diese schönen Dinge nicht auszunutzen oder in sein Leben miteinzubeziehen.

49/0867
Woran denken Sie bei dem Wort Gott?
Er ist etwas was man sich nicht vorstellen kann. Die Menschen glauben
an ihn und hoffen, daß er ihnen in schlechten Zeiten hilft. Bei dem Wort
Gott fällt mir die Kirche und all die Menschen die zusammengehören
weil sie an dasselbe glauben, (egal, wie sie aussehen) ein.

49/0868
Wie stellen Sie sich Gott vor?
Wenn ich »Gott« höre, denke ich sofort an ein sehr menschenähnliches
Geschöpf. Doch da ich mir nicht vorstellen kann, daß dieses Geschöpf
von einem erdfremden Standort aus Einfluß auf uns Menschen ausüben
kann, kann ich an dieses Wesen, also an »Gott« nicht glauben. Doch ich
bin mir ziemlich sicher daß es irgendeine Kraft gibt, die für die Menschen
da ist und versucht alles im Griff zu halten. An diese Kraft oder was es
auch sonst sein mag, glaube ich, wenn ich auch keine Vorstellung habe,
wie diese Kraft aussehen soll und wie diese Steuerung abläuft. Doch ich
möchte es mir auch gar nicht vorstellen können, denn sobald ich ein zu
deutliches Bild von diesem Geschehen erkennen könnte, würde ich
bestimmt nicht mehr daran glauben können. Genauso wie ich eine zu
genaue Vorstellung vom Wesen Gottes habe und somit nicht an ihn
glauben kann weil es einen Menschen, der außerhalb der Erde lebt, nicht
gibt und auf der Erde lebt er (Gott) nicht. Die Kraft, die ich meine hat
ganz sicher keine Gestalt und sie muß so sein, daß wir Menschen diese
Kraft nie greifen können.

49/0869
Gott ist meiner Meinung nach »Mittel zum Zweck«.
Z. B.: Wenn man ein Problem hat, betet man zu Gott, man macht sich das
Problem durch das Beten bewußt → man verarbeitet also das Problem →
man denkt darüber nach (indem man zu Gott spricht → Mittel zum
Zweck)
Gott ist außerdem »Hoffnung«. Spruch von H. Hesse:
Man ist nur glücklich, wenn man hofft.

49/0870
Gott ist für mich ein »Mensch«, den man aber mit einem normalen
Menschen nicht vergleichen kann; man stellt ihn sich eben als Mensch
vor. Gott existiert für mich, und als Beweis kann man eigentlich nur auf
die Bibel verweisen. Es gibt einen Spruch der Bibel, der genau das wieder-
gibt wie ich es sehe; Gott ist der Weg, die Wahrheit und das Leben.

49/0871
Gott ist für mich ein Halt. Besonders am Abend, wenn ich im Bett liege
und nicht schlafen kann, denke ich oft an Gott. Wer ist Gott? Das kann
ich nicht sagen. Mich stärkt er oft, wenn ich so daliege und über etwas
traurig bin. Mir gibt er Mut. Wenn ich bete, mir etwas ganz fest wünsche

und es ihm »sage«, bin ich beruhigt, kann einschlafen. Oft sorge ich mich über etwas, über einen Menschen. Wenn ich Gott meine Sorgen »erzähle« bin ich erleichtert. Gott ist für mich oft ein Gesprächspartner. Obwohl ich keine Antwort von ihm erwarten kann, weiß ich oft schon während meinem Gebet wie ich handeln muß. Wenn ich ein Problem habe und es ihm »erzähle« weiß ich oft danach was ich tun muß um das Problem zu lösen. Gott ist eine Stütze in schlechten Tagen. Jedoch gebe ich zu, daß ich wenn es mir gut geht, wenn ich glücklich bin nur selten an Gott denke.

Nur sehr selten danke ich ihm daß es mir gut geht. Warum ist das so? So ist wohl der Mensch.

### 49/0872

Gott ist ein abstraktes Wesen, das, wenn man daran glaubt nur im Geist des Menschen existiert. Früher glaubten die Menschen an Gott, weil sie einen Urheber für Vorgänge brauchten, die sie sich in der damaligen Zeit nicht erklären konnten. In vielen Kulturen werden auch heute noch aus den selben Gründen Götter beschworen.

## 50  Wirtschaftsgymnasium, Klasse 13

*Der Lehrer gab den Schülern ein Blatt, auf dem die Meinungsumfrage der Wochenzeitschrift ›Der Spiegel‹ von 1967 mit 5 Fragen über Gott und im unteren Teil die Satzanfänge und Zitate zu Gott standen. Die Schüler beantworteten die Fragen der Umfrage und führten dazu noch entweder eine dieser Fragen oder einen der Satzanfänge mit einem Text weiter aus. Im Folgenden sind nur die Textausführungen der Schüler wiedergegeben. Die jeweilige Frage oder der Satzanfang, von dem ein Schüler ausgegangen ist, ist mitgeschrieben worden.*

### 50/0873

Worauf du nun dein Herz hängst und verläßt, das ist eigentlich dein Gott (Martin Luther)
Ich habe Martin Luther gewählt, da ich seine Feststellung für die aussagekräftigste halte. So beantwortet er z.B. in diesem einen Satz die ganze Problematik des Satzes von Karl Rahner. Denn er definiert Gott nicht als bestimmte Person, die sich sowieso jeder Mensch verschieden vorstellen wird. Somit wird der Begriff Gott bei ihm viel flexibler, bei ihm wird die Person Gott zu einem Überbegriff, der wie schon erwähnt nicht fest bestimmt ist und damit für jeden Menschen zugänglich wird, ohne sich ein präzises Bildnis zu machen. Auch gibt sich Martin Luther viel toleranter (er war ja auch Reformator d.h. dies ist von erwähnenswerter Wichtigkeit, denn nicht jede Reformation, egal welcher Art, wurde wie diese auch von Toleranz geprägt) und demonstriert eine gewisse Glaubensfreiheit durch seine teilweise abstrakte Ausdrucksweise. Neben dieser »neuen Form« (Abstraktheit) wird Martin Luther auch der »konservativeren Form«

– der Bibel – gerecht, da er mit seiner Feststellung auch Grundsätzen der Bibel, so z. B. Du sollst dir kein Bildnis machen von Gott, gerecht wird und unterstützt. [mit vollem Namen unterschrieben]

## 50/0874
Jeder braucht einen Halt im Leben. Ohne Halt kann man nicht leben. Jeder Mensch glaubt also an etwas. Das ist dann sozusagen sein Gott. Ich glaube, daß das Martin Luther so gemeint hat. So ein Halt kann also ein Gott sein oder eine Person.

## 50/0875
Martin Luther meint, daß sich die Menschen ihren Gott so ausmachen sollen, wie er nach ihrer Vorstellung ist. Entscheidend ist die Tatsache, worauf man sein Herz hängt und daß man daran glaubt. Man braucht sich Gott nicht als den alten Mann mit weißem Bart vorzustellen und irgendwie haben am Ende alle, mit welcher Vorstellung auch immer, ihren Glauben und ihr Verhältnis zu einer bestimmten Religion.

## 50/0876
Was meinen Sie, warum Menschen nicht oder nicht mehr an Gott glauben?
Weil sie unter Gott eigentlich die Institution Kirche sehen und diese, wegen ihrem altmodischen Wesen, ablehnen. Andererseits glauben viele an etwas anderes (Sterne, Geld, an Sich selbst, an Vorbilder) und das befriedigt sie anscheinend.
»Hütet euch vor den Menschen, deren Gott im Himmel ist« (B. Shaw)
Es gibt ja heute noch so viele Menschen die Gott als eine Person ansehen. Diese Person sitzt im Himmel und lenkt die Geschicke der Welt. Diese Person kann auch bestrafen, nämlich mit der Verbannung in die Hölle. Solche und ähnliche Vorstellungen haben viele Menschen, auch manche selbsternannten Christen. Ich muß sagen, diese Vorstellungen sind in meinem Unterbewußtsein etwas vorhanden, ich versuche mir dies neu aufzuarbeiten um diese alten Vorstellungen zu verdrängen oder zu erneuern. Gott ist Hoffnung, Liebe, Gemeinschaft. Dies sind alles Werte die uns Jesus gezeigt hat. Genauer kann und will ich meine Vorstellung nicht darlegen, weil [sie] sonst wieder dazu neigen aus Gott ein hypothetisches Wesen zu machen. Wenn ich an Gott denke, dann meine ich meistens Jesus, denn er ist ein Vorbild für mich. Ich denke daß ich weiß, daß ich noch nicht weiß was ich wissen möchte. Keiner hat mir bis jetzt sagen können was Gott ist. Deshalb ist Gott nur ganz simpel ausgedrückt Hoffnung, Liebe, Gemeinschaft.

## 50/0877
»Hütet euch vor den Menschen, deren Gott im Himmel ist« (B. Shaw)
B. Shaw meint damit, daß du dich vor den Menschen in acht nehmen sollst, die meinen, Gott sitze im Himmel, schaue auf die Erde und lenke von dort alles was auf der Erde passiert. Genau das machten ein paar

Astronauten oder Kosmonauten die sagten, daß sie im »Himmel« nach Gott gesucht hätten, ihn aber nicht gefunden hätten und somit logisch schlußfolgerten »Gott gibt es nicht«. Sobald man Gott logisch begründen kann, daß es ihn gibt oder nicht, dann haben wir uns mit Gott gleichgesetzt. Genauso wenig wie die einen glauben, Gott sitze im Himmel, darf B. Shaw sagen, daß Gott sich in den Menschen zeigt. Denn beides sind Bilder mit denen Gott beschrieben wird und es heißt ja in der Bibel, daß man sich kein Bild von Gott machen solle. B. Shaw ist damit untolerant gegenüber diesen Leuten. Es ist also wirklich sehr schwer sich über Gott Gedanken zu machen, denn sobald ich darüber nachdenke, mache ich mir ein Bild von ihm. Wenn ich jetzt aber so weiterdenke, dann stoße ich immer wieder auf Grenzen und andere Erklärungen von anderen Menschen. Am Schluß müßte ich sagen (logischerweise), daß es Gott nicht gibt. Das kann ich aber nicht. Deshalb glaube ich, daß Gott sehr frei ist, daß es für Gott keine Gesetze braucht (eigentlich auch nicht die 10 Gebote, die haben sich die Menschen ausgedacht), daß man Gott nicht anbeten muß. Deshalb glaube ich auch nicht, daß Gott im Himmel sitzt, sondern, daß Gott überall ist, unter uns, mit den Astronauten, mit dem Bergsteiger auf höchsten Bergen oder mit dem Tiefseetaucher in tiefster Tiefe. Daß sich Gott uns auch in den Menschen zeigt. Aber das ist auch schon wieder ein Bild!?

## 50/0878

Ich glaube manchmal an Gott. Dies soll aber nicht heißen, daß ich auch manchmal nicht an ihn glaube, sondern daß ich nicht immer daran denke, daß es Gott gibt, besonders nicht, wenn es mir gut geht. Ich sehe in Gott eine Hoffnung auf bessere Zeiten und eine Stütze für all diejenigen die alleine sind, also niemanden haben, dem sie ihre Sorgen anvertrauen können.

In meiner Kindheit lebte ich oft bei meiner Großmutter, die immer mit mir vor dem Schlafen gebetet hat. Als sie dann im Krankenhaus lag und sehr krank war begann ich abends wieder zu beten und hoffte, daß sie wieder gesund würde. Sie ist dann gestorben und von da an hatte mein Glaube einen »Knacks« bekommen. Ich glaube, daß sich dieses Beispiel auf fast alle Menschen (außer diejenigen, deren Glauben sehr stark und unerschütterlich ist) übertragen läßt. Geht »ein Wunsch nicht in Erfüllung« verliert man aus Enttäuschung oder Trauer den Glauben.

»Worauf du nun dein Herz hängst und verläßt, das ist eigentlich dein Gott« M. Luther

Ich glaube auch, daß jeder seinen Gott hat, denn viele Menschen glauben z. B. an ihren Talismann oder ein Amulett oder sogar an einen naheliegenden Menschen. Glaube bedeutet Gott.

## 50/0879

Warum glauben Sie heute nicht mehr so an Gott?

Ich glaube nicht mehr so *fest* an »Gott« wie früher, weil ich mich oft frage: Wie kann Gott (oder ein ähnlich höheres Wesen) solch Unheil zulassen, wie es wir auf der Erde haben? Meine Art an Gott zu glauben hat sich sehr geändert; früher bin ich in den Kindergottesdienst gegangen, habe die biblischen Geschichten gehört und habe es für selbstverständlich hingenommen, daß es einen »lieben Gott« gibt der mir stets hilft wenn ich ihn brauche. Heute denke ich kritischer. Ich gehe nicht in den Gottesdienst, weil ich »religiöse Riten« für Kleinigkeiten halte, auf die es gar nicht so ankommt (obwohl manche Predigten mich wirklich zum Denken gebracht und mir gefallen haben). Ich versuche »Gott« in mir selbst zu finden, durch meine eigenen Gedanken, meine eigene Welt- und Menschenvorstellung, und nicht durch das Anhängen an Traditionen.

Ich glaube an etwas »Höheres«, das andere Menschen vielleicht »Gott« nennen. Mich erinnert dieser Begriff zu sehr an die Vorstellung, daß da irgendwo ein alter Mann mit langem Bart im Himmel sitzt und über uns Menschen wacht. Ich habe keine konkrete Vorstellung von meinem »Gott«, ich weiß nur, daß es Irgendetwas geben muß, das über allem steht. (Für andere Menschen, die meinen, an keinen »Gott« zu glauben, ist dieses Etwas vielleicht der »Zufall« oder die »Zusammenhänge der Natur«. Jeder Mensch glaubt an irgendetwas.)

Die Sprüche von B. Shaw und Karl Rahner beziehen sich auf eine konkrete Gottesvorstellung, wie viele Menschen sie haben. Konkret nicht unbedingt auf das Äußere beschränkt, sondern auch auf sein Wesen (z.B. daß Gott gut ist (v.a. zu einem selbst)). Dies sind Vereinfachungen und Verschönerungen, die einfach nicht zutreffen.

Da trifft der Satz von Martin Luther eher zu, er stimmt auch am ehesten mit meiner Auffassung überein. Der Mensch sollte »Gott« in seinem Innern zu suchen beginnen, anstatt sich auf primitive und traditionelle Kirchen- und Religionsrituale zu verlassen. Für jeden Menschen kann »Gott« etwas anderes sein, deshalb ist der Ausspruch von Martin Luther zu begrüßen. [mit vollem Namen unterschrieben]

50/0880
Woran denken Sie bei dem Wort Gott?
Gott ist ein Freund; er sieht in uns allen das Gute; in seinem Namen wurde schon zu viel Böses verübt; jedoch gibt es ohne Gott auch keine Hoffnung, da er der ist, an den man sich bei großer Not klammern kann.
Viele Menschen sehen Gott nur in der Kirche oder in Gegenständen. Deshalb akzeptieren sie die Kirche wie sie ist und kritisieren sie nicht. Kritik an der Kirche ist Kritik an Gott.
Gott ist in allem und es ist egal was für Namen wir ihm geben.
Für Menschen, deren Gott im Himmel ist, ist dieser weit weg und wird nicht völlig akzeptiert. Ihre Phantasie ist zu gering entwickelt um Gott auf der Erde zu sehen und im Himmel können sie sich nicht vorstellen er könne alles sehen.

50/0881
Gott ist eine uns allen unbekannte von niemandem definierbare Größe, mit deren Glauben an die Existenz etwas für das Leben hilfreiches, war-

mes verbunden sein muß. Gott kann auf keinen Fall das sein, womit man die Menschen Jahrhunderte lang zu disziplinieren versuchte: der gütige Richter oder das abstrakte Bild des weisen Mannes, vor dessen Angesicht jeder das Leben als eine Bewährungsprobe sah.

Ich glaube an Gott oder nicht? Diese Frage ist ungemein schwer zu beantworten, da es Gründe unmittelbar dafür und auch genügend dagegen gibt. Mit Sicherheit glaube ich nicht so an Gott (aus diesen Gründen), wie es viele andere tun: Anerzogen, z. T. aus Furcht, aus Not. Wenn man so, oder an die üblichen kirchlichen Rituale glaubt (Weihrauchschwenken, Beichte, Taufe, oder ehemals Ablaßzettel), dann kann ich nicht daran glauben, da es zu typisch menschlich naiv ist das Unbekannte zu mystifizieren und durch opfernde Rituale seinen Glauben zu bekunden. Der selben menschlichen Naivität ist der weise, alte Mann mit dem langen Bart entsprungen. Ich weiß nicht wie Gott aussieht: so sicher nicht. Eine lang bedachte Frage: ich bin nie auch nur annähernd zu einem Ergebnis gekommen, obwohl es nicht an Phantasie mangelt. Aber uns wurde als Kleinkind von kirchlicher Seite aus erklärt, es sei Sünde darüber nachzudenken.

Martin Luthers Ausspruch dürfte dem am nächsten kommen, was Gott wirklich ist.

Den anderen Zitaten kann ich mich nur anschließen (man könnte darüber seitenlang schreiben). Nur warum ist Gott immer so kompliziert? Ist er nur für Theologieprofessoren, oder auch für 60–80% der breiten Masse da?

## 51 Wirtschaftsgymnasium, Klasse 13

*Der Lehrer gab den Schülern ein Blatt, auf dem die Meinungsumfrage der Wochenzeitschrift ›Der Spiegel‹ von 1967 mit 5 Fragen über Gott und im unteren Teil die Satzanfänge und Zitate zu Gott standen. Die Schüler beantworteten die Fragen der Umfrage und führten dazu noch entweder eine dieser Fragen oder einen der Satzanfänge mit einem Text weiter aus. Im Folgenden sind nur die Textausführungen der Schüler wiedergegeben. Die jeweilige Frage oder der Satzanfang, von dem ein Schüler ausgegangen ist, ist mitgeschrieben worden.*

51/0882

Was meinen Sie, warum Menschen nicht oder nicht mehr an Gott glauben?

Weil sie sich aufgrund der schrecklichen Dinge, die oft auf der Welt geschehen, oder aufgrund von Leid, das ihnen selbst wiederfahren ist, nicht vorstellen können daß ein Gott dies zulassen würde. Deshalb glauben sie, daß es keinen Gott gibt.

Worauf du nun dein Herz hängst und verläßt, das ist eigentlich dein Gott. (M. Luther)

Ich glaube, daß Martin Luther damit sagen will, daß es die Hauptsache

ist, daß man an etwas glaubt, daß das nicht irgendein Wesen, das als Gott gilt, sein muß, sondern irgend etwas, das man liebt und dem man vertraut.
Ich selbst bin der Meinung, daß man an etwas glauben muß um nicht den Halt zu verlieren und um sich im Leben durchzusetzen, sich nicht willenlos treiben zu lassen.

## 51/0883

Hütet euch vor den Menschen, deren Gott im Himmel ist (B. Shaw):
Eigentlich hat sich dieser Gott, der angeblich im Himmel ist, bei den meisten Angriffen auf die Menschheit (die Glaubende) kein bißchen um sie gekümmert die Römer haben die Christen verfolgt und Römer gibt es immer noch und ich glaube nicht daß der Zerfall des röm. Reiches göttlich vorbestimmt war.
Drum ihr lieben Menschen mordet und bringt euch weiterhin in Kriegen gegenseitig um Gott wird sich nicht drum kümmern.

## 51/0884

Woran denken Sie bei dem Wort Gott?
An eine Hilfskonstruktion, welche von Menschen für Menschen geschaffen wurde. Sie hat Vermittlungscharakter, indem diese Konstruktion bestimmte Wertvorstellungen, bestimmte Verhaltensweisen in einem Begriff zusammenfaßt, damit diese für den Menschen faßbar und transparent und vor allem nachvollziehbar werden.
Da Gott nicht absolut ist, sondern immer in Relation zum Menschen gesehen werden muß, ist seine Erscheinung in der Zeit als relativ zu berechnen bzw. sie vollzieht sich nur in einem bestimmten historischen Rahmen ändert sich aber sobald sich der historische Rahmen ändert.
Mit dem auf geisteswissenschaftlicher und naturwissenschaftlicher Ebene vollzogenen Fortschritt der menschlichen Entwicklung verlieren naivere Konstruktionen der Wertevermittlung ihren Sinn – werden unglaubwürdig. Daraus folgend vollzieht sich in der Theologie nun ebenso eine Fortentwicklung dieser Konstruktion hin zu einem abstrakteren Gottesbegriff. Ein Eingreifen Gottes direkt und jetzt in dieser Welt muß notgedrungen ausgeschlossen werden (betrachte verehrter Leser unsere Welt!)
Für mich hat deshalb diese Konstruktion keinen Sinn mehr, da die Vermittlung von Werten der aufgeklärte Mensch besser übernehmen kann.

## 51/0885

Als kleines Kind habe ich mir Gott immer als einen großen stattlichen Mann vorgestellt, mit weißem langem Bart und weißen Haaren und einem Hirtenstab. Dieses Bild von Gott hat sich in mir eine lange Zeit festgesetzt. Ich hatte mir es eingeprägt, da ich selbst eine kleine katholische Bibel besaß, mit Versen und Gedichten, in der Gott so dargestellt war. Dachte ich an Gott, bzw. hörte das Wort Gott, so erschien mir immer dieses Bild von einem alten Herrn, der nur Gutes tut. Das war, glaube ich, damals die einzige Verbindung, die ich mir herstellen konnte.

Heute, da ich alles viel bewußter erleben und durchdenken kann, hat sich mein Bild völlig gewandelt. Ich verbinde Gott nicht mehr mit einer Person direkt. Ich hefte das Wort Gott nicht mehr an eine über alles wachende Person. Ich *grenze* somit das Wort Gott nicht mehr ein.

Mein Glück, welches ich oft durchlebe, die traurigen, depressiven Gefühle, die mich manchmal (selten) überfallen, – das ist für mich Gott. Irgendwelche Prüfungen durchzumachen, sie vielleicht sogar zu bestehen; vielleicht kann ich sogar sagen mein ganzes Leben mit allen seinen Höhen und Tiefen ist Gott. Es kann sicherlich ein Nachteil sein Gott nicht genau zu definieren, also alles vielleicht zu allgemein. Aber ich kann von mir behaupten, daß ich diese, also meine Denkweise verstehe, mich mit ihr zu identifizieren.

### 51/0886

Mit dem Wort Gott verbinde ich sofort die Bibel und das Leben und die Worte Jesu, von deren humanistischen und sozialen Forderungen, die ich mir als Lebensrichtlinien übernommen habe, zum Teil aber auch abweichen »muß« (Sachzwänge, scheinbares »muß«). Das Wort Gottes und damit die Bibel soll aber nur Richtlinie sein und mir genügend Freiraum lassen um meine eigenen Erfahrungen, Entwicklungen und daraus resultierende Vorstellungen, auszuleben, auch wenn sie von der Bibel abweichen. Dies ist meiner Ansicht nach möglich, da ich dem Menschen gegenüber eine grundsätzlich positive Einstellung habe und auch glaube daß jeder Mensch sie hat.

### 51/0887
Gott ist . . .
- unsichtbar – kein menschenähnliches Wesen – überhaupt kein »Wesen« –
- das Gute im Menschen – die Natur – Liebe, Glaube, Hoffnung, Hilfe, Stütze
- immer bei uns und nicht im »Himmel«.

## 52  Verwaltungsklasse, 1. Jahr
### (Gemeinde- u. Kreisverwaltung, Krankenkassen u. ä.)

*Den Schülern wurden die Vorgaben gemacht: Was ich denke – was ich glaube*

### 52/0888
Ich denke und glaube was mein Gefühl und mein Gedanke mir sagen. Ich glaube nicht alles was man mir sagt und zuschieben will. Ich habe meinen eigenen Glauben. Ich stehe auch zu meinem Glauben und sage frei, was ich denke. Denken tut man viel, aber glauben tut man nicht alles. Ich glaube nicht an Wahrsagen, Horoskope und Astrologie. Ich glaube Leuten, die schon viel mitgemacht haben und die aus Überzeugung und von

mitgemachten Sachen erzählen. Mein Gott, was glaube ich denn, ich weiß es nicht, an Gott?? an Jesus?? oder an den Heiligen Geist?? Was muß ich früher gedacht haben, als ich erfuhr, daß der Nikolaus mein Vater ist.

## 52/0889
### Was ich denke – was ich glaube

Ich denke, daß es jedem Menschen seine eigene Entscheidung ist, an Gott, Jesus Christi oder an irgend etwas anderes zu glauben. Ob sinnvoll oder nicht sinnvoll, ich glaube daß diese Frage völlig unwichtig ist, denn wenn jemand an der Religion einen Halt findet, vielleicht sogar einen Lebenssinn, dann denke ich, daß man das alles nicht als überflüssig oder lächerlich abwerten sollte. Egal ob man nun selber an Gott oder derglei-chen glaubt oder nicht.

Im Moment, kann ich von mir nicht behaupten, daß ich an Gott glaube, oder man könnte besser sagen, ich bin nur nicht im Klaren, könnte es ihn wirklich geben? Auf jeden Fall glaube ich, daß die Kirche (Religion und alles was damit zusammenhängt) eine wichtige Institution, auch heute noch darstellt. Es könnte ja durchaus sein, später irgendwann einmal sehe ich darin einen Lebenssinn, einen Halt. Festzustellen ist doch, daß ältere Menschen die alleine sind, und in ihrem Glauben einen Sinn finden, vielleicht nicht zu schnell ans Sterben denken. Wobei ich glaube daß Glauben nichts mit dem ständigen Rennen in die Kirche zu tun hat, wenn jemand meint das gehöre dazu bitte, jedoch ich glaube, glauben kann jeder wie er will.

## 52/0890
### Was ich denke – was ich glaube!

Ich weiß nicht so recht über was ich hier genau schreiben soll. An was ich denke – Ich denke über sehr viel nach. Ich denke z.B. in der Schule, im Unterricht, wo man wissen muß wie man richtig mit dem Dreisatz umgeht oder wie man eine Schlußbilanz aufstellt. Ich denke eigentlich immer an etwas. Ich denke z.B. über meine Freunde nach, welche Fehler der und der hat, oder was man am Wochenende macht. Ich denke auch über mich. Ich denke z.B. Junge das hast du echt gut gemacht oder aber auch das hättest du aber viel besser machen können. Ich denke über den nächsten Tag nach – was er wohl bringen mag. Ich mache mir Gedanken darüber, was meine Mutter wohl zu meiner verlorenen Uhr sagt. An Jesus oder Gott denke ich eigentlich selten. Ich glaube nicht an Gott d.h. ich glaube, daß ich nicht an Gott glaube. So ganz sicher bin ich mir da nicht. Aber irgendwie kann ich mir nicht vorstellen daß da irgendwo einer über uns sitzt und auf uns aufpaßt oder als Geist über einem schwebt. Ich glaube, daß Gott nur im Gedanken lebt – nur ein Hirngespinst – aber ein gutes. Ich glaube daß Gott mir noch nie geholfen hat, und wenn dann hat er es mir nicht gezeigt. Wenn ich traurig bin denke ich öfters an Gott und so, aber ich kann nicht »glauben«, mein Verstand verbietet mir dies. Ich glaube an die Sonne, an die Sterne und den Himmel. Wenn sich Gott mir zeigt, werde ich versuchen an Gott zu glauben.

52/0891

Was ich denke – was ich glaube

Glauben ist manchmal schwierig (Bibel – Wissenschaft). Vergleicht man die Bibel mit der neuen Wissenschaft, entstehen widersprüchliche Fakten.

Entstehungsgeschichte (Adam–Eva) wie sie in dem AT beschrieben wird ist Quark. Heute ist bewiesen, daß der Mensch nicht von Adam und Eva abstammt. Wenn man es genau überlegt, ist die Kirche, evangelisch und katholisch, sowie alle anderen Glaubensgemeinschaften im Grunde Sekten. Da wird an was geglaubt, was überhaupt nicht bewiesen ist und bewiesen werden kann.

Oder die Zeugung von Christus. Totaler Schwachsinn. (Unbefleckt) Kann ja möglich sein. Wenn sie Petting miteinander gemacht haben. Aber, daß heiliger Geist mit im Spiel war total doof.

Obwohl die Überquerung von Moses im Roten Meer könnte möglich sein. Denn im Roten Meer herrschen Ebbe und Flut und da könnte es sein, daß zu der Zeit Ebbe war.

Die beschriebenen Werke von Jesus sind doch bloß Humbug! Ende!

# 53  Kaufm. Berufskolleg, 1. u. 2. Jahr

53/0892                                                                          w. 18.

Was ich denke, was ich glaube

Glaube ist für mich etwas, für das man sich selbständig entscheiden soll, ohne von irgendjemand dazu gezwungen zu werden. Der Glaube zu Gott und an die Bibel muß aus dem Innersten des Menschen kommen, sonst ist es kein richtiger, kein aufrichtiger Glaube. Der Glaube kann auch erst in späteren Jahren eintreten. Glaube soll nicht das Wichtigste im Leben werden, dies kann sonst zu Ausschreitungen führen wie dem Teufelaustreiben, das vor einigen Jahren passiert ist. Auch sollte unsere christliche Religion anderen Religionen gegenüber tolerant sein. Missionieren ist nicht immer gut.

53/0893                                                                          w. 17.

Was ich denke – was ich glaube

Gott hat uns Menschen in die Welt gesetzt, daß wir seine Aufträge erfüllen. Er gibt uns bestimmte Aufgaben, die wir lösen müssen. Wenn wir einmal im Leben keinen Ausweg mehr sehen, dürfen wir nicht einfach vor der Realität flüchten. Wir sollten Gott unsere Probleme anvertrauen. Heute glauben die wenigsten Menschen an Gott. In unserer modernen, technisierten Welt hat Gott einfach keinen Platz mehr, sagen die Leute. Viele glauben sogar, Religion wäre eine Erfindung.

Der Mensch hat seine Zukunft selbst in die Hand genommen. Er möchte selbst Herr über die Erde werden. Er verdrängt Gott aus seinem Leben. Doch Gott hat die Erde geschaffen und nur er kann sie aufrecht erhalten. Der Mensch zerstört die Natur und somit sich selbst! Ich glaube auch, daß nach dem Tod nicht alles aus ist. Das wäre ja schlimm, denn das Leben auf der Erde ist ja so kurz, und wenn der Mensch stirbt, legt er eigentlich nur sein Äußeres ab, das Innere lebt weiter. Ich denke, die Menschen sollten einfach wieder zu Gott finden, und sie werden sehen, daß sie nicht mehr so hektisch sind und auch viel mehr Zeit für einander haben. Es sähe vieles besser aus. Es würde bestimmt weniger Unglück passieren.

53/0894            w. 18

Was ich denke – was ich glaube

Ich denke, daß das was in der Bibel steht nicht alles wahr ist. Ich glaube, daß Jesus gelebt hat, und daß er gepredigt hat. Mir ist auch klar, daß man ihn gekreuzigt hat. Jedoch, das was danach passiert ist, glaube ich nicht. Ich kann mir nicht vorstellen, daß Jesus auferstanden ist und aufgefahren in den Himmel ist. Er konnte auch keine Kranken heilen, ich glaube das kann keiner. Das ist in meinen Augen erlogen von seinen Jüngern. Sie wollten, daß ihr »Jesus« etwas besonderes ist.

In der Bibel gibt es auch einige Stellen, die sehr unklar sind. Zum Beispiel: Es kam die Sintflut und nur die Menschen überlebten, die im Schiff waren. Doch in der Bibel heißt es. Kain erschlug seinen Bruder und danach reiste er in eine andere Stadt und gründete eine Familie. Wie geht das?

Und da soll man glauben, wenn man nicht mal in der Bibel alles glauben kann! Ich glaube auch nicht, daß es Gott oder sonst irgendeinen anderen Heiligen gibt. Wo ist er wenn auf der Erde ein Unglück passiert. Wenn Menschen unnötig sterben.

Da kann ich nicht an ihn glauben.

Das ist in Kurzform meine Ansicht über Glaube oder Nichtglaube.

53/0895            w. 16.

– Ich glaube daß es einen Gott gibt, aber ich glaube nicht unbedingt, daß er die Welt, das All und anderes Leben erschaffen hat, sondern er ist einfach ein Bezugspunkt den man manchmal oder öfters braucht (z.B. wenn man Sorgen hat).

– Ob es Jesus gibt oder gab kann ich nicht so beantworten. Für mich ist er ein Mensch wie andere auch, der aber gut war und gebildet. Vielen hat er geholfen wieder zu gehen und zu sehen, aber ich glaube, daß er den Menschen »nur« geholfen hat wieder gesund werden zu wollen. Für mich ist der Wille viel.

– Die Bibel birgt für mich viele Widersprüche z.B. Kain ermordet Abel und sucht sich eine Frau. Das ist doch nicht möglich wenn Adam und Eva die ersten Menschen waren und keine Tochter hatten. Auch die vielen Widersprüche, mit der Wissenschaft.

– Was ich an der Kirche (Predigern) nicht mag sagen die immer liebe deinen Nächsten, aber tun sie es selber? Auch läßt die Kirche die verschiedenen Glauben nicht gelten, auch wenn es gesagt wird. (Glaubenskriege, Missionare)

– Und warum sind so viele Kirchen egal ob ev. oder kath. so voll mit Gold und stecken so viel Geld hinein aber helfen den Armen (Trinkern, Sinties) nur bedingt?

Für mich ist der Glaube ein Fluchtpunkt. Warum hat man das eine Gebot »Du sollst dir von Gott kein Bildnis machen« rausgestrichen, ist es nicht eine Anmaßung der Kirche, wenn man wirklich an das glaubt was man predigt.

53/0896                                                                         m. 18
Was ich denke – was ich glaube!

Der Sinn des Lebens ist meiner Meinung nach nicht festlegbar. Jeder sucht seinen eigenen Sinn des Lebens und viele finden ihn auch bis zu ihrem Tod nicht. Was mein Sinn des Lebens ist, weiß ich bis heute noch nicht, denn mir fehlt die geistige Reife, und die Wege Gottes sind unerforscht. Ich hoffe aber den Sinn zu finden, denn ich »glaube« Gott hat jeden Menschen geschaffen, um eine bestimmte von ihm gestellte Aufgabe zu lösen.

Das Leben nach dem Tod würde mich schon interessieren, aber keiner weiß, was dort passiert. Ich hoffe in den Himmel zu kommen, denn ich »glaube« Gott schickt keinen in die Hölle, auch den Versündigsten nicht.

Da ich »sehr« gläubig bin, hoffe ich, daß mir Gott den Weg meines Lebens zeigt. Ich brauche nicht jeden Sonntag in die Kirche zu gehen, so wie manch andere, die glauben, dann wären sie absolute Christen. Es geht auch anders, und so hoffe ich, daß ich ein »gutes« Leben zu erwarten habe und die gestellten Aufgaben lösen werde!

## 54  Industriekaufleute, 1. Jahr

*Den Schülern wurde die Vorgabe gemacht: Was ich denke – was ich glaube.*
*Oder folgende Texte zu Jesus:*
*Jesus stellte einmal die Frage: »Wer sagt ihr, daß ich bin?«*
*Vergleiche ihn ruhig mit anderen Größen:*
*Sokrates – Rosa Luxemburg – Gandhi*
*er hält das aus – besser ist allerdings, du vergleichst ihn mit dir*
*Ein Schüler: »Jesus ist der einzige anständige Typ,*
            *den es noch gibt.«*

54/0897                                                                         w. 23.
Was ich denke, was ich glaube!

Ich denke, daß es der psychische Untergang des Menschen sein wird, daß er sich immer mehr von der Natur und von sich selber entfernt und sich immer stärker dem Konsum- und Machtstreben ergibt. Der daraus entstehende Leistungsdruck hindert jeden einzelnen schon von vornherein daran, sich und seine Bedürfnisse zu ergründen. Schule, Ausbildung, Beruf, Heirat, Kinderkriegen, dann ist es schon zu spät. Je älter man wird, bevor man anfängt, sich Gedanken zu machen, desto weniger wird man

Gedanken zulassen, die einem zeigen könnten, was man schon versäumt hat. Es ist klar, daß nicht jeder unbegrenzt tun kann, was er will (Gesetze, Wirtschaftslage usw.). Ich möchte mir nicht anmaßen, zu behaupten, davon freizubleiben oder freizukommen. Und davor habe ich Angst. Ich stelle es mir schrecklich vor, z.B. jahrzehntelang zu schuften, um ein Haus abzuzahlen, ebenso wie jahrzehntelang Miete zu zahlen. Denn wenn ich um Geld schufte, muß ich mich zurückstellen. Was mache ich aber ohne Geld? Was soll ich später studieren, um nachher wahrscheinlich arbeitslos zu sein?

Ich glaube daran, daß der Mensch von Natur aus gut ist. Er wird außer von der Vererbung größtenteils von seiner Umwelt geprägt, woraus sich Aggressionen, Ängste usw. ergeben.

Ich glaube, daß die Erde schneller am Ende sein wird, als den Menschen bewußt wird, was sie mit ihr anstellen.

Ich kann es sehr gut nachvollziehen, was vor allem junge Menschen dazu treibt, einer Sekte beizutreten. Diese Sektenführer haben die Orientierungslosigkeit erkannt und schlagen sehr gerissen Kapital daraus. Die Grundgedanken dieser Sekten sind anstrebenswert, aber nicht zum Preis der totalen Abhängigkeit von einer Person.

Ich möchte das Christentum und Gott nicht unbedingt mit dem heutigen Sektentum und deren Führer vergleichen, obwohl es als solches begann. Ich habe keine klare Vorstellung von Gott. So, wie die Kirche Gott und Glaube vermitteln will, finde ich keinen Bezug dazu. Außerdem weiß ich nicht, wie ich die Bibel verstehen soll. Ich habe schon zweimal in der Intensivstation eines Krankenhauses um nahestehende Menschen gebangt, habe aber keinen Moment an Gott gedacht. Vielleicht hätte es mir geholfen.

54/0898                                                      w. 17.
»Jesus ist der einzige anständige Typ, den es noch gibt.«
Wenn ich mich mit Jesus vergleiche, kommt es mir vor als wäre er mein Führer und Leiter, und ich diejenige die ihm folgt. Er hat durch seine höhere Stellung sicher den besseren Überblick über die Welt, die Menschen, und das Böse.

Ich bin eine unter vielen und manchmal bringt mir der Glaube an Gott mehr als alles andere.

Auf ihn kann man irgendwie immer bauen. Es ist wie eine Flucht. Wenn man sich verlassen und unverstanden fühlt oder nachts wach liegt und sich fürchtet ist er derjenige dem man sich anvertrauen kann, dem man alles erzählen kann und der einem geduldig zuhört. Man fühlt sich dann irgendwie freier und gelöster, weil man das Gefühl hat, daß einem mit solch einem Helfer nichts passieren kann. Auch wenn man sich nicht traut jemandem seine Probleme und Gefühle zu offenbaren, bei ihm ist es möglich. Vielleicht deshalb, weil man ihm nicht direkt gegenübersteht, trotzdem aber weiß, daß er da ist!!!

Es scheint einem manchmal so, daß man, wenn man mit ihm in Verbindung steht alles einfacher ist. Ich vertraue immer darauf, daß er der

Klügere ist und mich durch seine Überlegenheit und Kenntnis sicher führt.

Ich glaube an Gott. Deshalb ist es bei mir auch so, wenn mir etwas nicht gelingt oder etwas Unschönes passiert, fasse ich es gleich als Strafe auf, oder auch als Lehre, daß ich etwas gemacht habe, was ihm mißfallen hat und gegen seine Regeln war. Dies klingt jetzt alles vielleicht albern, aber ich bereue auch alles, was ich schon falsch gemacht habe. Wenn ich aus Wut, die bei mir übrigens nicht oft auftritt, zu jemandem etwas sage, tut mir das sofort leid. Leute die Gottesflüche in den Mund nehmen, verstehe ich nicht, sie fallen mir gleich unangenehm auf. Vielleicht ist mein ganzes Geschriebene im Zusammenhang mit diesen Arbeitsaufgaben etwas abwegig. Aber alles ist mir eingefallen, als ich den Ausspruch dieses Schülers gelesen habe.

Für mich war es ziemlich schwierig einen Anfang zu finden. Als ich allerdings angefangen hatte ist mir doch einiges eingefallen.

54/0899          w. 16.

»Jesus ist der einzige anständige Typ, den es noch gibt«

Wenn es stimmt und wenn man glaubt was in der Bibel steht und was über Jesus gesagt wird, dann trifft diese Aussage zu.

Ich persönlich finde an Jesus gut, daß man mit ihm über alles reden kann und er immer für einen da ist. Ich kenne keinen Menschen bei dem das zutreffen würde. Bsp. mit der Mutter möchte man nicht unbedingt über Jungs reden. Die Freundin hat gerade keine Zeit weil sie so viel lernen muß oder weil sie verabredet ist. Man hat für jedes Problem eine Person die am geeignetsten ist um mit ihr darüber zu reden. Und wenn je eine Freundin da ist zu der man großes Vertrauen hat (kann auch die Mutter sein) dann ist sie nicht da. Jesus ist immer für einen da und man kann alles mit ihm bereden vorausgesetzt man glaubt daran.

54/0900          w. 17.

»Jesus ist der einzige anständige Typ, den es noch gibt.«

Dieser Junge hat recht, doch meint er es wohl etwas anders als ich, denn ich sehe in Jesus wohl die einzigste Kraft, die uns Menschen auf der heutigen Welt noch am Leben erhält. Denn im Grunde genommen glaubt *jeder* Mensch an Jesus Christus, weil er ohne den Glauben an ihn gar nicht existieren könnte.

Er ist rein, er liebt uns mehr als sich selbst, er lenkt uns auf unsere vorgegebenen Wege.

Ich glaube an ihn, denn er hat es mir im Unterbewußtsein, schon einige male bewiesen, daß er für uns da ist, bereit ist für uns.

Ich erzähl ihm oft von meinen Sorgen, obwohl er sie schon kennt, ich weine oft vor ihm, denn er weiß, so glaube ich, daß er versteht warum. Ohne ihn könnte ich wahrscheinlich nicht leben, so wie die anderen Menschen auch.

Jesus
- Jesus ist in jeder Situation ausgeglichen,
- Er stiftet da Frieden und Liebe, wo Haß und Feindschaft ist.
- Er ist immer und überall da.
- Er gibt jedem die Kraft, für sein Leben
- Er ist geduldig und verzagt nicht
- Er ist beständig
- Er hört jedem zu
- Er verstößt niemanden
- Er spendet da Licht, Wärme und Trost, wo Menschen in Dunkelheit, Kälte und Verzweiflung leben
- Er gibt niemals auf, an das Gute im Menschen zu glauben.
- Er kann immer verzeihen, ist gerecht und vergibt auch seinem größten Feinde.
- Er ist Halt in unserem Leben

Ich bzw. wir Menschen in dieser Welt sind oft viel zu hektisch, wollen immer alles auf einmal, haben Vorurteile, wo vielleicht gar keine sind, haben zu wenig Geduld, verurteilen und urteilen viel zu schnell, sind zu Ich-bezogen, verzeihen fällt uns oft zu schwer, wir mißbrauchen die Macht (Jesus ist und hat Macht ohne sie zu mißbrauchen). Ich will damit nicht ausdrücken, daß *alle* Menschen »schlecht« sind, doch der Teil, der sein Leben auf Jesus aufbaut, der es mit Jesus teilt, der mit Jesus lebt u. versucht so zu handeln wie er, ist noch zu klein.

Jesus stellt einmal die Frage: »Wer sagt ihr, daß ich bin?«
Auf die oben genannte Frage antwortet Petrus: Der Messias der Sohn Gottes. Diese Auffassung vertrete ich auch, daß er der Sohn Gottes war und *ist*. Die Aussage des Schülers ist richtig vor allem auch in der Zeit »den es noch gibt«. Er lebt heute!
Wenn ich ihn mit anderen Größen vergleiche stell ich fest daß alle anderen »Größen« beim Tod gescheitert sind. Nur einer hat beim Tod gesiegt. Er hat dem Tod die Macht genommen. Er ist stärker als der Tod.
Mit mir kann ich ihn gar nicht vergleichen, weil ich ein sündiger Mensch bin und nur durch seine Vergebung leben kann und Heilsgewißheit habe.

Jesus
Ein guter Gesprächspartner – Das Liebesgeschenk Gottes an die Menschen – Ein Vorbild – Ein Demonstrant – Ein Atomkraftgegner – Kein Mensch – Jesus ist die Ursache von vielen Problemen z.B. Ökumene – Ein vollkommener »Mensch« – Ein Religionslehrer.

Jesus

Jesus ist Gottes Sohn, seine rechte Hand. Er ist ein Mensch wie ich. Er hat ebenso Gefühle wie ich. Er lebte wie wir, wie alle Menschen, er aß, er trank, er teilte seine Gedanken, seine Ansichten den anderen Menschen mit. Er freut sich über einfache Dinge. Er will anderen Menschen helfen. Bis hier kann ich ihn mit mir vergleichen. Bis hier stimme ich mit ihm überein. Aber nur bis hier.

Alles weitere an Jesus kann man nicht vergleichen. Jesus ist in meinen Augen ein Mensch, aber doch kein Mensch. Er ist etwas Höheres, etwas Besseres. Man kann seine charakterliche Eigenschaft nicht richtig deuten. Er ist vorhanden aber doch so weit weg. Ich habe noch nie gefühlt daß er da ist, in keinem Gebet daß Gott mir hilft. Und doch Jesus ist da. In unserer Nähe. Er ist gestorben für uns.

Ich kann Jesus nicht mit jemandem vergleichen. Er ist etwas Höheres zwischen Gott und den Menschen.

Jesus ist zu gut um verglichen zu werden niemand ist ihm ebenbürtig, außer Gott.

Jesus

- Ich kann mir zuerst einmal nicht vorstellen wie Jesus aussieht oder wie sein Tagesablauf verläuft.
  Ich werde es bestimmt auch nie erfahren so lange ich lebe.
- Ich weiß nicht ob es Jesus überhaupt gibt, aber ich glaube es fest.
- Ich glaube auch (ich weiß es nicht), daß er nie etwas Schlechtes getan hat und deswegen das Gegenstück zum heutigen Menschen ist. Ich z.B. habe schon öfters mal gelogen, oder habe in der Klassenarbeit einen Spickzettel benutzt.
- Das meiste was ich von Jesus weiß, habe ich von meinen Eltern bzw. in der Kinderkirche gelernt. In dem Alter, in dem man in die Kinderkirche geht, zweifelt man nicht daran was die Leiter sagen. Das was man hört pflanzt sich so in einem ein, daß es drin bleibt.
- Jesus kann man meiner Meinung nach gar nicht mit einem Normalsterblichen vergleichen. Er ist zwar auch als Mensch auf der Erde gewesen, aber seine Lebensweise und z.B. seine Gabe zu Heilen läßt sich wohl mit nichts vergleichen.
- Jesus ist nicht zu erklären. Er ist da, wenn auch nicht mit seinem Körper.
- Jesus hat aber meiner Meinung nach nicht nur Vorteile. Ich bin sicher, daß er etwas gegen das Unheil auf der Erde tun könnte, wenn er wollte. Warum will er nicht? Warum läßt er so viele durch Hunger sterben? Warum läßt er so viele Verbrechen geschehen?

Jesus steht also über diesen oben genannten Größen!?
Jedoch scheint es so, daß er diesen Vergleich scheut und lieber dem

einzelnen Menschen ein Ebenbild (gleichgestellt) sein will. Ebenso muß ich fragen: läßt Jesus, der einen anderen Glauben als Gandhi besitzt [sich] mit ihm vergleichen? Er selbst hat doch gesagt: »du sollst keine anderen Götter neben mir haben.« Der Inder jedoch pflegt seine Vielgottheit.

Ebenso Rosa Luxemburg: gehörte sie nicht zu den »Roten«, Radikalen (siehe Spartakus)? Jesus so glaube ich scheut die Gewalt (so jedenfalls wurde es mir gelehrt!)

So macht mich doch der Vergleich mit anderen Größen etwas verwirrt. Und in wiefern soll ich Jesus mit mir vergleichen. Bestimmt er mein Handeln? Sagt er mir in der Not, was ich tun soll? So muß ich diese Fragen leider verneinen. Und wenn ich mich mit ihm vergleichen würde, an ihm ein Beispiel nehmen, würde mir das weiterhelfen in einer Welt voll Konkurrenzkampf?

Der Schüler, der da sagt: »Jesus ist der einzige anständige Typ«; warum? Weil er für viel Gerechtigkeit hat sterben müssen? Man sieht auch bei ihm, daß seine Anständigkeit nicht weit gekommen ist. (Jedoch sollte man beachten, daß durch ihn eine Weltreligion sowie die Christianisierung des Römischen Reiches geschaffen wurde!)

54/0907                                                                   w. 20.

Jesus ist der »ideale Mensch«.

Wenn jeder wäre wie Jesus, gäbe es nur Liebe, Frieden, keine Armut, keine Waffen, keine Not, keinen Krieg, keinen Hunger. Jesus ist (oder sollte sein) ein Vorbild jedes Menschen.

Für mich auf jeden Fall ist er ein Vorbild. Ich versuche menschlich, hilfsbereit, freundlich zu sein. Ich versuche es. Aber dann zeigt mir immer und immer wieder ein kleines Wort, eine kleine Unachtsamkeit, oder der kleine »Teufel« in mir (Egoismus, Faulheit; das Zuerst-an-sich-selbst-denken, zuviel an sich denken), daß ich noch weit entfernt bin, zu sein wie Jesus. Ich weiß, daß ich es auch nie erreichen werde ein »idealer Mensch« zu sein.

Ich bin ein ganz normaler Mensch mit vielen, vielen Fehlern. Aber ich versuche, meine Fehler nicht auf andere auswirken zu lassen. Jesus ist sicherlich allen Menschen, ob sie jetzt »Größen« sind oder nicht, überlegen. Denn er ist kein Mensch sondern der »ideale Mensch«, der reinste Kommunist. (Rein = richtig – vollständig – völlig). Ich sage mit Absicht nicht, daß Jesus der Sohn Gottes ist.

Ich versuche (auch wenn ich mit anderen Menschen über Jesus rede) Jesus mir und anderen ein wenig begreiflich zu machen, ein wenig realistisch – zum anfassen. Damit ich und andere begreifen, warum es Jesus gibt, und warum so viele Menschen an ihn glauben.

Wenn ich Jesus (be)greifbar machen will, und ihn den »idealen Menschen« nenne, wird er deutlich zu einem Vorbild.

54/0908                                                                   m. 16

Jesus, Stichwort für viele Menschen, in einer Zeit wo sich Rezession, Unzufriedenheit und Angst vor der Zukunft frei machen. Warum bedeutet dieser Jesus für viele Hoffnung und Zuversicht. Warum schenkt man großen Persönlichkeiten wie Reagan oder Andropow kein Vertrauen? Menschen machen Fehler und sie enttäuschen sich meist gegenseitig. Hat Jesus uns schon einmal enttäuscht? Sicherlich nicht. Er starb für unsere Sünden.

Wenn man versucht sich mit ihm zu vergleichen geht das sicherlich schief, denn seine Größe, sein Vertrauen zum »Vater« und seine Liebe zu uns selbst ist ohne Frage unwahrscheinlich groß. Menschen wenden sich von anderen ab wenn diese sie enttäuscht haben, doch Jesus hält – wenn wir ihn enttäuschen – an uns fest. Im Gegenteil, er behält den »alten Klumpen Ton« und fertigt ein neues »Kunstwerk«. Menschen unterscheiden unter sich, es gibt viele die in unserer Gesellschaft keinen Zutritt haben, weil sie im Leben versagt haben sollen, Jesus nimmt auch diese an, egal welche Herkunft diese Menschen haben.

Stellen wir uns nicht manchmal die Frage warum wir eigentlich leben, wer uns das Recht gab zu leben und welchen Sinn dieses Leben haben soll. Menschen können darauf keine Antwort geben, aber Jesus kann es. Wie groß muß doch dann die Macht dieses Jesus sein, wenn er sich das Recht nimmt diese wichtigen Fragen zu beantworten. Viele behaupten ohne Freunde könnte man nicht leben, wäre das Leben eine Qual. Doch auf Jesus können sie verzichten – welch ein Irrtum. Menschen ziehen Menschen vor.

[folgender Satz gestrichen]

54/0909                                                                      w. 16.
Jesus

Jesus – wer ist das? Diese Frage stellt sich wohl jedem einmal, aber wir weisen sie immer wieder als unwichtig zurück. Da sind die Schule, der Freund, die Hobbies, tausend Dinge, an die man zu denken, die man zu erledigen hat. Und Jesus? Ich selbst habe erst kürzlich darüber nachgedacht und kam entsetzlich ins Grübeln. In der Schule, im Konfirmandenunterricht bekommt man einen Jesus vorgesetzt, der als junger Mann alles richtig macht, Menschen tröstet, Leute heilt, Wunder vollbringt. Ein Mann, der vollkommen ist, sich nie nach einer Freundin sehnt, die er ganz für sich allein hat; einer, der für alle da ist, ein vollkommener Mensch. Ein Mensch? Gibt es – oder besser: gab es so etwas jemals? Jemand, der alles richtig macht, nie einen faux pas begeht? Andererseits zeigt er auch seine durchaus ›menschlichen‹ Seiten: auch er wird müde, hat seine Feinde. Mir wurde von verschiedenen Seiten zu Hause immer und immer wieder gesagt, ich solle Jesus als eine Art Vorbild vor mir haben. Aber ein solches Idol? Wenn einem selbst immer gleich der Hut hochgeht, wenn man sich mit seinen ›Feinden‹ im heutigen Sinne immer ›rumärgert‹? – Liebe deine Feinde. Ich weiß nicht, ob Jesus seine Feinde geliebt hat, aber zumindest hatte er wohl keinen Haß auf sie. Ein Idol, dem man so gar nicht nahekommen kann? Ein Mann, der, wie überall zu hören ist, Wunder! vollbracht hat. Können wir heute, in einer so realitätsbezogenen Gesellschaft noch an Wunder glauben? Selbst kleine Kinder haben schon die Hoffnung daran aufgegeben. Und dann soll es da einen gegeben haben, und der soll sogar wiederkommen! Unser Vorstellungsvermögen reicht dazu nicht aus. Wir spüren in unserem täglichen Leben nichts von einer solchen Macht. Wenn wir morgens zur Schule gehen, eine Arbeit schreiben, oder eine schlechte herausbekommen – wo soll da Jesus sein? Das Wetter, der Schlaf, alles findet in der Wissenschaft seine Begründung, und da wir Jesus nicht fühlen, sehen oder hören können, verschwindet er so langsam aus den Gedächnissen. In Andachten taucht er auf, aber eben nur in Worten, und diese Worte – nun, die gehören eben dazu. Gottes Sohn – das ist so leer, so theoretisch, so unwirklich. Wo soll es Gott und Jesus geben, wenn er nicht mal im Universum zu finden ist? Ich würde mir wünschen, mehr darüber zu erfahren, Gewißheit und Festigung an die Hoffnung Jesus zu bekommen ...

## 55    1jähr. Hauswirtschaftl. Berufskolleg

*Den Schülern wurde die Vorgabe gemacht: Was ich denke – was ich glaube.*
*Oder folgende Texte zu Jesus:*
*Jesus stellte einmal die Frage:*
*»Wer sagt ihr, daß ich bin?«*
*Vergleiche ihn ruhig mit anderen Größen*
*sokrates*
*rosa luxemburg*
*gandhi*
*er hält das aus*
*besser ist allerdings*
*du vergleichst ihn*
*mit dir*
*Ein Schüler: »Jesus ist der einzige anständige Typ,*
*            den es noch gibt.«*

55/0910                                                             w. 16.
Was ich denke – was ich glaube
Also ganz ehrlich gesagt, glaube ich nicht an Gott. Ich bewundere jedoch die Leute, die an ihn glauben können.
Aus diesem Glaubensgrund habe ich mich auch nicht konfirmieren lassen. Ich finde die ganze Angelegenheit zu sehr eine einzig große Heuchelei. Ich kenne so viele Leute, die einfach nur in die Kirche gehen, weil es sich halt so gehört und kaum sind sie draußen ziehen sie schon wieder über andere her. So möchte ich nicht werden.
Außerdem kann ich nicht an Gott glauben, denn es gibt so viel Unrecht auf der Welt. Warum verhindert dies Gott nicht?
Außerdem erscheint es mir schwer an ihn zu glauben, da es so viel Technik heutzutage gibt und somit auch die Weltentstehung erklärt werden kann.
Aber ich finde es toll, wenn ein Mensch total vom Glauben überzeugt ist.

Bloß ich glaube so viele Menschen gibt es heutzutage nicht. Die ganze Umwelt macht es einem halt auch schwer an Gott zu glauben. Man denke nur an die Gebote. Wenn jemand nun sich strikt daran hält, der wird bestimmt von vielen Menschen ausgenützt. Natürlich will ich nicht sagen, daß man nur durchs Leben kommt wenn man betrügt. Aber zu naiv sein, ist auch wieder nichts.

Nochmals zur Konfirmation. Wenn man dann fragt wie die Konfirmation ihnen denn gefallen hat, so erzählen sie einem eigentlich immer nur wieviele Geschenke sie bekommen haben. Das widert mich richtig an. Warum lassen sie es nicht sein, denn die Geschenke sind ja bestimmt nicht der Grund sich konfirmieren zu lassen. Aber man muß halt von den Eltern aus. Und was sollen denn sonst die Verwandten denken. Nein danke. Ohne mich, diese Heuchelei.

Doch will ich gar nicht sagen, daß ich an gar nichts glaube. Aber ich habe mir einen eigenen Gott geschaffen. Der steht nicht über mir, sondern ist genauso wie ich. Mit vielen Fehlern. Aber er hilft mir wenn ich echt nicht weiter weiß. Wie ein guter Kumpel.

55/0911                                                                 w. 16.

Was ich denke – was ich glaube

Zunächst einmal möchte ich sagen, was ich denke.

Ich denke viel nach über mich und mein Leben und irgendwie bin ich der Ansicht, daß ich mich in vielen Dingen unterscheide, wie viele Jugendliche in meinem Alter denken. Viele in meinem Alter sagen, daß sie alles anders machen würden, wie die Eltern, aber wenn sie dann mal erwachsen sind, unterscheiden sie sich in vielen Dingen nicht mehr von ihren Eltern.

Ich möchte dazu das Beispiel vom »Rauchen« bringen: Viele Jugendliche fühlen sich dadurch stark, unabhängig und machen dabei doch nur das, was sie bei den Erwachsenen gesehen haben.

Zu dem, was ich glaube, möchte ich sagen: Ich glaube an Gott. Wenn mich jemand nach dem Grund fragen würde, könnte ich wahrscheinlich keine genaue Antwort geben, aber alles in mir sagt mir, daß es Gott gibt, daß er mir mein Leben gegeben hat und darüber verfügt. Und obwohl ich mir manchmal genau das Gegenteil wünsche, bin ich froh, daß ich leben darf. Ich habe es schon oft sehr schwer gehabt, aber ich denke dann immer, daß es anderen Leuten noch viel, viel schlimmer geht, ja im Gegensatz dazu kommen mir meine Probleme manchmal wie Lapalien vor.

Was mir auch sehr wichtig ist, an was ich gewissermaßen auch glaube, ist die Hilfe für andere Menschen (Nächstenliebe). Deshalb ist es mir auch wichtig, später in meinem Beruf anderen Menschen helfen zu können, für sie da zu sein. Obwohl ich glaube, daß das nicht immer leicht sein wird. Aber wenn ich weiß, daß ich einem anderen Menschen geholfen habe, dann bin ich wirklich glücklich-

Glaube

Viele Schüler und Schülerinnen glauben heutzutage nicht mehr an Gott oder Jesus, und sehr viele nehmen auch heute nicht mehr am Religionsunterricht teil. Weshalb sie nicht am Unterricht teilnehmen, das ist bestimmt in den wenigsten Fällen aus Glaubens- und Gewissensgründen.

Ich selbst glaube manchmal an Gott oder Jesus oder an seine Lehren, manchmal aber, wenn ich genauer darüber nachdenke kann es ihn eigentlich gar nicht geben. Bin ich z. B. mal ganz arg unglücklich oder habe sehr viel Pech, dann denke ich: Jesus kann doch nicht so ungerecht sein und mir soviel Unglück wünschen, es muß doch irgendwo ein Ausgleich da sein. Also ungefähr genausoviel Pech wie Glück. D. h. wenn ich Pech gehabt habe kommt mal wieder ein Glück usw., also sozusagen eine Lebenshoffnung.

Aber wenn ich jetzt genauer darüber nachdenke, kann es dies eigentlich gar nicht geben. Das ganze Geschehen auf der Erde kann doch mathematisch, physikalisch usw. alles berechnet werden. Z. B. wann ein Erdbeben kommen wird usw.

Was aber nicht berechnet werden kann, ist mein Benehmen, mein Verhalten. Vielleicht greift hier Gott lenkend ein. Ein Teil meines Verhaltens kann man aber trotzdem voraussagen durch meinen Charakter aber vielleicht hat auch den mir Gott mitgegeben. Aber hier liegt schon wieder eine weitere Schwierigkeit: die Vererbung. Sie wurde und wird noch in der Biologie sehr genau untersucht. Und hier kann man also nach den gefundenen Gesetzmäßigkeiten »vorhersagen« wie ich werde (Augenfarbe, Begabungsrichtung, usw.) Aber wie ich werde hängt noch viel mehr von Erziehung und Umwelt ab. Also nicht nur die Möglichkeiten, die in mir stecken, sondern wie sie durch die Umwelt aktiviert wurden.

Ein weiteres Thema, das sich mit Vorhersagen beschäftigt, also in den Bereich Jesus geht, ist das Horoskop und alles in dieser Richtung. Dies kann ich allerdings auf keinen Fall glauben.

Warum vielleicht heute soviele Jugendliche Jesus ablehnen: Ich meine, daß wenn man an ihn glaubt auch nichts besser wird. Heute sind doch fast überall Friedensdiskussionen. Fast alle Jugendlichen wollen nie mehr Krieg sondern nur noch Frieden und zwar nach dem Motto: Frieden schaffen ohne Waffen. Und wenn solche Jugendliche jetzt an Jesus glauben, da passiert deshalb auch nichts in Richtung Frieden also sozusagen »fehl geglaubt«. Jesus ist deshalb vielleicht auch ganz anders zu verstehen. Nicht nur an ihn zu glauben, sondern auch nach seinen Lehren handeln auch wenn man nicht gleich einen Erfolg sieht. Er kommt vielleicht später oder man sieht ihn gar nicht.

Ich glaube nicht an Gott oder Jesus als Person. Ich glaube vielmehr, daß es eine allumfassende Einheit gibt, die alles Leben in sich einschließt, das ganze Universum. Wir Menschen sind noch viel zu klein und unreif, das alles zu erfassen.

»Gott« ist für mich der Titel einer Macht.

Mein großes Ziel ist es, in die große Einheit von »Gott« eingeweiht zu werden und als Mitarbeiter am »großen Werk des Lebens« tätig zu werden, Erfüllung in Gott zu finden.

Ich habe keine Angst vor dem Tod, denn Tod bedeutet Leben. Wer sein Ziel noch nicht erkannt oder erreicht hat, wird so lange wiedergeboren werden, bis auch er die Krafteinheit »Gott« versteht, kennt und liebt. Wer sein Ziel erreicht hat, hat das Glück, als Bestandteil Gottes körperlos und ewig zu existieren und ein Teil allen Lebens zu sein.

Die Bibel sagt mir nichts, obwohl ich als Kind gern die Jugendbibel gelesen habe, heute glaube ich an die Weisheiten der alten Inder, in denen viel mehr Sinn verborgen liegt als in der Bibel.

Jesus war ein Mensch (keine überirdische Erscheinung) der nach den Prinzipien der alten Inder gelebt hat und vor seinem Ziel stand. Durch Selbstdisziplin des Geistes und durch Sensibilität der Seele gelangte er zur Erkenntnis der göttlichen Einheit, deshalb kann es keine Wiedergeburt dieses Jesus geben.

Aber jeder von uns kann durch Wille zu »Jesus« werden. Die meisten wissen es nur noch nicht.

Ich bin auch der Meinung, daß man nicht so oberflächlich leben sollte, sondern mehr auf seine Psyche achten sollte, weil man da noch so manches bisher Unbeachtetes, Ungeahntes finden kann, das einem im Leben hilft, sich besser zurechtzufinden.

Ich halte auch viel von Telepathie, Meditation und Yoga, damit werde ich mich später noch intensiver befassen, zur Zeit fehlt mir dazu die dazu nötige Ausgeglichenheit und Harmonie.

Ich finde, es sollten sich viel mehr Menschen mit Telepathie, Meditation und Yoga befassen, in ihrem eigenen Interesse. Es hilft zur Festigung der Persönlichkeit und zur Glaubenserkenntnis.

55/0914　　　　　　　　　　　　　　　　　　　　　　　w. 16.

Ich glaube weder an Gott noch an Jesus. Ich meine, wenn irgend jemand von der Bibel spricht, dann spricht er so darüber, wie es ihm »eingebläut« wurde. Im Kindergarten, in der Schule, im Konfirmandenunterricht. Die Bibel wird immer als Wahrheit ausgegeben. Aber das kann ja wohl keiner beweisen, daß alles, was da in diesem Buch steht wahr ist. Das, was einem dann immer wieder erzählt und von allen Seiten so dargestellt wird, daß es glaubwürdig erscheint, daran glaubt man dann mit der Zeit auch.

Ich verstehe zum Beispiel auch nicht, was es bringen soll, jeden Sonntag in die Kirche zu gehen. In der Kirche ist es jedesmal das Gleiche: Lied, Predigt, Gebet. Meiner Meinung nach ist es sinnvoller, wenn man unbedingt beten will, für sich selbst allein zu beten. Singen kann man ja wohl auch alleine. Man könnte meinen, man soll nur in die Kirche gehen, damit ein Opfer an Geldspenden zusammen kommt. Der Pfarrer drückt dann immer alles so aus, daß die weniger gebildeten Leute nur Bahnhof verstehen. Was soll eine Predigt, wenn die Hälfte davon für viele unverständlich ist.

266

Genauso bei Weihnachten. Alle sind nur auf Geschenke aus und es ist für viele ein Problem, was sie schenken sollen. Wie es in der Weihnachtsgeschichte in der Bibel ist, wie arm die Leute in dieser Zeit waren, daran denkt keiner. Ich zum Beispiel war seit meiner Konfirmation nicht mehr in der Kirche. Ich glaube so ist es bei vielen anderen auch. Ich sehe es einfach nicht ein, warum ich in die Kirche gehen sollte, wenn ich nicht an Gott glaube. Ich finde zwar die Geschichten in der Bibel recht interessant, aber daran glauben, das kann ich nicht. Es ist für mich alles viel zu unwahrscheinlich. Ich kann mir auch nicht vorstellen, daß so etwas wie Jesus wirklich gelebt hat.

Kirche und kirchliche Veranstaltungen haben auf mich den Eindruck reiner Profitgier. Immer und überall wird Geld verlangt. In der Kirche steht der Pfarrer neben dem Opferkasten und wenn man nichts hineinwirft wird man angeschaut als hätte man ein Verbrechen begangen. Man könnte meinen, es wäre für den Pfarrer selbst, so wie er sich benimmt. Wenn er das Geld gezählt hat freut er sich, wenn es mehr ist als das letztemal. Es heißt immer so schön: Opfer für die eigene Gemeinde. Wer braucht in der Gemeinde ein Opfer? Was passiert mit dem ganzen Geld? Niemand weiß das aus der Gemeinde. Ich glaube nicht daß ich meine Einstellung ändere. Wenn irgend etwas passiert, dann heißt es: Es ist »Gottes« Wille. Wer kann das wissen? Und woher?

Meiner Meinung nach ist alles, was passiert Zufall. »Gott« kann ja schließlich nicht alles überblicken.

## 55/0915                                                    w. 18.

Was ich denke – was ich glaube

Ich glaube nicht an Gott. Aber ich bin mir sicher, daß jeder an etwas glaubt, weil der Glaube uns am Leben erhält. Ich selber habe noch nicht viel darüber nachgedacht, an was ich glaube. Ich »glaube« es ist mehr Hoffnung auf Besseres, d.h. besseres Leben, glückliches Leben, sinnvolles Leben, ereignisreiches Leben. Es ist sehr wichtig sich die Menschen, mit denen man zusammen ist sehr deutlich auszusuchen. Es müssen Menschen sein, die einen nicht nur akzeptieren, sondern versuchen einen zu verstehen. Viele Menschen sind bis ans Ende ihres Lebens auf der Suche nach sich selbst, weil sie die Leute zu denen sie gehören nie gefunden haben.

Man muß sich selber bestimmte »Regeln« für das Leben aufstellen, um sich gegenüber ehrlich zu sein. Mich nie von anderen seelisch abhängig zu machen, ist eine sehr wichtige Regel für mich. Sowie meine Meinung zu sagen und mich von Menschen zu trennen, die mich versuchen zu unterdrücken. Es ist sehr wichtig ein Gespür dafür zu bekommen und darauf aufzupassen, daß man den Glauben an die Menschen nicht verliert. Heutzutage ein Mensch zu sein ist etwas sehr Kompliziertes. Auf der einen Seite soll man sich durchsetzen können, »cool« sein, skrupellos sein. Auf der anderen Seite Sensibilität für andere entwickeln, mitfühlen können, hilfsbereit sein und großzügig. Leider können das nur sehr wenige. Die Leute die hart sind machen ihren Weg heutzutage sehr leicht.

Menschen die sensibel sind wandern in psychiatrische Anstalten, weil sie mit dem Leben nicht mehr fertig werden. Auch bei mir beobachte ich oft, daß ich nicht weiß, was ich nun machen soll. Hart sein oder Gefühl zeigen. Meiner Meinung nach, ist das das Grundproblem unserer heutigen Gesellschaft. Das total verlorengegangene Gespür für andere.
Ich hoffe halt mir dieses richtige Gefühl für andere Menschen mit der Zeit aneignen zu können und mit Menschen zusammen zu sein, denen es auch so geht.

55/0916                                                                    w. 17.
Was ich denke – was ich glaube
Ich glaube, daß es Jesus gibt. Ich könnte mir sonst gar nicht vorstellen, wie die Erde zustande gekommen ist und all das Leben auf ihr. Irgend jemand muß ja vorher da gewesen sein, der die Erde erschaffen hat. Allerdings kann ich mir den Vorgang nicht so richtig vorstellen. Mich würde interessieren, wie *Gott* entstanden ist. War er denn einfach ganz plötzlich da – so aus »heiterem Himmel«?
Wie er aussieht, würde ich auch gerne mal wissen. Er wird ja zwar oft auf Bildern dargestellt, aber die Maler wissen ja eigentlich nicht, wie er aussieht.
Es wird oft gesagt, daß alles was passiert, von Gott gelenkt wird. Allerdings passieren ja nicht immer gute Dinge, sondern es gibt genug Elend auf der Welt. Ich traue es Gott irgendwie nicht zu, daß er so etwas wie Krieg, Hungersnöte oder Krankheit zulassen kann. Sicher will er den Menschen damit prüfen. Aber ich kann die Menschen verstehen, die in diesem Punkt an Gott zweifeln.
Auf ein Leben nach dem Tod hoffe ich, weil ich glaube, daß es dort schöner sein wird, als jetzt.

55/0917                                                                    m. 17.
Was ich denke:
Ich denke oft, vor allem abends, über mich und andere nach. Besonders denke ich über meine Freundin und ihre Beziehung zu mir nach, vielleicht ist es dumm aber meine Freundin kommt bei mir über allem anderen. Ich denke darüber nach wie es sein wird wenn ich einmal ohne sie sein müßte. Ich habe mir schon einmal vorgestellt was ich machen würde, wenn sie sterben würde, ich weiß es nicht aber wenn dies der Fall wäre würde alles darauf Folgende leer sein. Ich denke auch oft über die Atomwaffen nach, jedesmal überfällt mich Angst, zum größten Teil die Angst es wäre aus mit meinem Leben, vielleicht ist es ein wenig Egoismus, aber ich glaube hier steht mir Egoismus zu. Als ich das letzte Mal daran dachte habe ich gebetet. Ich habe gebetet daß es nie so einen Krieg geben soll. Ich habe gelernt daß es nicht so gut ist wenn man nur betet wenn man in einer Notsituation ist. Aber ich weiß nicht das Beten war zu diesem Zeitpunkt meine einzige Hoffnung.
Was ich glaube:
ich persönlich glaube an Gott aber ich bete selten auch halte ich es nicht

für notwendig in die Kirche zu gehen. Ich meine der wirkliche Glaube an Gott reift außerhalb der Kirche besser heran als er es in der Kirche tut. Natürlich lernt man in der Kirche Gott kennen aber erst wenn man unabhängig ohne das Mitwirken eines anderen an Gott glaubt so ist dies wirklicher Glaube. Ich weiß nicht ob ich richtig an Gott glaube. Einmal erklärte uns ein Pfarrer, wenn wir zwischen Gott und einer anderen Person die uns besonders nahe steht (also Mutter, Vater usw.) entscheiden müßten und dann uns für Gott entscheiden würden, nur dann würden wir richtig glauben. Ich habe mich dort gegen Gott entschieden. Ich weiß nicht ob dieser Pfarrer recht hatte aber ich glaube kaum jemand kann Gott höher schätzten und lieben als jemanden der einem sehr nah steht und den man liebt.

55/0918                                                            w. 17.
Glaube
Ob ich an Gott glaube oder nicht, weiß ich nicht. Ich weiß nur, daß es etwas Höheres gibt. Etwas, das einem seinen Weg bahnt. Zufall gibt es nicht, es ist Schicksal. Wenn etwas Unvorhergesehenes passiert, dann hat es so sein sollen. Die Natur hat einen sehr großen Einfluß auf uns. Man muß ja Gott nicht unbedingt Gott nennen, man kann ihm einen x-beliebigen Namen geben. Warum sollte man ihn nicht Natur nennen, es hört sich doch viel besser an. Bei Gott denke ich immer gleich an die frommen Menschen, die ich kenne. Die alles verherrlichen und jeden Sonntag in die Kirche rennen. Man muß doch nicht in die Kirche gehen, um zu zeigen, daß man an Gott glaubt. Nur auch, daß es die Nachbarn wissen. Die gehen entweder aus Überzeugung oder weil ihre Eltern schon gingen, muß man halt auch gehen, damit man nicht in schlechten Ruf kommt. Man kann doch auch so glauben, ohne daß der Pfarrer einem aus der Bibel vorliest. Man kann doch an ganz alltägliche Dinge glauben z.B. seinen Mitmenschen vertrauen, zu glauben, daß die Frau aus der Nachbarschaft doch die Krankheit übersteht. Natürlich muß man die Kraft ja von irgendwo herbekommen, das zu glauben. Man kann nur daran glauben, wenn man selber stark genug ist. Aber diese Kraft kann ja von einem Menschen, den man mag, auf einen übergehen. Der einen so lange stützt, bis man wieder die Kraft daran zu glauben hat. Die Freude, die von einem Menschen ausgeht, kann einen »anstecken« und man freut sich ohne Grund und fühlt sich dabei wohl.
Ich glaube schon, daß es etwas gibt, wo über uns steht, das unser Schicksal bestimmt. Aber, ob man es Gott nennen kann weiß ich nicht.
In der Bibel heißt es doch Adam und Eva waren die ersten Menschen und sie hatten zwei Söhne. Wie soll denn da die Fortpflanzung des Menschen vor sich gehen? Und einer beider Söhne zog in die Stadt und dort waren Menschen, die älter waren als Adam und Eva. Wer war also der erste Mensch?

Was ich denke – Was ich glaube
Ich mache mir eigentlich ziemlich oft Gedanken zu diesem Thema. Was glaube ich, was glauben die anderen, was glauben meine Eltern. Ich habe oft schwere Auseinandersetzungen mit meinen Eltern, über den Glauben, über den Glauben an Gott, an Jesus. Meine Eltern sprechen mir oft ab, daß ich nicht glauben würde, aber ich glaube. Ich glaube an einen Gott der uns erschaffen hat, der mich kennt, sowie jeden anderen Menschen. Ich glaube, daß Gott der Tröster aller Menschheit ist, weil er die Menschen lieb hat. Ich klammere mich an meinen Gott, wenn ich traurig bin, wenn ich Angst habe; ich sag ganz laut ›Gott sei Dank‹ wenn ich erleichtert bin. Aber ich glaube nicht, daß Gott nur bei mir ist, wenn ich zur Kirche gehe und wenn ich jeden Tag in der Bibel lese. Gott steckt für mich in jedem ein bißchen. Wenn mir jemand eine Freude macht, oder wenn jemand einen lieben Gedanken hat … Ich kann nicht sagen, daß ich an Gott nicht glaube, weil der Glaube an Gott sich über Jahrtausende hinweg erhalten hat. Ich kann nicht sagen das ist alles Zufall, so wie wir sind, was wir Menschen tun. Ich wüßte nicht, an was ich mich halten sollte, was mir ein Trost ist, ohne zu denken das ist vergänglich.
Wenn Jesus tatsächlich existiert hat, war er echt ein richtiger »Mensch«. – Ein Mensch – so wie *wir* eigentlich sein sollten.

Ich denke oft nach über den Tod und habe Angst vor ihm. Ich stelle mir vor, die Ewigkeit ist so lange, und sie hört nie auf, und ich bin nicht mehr da.
Ich habe auch Angst vor dem Allein- und Einsamsein.
Ich möchte in meinem Leben etwas anderes machen. Ich habe keine Lust, mein Leben für ständiges Schuften rauszuwerfen. Aber wenn ich so nachdenke, weiß ich fast sicher, daß ich es wie fast alle machen werde: Arbeiten, Schlafen, in Rente leben und Sterben. Und das alles nur, damit ich im Jahr 3 Wochen Urlaub habe. Lohnt sich das?
Man sollte keine Zeit verlieren, und allen, die man mag und lieb hat, sagen, daß man sie mag. Denn ich selbst erwarte von den Leuten, daß sie mir sagen, was sie von mir halten.
Ich will es manchmal vielen auf einmal recht machen, und das gibt oft Konflikte zwischen mir und anderen. Man kann es eben nicht jedem recht machen.
Wir lesen in der Schule vom »kleinen Prinzen«. Schon im ersten Kapitel wird von Erwachsenen erzählt, die sich nur über belangloses Zeug wie Mode, Golf, Fußball usw. unterhalten. Da hab ich mir überlegt, ob ich auch so werde, oder ob ich schon so bin. Ich glaube, ich fange schon an so zu werden. Manchmal aber glaube ich zu wissen, daß ich nicht jemand bin, der oberflächlich ist.
Ich habe mir das gerade so durchgelesen, und ich finde es ist ein heilloses Durcheinander, was ich da geschrieben habe. Aber wenn ich schreiben soll, was ich denke, dann fällt mir so viel auf einmal ein.

Ich mag den Himmel, und die Sterne, die Bäume, Wiesen und ganz arg den Wald. Und meine Freunde und Eltern und Geschwister. An all denen liegt mir etwas. Tut mir leid, daß ich nicht schreiben kann, daß ich Gott liebe oder an ihn glaube. Ich muß zu sehr an ihm zweifeln. Er läßt zu viel Leid zu. Ich hab mir manchmal überlegt, ob ich an ihn glauben kann oder nicht. Aber Glaube muß doch von selber, und vor allem aus dem Herzen kommen. Und in meinem Herz ist kein Glaube an den Gott, wie ihn die Kirche immer darstellt. An irgend etwas glaube ich, ich weiß nur nicht an was.

55/0921                                                                w. 17.
Was ich glaube.
Ich glaube an Gott. Trotzdem gehe ich sehr selten in die Kirche. Denn ich stelle mir vor, wenn man mit Gott ein Gespräch führen will, braucht man deshalb nicht unbedingt in die Kirche. Denn, ist Gott nicht überall? Gott sehe ich als jemanden, der nicht zu sehen ist, aber der innerlich zu spüren ist.

55/0922                                                                w. 16.
Was ich denke – was ich glaube
Ich glaube, daß es mit Gott viel leichter geht. Ich kann mit meinen Problemen, durch das Gebet zu ihm kommen. Er hilft mir sie zu lösen. Ich glaube auch, daß ich auf Gott vertrauen kann.
Glaube: Gott ist ehrlich
verständnisvoll
rücksichtsvoll
Helfer
nicht so egoistisch wie die anderen
kann mir ehrliche Hilfe geben

55/0923                                                                w. 16.
Jesus
Jesus ist der Sohn Gottes.
Er hat nie in Reichtum gelebt, wie andere Größen, sondern er ist immer mit dem Wenigsten ausgekommen. Er hat immer darauf geachtet, daß andere das haben, was sie brauchen und *nicht* zuerst an sich selber gedacht.
Ich finde, der Schüler hat recht [mit dem Ausspruch: »Jesus ist der einzige anständige Typ, den es noch gibt.«] Denn Jesus hat sich nicht über einen gestellt, obwohl er es hätte tun können, und sagen was willst denn du. Sondern er hat gesagt, jeder kann zu mir kommen, auch die Kinder, er hat keinen abgewiesen, oder voreilig beurteilt, Er hat keinen abgewiesen, der wirklich Hilfe benötigt hat, auch wenn es gegen ein Gesetz verstoßen hat (Heilung eines Kranken, an einem Sonntag, an dem nichts getan werden darf).
Er hat aber einige Forderungen gestellt, die sehr schwer zu erfüllen sind, z.B. »Du sollst deine Feinde lieben . . .«. Dies ist sehr schwer zu erfüllen,

oder oft auch gar nicht, denn wenn jemand einen betrogen, oder körperlich oder seelisch verletzt hat ist es sehr schwer oder unbegreiflich wie man so jemanden sogar lieben und verzeihen soll.

Ich kann niemals so leben wie Jesus, das glaube ich nicht, aber man kann es versuchen.

55/0924                                                                      w. 16.

Jesus

Jesus ist in meinen Augen der, durch den wir vor Gott beim Endgericht bestehen können. Er starb am Kreuz für die Sünden jedes Menschen und hat durch seine Auferstehung dem Tod die Macht genommen. Wer an ihn glaubt, ihn in sein persönliches Leben aufnimmt und ihn als seinen Herrn und Vater ansieht, hat ewiges Leben. D.h. er wird zwar hier sterben, aber danach im Himmel weiterleben.

Auch in der Bibel werden ja verschiedene Bezeichnungen für Jesus genannt oder er bezeichnet sich selbst damit. Z.B. Sohn Gottes, das Lamm, Retter, Heiland, Erlöser. Ich nehme diese Worte wörtlich und glaube auch an all das, was er früher getan hat und erfahre das auch täglich in meinem persönlichen Leben. Ich weiß, daß er mein ganzes Tun und Handeln lenkt, mich beschützt und immer bei mir ist. Durch Jesus sehe ich erst einen Sinn in meinem Leben. Jetzt weiß ich, wozu ich eigentlich hier bin und was mein Auftrag ist. Ich soll anderen die frohmachende Botschaft der Bibel weitersagen. Durch Jesus habe ich auch Freude in meinem Leben, auch in Zeiten wo es nach außen hin vielleicht gar nicht so aussieht. Aber die Tatsache, daß ich eines Tages einmal mit ihm an einem Tisch sitzen werde, gibt mir Freude. Was ich auch ganz toll finde ist, daß ich mit ihm zu jeder Zeit und über alles reden kann. Er ist für mich der beste Freund.

55/0925                                                                      w. 17.

Jesus

Ganz toll finde ich an Jesus, daß er nie an sich selbst dachte, immer nur an andere. Daß er sich *niemals* in den Vordergrund stellte – also nie aufdringlich war – in keinster Weise. Er erfüllte das, was ihm befohlen war, treu, ohne auf irgendeinem Wege zu versuchen, davonzulaufen. Er war, wie kein anderer Mensch je sein kann und wird. Er tat seine Pflicht, er ging seinen Weg, einen Weg, der bestimmt war, der hart und unwegsam war, doch er scheute niemals davor zurück! Er hätte sich selbst helfen können, er hätte jederzeit mehr an sich denken können – doch er tat es nie. Für ihn waren die anderen Leute wichtiger, als sein eigenes Leben! Er beendete seinen Weg, so, wie es von seinem Vater bestimmt war.

Er tat stets seine Pflicht – er verkündigte das Evangelium, und durch ihn kamen viele Menschen zum Glauben. Er bewies seine Kraft und Stärke oftmals dadurch, weil er Kranken, Alten, Schwachen, Hilflosen, Sterbenden und Toten das Leben wiederschenkte, ein schöneres als sie zuvor auf dieser Erden hatten, viele wurden gesund durch ihn, viele kamen dadurch zum Glauben durch ihn. Er wiederum suchte regelmäßig Trost und neue Kraft in seinen Gesprächen, die er *alleine* mit seinem Vater verbrachte! Wenn Jesus nicht mehr weiterwußte, wenn er einmal nicht mehr konnte vor lauter Schmerzen und Angst, vor dem, was auf ihn auf diesem Erdenweg noch zukommen wird, dann suchte er Ruhe, Geborgenheit, Schutz und Befriedigung in der Stille mit seinem Vater. Er war ja auch nur ein Mensch, und somit reagierte er sicher oftmals so wie wir, doch er brachte alles, was ihn bewegte, vor seinen Vater im Gebet.

Wenn ich jetzt an uns denke, und versuchen soll, uns mit Jesus zu vergleichen, dann fällt mir zuerst einmal auf, daß wir immer nur an uns denken, daß wir *sehr* wenig Rücksicht auf andere nehmen und wir auch immer gleich »sauer« werden, wenn uns einmal irgendetwas nicht paßt. Das heißt, wir reagieren zu spontan, unüberlegt. Und, wie ich es auch immer wieder an mir selbst merke, die persönliche Nachfolge – also der Glaube an ihn, fällt mir und sicher vielen anderen Menschen heutzutage schwer. Es ist schwer, den Glauben heutzutage zu verkünden. Es gibt so vieles, was den einzelnen Menschen belastet und beschäftigt, wie sollte man ihm dann noch zusätzlich etwas »aufbinden«? Deswegen fällt es einem Christen heutzutage sehr schwer, Menschen von Jesus weiterzuerzählen!

## 55/0926 w. 16.
### Jesus
Ich finde, daß Jesus ein besonderer Mensch für uns ist, ein Mensch, vor dem wir noch heute Respekt haben *müssen*.

Jesus, der andere Menschen von den schweren Leiden, die sie hatten wieder gesund gemacht hat. Er bewirkte noch viele andere Wunder, die heute für manche Menschen unglaubhaft klingen. Für mich stellt heute Jesus ein Mensch dar, den es überhaupt nicht mehr gibt, und irgendwie glaube ich doch an seine Wunder, die er vollbracht hat.

Im Vergleich zu mir und zu anderen Menschen ist Jesus der einzige Mensch, den es vor vielen Jahren einmal gegeben hat. Ein Mensch, der noch gewußt hat, wie und was man mit seinem Leben noch anzufangen hat, der vor allen Entscheidungen eine Antwort gewußt hat. Jesus, von dem man viele Geschichten kennt, erkannte man immer daran, daß er nie Schlechtes von sich gab. Er handelte immer gerecht.

Ich glaube deshalb, daß man oder daß niemand mehr an ihn denkt, weil irgendwie er vor Jahren, der einzig anständige Mensch war. Und heute sind alle Menschen oder fast alle Egoisten. Ich glaube jeder handelt mal wie ein Egoist. Menschen, die nicht wahr haben wollen, daß Jesus der vernünftigste war von allen Menschen von heute, deshalb sprechen wenige Leute von ihm, weil sie es entweder nicht glauben, nicht wahrhaben wollen, alles für [sie] Unsinn ist oder weil sie nicht zugeben wollen daß sie Egoisten sind und nicht wahr haben wollen, daß es einmal ein Mensch namens Jesus war, der über alles verfügte, was heute nicht einmal *ein* Mensch zustande bringt.

Jesus mit mir zu vergleichen geht das? Jesus starb für uns ich glaube nicht daß ich für jemand anderes sterben würde um ihn zu retten. Jesus ist für mich da aber in welcher Beziehung bin ich für Jesus da? Jesus und Gott, manchmal frage ich mich ob es sie überhaupt noch gibt, ich finde sie gehen in der heutigen Welt total unter, diese Pseudochristen die in die Kirche gehen und das Vaterunser beten und danach über die zerfransten Jeans der Nachbarstochter lästern. Wo ist da Jesus ist es nicht schon in dieser Kirche »kalt«, ist er in dieser Gemeinschaft? Ich bin wahrscheinlich auch kein Christ in der heutigen Gesellschaft ist es sehr schwer sich als Christ zu behaupten ich habe manchmal entdeckt daß Prinzipien oder Regeln der Gesellschaft im Gegensatz stehen für Jesus war es klar woran er sich hält doch für mich ist es nicht klar, mich den Leuten verständlich machen [und] trotzdem in der Gemeinschaft aufgenommen zu werden ich weiß nicht ob ich das schaffen würde die Angst alleingelassen zu werden steht vor mir und läßt mich immer wieder zurückschrecken Gott kann ich um Verzeihung bitten Einsamkeit könnte ich nicht ertragen. Jesus war sich immer sicher was er tun muß ich bin es mir nur sehr selten.

Jesus der einzige anständige Kerl [–] in gewisser Beziehung kann man das wohl sagen er hat immer nach den Geboten Gottes gehandelt andererseits kann man Jesus nicht mit uns vergleichen er hatte nie Glaubensprobleme oder nur im Ansatz. Von uns hat jeder Glaubensprobleme wenn er überhaupt glaubt, anständig sind viele Leute, Leute die ihren eigenen Geboten folgen, Leute die nach Humanitätsgrundsätzen oder sonst welchen Grundsätzen handeln, eigentlich sind doch heute alle Leute anständig die noch nichts mit der Polizei zu tun hatten auch wenn sie nach christlichen Grundsätzen schuldig oder unanständig sind.

Die Frage wer Jesus ist. Jesus ist unser Retter unser Freund unser Helfer doch wer will aus etwas gerettet werden das er als richtig empfindet wer braucht da einen Helfer wenn er überzeugt ist auf dem richtigen Weg zu sein und wer will einen Freund den man nicht sieht!


## 56   Hauswirtschaftl. Berufsfachschule 2. Jahr

*Den Schülern wurde die Vorgabe gemacht: Was ich denke – was ich glaube.*
*Oder die folgenden Texte zu Jesus:*
*Jesus stellte einmal die Frage:* »*Wer sagt ihr, daß ich bin?*«
*Vergleiche ihn ruhig mit anderen Größen*
*sokrates*
*rosa luxemburg*
*gandhi*
*er hält das aus*
*besser ist allerdings*
*du vergleichst ihn mit dir*
*Ein Schüler:* »*Jesus ist der einzige anständige Typ, den es noch gibt.*«

Jesus

Ich halte Jesus für den Sohn unseres Gottes, der uns errettet hat. Jesus ist der einzigste Mensch, der einem hilft und der noch normal ist. Jesus ist sehr mutig, weil er für uns gestorben ist. Ich glaube auch, daß sehr gut war, daß Gott seinen Sohn zu uns gegeben hat, die Welt würde ja noch finsterer aussehen.

Jesus ist für mich ein Bestandteil meines Lebens, ohne ihn kann man nicht befreit leben. Jesus ist ein Vorbild, aber nie kann man so sein wie er. Er ist einfach wunderbar. Jesus ist wie ein Idol, aber mehr als ein einfacher Schlagerstar. Mit Jesus kann man leben und er ist mit seinem Vater bei uns, wenn wir in Not sind. Auch bei Freude, Glück, Leid usw. ist Gott (Jesus) da. Mit Jesus kann man alles teilen, er weiß, wie er die Menschen gut führt. Auf Jesus ist Verlaß.

Jesus ist der, der nie alt wird und immer die Sachen versteht, die man gerade auf dem Herzen hat. Ich sage Jesus, daß er mein Lehrer ist und der, der mir den rechten Weg zeigt.

Jesus

Ich finde man kann ihn nicht mit anderen Menschen vergleichen oder sogar ihn auf eine Stufe mit ihnen stellen. Jesus ist für mich kein Mensch, auch wenn er es sein sollte. Er hat Wunder vollbracht, hat das Meer beruhigt ... das kann eigentlich kein Mensch. Ich bin mir auch nicht sicher ob es ihn jemals gab (gibt) oder daß es Gott gibt. Wenn es Jesus gibt warum läßt er dann so viel Leid, Not und Krieg auf der Welt zu? Wenn es Jesus gibt, warum läßt er Väter und Mütter sterben, die kleine Kinder zurücklassen? Warum gibt es Mörder? – Klar, sagen manche, wir können ja selbst was dagegen tun und nicht nur nach Jesus fragen wenn es schwierig wird. Aber sind wir Menschen nicht zu schwach dazu? In jedem Menschen steckt der Egoismus und eine gewisse Art von Rache, wenn uns jemand etwas getan hat. Wir Menschen können nicht vergessen und verzeihen.

Trotzdem sage ich: »Ich kann mich mit Jesus nicht vergleichen!« Er ist für mich jetzt immer noch ein Fremder.

Ich habe Fehler, jeder Mensch hat Fehler, also sind wir nicht vergleichbar mit ihm. Er hat keine Fehler.

Was ich glaube – Daß es einen Gott gibt? Von dem ich mir Kraft holen kann, z.B. um Angst zu überwinden. Z.B. daß den Eltern etwas passieren könnte, einem Tier, oder einem nahestehenden Menschen.
Ich glaube kindlich!
Ich bin sehr empfindlich, wenn man diesen Glauben beschädigt, zerstört! Und das tut die Kirche manchmal, wenn sie uns helfen will, etwas richtig zu deuten. Uns Hilfsfragen gibt, die zum Nachdenken auffordern (z.B. Das mit dem Jesus ist doch Quatsch, wir brauchen ihn doch garnicht).

So etwas entfernt mich vom Glauben, es stößt gegen meine Glaubensauf-
fassung. Bei mir verfehlt diese Frage ihre Wirkung. *Oder doch nicht?*
Manchmal habe ich das Gefühl, die Kirche, Religionsunterricht will mich
absichtlich entfernen.
Warum zerstört sie meinen Glauben?
Ich will an Gott glauben!
Ich finde, sie sollten Jugendlichen in meiner Altersstufe, nicht solche
Fragen stellen. Oder sollten die Religionslehrer uns nicht in eine Richtung
drängen, pressen. Ich weiß sie wollen uns eine Hilfestellung für unser
Leben geben, einen Halt. Aber hier ist Vorsicht geboten. (Ich bin eine
Lehrerin, die *junge Pflänzchen* zu betreuen hat).


## 57  1-jährige Klasse der Pflegevorschule am städt. Krankenhaus
(auf mittl. Bildungsabschluß aufbauend)

*Den Schülern wurde die Vorgabe gemacht: Was ich denke – was ich glaube.*
*Oder die folgenden Texte zu Jesus:*
*Jesus stellte einmal die Frage:*
*»Wer sagt ihr, daß ich bin?«*
*Vergleiche ihn ruhig mit anderen Größen*
*sokrates*
*rosa luxemburg*
*gandhi*
*er hält das aus*
*besser ist allerdings*
*du vergleichst ihn*
*mit dir*
*Ein Schüler: »Jesus ist der einzige anständige Typ, den es noch gibt.«*


57/0931                                                        w. 17.
Was ich denke – was ich glaube
Glauben kann man nicht verallgemeinern. Jeder Mensch glaubt etwas
anderes! Manchmal glaube ich an Gott! Aber es gibt solche Zweifel. Ich
kann es mir nicht richtig vorstellen, daß es Gott gibt. »Was ich nicht sehe
– glaube ich nicht!« Die Menschen glauben meist auch erst an Gott wenn
ihnen etwas Schreckliches widerfahren ist und sie einen Halt brauchen.
Davor, solange sie glücklich sind und keine Probleme haben, haben sie
keinen Grund an Gott zu denken. Wenn man etwas glaubt, muß man ein
großes Vertrauen zu dieser Person haben, die es vermittelt. Früher hatten
die Menschen einen Halt an Gott, sie waren auch nicht so kritisch, heute
zweifeln wir ob es ihn überhaupt gibt. Bei jedem Menschen kommt es auf
die seelische Verfassung an ob er an Gott glauben kann.
Für mich ist es schwer daran zu glauben, wenn ich die Bibel lese oder
daraus Geschichten höre. Es ist alles so unvorstellbar, z.B. wie Jesus
jemanden heilt.

Was ich denke – was ich glaube

Ich denke, daß mein Leben einen Sinn haben muß. Und ich sehe den Sinn meines Lebens zum größten Teil im Zusammenhang meines Berufes. Ich lerne Krankenschwester, (Kinderkrankenschwester) weil ich es mir vorgenommen habe anderen Menschen zu helfen. Ich glaube auch, daß ich in diesem Beruf auch Befriedigung suche. Also, ich möchte später einmal sagen können, daß ich mein Leben sinnvoll gestaltet habe. Indem ich anderen Menschen durch meinen Beruf geholfen habe. »Ich habe ihnen das Leben leichter gemacht«.

Ich glaube, daß ein Leben ohne Ziele nicht sinnvoll ist. Es ist ja nicht wichtig ob man sie auch erreicht. Es ist nur wichtig, daß man sie vor Augen hat und nicht von einem Tag in den anderen lebt. Die Menschen die keine Pflichten und Aufgaben, also keine Ziele haben, sind meistens die Menschen die dann an sich zweifeln. Sie fühlen sich leer und verlassen. Und taucht die berühmte Fragen wieder auf »Wozu lebe ich?«

Jesus

Jesus kann man nicht mit anderen Größen vergleichen, weil niemand an seine »Größe« herankommt, erst recht nicht ich.

Weil Jesus so fest an seinem Glauben hält, daß er sogar dafür gestorben ist, das könnte ich nicht.

Weil er so vielen Menschen geholfen hat und nie Unrecht getan hat (nie gelogen, nie gestohlen, nie jemanden »verletzt«).

Das alles konnte er, weil er als Sohn Gottes geboren wurde, weil er ständig mit Gott Kontakt hatte und ihn um Rat fragen konnte. Ich kann zwar im Gebet zu Gott sprechen, aber eine direkte Antwort erhalte ich nicht.

Ich beneide Jesus und möchte so sein wie er, aber ich weiß, daß nie ein Mensch so werden kann.

Einmal habe ich gehört, daß wir Menschen als schlechte Charakter geboren werden und nur durch Lernen und Erziehung unserer Mitmenschen einigermaßen gute Charakter bekommen. Jemand anderes sagte mir, daß wir als gute Menschen geboren werden und nur durch unsere Umwelt zu schlechten Menschen werden. Ist es nicht schrecklich, wenn man schon von Anfang an weiß, daß man »schlecht« ist und das Unrechte nicht vermeiden kann?

Der Schüler, der den Spruch geäußert hat, hat recht gehabt. Jesus ist der einzig anständige Typ.

Jesus

Jesus ist unser *Vorbild*. Er ist das »Gute« im Menschen. Jesus regelt → macht unser Gewissen. Er ist Gottes Sohn. Er ist *einmalig!*

Ich kann ihn nicht mit mir vergleichen, da ich glaube, das Böse in mir, von Geburt an, zu haben. Jesus hat das nicht.

Der Haß und die Feindschaft ist viel zu arg ausgeprägt. Dies kommt bei allen Menschen vor.

57/0935                                                            w. 17.
Jesus
Ich finde diese beiden Behauptungen nur z. T. richtig. Die Aussage des Schülers finde ich nur z. T. richtig, da Jesus das Wunschbild von Gott ist. Gott will uns durch Jesus zeigen, wie er sich vorstellt, daß wir Menschen leben sollen. Ich finde man kann Jesus nicht mit einem Menschen vergleichen, egal was der Mensch in seinem Leben schon geleistet hat, denn wir Menschen haben soviele Fehler und Schwächen, die wir nie ganz beseitigen können, selbst wenn wir wollten. Ich stelle mir den Menschen innerlich gespalten vor; gespalten in zwei Teile. Einerseits das Gute, andererseits das Böse. Wir werden von diesen beiden Teilen in unserem Handeln beeinflußt. Meistens überwiegt beim Menschen dann das Böse, obwohl er eigentlich innerlich das Gute will. Damit will ich aber nicht sagen, daß alle Menschen schlecht sind, sie erscheinen uns nur meistens so.
Jesus ist die Verbindung zwischen Gott und den Menschen. Durch ihn versucht Gott die Zerrissenheit der Menschen ihm gegenüber zu überbrücken. Durch Jesus verzeiht er uns unsere Schwächen und nimmt uns an, wenn wir wollen und zu ihm (Gott, Jesus, Bibel usw.) bekennen.

57/0936                                                            w. 17.
Jesus
Ich glaube [Jesus ist] eine unsichtbare Person, an die viele Menschen in »schweren« Stunden glauben, hoffen, um Hilfe bitten. In guten Zeiten, glauben viele nicht an Jesus. Sie sind zufrieden brauchen nichts und niemanden dem sie ihren Kummer erzählen brauchen.
Der Schüler ist der Ansicht, daß Jesus nur Gutes tut und gerecht zu den Menschen ist. Gute erhalten Gutes, Böse werden bestraft. Ich kann mir aber eine solche »Trennung« nicht recht vorstellen, denn es hieß doch, vor Gott sind alle Menschen gleich, wieso sollte er dann solche Unterschiede machen.
Wenn den Menschen Schlechtes passiert, glauben sicherlich viele, daß sie für irgend eine »böse« Tat, die sie begangen haben, bestraft werden, von einer »höheren Gewalt« (Jesus) die das Schlechte mit angesehen hat.
Die Strenggläubigen Menschen empfinden das Schlechte, das ihnen geschieht, sicherlich nicht als Strafe sondern sind vielleicht froh, daß sie ihre Schuld »abarbeiten« können und freuen sich darüber, daß auf sie aufgepaßt wurde.

57/0937                                                            w. 17.
Jesus
In dem, daß Jesus die Frage stellt »Wer sagt ihr, daß ich bin« will er von den anderen wissen, wie sie über ihn denken. Man denkt selber anders über sich. Jedoch bevor man etwas über einen anderen aussagt (negativ), muß man erst einmal daran denken wie man selbst ist. Jeder hat Fehler

und niemand ist perfekt. Der Schüler, der sagt »Jesus ist der einzige anständige Typ, den es noch gibt«, sagt es nur, weil man es eben so hört, daß er und seine Predigten für die Menschen gut sind. Deswegen muß aber einer, der nicht predigt nicht schlecht sein.

Die 10 Gebote, die Jesus predigte und auch danach lebte, sind Regeln, an die sich ein Christ halten kann. Man kann aber nicht immer nach Regeln leben, aber beachten.

Jesus ist für andere gestorben. Das ist ein großes Opfer, das er dargebracht hat. Ich hätte dies glaube ich nicht getan. Er hat sich auch von Leuten demütigen und ausspotten lassen, trotz allem hat er an sich geglaubt, die Hoffnung nicht aufgegeben und weitergemacht. Viele hätten vielleicht den Mut nicht gehabt weiterzumachen. Er hat geholfen.

So hat der Schüler schon recht, daß Jesus gut ist. Man kann jedoch auch auf andere Weise gut sein.

Bsp: – denen helfen, die Hilfe brauchen
  – an andere denken und nicht nur an sich
  – Leute verstehen zu versuchen

Jesus hat auch Fehler gemacht, so wie wir auch Fehler machen.

57/0938                w. 18.

Jesus

Bei der Frage die Jesus seinen Jüngern stellt, »Wer sagt ihr, daß ich bin« kommt mir spontan die Frage »wer bin ich?«

Ich glaube Jesus kann man nicht mit jemand vergleichen. Jesus ist für mich manchmal etwas unbeschreiblich Großes und Mächtiges und manchmal ist er so klein und der beste Freund für mich.

Ich versuche in Jesus immer einen Mensch zu sehen, der genau dieselben Schwächen und Fehler gehabt hat. Der aber durch den Glauben an seinen Vater uns zum Vorbild geworden ist und auch somit unser Retter.

Für mich heißt Glaube immer wieder aufs neue den Weg zu Jesus zu Gott zu finden, ihn in meinen Alltag mitzunehmen. Und Glaube heißt für mich auch erst einmal mich im Laufe meines Lebens kennenzulernen.

Ohne Jesus wäre meine Welt dunkler. Wenn ich Jesus mit mir vergleiche, dann müßte ich eigentlich Angst bekommen über den weiten Weg von mir von meiner Schlechtheit als Mensch. Ich denke da an Egoismus, Neid, Haß. Bis zu Jesus, der für mich das absolute Gute ist. Bei diesem Gedanken müßte ich resignieren. Ich sage mir aber immer Jesus weiß um uns Menschen und ich denke er hat manchmal bestimmt die gleichen schlechten Gefühle und Gedanken gehabt. Er versteht uns, und er will uns dabei helfen sie nicht die Oberhand werden zu lassen. Er will uns nicht bestrafen. ich vertraue auf ihn, weil ich weiß, ich für mich weiß daß ich angenommen bin bei ihm und daß für jeden Menschen bei Jesus Platz ist.

Jesus

Ich sehe Jesus als Gottes Sohn an. Wenn ich Jesus mit mir vergleiche, wird mir klar, daß er der »Bessere« ist und ich nur versuche, so zu sein, wie er – so zu handeln und zu denken wie er. Ich komme mir ganz klein vor, gegenüber Jesus.

Jesus ist ein Helfer, einer der Gutes will und auch ausführt. Er wollte uns aber durch seine Heilungen zum Glauben führen – nicht als »Wunderheiler« angesehen werden. Er wollte uns das Glauben »beibringen« und wenn man das nicht tut, fühlt man sich als eine Art Versager. Das habe ich an mir und an anderen jungen Menschen schon beobachtet. Den älteren Menschen ist klar, daß der Umgang mit anderen im täglichen Leben viel wichtiger ist. Wenn man, wie ich, bei der Kirche engagiert ist, hat man immer wieder Zweifel, was man eigentlich glaubt.

Was ich denke – was ich glaube

Ich denke, daß jeder an irgendetwas glaubt – sei es an einen anderen Mensch oder an Gott. Ich kann mir nicht vorstellen, an Gott glauben zu können – es gibt zu viele Zweifel.

Wenn man intensiv an Gott glaubt müßte man anders denken. Naiver?! Ich denke die meisten Menschen glauben erst dann, wenn es ihnen schlecht (im physischen wie im psychischen) geht.

Wenn die Menschen, die sich als Christen bezeichnen, so leben würden wie Jesus würde unsere Welt bestimmt anders aussehen. Aber ist es nicht so, daß diese »Christen« sich auch über andere Menschen stellen.

In der Geschichte hatten Geistliche viel Macht, die sie auch ausübten – waren das Christen?

So many people have lied (lügen) in the name of Christ,
that I can't believe it all.

So many people have died in the name of Christ
that I can't believe it all.

Warum leben die, die sich Christen nennen [nicht] so, wie Jesus lebte? (z.B. Nächstenliebe)

Was ich denke – was ich glaube

Wo gehe ich hin ... (Hair). Dieser Text sucht eine Antwort. Sucht einen Sinn des Lebens. Wozu, wofür lebe ich. *Lebe ich für Dich,* für meine Mitmenschen, für einen Staat oder *nur für mich?!* Mit wem teile ich meine Sorgen, Ängste, meinen Kummer, mit Dir, Gott, oder nur mit mir, mit Menschen oder mit einem Gott. Was beherrscht uns, prägt uns, an was können wir uns festhalten.

## 58  Friseusen, 3. Klasse

*Den Schülerinnen wurden die Satzanfänge und Sätze zu Gott vorgelegt.*

### 58/0942

Ich glaube nicht immer an Gott, weil ich ihn noch nicht gesehen habe und keiner weiß, ob es ihn überhaupt gibt. Wenn man mir beweisen kann, daß es ihn gibt, dann glaube ich vielleicht auch. Wenn man ihn nicht sehen kann, dann wäre es gut, wenn man ihn hören könnte. Wo soll er überhaupt sein, im Himmel, oder im Weltall? Wo wohnt er?

### 58/0943

Wie stellen Sie sich Gott vor? Gott stelle ich mir vor, wie einen König (Herrscher), der die Welt besitzt. Ich stelle mir Gott gutmütig vor, der es allen recht machen will, er möchte, daß auf der Welt Friede herrscht. Er will bestimmt keinem etwas Böses tun. Aber, wenn ihn irgendetwas mal enttäuscht hat, wird er bestimmt agressiv und bestraft denjenigen.

### 58/0944

»Hütet euch vor den Menschen, deren Gott im Himmel ist«! B. Shaw
Ich interpretiere das so: Es gibt eine ganze Menge Leute, die sich nach außen hin ziemlich »christlich« geben wollen, indem sie jeden Sonntag in die Kirche gehen, zu jeder Beerdigung usw. Jedoch die ganze Woche über verschwenden sie keinen Gedanken an Gott (Höchstens wenn man mal in Not, Elend oder Kummer ist – wenn es jemandem schlecht geht, dann erinnert man sich nämlich viel schneller an Gott aber, wenn alles gut läuft und man ist zufrieden, denkt dann mal jemand daran Gott dafür zu danken!) Eine andere Einstellung von Leuten, deren Gott im Himmel ist, ist jene: Also, ich lebe mein Leben so wie ich will, vielleicht (höchstwahrscheinlich) werde ich im Alter einmal christlich werden (an Gott glauben), denn, wenn ich gestorben bin, möchte ich natürlich »in den Himmel« kommen. Meine Meinung: Gott ist auf der Erde, unter uns allen – im Himmel würde er uns nichts nützen!

### 58/0945

Wie stellen Sie sich Gott vor? Ich stelle mir unter Gott vor, daß Gott eine riesige Macht ist. Er hat irgendwie eine riesige Anziehungskraft. Vielleicht ist Gott nur der Gesamtausdruck für das Ganze. Man muß glauben, daß es ihn gibt. Ich finde man kann es sich manchmal selber beweisen. Da gibt es Tatsachen die Gott beweisen können. Aber der Wille zum Glauben muß da sein, wenn man es sich beweisen will.

### 58/0946

Wie stellen Sie sich Gott vor? Man kann ihn sich nicht vorstellen, er ist alles: Luft, Wasser, Universum!

58/0947
Ich glaube an Gott, weil . . . ich das Gefühl habe, daß es ihn gibt. Es gibt so viele Sachen, die man sich nicht vorstellen kann, einfach, weil sie einem unmöglich scheinen, die es aber trotzdem gibt. Man muß nicht alles sehen können, um daran zu glauben.

58/0948
Ich glaube an Gott, weil . . . er etwas gemacht hat, was mit der Welt zu tun hat. Er hat zwei Menschen in die Welt gelassen, eine Frau und einen Mann, aus denen ist eine gute Beziehung daraus geworden, er schuf Tiere, Pflanzen. Er ließ es regnen, daß Flüsse wurden und schuf die Jahre in Wochen und in Tagen. Sieben Tage, ein Tag ist ein geruhsamer Tag, den man Sonntag nennt. Dort durfte man nicht arbeiten.

58/0949
Ich glaube nicht an Gott, weil . . es zu viele verschiedene Religionen gibt und die Menschen alle an etwas anderes glauben. Ich weiß es nicht genau und kann es auch nicht behaupten, und keinen anderen beeinflußen.

58/0950
Ich glaube an Gott, weil . . ., wenn man so einige Seiten der Bibel durchliest, muß ja das Ganze irgendwie aufgebaut sein. Aber, daß die Welt in sieben Tagen aufgebaut wurde, daran kann ich nicht glauben. Man sagt vielleicht, ich glaube nicht an Gott, aber, wenn irgendetwas ist, was man braucht oder will, fängt man ja auch das Beten an und glaubt auch feste daran, also hat man doch im Unterbewußtsein einen Glauben an Gott. Mir selber ging es auch fast einmal so. Ich fuhr mit jemanden mit, da platzte plötzlich der Reifen, für mich gab es nur noch eines: Gott, bitte helfe mir.

58/0951
Woran denken Sie bei dem Wort Gott? An die Kirche, Gott hat die Welt geschaffen und uns alles beschert. Ich weiß auch nicht, ob ich an Gott glauben soll, oder nicht, wenn es Gott gäbe, warum passiert dann das alles auf der Erde, warum sterben unschuldige Menschen, die doch nie etwas getan haben. Wenn ich das Wort höre, denke ich, daß Gott im Himmel ist und über uns wacht, oder manchmal auch, daß Gott nur eine Vorstellung von Vielen ist. An die Wiederauferstehung. Daß die Menschen etwas haben, an was sie glauben.

58/0952
Wie stellen Sie sich Gott vor? Ich stelle mir Gott als Luft, als Wasser, als Natur vor, sozusagen, er kann überall sein.

58/0953
Wie stellen Sie sich Gott vor? Wie einen Geist. Er ist überall, in der ganzen Welt.

58/0954

Ich weiß nicht, ob ich an Gott glauben soll. Da er das Gute und das Böse auf der Welt zuläßt; natürlich ist mir klar, daß er nicht jedem Gutes tun kann. Irgendwie glaube ich an ihn, irgendwie aber auch nicht. Wenn es ihn nicht gäbe, dann könnte es nicht so viel Gutes geben.

58/0955

Woran denken Sie bei dem Wort Gott? Wenn ich das Wort Gott höre, denke ich an die Kirche, Bibel, an den Himmel, an Adam und Eva, an die Jesusgeschichte, an die Christlichkeit.

58/0956

Ich glaube nicht an Gott, weil . . . ich keine guten Beweise dafür finde. Man weiß nicht, daß es ihn wirklich gibt. Er wurde noch nicht gesehen. Es gibt keine Fotographie von ihm. Vielleicht hat sich früher einmal irgendjemand das Wort nur ausgedacht und das, was man sich heute darunter vorstellt, das ist in all der Zeit daraus geworden.

58/0957

Wie stellen Sie sich Gott vor? Es heißt Gott sei der Größte und der Allmächtigste. Gott ist der Vater von Jesus. Für mich ist Gott eine Besonderheit. Gott ist Alles. Gott liebt alle(s), auch diejenigen, die ihn verspotten. Er will alle Menschen gleich behandeln.

58/0958

»Gott sei Dank gibt es das nicht, was sich 60–80% der Menschen unter Gott vorstellen.« Es ist ja schon blöd, wie Eltern ihren kleinen Kindern Gott beschreiben, als großen Mann mit Heiligenschein; also ehrlich, als ich klein war, glaubte ich das noch, im Prinzip ist das so, wie mit dem Christkind, Nikolaus und dem Klapperstorch. Ist man größer, und weiß nun schon mehr, merkt man, daß das gar nicht der Nikolaus war, sondern der Papa. Wenn ich Gott malen müßte, gäbe es ein Bild mit phantastischen Farben und einem Durcheinander etwas undefinierbares, aber ungeheuer Eindrucksvolles. Mit Gott, das ist so eine Sache, wenn Leute sagen: »sei artig, wenn Du nicht artig bist, bestraft Dich der Liebe Gott«. Oder, wie viele Kinder zum Beten gezwungen werden, das finde ich unheimlich primitiv, ein kleines Kind weiß ja sowieso noch nicht, was es von alledem halten soll und vor allem ist es ja so, daß jeder selbst entscheiden soll, ob er an Gott glaubt, oder nicht, denn dann kommt es entweder von Herzen und ist ehrlich, oder es kommt eben nicht.

58/0959

Gott ist ein Mensch, zu dem man sprechen kann, wenn man Sorgen hat. Seine Wünsche äußern, wenn auch nicht jeder dieser Wünsche in Erfüllung geht.

## 58/0960

Ich glaube nicht an Gott, weil ... es so viele Kranke gibt, die man von ihrem Leiden erlösen sollte und nicht nur an Maschinen angeschlossen werden. Hierfür sollte »Gott« lieber die jungen Menschen bewahren vor dem Tod, denn so schnell kann keine Uhr abgelaufen sein. Viele der bettlägerigen Menschen müssen jahrelang in ihrem Bett dahinleben, diese Menschen werden meist die Ältesten. Ich finde, das sieht immer so aus, als müssten Sie dafür zahlen, daß sie gelebt haben.

## 58/0961

Ich glaube an Gott, weil ... was wären wir eigentlich ohne Gott, Gott hat uns Menschen erschaffen, als Mann und Frau, er hat uns die Augen gegeben, damit wir sehen können, er hat uns Ohren gegeben, damit wir hören können, eine Zunge hat er uns gegeben, damit wir sprechen können, und alles andere an uns Menschen, wir könnten doch überhaupt nichts tun, wenn wir all das nicht hätten, Arme, Füße, Hände ..... Gott hat alle Welt erschaffen, Menschen, Tiere, die ganzen Meere, Seen, Berge, Täler, Himmel und Erde. Gott hat alle Macht über uns alle. Wer nicht an Gott glaubt oder nicht glauben will, der wird eines Tages schon sehen, was mit ihm passiert.

## 58/0962

Ich glaube nicht dirkekt an Gott, denn die Erde ist verschiedenen glaubwürdigen Meinungen nach aus einem Feuerball entstanden, die Lebewesen aus Zellen: siehe die langsame Entwicklung des Menschen und des Tieres. Ich glaube auch nicht, daß der Mensch vom Affen abstammt sondern von einem Lebewesen, wo sich in Urzeiten getrennt hat, die einen entwickelten sich viel weiter (Menschen), die anderen weniger (Affen), es gibt auch keine stichhaltigen Beweise von Gott und Jesus, es sind alles nur Erzählungen und Vermutungen. In den Kirchen ist viel Schau, die Priester sind oft gar nicht so gläubig, denn es hieß ja in der Bibel man solle arm leben, aber nur die einfachen Leute machten das, denn sie hatten nichts zu essen. Die Klöster und die Bischofssitze besaßen Macht und hatten unermeßliche Reichtümer. Und heute? Hat Gott in den Kriegen geholfen? »2 Weltkrieg, 1 Weltkrieg, Hiroschima, Vietnam usw. nein er half nicht, half er bei sonstigen Meinungsverschiedenheiten? NEIN Es heißt in der Bibel, Gott hat uns erschaffen. Aber laßt Ihr Eure Kinder im Stich, wenn sie sich streiten, oder sogar umbringen!
Ich glaube zwar nicht an Gott, aber ich hoffe manchmal, daß es wenigstens so etwas ähnliches gibt. [Unterschrift]

## 59  Friseusen, 2. Klasse

*Den Schülerinnen wurden die Satzanfänge und Sätze zu Gott vorgelegt.*

### 59/0963
Woran denken Sie bei dem Wort ›Gott‹? Kirche, Friedhof, Beichte, Taufe, Hochzeit, Ostern, Weihnachten, Konfirmation.

### 59/0964
Wie stelle ich mir Gott vor? Ich kann mir Gott gar nicht so richtig vorstellen. Man sieht ihn nicht, man hört ihn nicht. Ich habe auch keine Vorstellung, wie er aussehen könnte. Manchmal meine ich, es gibt ihn gar nicht und dann habe ich so ein Gefühl, als wäre er da (z.B. wenn ich bete). Ich kann es mir ungefähr so vorstellen, daß etwas da ist, aber nicht in Form von Mensch oder Tier.–

### 59/0965
Woran denken Sie bei dem Wort Gott? An die Kirche, an den Gottes-dienst, Friedhof, Beichte, Weihnachten, Ostern, Konfirmation.–

### 59/0966
Woran denken Sie bei dem Wort Gott? Wenn ich an Gott denke, denke ich nur daran, daß alles, was Gott anscheinend erschaffen hat, Blödsinn ist. Warum läßt . . .

### 59/0967
Woran denken Sie bei dem Wort Gott? An die Kirche, an einen Gott, der einem sterbenden Menschen hilft. Und, wenn er gestorben ist, daß er ihn zu sich nimmt. Friedhof, Gottesdienst, Ostern–.

### 59/0968
Wenn ich an Gott denke, denke ich an eine Macht, die größer ist, als alle irdische Macht. An ein wunderschönes Leben an der Seite Gottes. Gott ist für mich das Abbild des perfekten Menschen.

### 59/0969
Ich glaube an Gott. Denn, wer hat die Erde geschaffen, die Tiere, oder Adam und Eva. Es muß doch jemanden geben, der die Welt geschaffen hat, die Pflanzen gedeihen läßt, daß die Menschen etwas zu essen haben. Ich glaube auch an ein Wiederleben nach dem Tod. Es kann einfach nicht das Ende sein, wenn man stirbt.–

### 59/0970
Woran denken Sie bei dem Wort Gott? Zuerst denke ich an etwas Mächti-ges, das man nicht sehen kann und nicht spüren kann. Aber dann mach ich mir Kopfzerbrechen, angenommen Gott könnte man sehen und mit ihm reden, dann wäre ich gespannt, ob er mit den Menschen fertig

werden könnte. Ich glaube es nicht, die Menschen würden ihn vernichten, so wie sie alles vernichten. Es würde ihm niemand glauben, daß er Gott ist, so, wie man es Jesus nicht geglaubt hat. Und so weiß man überhaupt nichts von ihm, nur von der Bibel. Und, wenn man betet, hört er einen überhaupt? Wenn ich Hilfe gebraucht habe, war er nie da.–

## 59/0971
Ich glaube an Gott, weil .. ich mir nicht vorstellen kann, daß alles erfunden sein soll. Wenn man etwas glauben kann fühlt man sich sicherer. Man kann zu ihm beten und seinen Kummer sagen, wenn er auch keine Antwort zurückgibt. Ich glaube dran und fühle mich wohler.

## 59/0972
Ich glaube an Gott, weil .. ich mir nicht vorstellen kann, daß alles erfunden ist. Man kann mit ihm reden, auch, wenn er keine Antwort gibt, aber ich glaube sehr an ihn.–

## 59/0973
Ich glaube nicht an Gott, weil .. es so viel Böses auf der Welt gibt, wenn er da wäre, würde er auch alles Böse verhindern. Gott darf nicht erlauben, daß sich Menschen (Jesus) für ihn opfern, denn dann ist er selbst ein Mörder. Viel passiert auch im Willen Gottes, ist er nicht selbst schlecht, wenn er möchte, daß schlimme Dinge passieren? (Opfer Gottes)

## 59/0974
Ich glaube nicht an Gott, weil .. Glauben heißt nicht Wissen, es kann niemand beweisen, daß es Gott gibt. Die Bibel wurde auch von Menschen geschrieben. Es ist jedem seine eigene Sache, ob er an Gott glaubt, oder nicht. Ich habe auch an Gott geglaubt, aber heutzutage wird über einen gelacht, wenn man an Gott glaubt. Solange ich an Gott geglaubt habe, war ich schon glücklicher und zufriedener mit mir, aber das hat sich im Laufe der Zeit gelegt. Ich finde auch, daß Religion kein Benotungsfach ist. Für den Glauben ist keine Zensur nötig, denn es ist Glaubenssache, die jeder Mensch selbst entscheiden muß, ob er mit Gott leben will, oder nicht.–

## 59/0975
Ich denke bei dem Wort Gott, nicht an den Gott, von dem viel erzählen, oder deswegen in die Kirche gehen. Ich glaube, daß etwas da sein muß, daß es irgendetwas gibt. Aber, ob es Gott ist? Das weiß ich nicht! Aber ich weiß, daß etwas da ist, vielmehr, ich glaube daran.–

## 59/0976
Ich glaube an Gott, weil .. ich mir sonst nie vorstellen könnte, daß man ohne Gott auf dieser Welt leben könnte, daß die Welt auch ohne Gott existieren könnte, kann ich mir nicht vorstellen. Ich brauche Gott, auch, wenn man nur ab und an mal zu ihm ruft, aber es gibt Sekunden, an

denen man jemanden braucht und niemand ist da, außer Gott, Gott ist immer da, wenn man ihn braucht.–

59/0977

Ich glaube an Gott, weil .. es hundert Beweise gibt, die alten Berichte es beweisen. Es gibt die Überlieferungen und Schriftstellen über seine Wunder, daher glaube ich an Jesus Christus und genauso glaube ich an Gott.–

59/0978

Woran denken Sie bei dem Wort Gott? An den, wo die Menschen geschaffen hat, wo immer versucht doch irgendwo das Leid der Menschen zu lindern. Zu einem, wo man aufsehen könnte, an die Kirche und den Tod.–

59/0979

Ich stelle mir Gott als liebenswerten Mann mit halblangen, dunklen, gelocktem Haar und Vollbart vor. Er hilft Leuten, die krank sind, arm und allein sind.–

59/0980

Ich glaube an Gott, weil .. man muß sich intensiv mit ihm beschäftigen, nicht nur seelisch, sondern auch körperlich. Man muß mit ihm reden. Man kommt sich auch viel freier vor, man hat keinen inneren Zwang mehr. Man sieht Probleme offener an, man kann sie auch mit Gott bereden.–

59/0981

Woran denken Sie bei dem Wort Gott? Gott ist der Herr von Himmel und Erde. Er ist der Alleinherrscher. Er ist der Vater von allen. Er bewacht und behütet alles. Jesus ist sein Sohn, das Kind von Josef und Maria.–

## 60   Friseusen, 2. Klasse

*Den Schülerinnen wurden die Satzanfänge und Sätze zu Gott vorgelegt.*

60/0982

Gott soll man sich nicht im Himmel vorstellen, Gott ist überall. Ich weiß nicht, was das ist, er wohnt halt nicht im Himmel über den Wolken und sieht hervor, um uns zu beobachten. Menschen, die Gott im Himmel sehen wollen, wollen nicht wahrhaben, daß er überall sein kann.

60/0983

Ich glaube an Gott, weil . . . er hilft mir bei Problemen z.B. bei Problemen mit anderen Personen. Oder ist es nur Zufall, daß alles gut ausgeht, ich weiß es nicht. Trotzdem habe ich ein Verhältnis oder einen geringen Glauben an ihn. Manchmal bete ich abends, aber nur, wenn ich ein großes Problem habe, dann bin ich im Glauben er hört das und hilft mir. Aber trotzdem kann ich mir nicht vorstellen, daß er wieder auferstanden ist. Wenn man tot ist, kann man nicht wieder auferstehen. Auferstehung kann ich mir nicht vorstellen.–

## 60/0984

Ich glaube an Gott, weil . . . jemand die Welt erschaffen haben muß. In guten Zeiten glaube ich an ihn, bin dann für alles dankbar, aber, wenn dann etwas schreckliches passiert, z.B. ein Todesfall, kann ich nicht an ihn glauben. Ich überlege mir warum gerade z.B. mein Onkel sterben mußte. Er war ein liebenswerter, verständnisvoller Onkel, den man über alles liebte.–

## 60/0985

Ich glaube an Gott, weil ich mit diesem Glauben aufgewachsen bin. Es gibt viele Erzählungen und Bücher über Gott, da muß doch etwas Wahrheit dahinterstecken. Klar, manchmal fragt man sich, warum Gott dieses oder jenes zugelassen und nicht verhindert hat. Aber, er wird schon seinen Grund haben.–

## 60/0986

Ich glaube an Gott, weil . . . ich glaube, daß es einfach ein Geschöpf/Wesen geben muß, der über uns steht und uns erschaffen hat, der alles, auch uns Menschen, in der Hand hat. Viele Leute sagen, es gibt keinen Gott, sonst würde nicht so viel Unglück passieren. Aber ich finde das ist eine ganz schön faule Ausrede, weil: wer ist Schuld an der kaputten Erde? Wer ist Schuld an dem Unglück, das täglich passiert? Gott auf jeden Fall bestimmt nicht! – Und woher kommt dieses ganze Unglück? Auch nur daher, weil wir es nicht nötig haben Gott zu bitten, daß er uns hilft. Und *nicht* er sich abgewandt von uns, sondern wir uns von ihm. Darin liegt die Ursache von vielem, was wir nicht verstehen wollen, bzw. können.–

## 60/0987

Gott kann Wunder geschehen lassen. Er hat die Macht über die ganze Welt und die Menschen und alle Lebewesen. Er kann verzeihen.–

## 60/0988

Ich glaube an Gott, weil . . . wenn ich mal in einer Notlage bin, denke ich meistens an Gott. Wenn ich dann eine Weile an ihn gedacht habe, bekomme ich wieder mehr Kraft und vor allem Mut. Genauso auch bei Problemen mit der Familie oder dem Freund. Ich denke an Gott, weil ich mich danach leichter fühle. Ich habe wieder Mut, fasse das, was passiert ist leichter auf. Ich verstehe es besser. Ich glaube an Gott, weil er mir Mut gibt, Kraft, um andere besser zu verstehen.–

## 60/0989

Wie ich mir Gott vorstelle? Ein alter Mann, mit Bart und weißen Haaren.

Er wirkt beschützend, eine ruhige Person, wenn man ihm etwas erzählt, hat man das Gefühl, er versteht einen. Er ist mächtig und wird von allen geliebt. Gott ist großzügig, lieb, nett, verständnisvoll usw.

## 60/0990
Ich glaube nicht an Gott, weil ... ich ihn nicht sehen kann und er sich auch nicht bemerkbar macht.-

## 60/0991
Ich glaube an Gott, weil ... an der Bibel etwas wahres dran sein muß. Es kann doch nicht alles erfunden werden. Z.B. die 10 Gebote, Jesu Geburt, sein Sterben für uns kann nicht frei erfunden sein. Ich will auch an ihn glauben. Ich habe oft Zweifel. Aber ich hoffe sehr für uns alle, daß es Gott und damit auch ein Weiterleben nach dem Tode gibt.-

## 60/0992
Ich glaube nicht an Gott ..., weil in der Welt überall soviel Schlimmes passiert, wo man sagen könnte, daß dieses Gottes Werk ist.-

## 60/0993
Ich stelle mir Gott, wenn es ihn geben würde, groß, stark und mächtig vor und, der jeden beschützt.-

## 60/0994
Ich glaube an Gott, weil ... meiner Meinung nach, wenn ich Probleme habe, oder es geht mir nicht gut, da bete ich und das hilft mir. Ich kann mir das Ganze ohne Gott nicht vorstellen.-

## 60/0995
Ich denke bei dem Wort Gott hauptsächlich an die Kirche und an das Beten. Aber auch dran, daß er irgendwo ein *Mensch* ist, der sich die Sorgen der anderen Leute anhört und einem dann irgendwie hilft.-

## 60/0996
Ich denke bei dem Wort Gott an etwas Höheres, Großes, Unheimliches, Helles.

## 60/0997
Ich stelle mir Gott vor, daß er eine sehr große Macht besitzt, mit der er alles so machen kann, wie er will und einen bestrafen kann, wenn er will.-

## 60/0998
Ich glaube an Gott, weil .. er die Welt erschaffen hat und die ersten Menschen auf ihr leben ließ. Man muß einfach an Gott glauben, wer soll die Welt denn sonst erschaffen haben. Und außerdem gibt es noch viele andere Sachen, die passiert sind, die man glauben sollte.-

60/0999
Ich glaube nicht an Gott. Ich würde schon an Gott glauben, aber ich kann nicht, weil ich ihn mir nicht vorstellen kann, wo Gott sein soll. Manche (z.B. Pfarrer) sagen, er soll im Himmel sein, aber das kann ich mir erst recht nicht vorstellen.–

## 61 Chirurgiemechaniker, 3. Klasse m.

*Den Schülern wurde vorgegeben: Gott ist für mich wie ......*
*Der Lehrer hat den Jugendlichen freigestellt, ihre Aussagen auch bildlich zu machen.*
*Die Klasse ist konfessionell gemischt.*
*Die folgenden Texte sind nach dem Manuskript des Lehrers wiedergegeben.*

61/1000
... ein Freund, mit dem eine ewige Verbundenheit besteht

61/1001
... ein Hirte, der über seine Schafe wacht

61/1002
... ein Beschützer

61/1003
... ein Helfer und Beschützer

61/1004
... ein König, der allen hilft, ob in Not oder nicht. Gott ist überall

61/1005
... ein guter Herrscher eines Landes

61/1006
Ich habe kein festes Gottesbild, es ändert sich je nach dem, mit was oder wem ich mich gerade am meisten beschäftige. Eine Zeitlang war ich der Meinung, Gott sei etwas Abstraktes, Unpersönliches und vielleicht nur in Psyche der Menschen Existierendes. Im Moment ist er für mich eher eine Quelle der Kraft und vieler schöner Erlebnisse

61/1007
Ich kann mir Gott nicht vorstellen. Ich glaube zwar an ihn, aber beschreiben kann ich ihn nicht.

61/1008
... etwas Unsichtbares, an das man glaubt oder glauben kann

61/1009
Gott ist für mich unerklärlich, rätselhaft

61/1010
... jemand, an den ich nicht glaube, zumindest nicht so, wie es in der Bibel steht

61/1011
... jemand, den ich nie gesehen haben

61/1012
... ein unsichtbarer Herrscher über die Erde und die Menschheit. Es besteht für mich nur die Unklarheit, wieso er sich nicht zeigt

61/1013
... ein Geist, etwas was man nicht sieht und nicht greifen kann

61/1014
... ein Nichts

61/1015
Gott ist für mich nach meinem Instinkt nicht vorhanden. Er kann für mich kein Gerechter sein Bsp Völkermord, Hungernde Kinder: Wo ist der gerechte Gott!!

61/1016
... etwas, was man nicht beweisen kann. Ich kann erst richtig an ihn glauben, wenn ich ihn gesehen habe, außerdem: wenn es ihn geben würde, gäbe es nicht so viel Elend auf der Welt

61/1017
... ein Wunder, das es nie geben wird

61/1018
... kein Gegenstand, nichts Anbetungsvolles. Ich bin davon überzeugt, daß Glauben hilft, denke aber nicht, daß es Gott gibt. Eines Tages wird man alles erklären und nicht einer Sache zusagen, wie man es mit Gott macht

61/1019
... ?

61/1020
... alles (Gegenstände, Frauen)

61/1021
... nicht vorhanden

61/1022
... wie Pumuckl, nämlich unsichtbar

61/1023
... ? Das geht niemand etwas an

61/1024
... ?

61/1025
... ein Kultfigur, an die ich nicht glaube

61/1026
... ein Horoskop. Ich glaube nicht daran?


## 62   2-jähr. Berufsfachschule Metall, Klasse 1   2.w. 15.m.

*Den Schülern wurde vorgegeben: Gott ist für mich wie ......*
*Der Lehrer hat den Jugendlichen freigestellt, ihre Aussagen auch bildlich zu machen.*
*Die Klasse ist konfessionell gemischt.*
*Die folgenden Texte sind nach dem Manuskript des Lehrers wiedergegeben.*

62/1027
.. ein Mann, der alles kann, nur Gutes. Ich kann ihn nicht sehen und nicht hören, aber trotzdem glaube ich an ihn

62/1028
... wie jemand auf den ich zählen kann, ich kenne ihn nicht, aber ich glaube an ihn. Ich stelle ihn als Aufpasser über die Menschheit vor, vielleicht auch als Symbol des Friedens

62/1029
... einen Vorgesetzten, einen, den man um Rat fragt, den man respektiert schätzt

62/1030
... ein guter, allesverzeihender Geist. Man glaubt an ihn und denkt zumindest manchmal daran. Aber es scheint so unwirklich, weil man ihn nicht sehen kann oder berühren

62/1031
... eine Person, der mir Hoffnung schenkt für mein Leben und ein Leben nach dem Tode. Er bestimmt mich, daß ich nichts Böses im Leben anstellen werde.

62/1032
... ein Helfer in der Not, ein Freund, bei dem man Hilfe sucht, ein Gesprächspartner, bei dem man weiß, daß er zuhört, ohne daß er einem antwortet

62/1033
Gott ist für mich wie ein Helfer und Beschützer, hilft und macht nur Gutes, beschützt mich über Böses und Unheil

Andere werfen auf mich und Gott beschützt mich.

62/1034
... ein Schutzengel

62/1035
Er ist größer, stärker als die Menschen. Er herrscht über die Menschen, wir sind seine Untertanen, er hat Macht über uns und die Welt

62/1036

**62/1037**

... ein Wesen, das es vielleicht in meinen Unterbewußtsein gibt, aber im täglichen Leben doch nicht eine große Rolle spielt (bzw nicht die größte)

**62/1038**

... eine etwas gespenstige, fragenaufwerfende Gestalt, unantastbar, intelligent, fremd

**62/1039**

ein Vorgesetzter, der Gesetze macht

**62/1040**

... eine Vision

**62/1041**

... einer, der nicht existiert, Er existiert für mich nicht.

**62/1042**

... xy ungelöst

**62/1043**

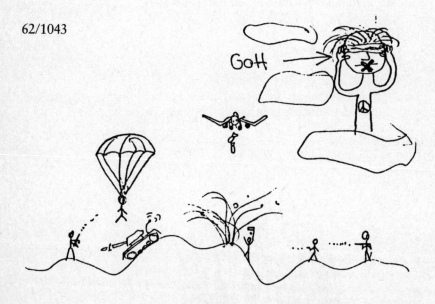

## 63   2-jähr. Berufsfachschule Metall, Klasse 2   4 w. 14 m.

*Den Schülern wurde vorgegeben: Gott ist für mich wie ......*
*Der Lehrer hat den Jugendlichen freigestellt, ihre Aussagen auch bildlich zu machen.*
*Die Klasse ist konfessionell gemischt.*
*Die folgenden Texte sind nach dem Manuskript des Lehrers wiedergegeben.*

**63/1046**

.. etwas Beherrschendes, Gewaltiges, ein Auge, das aus dem Himmel auf mich herabsieht (Bild auf der Rückseite)

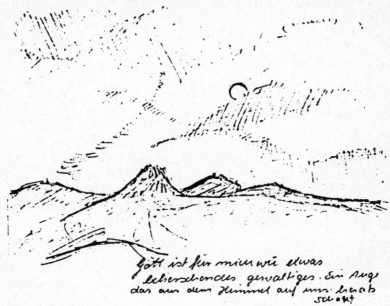

Gott ist für mich wie etwas beherrschendes gewaltiges. Ein Auge das aus dem Himmel auf uns herab schaut

**63/1047**

... Musik; man braucht sie, um einen Sinn im Leben zu finden, um etwas zu haben, woran man noch glauben kann

**63/1048**

Gott ist ein Vorbild für alle Glaubenden! Man fühlt sich immer sicher, wenn man an Gott glaubt. In Notsituationen hilft er

**63/1049**

Gott ist ein Vater, der uns schützt, bestraft; die Leute beten ihn an, um ihn anbetteln zu können. Man denkt aber nicht daran, wenn es einem gut geht, zu beten.

**63/1050**

.. ein Helfer in der Not. Für Einsame ist er ein »zweites Ich«

**63/1051**

.. Hoffnung. Wenn man keine Hoffnung mehr hat, ist Gott die letzte Hoffnung. Man sucht Hilfe bei ihm, und wenn man nichts mehr tun kann, um das Unheil zu verhindern, fängt man an zu beten.

**63/1052**

.. ein Schafhirt

63/1053
... ein Vater

63/1054
... eine Stütze in solchen Situationen, wo man Hilfe braucht, wo ein anderer nicht helfen kann

63/1055
... eine Stütze, ein Zufluchtsort

63/1056
.. ein Beschützer, ein Helfer in der Not

63/1057
... ein Ratgeber, ein Helfer bei Entscheidungen

63/1058
... Herr über meine Zeit und Raum, Herr über Leben und Tod, Anfang und Ende, Ursprung allen Lebens, gütiger alter Herr

63/1059
... ein guter Vater, ein guter Freund und Retter aus aller Not. Gott läßt uns nicht im Stich, denn er gab seinen Sohn als Retter von dem Tode

63/1060
.. das Gute, ein Begriff für das Gute im Menschen. Einen Gott braucht der Mensch, weil er etwas braucht, um daran zu glauben. Seine Existenz ist zweifelhaft. Tut ein Mensch etwas Gutes, so ist in ihm Gott.

63/1061
Der Mensch macht die Religion, die Religion aber nicht den Menschen. Das kann man auf Gott übertragen

63/1062
Ich kann mir beim besten Willen nichts oder vielmehr nicht sehr viel vorstellen. Ich weiß, er hat die Welt erschaffen und wir werden auch irgendwie Rechenschaft über unsere Taten vor ihm ablegen müssen, aber sonst weiß ich nicht viel. Gott ist für mich ein Teil meines Tuns und Denkens, aber ob ich wirklich an ihn glaube, weiß ich nicht.

63/1063
Kirche und Friedhof = Gott

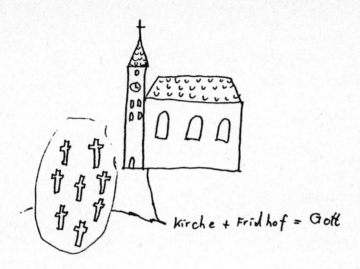

kirche + Fridhof = Gott

## 64  Chirurgiemechaniker, Klasse 2         3 w. 17 m.

*Den Schülern wurde vorgegeben: Gott ist für mich wie ......*
*Der Lehrer hat den Jugendlichen freigestellt, ihre Aussage auch bildlich zu machen.*
*Die Klasse ist konfessionell gemischt.*
*Die folgenden Texte sind nach dem Manuskript des Lehrers wiedergegeben.*

### 64/1064
Gott ist für mich wie eine gewisse Richtlinie, der ich mich bewußt unterwerfe und die ich für mich selbst teilweise zusammengestellt habe. Diese Richtlinie geht fast immer auf die 10 Gebote zurück

### 64/1065
Für mich gibt es nur Einen, und das ist mein Freund! Auch wenn es vielleicht verrückt ist! Ich glaube an IHN

### 64/1066
Gott ist für mich etwas, an das ich glaube

### 64/1067
Gott ist für mich wie für andere auch. Er hilft jedem, wenn es sein muß, auch schlechten Menschen hilft er.

64/1068
... Atlantis – untergegangen in einem Meer und nur in Sagen erwähnt. Es ist schwer an etwas zu glauben, das man nicht sieht oder an etwas, für das man keine Beweise hat

64/1069
Gott ist für mich wie jeder andere Mensch.

64/1070
Gott ist für mich wie unvorhanden

64/1071
Gott ist für mich wie Luft

64/1072
... ein Fremder

64/1073
Gott ist für mich wie der gestrige Tag – einfach vergessen

64/1074
Gott ist für mich wie einer, der sich drücken tut. Auf dieser Welt passieren so viele Massenmorde durch Kriege und Rassenvernichtungen. Warum tut Gott diese Untaten nicht bestrafen? Warum greift er nicht ein?

64/1075
Gott ist für mich wie eine Person, die existiert für Leute, die daran glauben. Ich glaube nicht daran, ich glaube, was ich sehe.

64/1076
... wie ein Fremder oder ein Fabelwesen

64/1077
Gott ist für mich wie der Rockzipfel fürs Volk

64/1078
Gott ist für mich wie das Skelett, ohne Fleisch, unsichtbar, nicht erwähnenswert.

64/1079
Gott ist für mich wie ein ferner Verwandter, den man zwar kennt, aber selten Kontakt hat

64/1080
Diesen Satz oder diese Frage kann ich in so kurzer Zeit nicht beantworten. Das ist eine schwere Frage, wozu man sehr lange braucht, womöglich ein ganzes Leben und worüber ich noch nicht nachgedacht habe–

64/1081

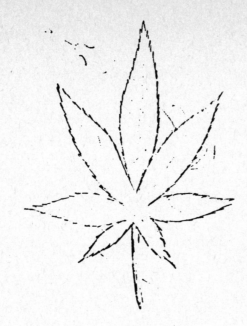

64/1082

64/1083

# 65   Leder- und Schuhfertiger, Klasse 3          7 w. 8 m.

*Den Schülern wurde vorgegeben: Gott ist für mich wie ......*
*Der Lehrer hat den Jugendlichen freigestellt, ihre Aussagen auch bildlich zu machen.*
*Die Klasse ist konfessionell gemischt.*
*Die folgenden Texte sind nach dem Manuskript des Lehrers wiedergegeben.*
*4 Jugendliche haben nicht geschrieben.*

65/1084
. .einer der über mir steht. Er ist höher gestellt wie wir. Er bestimmt unser Leben, er bestimmt auch, wann unser Leben zu Ende ist

65/1085
... ein Beschützer, Helfer, jemand, dem man seine Sorgen anvertrauen kann

65/1086
... das Universum, unergründlich und groß

65/1087
... ein Helfer in der Not, ein Seelentröster

65/1088
... ein Freund, der für einen im Kummer da ist, aber auch zuviel Elend zuläßt

65/1089
... eine unwirkliche Erscheinung

65/1090
... ein unbestimmbares Wesen oder Gegenstand mit undefinierbarem Aufgabenbereich und unbestimmten Machtbereich. Ein Mythos, basierend auf Vermutungen und vermutlich geschaffen durch die menschliche Natur, für die Natur immer eine Erklärung zu bekommen. Gott ist zweifellos eine Hilfe, da dieser Mythos den Gläubigen hilft, Situationen besser zu meistern. Es drängt sich nur die Frage auf: Hat Gott die Menschen erschaffen oder erschufen die Menschen Gott? – und zweifelsohne spricht auch vieles für die letztere der beiden Thesen

65/1091
Es ist situationsbedingt. bei Schwierigkeiten – ein Gesprächspartner. Über alles bin ich mir nicht im Klaren. Ich hatte, was Gott betrifft, schon viele negative Erfahrungen. Der Horror ist ein kleines Kind dagegen

65/1092
... ein schlechter Freund, wenn man ihn braucht, ist er nie für einen da

65/1093
... ein nachgemachter E.T.

65/1094
... das Bier im Glas (genau so wertvoll)

## 66  Leder- und Schuhfertiger, Klasse 1          20 w. 13 m.

*Den Schülern wurde vorgegeben: Gott ist für mich wie*......
*Der Lehrer hat den Schülern freigestellt, ihre Aussagen auch bildlich zu*
*machen.*
*Die Klasse ist konfessionell gemischt.*
*Die folgenden Texte sind nach dem Manuskript des Lehrers wiedergegeben.*
*7 Jugendliche haben nicht geschrieben.*

66/1095
... ein Licht; ein Hoffnungsschimmer; ein Weg, den ich gehe; ein leitender Stern

66/1096
... ein Freund, den ich zwar nicht kenne, aber von dem ich weiß, daß er da ist und mir hilft, wenn ich ihn brauche. Gott ist für mich der Inbegriff vom Guten. Wer an Gott glaubt, glaubt an den Frieden.

66/1097
... ein unsichtbarer Mensch, der alles erschaffen hat

66/1098
... der Wind. Man sieht ihn nicht, aber man glaubt an ihn

66/1099
... ein unsichtbarer, aber trotzdem glauben alle an ihn, obwohl ihn kein Mensch sah

66/1100
... ein Vorbild. Er hat nach meiner Meinung Dinge vollbracht, die bis jetzt noch keiner geschafft hat. Ich kenne ihn nicht, er hat aber schon geholfen.

66/1101
... ein unsichtbarer Mensch, mit dem man sprechen kann
Ich glaube an Gott, kann aber oft nicht verstehen, daß er so viel Leid zuläßt, das es auf Erden gibt. Er ist für mich eine hohe Macht. Ich bin überzeugt, daß es ihn gibt.

66/1102

... ein guter Freund, dem man all seine Sorgen und Probleme erzählen kann. Er ist ein stiller Zuhörer, aber trotzdem gibt er Ratschläge, Ratschläge in dem Sinn, daß er einem immer wieder oder wenigstens meistens auf den richtigen Weg bringt. Er ist für mich etwas Wunderbares und ich bin stolz, weil ich an ihn glauben kann

66/1103

Ich weiß nicht, ob ich an Gott glauben soll oder nicht. Ich suche ihn eigentlich nur, wenn es mir schlecht geht. Aber würde er das Böse zulassen, wenn es ihn gäbe?

66/1104

... ein Geist

66/1105

... eine Utopie, die die Menschen brauchen, damit sie überhaupt leben können

66/1106

... ein großer bedeutender Star, da man ihn damit vergleichen kann. Er wird angesehen, da er große Dinge vollbracht hat. Manche glauben an ihn, obwohl die Dinge nicht in unserer Zeit passiert sind und wir sie nicht miterlebt haben.

66/1107

... das Gewissen in uns. Nicht eine Person, die man in der Kirche anbetet es ist total falsch. Wenn alle wissen, was gut ist, braucht man so eine Gottfigur nicht

66/1108

»unbeschreiblich«

66/1109

... etwas unnahbares, den es aber gibt, aber viele Zweifel aufstellt. Ich meine, daß jeder auf seine Art an Gott glaubt. Man braucht dazu nicht jeden Sonntag zur Kirche gehen. Warum er aber so viel Leid geschehen läßt, frage ich mich oft

66/1110

... ein Gefühl

66/1111

Ich kann das nicht ausdrücken. Es kommt darauf an, wie ich gerade gelaunt bin. Manchmal bin ich der Überzeugung, das er gerecht ist, aber wenn ich an die denke, die er im Alter von 14 Jahren und 18 Jahren zu sich geholt hat, bin ich mir nicht mehr so sicher.

66/1112
Ich glaube nicht direkt an Gott, manchmal bin ich fast überzeugt, daß es
ihn gibt. Ich habe das Gefühl, daß Gott geht, wenn's brenzlig wird

66/1113
Ich glaube nicht an Gott

66/1114
... ein Name, der mir nichts sagt, weil ich ihn nicht kenne

66/1115
... daß ich an ihn glaube

66/1116
??

66/1117
... jemand, an dem man glaubt

66/1118
... Religionslehrer N.

66/1119
so dumm wie unser Religionslehrer


## 67   Elektroinstallateure, Klasse 2                    19 m.

*Den Schülern wurde vorgegeben: Gott ist für mich wie . . . . . .*
*Der Lehrer hat den Schülern freigestellt, ihre Aussagen auch bildlich zu*
*machen.*
*Die Klasse ist konfessionell gemischt.*
*Die folgenden Texte sind nach dem Manuskript des Lehrers wiedergegeben.*

67/1120
... ein guter Freund, auf den ich mich verlassen kann

67/1121
... eine letzte Zuflucht in schwierigen Fällen

67/1122
... ein Vater. Er ist überall

67/1123
... ein Vater, der für mich sorgt und mich beschützt in jeder Lage und
Situation

67/1124
... jemand, mit dem man sich ausreden kann

67/1125
...das theoretische Idol von Millionen von »Gläubigen«

67/1126
... Zukunft

67/1127
... Glauben

67/1128
... ein Rätsel

67/1129
... ein Auto ohne Räder

67/1130
... eine unvorstellbare Gestalt, die mich bisher nicht direkt berührt hat

67/1131
... Luft. Luft ist überall und unsichtbar, nur kann man Gott nicht hemmen oder aufhalten. Luft kann man ...

67/1132
... ein Mensch

67/1133
... jemand, den man sucht, aber nicht findet. Er ist wie Luft

67/1134
... ein Richter

67/1135
Gott ist ein Aberglaube

67/1136
Kein Kommentar

67/1137
I don't know

67/1138
Ich halt nichts davon

## 68   Elektroinstallateure, Klasse 3                18 m.

*Den Schülern wurde vorgegeben: Gott ist für mich wie ......*
*Der Lehrer hat den Schülern freigestellt, ihre Aussagen auch bildlich zu*
*machen.*
*Die Klasse ist konfessionell gemischt.*
*Die folgenden Texte sind nach dem Manuskript des Lehrers wiedergegeben.*

### 68/1139
.. die Sonne für einen Erfrierenden, wie der Regen für ein dürres Feld.
Gott ist für mich alles, das Leben, die Freude, der Nächste, die Liebe, der
Ursprung, das Ende; er soll mein Leben sein

### 68/1140
.. wie ein Freund, mit dem ich über alles reden kann

### 68/1141
.. etwas Großes

### 68/1142
.. ein noch nie gesehener Gesprächspartner (hauptsächlich nach der
Kommunion)

### 68/1143
.. ein Mensch, den ich anbeten kann, wenn ich nicht mehr weiter weiß.

### 68/1144
.. ein Vater

### 68/1145
Dieser Satz ist für mich schlecht gewählt. Ich weiß nur eins, daß es etwas
nach dem Tod geben muß, ob das Gott heißt oder nicht? Wenn es nach
dem Tod nichts höheres (Gott) gibt, wäre ich sehr enttäuscht vom Leben,
ich wüßte nicht, warum ich leben würde. Die zehn Gebote sind für mich
nur Regeln für ein friedliches Leben der Menschen und ich versuche sie
einzuhalten.

### 68/1146
.. ein Retter in der Not, hilft bei Schwierigkeiten

### 68/1147
.. Leben nach dem Tod

### 68/1148
.. Freund, Hoffnung

**68/1149**

.. ein Kollege, mit dem ich reden kann. Ich rede oft mit ihm, ob ich traurig bin oder glücklich. Ich spreche mit ihm auch ohne die Predigt eines Pfarrers.

**68/1150**

.. ein UFO. Ich weiß nicht, ob es ihn gibt, denn ich habe keine Beweise. Aber dennoch behaupte ich nicht, daß es ihn nicht gibt. Und ich sage auch nicht, es gibt ihn

**68/1151**

Wenn er überhaupt vorhanden ist, ist er keine Person oder ein Ding, nur eine Kraft.

**68/1152**

.. irgendwie unvorstellbar, ich habe mich in letzter Zeit nicht mehr so oft mit der Kirche befaßt . . .

**68/1153**

.. nichts

**68/1154**

Ich weiß nicht

**68/1155**

.. nicht definierbar

**68/1156**

Ich glaube nicht mehr an Gott. Für mich ist Gott nur Tradition.

## 69    1-jährige Berufsfachschule Metall

*Den Schülern wurden die Fragen vorgegeben:*
*1. Wer ist für mich Gott?*
*2. Was macht es schwer, an Gott zu glauben?*
*3. Wo begegnen Menschen Gott?*
*Mitteilungen des Lehrers: Die Klasse war völlig unvorbereitet. Die Jugendlichen wußten, daß ihre Antworten u. U. »gedruckt« werden. In der Klasse sind nur wenige Mädchen, viele ausländische Jugendliche (auch Türken). Die Klasse ist konfessionell gemischt.*

**69/1157**

1. Wer ist für mich Gott;
Er ist für mich einer der immer bei einem da ist aber sich nicht sehen läßt, er ist immer für einen da, Gott ist für mich wie ein zweiter Vater. Er ist für mich der Richter er schaut von oben auf uns herab und beurteilt die

Menschen und nach dem Tode bekommt jeder das was er verdient hat.

2. Was macht es schwer an Gott zu glauben?

Wenn man z.B. in schwierigen Situationen ist wie z.B. etwas sucht und nicht finden kann, einem etwas geklaut wird, Schlägereien oder Ärger zu Hause dann denkt man oft: »Oh Gott wenn es dich gäbe dann hättest du es verhindern sollen«, oder »wenn es dich wirklich gibt dann hilf mir.«

3. Wo begegnen Menschen Gott

Es gibt ja Menschen die Gott gesehen haben oder mit ihm gesprochen haben, z.B. in Kirchen, in Träumen in Gebeten in schlechten Zeiten, so daß man den Mut nicht verliert.

## 69/1158

Als ich noch kleiner war glaubte ich an Gott und zwar aus Angst vor dem was nach dem Tod kommen könnte. Ich konnte mir nicht vorstellen daß alles mal zuende ist, deshalb hoffte ich daß es Gott gibt wie ihn die Bibel beschreibt und wie ihm die Religion »huldigt«.

Deshalb ging ich auch öfters in die Kirche, und ich glaube nur aus dem folgenden Grund: »um Gott zu gefallen und um die Gunst des Lebens nach dem Tod zu erwerben.« Und ich glaube daß es vielen Menschen auch älteren genauso ging oder geht. Sie gehen Woche für Woche in die Kirchen und sind sich dessen gar nicht so richtig bewußt was es sonst noch mit der Religion auf sich hat, denn sie kommen in die Kirche um an Gott zu beten, jedoch eigennützig wie jeder Mensch ist erhoffen sie sich ja auch was davon. Sie beten für ein möglichst langes Leben für sich und ihre Familien und was auch noch wichtig ist so ein Leben nach dem Tod ist ja auch nicht zu verachten (verständlich). Daß Gott von so vielen Menschen falsch verstanden wird ist glaube ich eine Schuld der *katholischen* und evangelischen Religion und ihren Vertretern (vielleicht auch von Ihnen Herr P.). Denn bei beiden wird er als große Macht mit allzu menschlichen Neigungen dargestellt. Vielleicht versteht man als Theologe den Glaube an Gott anders jedoch von vielen einfachen Gläubigen die sich nicht allzuviel mit Bibel und Gott auseinandersetzen wird Gott doch so angenommen wie die Kirche ihn einem vorsetzt. Nämlich als netten alten Opa der die aufrichtigen Menschen möglichst gläubig belohnt und die Bösen bestraft (extrem ausgedrückt).

Mit all dem will ich ausdrücken daß ich nicht an den Gott glaube so wie ihn viele verstehen sondern mehr an den »Gott« (Gott ist viel zu personal man versteht darunter schon wieder einen Menschen wie bei den griechischen und römischen Göttern) wie er in jedem Menschen ist und der sich entwickelt entweder zum Bösen oder zum Guten, deshalb habe ich auch keine Erwartungen an ihn, und mache mir erst recht keine Vorstellungen von ihm, da es ihn ja meiner Ansicht nach nicht gibt.

Er ist vielmehr eine Erfindung der Menschen, die ihnen Hoffnung gibt, denn ohne Hoffnung könnten viele Menschen auf dieser besch. Welt gar nicht leben.

Würden sie anstatt zu hoffen und an einen zu beten den es vielleicht gar nicht gibt, handeln, könnte es auf der Welt ganz anders aussehen.

69/1159

Gott ist mein Schöpfer, mein Vater, sowie der Vater meines Herrn (Jesus). An Gott zu glauben ist nicht schwer, man muß es nur wollen. Man muß nur das Geschenk des Herrn annehmen, das Geschenk mit Jesus zu leben. Später das ewige Leben zu erhalten. Es ist nur ein schmaler Weg mit vielen Hindernissen den man gehen muß. Ich versuche diesen Weg zu gehen und möchte es auch schaffen. Vielleicht drücke ich meine Worte nicht so gut aus umso besser aber meine Gefühle. Ich möchte einfach mit Gott oder auch Jesu leben. In der Bibel von ihm hören, zu ihm reden im Gebet. Das ist mein Bestreben. Ich möchte nicht viel schreiben was ich nicht empfinde. Viele plappern über Dinge die man so hört aber nicht über die, die man glaubt. Ich möchte es so ausdrücken wie ich fühle, nicht viel über die Kirche usw. schreiben und meine wahren Gefühle verstecken. Sondern ich will ein Christ werden, Jesu nachfolgen später und auch jetzt immer bei ihm sein. Nur daß ich das erreiche ist wichtig für mich. Daß ich von Gott höre in der Bibel jeden Tag, mit ihm rede. Daß ich zu Gott finde ist mein Bestreben. Deshalb habe ich auch Kontakt zu Christen z. B. Jungenschaft, Freizeiten usw. die mir dabei auch helfen ein Christ zu werden nicht nur ein Namenschrist zu bleiben.

Um noch etwas zu sagen über die Frage wo wir Gott begegnen. Kann ich sagen daß ich ihm nicht nur begegne wenn ich Bibel lese sondern auch tagsüber, wenn ich mich freue, traurig bin dann denke ich oft an Gott. Nur noch nicht so intensiv daß Gott mit mir direkt in Kontakt tritt und mit mir redet.Ich hatte noch keine Gebetserhörungen, aber ich spüre er ist bei mir, sorgt sich um mich, liebt mich, denkt an mich. Schon deshalb muß ich mich bemühen ewiges Leben zu erhalten.


69/1160

Gott ist für mich da und nicht da. Wenn ich größere Probleme habe, dann spüre ich Gottes Hilfe um dieses Problem zu lösen. Es kommt mir zumindest so vor als ob Gott mir bei meinen Problemen helfen würde, es ist wie eine innere Stimme (diese Hilfe). Ansonsten tagsüber oder wenn ich mit Freunden zusammen bin betrifft mich Gott eigentlich nicht. Wenn ich »Elend« oder Armut oder schwierige Probleme anderer seh oder hör, dann macht es mich in manchen Fällen sehr betroffen. Ich überlege wie man diesen Menschen helfen sollte, aber irgendwann vergeß ich dies und gerate wieder in meinen alten Alltag.

Es ist sehr sehr schwer an Gott zu glauben denn in Not ist Gott »wahrscheinlich« irgendwie da bzw. ist er da. Aber andererseits wenn ich im Alltag bin, betrifft mich Gott nicht, die Gesellschaft oder meine »normale« Meinung sagt mir wieder daß Gott eigentlich nicht da ist, daß es ihn nicht geben kann. Wie gesagt in »manchen« Problemsituationen steht man mit Gott in einer Verbindung, dies glaube ich jedenfalls. Ich habe sehr viele Zweifel an Gott, an der Gesellschaft, eigentlich an allem.

Aber die Frage, ob es Gott *gibt* oder *nicht* wird für mich immer eine offene Frage bleiben, wenn nicht ein Wunder geschieht von Gott, ich glaube, daß ich dann mein Leben verändern würde und zwar ziemlich.

## 69/1161

1. Wer ist für mich »Gott«?

Gott ist ein Symbol an glauben; Gott ist für mich der, der alles kann. Wenn ich Schwierigkeiten habe, denke ich oft daran, daß mir Gott helfen wird. Ich glaube an Gott.

2. Mich erschwert es nicht an Gott zu glauben, weil ich schon von Kind an, an ihn glaube. Wenn etwas mal schiefgeht, ärgert man sich schon darüber, aber alles kann im Leben auch nicht gutgehen, sonst wäre das Leben ja zu einfach.

3. Wenn Menschen Probleme haben, glaube ich denken sie oft an Gott, oder wenn sie auf einer Trauung, Konfirmation sind, so wird oft dann in der Kirche gedacht. Ich denke oft an Gott, z.B. wenn mir etwas ganz Besonderes gelingt, oder wenn ich bei etwas sehr viel Pech oder Glück gehabt habe.

Ich glaube an Gott.

## 69/1162

Zu Frage 2. Für mich ist es sehr schwer an Gott zu glauben. Weil ich mir Gott ja nicht vorstellen kann. Wie z.B. eine Vase, da weiß ich die Maße und ihre Nutzung weil ich sie ja sehe, aber bei Gott ist das anders Gott kann man nicht sehen aber wie viele Leute behaupten hören. Es ist für mich sehr schwer an etwas zu glauben was ich nicht sehe und anfassen kann.

Frage 3. Menschen begegnen Gott ganz unverhofft in allen Lebenslagen. Nur sie merken es meist nicht, wenn sie es merken dann ist es meistens zu spät. Nämlich auf dem Sterbebett dann wollen alle auf einmal an Gott glauben.

Frage 1. Gott ist für mich etwas was ich nicht beschreiben kann. Deshalb weiß ich auch nicht ob ich an ihn glauben soll oder nicht. Es ist für mich wie wenn ich an einem Abgrund stehe, und dann auf ein Zeichen springen soll also ohne nachzudenken blind vertrauen und das ist das Schwere an der ganzen Sache jemandem blind zu vertrauen.

## 69/1163

Ich möchte mich erst zu dem zweiten Punkt äußern.

Ich glaube nicht an Gott, jedenfalls nicht an den Gott der in der Kirche gepredigt wird. Einfach weil dieser Gott meine Vorstellungen übersteigt. Es fällt mir jetzt wirklich schwer über so etwas zu schreiben. Also dieser Gott hat mir noch nicht geholfen. Ich bin schon oft schwer in der Scheiße gesteckt z.B. jetzt habe ich eine Krise mit meiner Freundin aber Gott hilft mir da nicht oder sagen wir so ich merke nicht daß Gott mir hilft. Ich muß einfach selber damit fertig werden ich habe schon immer allein mit meinen Problemen fertig werden müssen weil nie jemand da war mit dem ich offen reden hätte können ich hab da oft an Gott gedacht aber das brachte keine Lösung. Ich meine vielleicht habe ich auch eine falsche Vorstellung von ihm. Aber auf jeden Fall kann ich mich nicht mit dem Gott in der Kirche identifizieren weil viel Unglaubwürdiges von ihm erzählt wird, viel »Blödsinn« (mir fällt grad nichts anderes ein) (Denkpause)

So ich glaube jetzt könnte ich mich zum Punkt 1 äußern.

Ich habe keine feste Vorstellung von Gott, wer ist Gott? Ich habe mich das schon oft gefragt aber ich finde keine plausible Lösung oder Antwort. Ich glaube schon daß es etwas Höheres noch gibt aber ob das Gott ist? Ich weiß nicht ich glaube das klingt jetzt grad ein bißchen blöd aber ich weiß nicht was ich dazu schreiben soll. Ich weiß auch nicht wo Menschen Gott begegnen vielleicht irgendwo auf der Straße oder natürlich in der Kirche jedenfalls glauben sie das also ich hatte nie das Gefühl in der Kirche Gott näher zu sein als z. B. in meinem Zimmer oder auf der Straße usw. Mir ist auch nicht bekannt daß z. B. irgendjemand den ich kenne Gott begegnet ist. Tut mir leid ich hätt' jetzt gern noch geschrieben aber ich hab' jetzt grad einen Blackout (mir fällt nichts mehr ein) das war alles was ich jetzt grad zu diesem Thema sagen konnte.

69/1164                                                                    [Name]w.

Gott, ich weiß nicht so recht »Wer« er für mich ist. Ich denke oft und überlege auch, wenn ich echt mal Angst [habe] oder z. B. vor einer Arbeit ihn bitte und um Hilfe auffordere weiß ich nicht ob er mich hört, oder in der gleichen Sekunde viele andere Menschen um Hilfe beten, ob er überhaupt hört? Manchmal zweifle ich, doch dann glaub ich doch, daß irgendwer um mich ist, auch wenn ich niemanden sehe, wie wenn ein Geist neben mir geht, mich hört und versteht, mit mir die gleiche Luft teilt aber ich ihn nicht sehen und mit ihm sprechen kann. Doch irgend etwas in meinem Kopf und in meinem Gefühl redet mir zu, wie wenn man in einen Computer alles hineintippt, so spricht man in mir rein, ich höre zwar niemanden aber doch geht mir eine Stimme durch den Körper und meistens tu ich das ausführen, was in mir vorging. Ich weiß daß ich schlecht ausdrücke was ich meine und sagen will doch dann überlege ich und dann ist immer diese Stimme da die nur ich höre und sie sagen und ausdrücken kann.

Es ist schwer an Gott zu glauben denn wenn man zu ihm redet bekommt man keine Antwort, man sieht ihn nicht doch man glaubt an ihn aber irgendwie gibt es ein Gefühl der Sicherheit ohne daß ich weiß wie das zustande kam. Ich weiß auch nicht, aber jedesmal wenn ich eine Kirche betrete egal in welcher Kirche ob in eine deutsche oder eine italienische Messe, genauso bei anderen Menschen mit einer anderen Sprache, Gott versteht alle Sprachen der Welt er ist überall, und dann zweifle ich wieder wie kann er überall sein, wie kann er in jeder Sekunde jemanden hören? Ich glaube an ihn doch ich bin ihm nie begegnet, ich meine daß man Gott erst nach dem Tod, besser gesagt wenn man ins Reich Gottes geht wenn man selber mit ihm lebt, im Geiste leben wir ja auch noch nach dem Tod. Tod ist nur die Funktion in unserem Körper doch seelisch leben wir ein zweites Leben bei Gott.

## 69/1165

Gott sollte in meinem Leben Herr sein. Wenn ich die Bibel lese oder eine Bibelarbeit in der Jungenschaft mitmache, ist es für mich klar, daß ich Gott in meinem Leben Herr sein lasse. Aber wenn ich dann wieder ins Geschäft gehe, vergesse ich oft Gott. Ich mache dann viele Dinge, von denen ich weiß, daß sie Gott nicht gefallen. Danach tut es mir dann meistens leid. Es ist sehr schwer an Gott zu glauben, weil er nicht zu sehen ist. Er gibt uns zwar Zeichen von sich, aber die vergessen wir oft schnell wieder. Auch werden wir oft von Klassenkameraden und Freunden ausgelacht, wenn wir von Gott erzählen.

Man kann Gott fast überall begegnen. Viele Christen begegnen ihm morgens in der stillen Zeit, im Jugendkreis oder Hauskreis (im Beschäftigen mit ihm). Gott kann auch durch Krankheit auf sich aufmerksam machen. Erst wenn man krank ist merken viele Leute, daß es nicht normal ist, daß es uns so gut geht. Gott gibt jedem Menschen die Chance, zu ihm zu kommen. Aber er zwingt niemand dazu. Er hilft einem, wenn man zu ihm kommen will. Er zeigt einem den Weg zu ihm.

## 69/1166

*1. Wer ist für mich »Gott«?*
Er ist für mich ein unsichtbarer Mensch, der das ewige Leben besitzt. Wenn er es für richtig hält kann er mein Leben erlöschen. Ich glaube Gott lebt im Himmel, und überwacht die Menschheit, aber er kann den Fortschritt nicht aufhalten.
*2. Was macht es mir schwer, an Gott zu glauben?*
Weil man Gott nicht sieht, nichts hört, und sich nicht bemerkbar macht. Weil es auch Schimpfwörter über Gott gibt. Deshalb macht es mir schwer an Gott zu glauben. Und in der Kirche wird gebetet!!!
*3. Wo begegnen Menschen Gott?*
Ich glaube wenn man lebt begegnet man Gott nicht, nur wenn man stirbt kommt man mit der Seele in den Himmel zu Gott. An ein Weiterleben glaube ich nicht.

## 69/1167

1. Gott soll ein Beispiel sein für alle Menschen er will Frieden, Freiheit, und Gerechtigkeit. Er will den Menschen ein Beispiel darstellen. Ich habe noch nie Gott gesehen ich kann mir ihn einfach nicht vorstellen sieht er aus wie wir ist er ein Riese niemand kann mir das sagen.
2. Er ist irgend wie anders als wir alle wenn man in der Not ist oder einen Wunsch hat dann betet man zu Gott man hofft daß man erhört wird. Man müßt Gott die Hand geben können und mit ihm sprechen.
3. Im Glauben an Gott im Gebet in Not Angst aber wo begegnet man ihm eigentlich richtig wo man ihm die Hand schüttelt [?]

## 69/1168

»Gott« ist für mich etwas das ich mir nicht vorstellen kann. Schon weil man von »ihm« Dinge erzählt, die für mich nicht erklärbar sind. Ich bin ein realistischer Mensch und kann deshalb nicht an »Gott« glauben. Ich bin aber auch kein Gegner denn ich glaube für Menschen die in Nöten sind reicht allein die Vorstellung daß es »Gott« geben könnte um ihnen die Situation zu erleichtern. Auf die Frage wo man Gott begegnen könnte, kann ich nur eine Antwort geben. Um nur ein Beispiel zu geben wenn es diesen »Jesus« gegeben hat und damals hoffte jeder auf so einen »Retter« doch die Reaktion war nicht dementsprechend, sollte aber heutzutage wieder einer wagen zu sagen er sei »Gott« oder der Sohn «Gottes« würde man ihn doch wohl für verrückt erklären. Und es wird immer dasselbe sein viele wünschen sich ihn, doch wenn er wirklich einmal da ist dann verleumdet man ihn.

## 69/1169

Ich glaube daß Gott ein Traum der Menschen ist, sie suchen jemand der ihnen bei ihren Problemen, Sorgen und Ängsten hilft. Ich glaube Gott wurde erfunden auch aus Angst vor dem Tod.
Viele Menschen glauben an Gott und Glaube macht sie stark das ist gut, aber wie das Wort schon sagt glauben »man glaubt es« ist es so?
Mir macht es schwer an Gott zu glauben in unserem hoch technisierten Zeitalter, ich glaube aber von mir daß ich vor 100 Jahren auch an Gott geglaubt hätte.
Über Gott kann man nur in der Bibel lesen sonst existiert nur noch der Glaube vieler Menschen meiner Meinung nach, die Menschen die glauben stärkt es, macht ihnen vielleicht das Leben leichter, vor allem alten Leuten die Angst vor dem Sterben haben. Gott ist eine gute Sache Gott hilft vielen.

## 69/1170

1. Für mich ist Gott mein Schöpfer. Er hat mich nach seinem Bild geschaffen. Er hat seinen Sohn für mich hingegeben damit ich gerettet werde und das ewige Leben erhalte. Gott ist mein Schöpfer und mein Herr!
2. Für mich ist es eigentlich ganz klar daß es Gott gibt. Was mir oft Schwierigkeiten bereitet ist es, so zu leben wie Gott es erwartet.
3. Ich meine, daß Menschen jederzeit und an jedem Ort Gott begegnen können! Meistens begegnen Menschen Gott in der Gemeinschaft mit anderen Christen, im Gottesdienst, aber auch im Traum. Ganz klar begegnet mir Gott indem ich mit ihm spreche und das tue ich ganz einfach im Gebet.

## 69/1171             [Name und Anschrift] m.

Gott ist für mich *kein* lieber Gott, wie es den Kleinkindern vorgebabbelt wird. Gott ist
1. der alleinige Gott
2. dadurch, daß er der alleinige Gott ist hat *nur er* das Recht über Leben, Tod, Gerechtigkeit, ewiges Leben, Hölle … zu entscheiden, d.h. zu sagen was recht ist, zu bestimmen ob ein Mensch nach dem Tod in die Hölle kommt oder in sein Reich …

3. der Vater des Erlösers, also auch mein Vater. Jeder Mensch sündigt so viel im Leben (im irdischen Leben), daß kein Mensch »das Recht« bzw. die Hoffnung haben könnte ins Reich Gottes zu gelangen.

Er (Gott) ist *barmherzig*, weil er seinen eigenen Sohn geopfert hat, um den Menschen (allen) die Chance zu geben trotz ihrer Sünden, ins Reich Gottes zu kommen. Dies ist nur möglich, da Jesus unsere Sünden, die Sünden der Welt auf sich genommen hat.

Die Schwierigkeiten an Gott glauben zu können liegen bei mir in den Fragen die immer wieder auftauchen:

– Gibt es Gott? Es gibt *keinen* Beweis, daß es Gott gibt; er könnte genauso ein Hirngespinst eines (Verrückten) Menschen sein.
– Wenn ich mich in der Bibel nicht so gut auskenne, daß ich z.B. viele Bibelstellen weiß, wie kann ich dann ein Christ sein. Es kann ein anderer, ein Ungläubiger mich in Verlegenheit bringen, wenn er ein besonderes Thema anschneidet. Wenn ich mich in der Bibel nicht so gut auskenne, dann kann ich auch schlechter von Jesus weitersagen → ich bin ein schlechter »Christ«, wenn überhaupt einer.
– Die Umwelt (d.h. Schule, Betrieb, Bekanntenkreis, Verwandte . . .) die Gegner des Glaubens ist, macht es mir sehr schwer, durch →
– Die Gewohnheit macht das Christ sein schwer. Z.B. die Gewohnheit
  – zu Trinken
  – andere zu hänseln.
– Die Ziele die *man* sich im Leben stellt sind große Hindernisse.
  → Karriere im Beruf, eigene Firma
  → Auto, Motorrad, Zweitwagen, größeres Auto
  → Wohnung, luxuriöse Ausstattung
  → eigenes Haus – Villa,
  → Freundin, Frau (Ehe), Kinder
  → gute Ausbildung (Studium) der Kinder . . .

Gott kann man nur in der Stille begegnen, d.h. in einer Stunde wo man allein ist; in der Bibel liest um Gott dadurch reden zu hören; seine eigenen Sünden bekennt – um Vergebung bittet – um Bewahrung fleht – um Hilfe schreit.


## 69/1172

1. Gott kann man nicht definieren. Er ist für jeden etwas anderes. Ich habe bis jetzt noch keine Vorstellung von Gott und so wie es in der Bibel steht kann ich es nicht glauben. Ob es Gott gibt oder nicht kann man nicht sagen. Vielleicht merkt man nach dem Tod was los ist.
2. Es fällt mir schwer an etwas zu glauben, das man nicht sehen kann. Ich habe keine Beweise, daß es Gott gibt und alle anderen Menschen auch nicht. Und da gibt es auch noch Hindus, Moslems u.s.w. Kann man denn da behaupten, daß diese Menschen an das Falsche und die Christen an das Richtige glauben? Ich glaube nicht! Meiner Meinung nach ist eine Religion oder ein Gott dazu da den Menschen durch schwierige Situationen zu helfen. Da hilft nämlich nicht der angebliche »Gott« sondern nur der Glaube an diesen Gott und der Wille. Bis jetzt habe

ich noch nicht auf Gott zurückgreifen müssen, weil ich seither gut alleine durchgekommen bin. Aber wie gesagt: Wer Gott braucht, der soll eben!

3. Nach dem Tod?

69/1173

1. Wer ist für mich »Gott«?
Gott ist der Vater laut Bibel von Jesus. Und Jesus ist der, der die wunderbaren Dinge gemacht hat im Auftrage Gottes. Leute sagen verschiedene Sachen wer Gott ist. Gott ist für jeden der, den derjenige glaubt daß er es sei. Gott hat für die Öffentlichkeit verschiedene Formen und Gestalten.

2. Was macht es mir schwer, an Gott zu glauben?
Glauben heißt für etwas zu sein, für das man keine Beweise hat! Es ist schwer für mich an Gott zu glauben. Eigentlich denke ich gar nicht an ihn. Nur ganz selten denke ich an ihn doch woran soll ich mich festhalten. Es gibt von ihm nichts Haltbares für mich. So lebe ich halt auch vor mich hin wie die »anderen« auch.

3. Wo begegnen Menschen Gott?
Die einen sagen dort, die anderen überall. Ich meine daß Gott zu jedem selber spricht und zwar so daß einer es im Unterbewußtsein mitbekommt.

69/1174

1. Jemand der uns die Sorgen abnimmt, der uns tröstet und der uns beschützt.

2. Ich kann nur an Gott richtig glauben wenn ich ihn mit eigenen Augen gesehen habe, weil erzählen können die Leute viel.

3. das weiß ich nicht, wenn ich Sorgen hatte begegnete ich ihm auch nicht. Vielleicht in der Kirche.
[unter dem Text groß gezeichnet ☧ und Friedenstaube]

69/1175

1. Wer ist für mich Gott?
Gott ist für mich eine Erfindung der Menschheit, die in ihrer Not einen Nothelfer braucht.

2. Was macht es mir schwer, an Gott zu glauben?
Daß es keine Beweise für seine Existenz gibt, außer den Schreiben verschiedener Apostel, die noch nicht einmal übereinstimmen.
Daß es seit 1983 Jahren kein reelles »Lebenszeichen« gibt.
Daß trotzdem so viel Katastrophen und Unheil geschieht.

3. Wo begegnen Menschen Gott?
Beim Gottesdienst
In einer guten Tat
In einer stillen Zeit (Sekunde, Minute, Stunde) im Unterbewußtsein

69/1176

Wenn ein Mensch todkrank war ging er zu einem Prediger, der erzählte ihm vom ewigen Leben nach dem Tod und er half ihm daß er an seinem verbleibenden Leben noch Freude hatte. Solche Ereignisse wurden gesammelt und in der Bibel niedergeschrieben. Wenn man heute die ganzen Ereignisse in der Bibel liest klingt das alles sehr phantastisch weil vielen Menschen geholfen wurde. Ich bin ein zufriedener Mensch der wichtige Sachen im Leben hat.

Ich habe mit vielen Leuten über Gott diskutiert und ich habe sehr interessante Meinungen gehört. Unser Pfarrer hat uns nie gesagt was Gott eigentlich ist. Ich finde Gott soll das Gute in unserem Leben sein, wenn ich jetzt an einen zufriedenen Menschen denke der sich über seine Arbeit freut und über seine Familie, der sich für den Frieden einsetzt der sich aber nicht mit Gott identifizieren kann ist für mich ein größerer Christ als ein Mann der in der Bibel liest und sonst überhaupt nichts unternimmt. Deshalb ist es für mich sehr schwierig was ich von Gott zu halten habe wenn ich in der Schule eine Arbeit schreibe muß ich lernen es lernt ja keiner für mich.

69/1177

2. Ich kann nicht glauben daß Gott es zulassen kann daß es Krieg gibt. Es heißt immer Gott hatte die Macht im Himmel und auf Erden. Wenn es Gott wirklich gibt dann mußte er so etwas verhindern. Darum glauben auch viele nicht an ihn weil es trotzdem viel Krieg, Mord und Totschlag gibt.

3. Gott begegnet man überall im Gebet, oder, im Traum, in der Kirche (Gottesdienst), vielleicht auch auf der Straße halt überall.

1. Mein Schöpfer. Man kann ihm vieles sagen was man andern nicht sagen kann. Er kann einem Tröster und Kritiker sein.

69/1178

1. Wer ist für mich »Gott«?
   Ich glaube ohne Gott könnten die Menschen nicht leben. Gott ist für mich wie ein wichtiges Nahrungsmittel. Ich muß danken daß ich lebe, daß ich gesund bin, daß ich eine Ausbildungsstelle habe.

2. Was macht es mir schwer, an Gott zu glauben?
   Man glaubt das was man sieht, Gott habe ich nie gesehen. Ich habe nur von Gott gehört, daß es ihn gibt. Es gibt keinen der ihn gesehen hat. Ich glaube was in der Bibel steht, und da kommt auch Gott vor. Darum glaube ich auch an Gott. Es gibt Geschichten zum Beispiel wie Jesus auferstanden ist oder wo Abraham mit Gott spricht. Gott zeigt sich nicht, weil die Menschen ihn für immer haben wollen.

3. Wo begegnen Menschen Gott?
   Wenn einer todkrank ist, dann glaubt der Mensch viel öfter an Gott und bittet ihn daß er helfen soll. Wenn es einem gut geht, dann glaubt man kaum oder gar nicht an Gott. Es gibt Menschen die immer an Gott glauben wie die dritte und vierte Welt.

69/1179

1. Gott ist für mich eine übernatürliche Macht, die in Not die Menschen
   an ihn sich wenden. Es gibt eine Hoffnung auf bessere Zeiten, wenn
   man denkt es gibt einen der mir helfen will und dadurch gewinnt man
   mehr Vertrauen in sich selbst.
2. Die Ungerechtigkeit die auf der Welt herrscht. Wie zum Beispiel die
   Menschen die ohne Füße und Hände auf die Welt kommen. Was
   haben die gemacht daß sie so bestraft sind? Und die Wissenschaft.
3. In allen guten Menschen die helfen wollen.


69/1180

1. – Gott ist für mich der, der die Welt erschaffen hat, der Schöpfer aller
     Dinge,
   – der, der einem immer wieder neue Kraft gibt,
   – der, der einen nicht verzweifeln läßt,
   – der, der einem immer beisteht
   – der Beschützer
   – der, der das Gute und das Schlechte gibt
   – Gott ist der, der die Welt erschaffen hat, die Menschen darauf leben
     und regieren läßt → Gott ist der der seine Schöpfung durch den
     Menschen kaputt machen läßt
   – Gott ist der, der viele Menschen durch die Hungersnot sterben läßt,
     der uns Menschen zu viel gibt, so viel gibt, daß wir's im Überfluß
     haben und wegwerfen; der uns Not und Überfluß gegenüber stellt.
2. – der Zweifel, – ich kann nicht alles glauben was in der Bibel steht;
   – das Lesen der Bibel; (es ist meist schwer zu verstehen Inhalt)
   – meine Mitmenschen, – man wird als Christ von vielen Menschen
     benachteilt, verachtet, als Lügner bezeichnet ect.
   – man hat oft Vorurteile gegen Christen
   – das alleinstehen im Glauben, wenn man niemand hat, mit dem man
     darüber reden kann, der einem immer wieder neue Kraft gibt (durch
     Gespräche) und Mut zuredet;
3. – im Gebet
   – in der Not, in Angst und Zweifel
   – in der Bibel
   – im Gespräch (über den Glauben, mit Christen,usw.)
   – in der Stille


69/1181

1. Gott kann man seine Geheimnisse anvertrauen. Er ist der nicht sicht-
bare Beschützer. Wenn man an Gott glaubt, kann er neue Kraft, Impulse
für das Leben geben.
2. Es heißt Gott will den Frieden, aber immer wieder gibt es Krieg, Mord
usw. Da kann man dann schwer an Gott glauben. Ich kenne ein altes
chinesisches Sprichwort das lautet, Auf der Erde geschieht nur was der
Himmel zuläßt. Wenn man nach dem Sprichwort geht, läßt Gott sozusagen zu daß es Krieg gibt.

3. Im Gebet, in den Gedanken, man kann Gott überall begegnen wenn man die Bibel liest hört man über die Taten von Gott.

## 69/1182

1. Wer ist für mich »Gott«?

Gott ist für mich nicht sehr viel, da es ihn meiner Meinung nach gar nicht gibt, er ist wahrscheinlich nur eine Erfindung die vor vielen Jahren gemacht wurde und wie eine *Tradition* weiter geführt wurde bis in unsere Zeit.

2. Was macht es mir schwer, an Gott zu glauben?

Es ist schwer an Gott zu glauben, da ich ihn noch nie gesehen habe, und es gibt auch keinen Beweis, daß es ihn wirklich gibt. Falls es ihn doch gibt, warum zeigt er sich dann nicht den Menschen. In der Bibel steht daß er schon zu Menschen gesprochen hat, aber dies kann ja jeder sagen.

3. Wo begegnen Menschen Gott?

XYZ

## 69/1183

Das geläufige Bild von Gott das viele Menschen, vor allem Ältere, von »ihm« haben kann ich für mich nicht übernehmen. Die Vorstellung daß eine Person im Himmel sitzt und gütig über die Menschen wacht ist durch die Wissenschaft widerlegt worden. Über solche Ansichten, seinen Gott unbedingt personifizieren zu müssen um an ihn zu glauben, wie zum Beispiel bei primitiven Kulturen oder den Buddhisten, sollte der fortgeschrittene Mensch weg sein. Obwohl diese Vorstellung das Glauben an Gott sehr vereinfacht, muß man sich neue Ansichten zulegen. Ich zum Beispiel bin der Ansicht daß Gott in jedem Menschen ist. Der Mensch wird nicht von Gott geleitet wie der Hund an der Leine, sondern der Mensch sollte sich »im Sinne Gottes« seinen Mitmenschen gegenüber verhalten und handeln. Gegen die Ansicht daß Gott gütig über die Menschen wacht, sprechen die sinnlosen Kriege, Hungersnöte, Unterdrückung und Elend in der Welt. Das Übel kommt vom Menschen und der Mensch muß dieses Übel auch selbst lindern oder beseitigen indem er im »Sinne Gottes« handelt. Die Einstellung daß Gott schon alles zurechtbiegen wird und ohnehin alles sein Wille ist muß abgelegt werden. Auch den braven Kirchgängern die jeden Sonntag in der Kirche beten und unter der Woche Mitmenschen in die Pfanne hauen muß klargemacht werden, daß dieser moderne, bargeldlose Ablaßhandel in keinster Weise dem Willen Gottes entspricht.

Der moderne Mensch begegnet Gott ohnehin nur noch in schweren Streßsituationen die den Menschen überfordern und erbittet von Gott Beistand und Vorteile. Nachteile die dadurch entstehen wenn einer im Sinne Gottes handelt, will keiner auf sich nehmen.

## 69/1184

1. Für mich ist Gott ein Helfer durch das kurze Leben des Menschen. Er hilft über Probleme im täglichen Leben hinweg. Wenn man vor einem

Problem steht, kann man Rat finden, indem man in der Bibel liest. Man kann darin eine Antwort auf alle Fragen und Probleme finden.

2. Wenn es wirklich einen Gott geben soll, dann frage ich mich, warum er so oft Unheil unter den Menschen verbreitet hat, wie Krieg, Morde, usw. Wenn es wirklich einen Gott für uns geben soll, warum schützt er uns dann nicht vor solchen Gefahren.

Warum gibt es Menschen, die einerseits jeden Sonntagmorgen in die Kirche gehen, und am Montag dann wieder ihre Mitmenschen, Nachbarn oder Freunde beleidigen, bescheißen oder belügen, um daraus Vorteile zu gewinnen.

Daneben frage ich mich, ob es Gott gibt, wenn es so einen großen Unterschied zwischen Arm und Reich auf der Welt gibt. Einerseits leben die Menschen im Wohlstand, andererseits sterben jede Minute Menschen in armen Ländern.

3. Wir begegnen Gott vor Gefahren, vor schwer lösbaren Aufgaben, vor einem Fußballspiel hofft man auf einen guten Verlauf, daß man selbst gut spielt und keine Verletzungen davonträgt.

69/1185

1. Wer ist für mich »Gott«?
Diese Frage kann ich nicht beantworten zwecks Punkt 2.
2. Was macht es mir schwer, an Gott zu glauben?
»Die ganze Ungerechtigkeit und Angst auf der Erde!«
3. Wo begegnen Menschen Gott?
Im Traum, jeder Mensch [oder] ein anderes Symbol das einem begegnet kann Gott darstellen oder Gott sein.

69/1186

3. Wo begegnen Menschen Gott?
Menschen begegnen Gott in Zufallssituationen, in Notsituationen in denen er gebraucht wird. Er begegnet den Menschen in den Augenblicken in denen sie an ihn glauben. Aber meistens ist dies zufallsbedingt.
2. Was macht es mir schwer an Gott zu glauben?
An Gott zu glauben ist schwer, da ich ihn nie leibhaftig gesehen hab. Auch die alten Überlieferungen sind zweideutig und machen das Glauben an Gott noch zweifelhafter. In Situationen in denen er helfen soll ist er meist nicht da.
1. Wer ist Gott für mich?
Gott ist für mich ein Lebensgestalter, der mir in manchen Situationen beisteht und hilft, in anderen mich aber verschmähen läßt.

*Den Schülern wurden die Fragen vorgegeben:*
1. *Wer ist für mich »Gott«?*
2. *Was macht mir Schwierigkeiten, an Gott zu glauben?*
3. *Wo machen Menschen Erfahrungen mit Gott?*
   *bzw.*
   *Was muß in unserer Welt anders sein, wenn sie Gott entsprechen soll?*
   *(Text 70/1198–70/1213)*

70/1187
1. Wer ist für mich »Gott«?
Ich glaube nicht daß diese Welt aus Zufall entstanden ist und somit muß es etwas geben was die Welt und uns geplant hat. Das ist Gott. Keine Person sondern etwas in einer anderen Dimension.
2. Was macht mir Schwierigkeiten, an Gott zu glauben?
Man sieht ihn nicht! Dinge die früher als Gottes-Taten ausgegeben wurden sind heute von der Wissenschaft als falsch erklärt worden, und logische Antworten ersetzten die scheinbar falschen Antworten der Bibel (z. B. Entstehung der Welt).
3. Wo machen Menschen Erfahrungen mit Gott?
Wenn jemand nicht an Gott glaubt macht er auch keine Erfahrungen mit ihm. Sie legen Glück und Unglück als Zufall aus. Wer an Gott glaubt sieht in ihm jemanden der sich für das persönliche Schicksal eines Menschen interessiert. Aber Gott kann man eigentlich nicht beweisen und so kann man Erfahrungen mit Gott nicht beweisen.

70/1188
1. Wer ist für mich »Gott«?
Gott gibt meinem Leben einen Sinn.
Er ist für mich Halt
Beschützer, Heiland
Wenn er das Brot bricht
2. Was macht mir Schwierigkeiten, an Gott zu glauben?
Wenn sich die Schwierigkeiten im Leben über häufen.
3. Wo machen Menschen Erfahrungen mit Gott?
Im Glaubensgespräch,
Wenn sie nur Enttäuschungen erleben.
In der Verlassenheit. Im Kontaktkreis
Menschen untereinander

70/1189
1. Für mich ist Gott im Himmel, aber wo?
2. Weil ich ihn nicht gesehen habe, kann ich nicht sagen ob Gott männlich oder weiblich ist. Man weiß ja nicht wo Gott sich aufhält »im Himmel«?

3. Vor tausende von Jahren kam Christus auf die Welt und er sagt er sei Gottes Sohn zu den Menschen, er hat die Leute geheilt (Blinde, Stumme, Verkrüppelte) und die Menschen glaubten an ihn.

70/1190
1. Gott will für mich Frieden Liebe zwischen den Menschen und Freundschaft der für das gestorben ist.
2. Gott zeigt sich nicht man kann es nicht glauben daß es ihn gibt ich weiß nicht ob er schon etwas für mich getan hat. Ich kenne ihn nur von der Bibel.
3. Vielleicht wenn jemand gestorben ist z.B. Ehemann man ist einsam braucht jemanden macht Erfahrung mit Gott.

70/1191
1. Gott ist für mich ein gewisses etwas.
2. Ich habe noch nie etwas von ihm gesehen.
3. In der Dritten Welt er läßt Menschen verhungern und greift nicht ein.

70/1192
1. Wer ist für mich »Gott«?
   Jesus Christus.
2. Was macht mir Schwierigkeiten, an Gott zu glauben?
   Die Wunder die er vollbracht hat. z.B.: Einen Blinden wieder sehen lassen.
3. Wo machen Menschen Erfahrungen mit Gott?
   Am Sterbebett. Bei einer schweren Krankheit, wenn sie wie durch ein Wunder geheilt werden.

70/1193
2. Es gibt so viele Ungerechtigkeiten auf der Erde, warum kann Gott nicht eingreifen.
3. Wer an Gott glaubt macht überall mit ihm Erfahrungen. Wer nicht an Gott glaubt macht keine Erfahrungen mit ihm.

70/1194
1. Gott ist für mich eine höhere Bezugsebene auf die ich mich berufe wenn ich vor einem scheinbar unlösbaren Problem stehe. Ich hoffe durch Gedanken an Gott zu mir selbst zu finden und einen sicheren und guten Weg in meinem Leben zu gehen.
2. Wenn man an manche Ungerechtigkeit denkt die einem widerfahren ist fällt es einem schwer an göttliche Gerechtigkeit zu glauben, auch Kriege sind für mich ein Hindernis an alles zu glauben was in der Bibel steht. Ein Problem ist es für mich auch zu glauben, daß Gott die gesamten negativen Dinge auf dieser Welt nicht verhindert, wenn Gott dem entspräche was ich in der Bibel darüber gelesen habe dann müßte er dazu im Stande sein.
3. Für mich ist die Entstehung des Alls und der Planeten auch naturwissenschaftlich zu erklären, deshalb glaube ich, daß es vielleicht nur eine

Art geistige Stärkung ist an etwas zu glauben, auf das man sich beziehen kann. Ob dieses etwas existiert ist eine Frage die niemand einem beantworten kann, das kann jedes nur sich selbst.

70/1195

1. Wer ist für mich »Gott«?

Gott ist eine »Sache« die ich eigentlich nicht definieren will. Ich bin mir nicht im klaren darüber wer und was Gott für mich ist, sei es weil ich mich zu wenig mit dem Thema auseinandergesetzt habe oder weil ich vor der Frage ausweiche. Ich glaube an die Religion als solches, aber ich weiß nicht ob ich gerade an Gott glaube. (Es gibt wahrscheinlich kein Mensch der nicht an irgend etwas glaubt)

Aber ich glaube daß es irgend etwas anderes »höheres« gibt wie den Mensch. Und ich glaube auch an so etwas.

3. Wo machen Menschen Erfahrung mit Gott?

Hauptsächlich in schlechten Zeiten:

Wenn etwas schief läuft wird oft Gott dafür verantwortlich gemacht, und es heißt »warum hat er das bloß zugelassen«.

Aber auch bei guten Sachen, wie Feste Weihnachten Ostern.

70/1196                                                          [mit Namen]

1. Wer ist für mich »Gott«?

Eigentlich niemand. Es gibt zwar gewisse Leute oder Linien nach denen ich mich richte aber ich möchte deswegen diese Leute nicht als Gott oder diese Richtlinien nicht als Gebote oder so was bezeichnen.

2. Was macht mir Schwierigkeiten an Gott zu glauben?

In erster Linie Unglücksfälle. Mein Onkel ist mit 23 Jahren tödlich verunglückt.

Aber auch Unglücksfälle in aller Welt. Dürrekatastrophen, Kriege, Hunger in der 3. Welt, Ermordung von Leuten die gerade göttliche Gebote beachteten und aufforderten danach zu leben wie z.B. Martin Luther King.

Dann natürlich das pompöse Gehabe von Papst, Kardinälen die sich ja nur in Prunk und Pomp wohlzufühlen scheinen.

Dann gibt es viele Beweise für die Entstehungstheorie der Erde, daß man sagen kann, so wie in der Bibel war es nicht, selbst wenn man es noch so bildlich auslegt.

Es ist natürlich schwer an »Gott« zu glauben wenn man Leute in Sekten sieht, sieht wie Leute in totale Abhängigkeit geraten, nur noch für Gott leben, anschaffen gehen, betteln, sich total aufgeben; das kann doch nicht das sein was dieser »Gott« dann gewollt hat.

Wenn man Gott anerkennt, was ist dann mit den anderen Religionen, die teilweise mehrere Götter haben ist das dann nur Humbug nur »Gott« ist der einzig wahre »Gott«? Das wäre dann sehr vermessen!

3. Wo machen Menschen Erfahrungen mit »Gott«?

Man hört oft von Wundern und heiligen Bildern die erscheinen und wieder verschwinden. Ich kann sowas zwar nicht erklären aber es gibt so viele ungelöste Dinge auf der Welt und ich glaube, daß man alles einmal erklären kann.

Man sagt auch, daß bei schweren Unfällen die glimpflich ausgehen, »Gott« seine Hand im Spiel hatte, aber sowas sehe ich nun mal nur als Glück für diese Leute.

Bei wievielen Unfällen hat er dann nicht geholfen!?

70/1197

1. Gott ist für mich eine unsichtbare Märchenfigur
2. Daß ich ihn nicht sehen kann, daß er einem Menschen in der Not nicht hilft. Daß er die augenblickliche Lage des Wettrüstens und die Arbeitslosigkeit auf unserer Welt zuläßt.
3. In der Kirche. In der Geschichte (Bibel).

70/1198

1. Wer ist für mich Gott?
Gott ist für mich jemand an den man glaubt, weil man es von Kindesalter an gelehrt wurde. Gott ist jemand über uns allen, dies ist für mich Gott.
2. Was macht mir Schwierigkeiten, an Gott zu glauben? Als allererste Schwierigkeit kommt natürlich, wo ist Gott, wieso sieht man ihn nicht, und wurde uns überhaupt alles richtig von einer Generation zur anderen übermittelt.
3. Was soll in unserer Welt anders sein, wenn sie Gott entsprechen soll? Dies ist eine Frage die ich nur schwer beantworten kann, aber ich meine so wie bei uns, also in dieser Welt, der Frieden gesichert wird, stellt es sich Gott bestimmt nicht vor. Weiterhin meine ich, daß die Bevölkerung auf der Welt seinem nächsten helfen sollte und ihn gleichstellen mit all den anderen.

70/1199

1. Gott ist für mich eine Macht die versucht Menschen die von Haß Mord und anderen Gewaltintrigen besessen sind, den richtigen Weg zu weisen und in ihnen die Hoffnung des Guten zu erwecken.
2. Es macht mir Schwierigkeiten an Gott zu glauben da er mir noch nie in irgend einer Weise begegnet ist. Ich kann es mir jedenfalls nicht vorstellen.

70/1200

1. Wer ist für mich »Gott«?
Gott ist für mich jemand der nur das Gute will.
2. Was macht mir Schwierigkeiten an Gott zu glauben?
Daß ihm noch niemand begegnet ist, daß es so viel Böses gibt und daß so viele Menschen hungern.
3. Was muß in unserer Welt anders sein, wenn sie Gott entsprechen soll.
Daß es auf der ganzen Welt kein Leid mehr gibt.

70/1201

2. Ich glaube schon an Gott, doch manchmal bereitet es mir Schwierigkeiten z.B. wenn ich Probleme habe und nicht mehr weiter weiß dann glaube ich schon an Gott, aber wenn ich merke daß das nichts nützt bin ich verärgert, und ich frage mich manchmal für was es Gott gibt oder ob es ihn überhaupt gibt, wenn er einem nicht helfen kann.

3. In unserer Welt soll es keinen Krieg geben und keine Aufrüstung. In der Dritten Welt soll keiner mehr hungern, es sollen alle friedlich miteinander leben. Es soll keinen Streit geben zwischen den Menschen, überall in der Welt soll es jedem Menschen gut gehen, es soll kein Elend mehr geben. Dann würde sie Gott entsprechen.

1. Ich kann mir Gott nicht richtig vorstellen.

Er ist vielleicht ein Mann der besondere Fähigkeiten hat.

Oder andere heilt.

70/1202

1. Wer ist für mich »Gott«?

Gott ist für mich etwas unerklärliches, ich kann mir nichts darunter vorstellen.

2. Was macht mir Schwierigkeiten, an Gott zu glauben?

Ich glaube nicht an Gott, obwohl es ihn sicher einmal gegeben hat aber ich glaube er besaß keine besonderen Fähigkeiten wie immer behauptet wird er war sicher sehr fromm. Ich kann nicht glauben daß wenn man betet, daß das etwas nützt, wenn es den Menschen schlecht geht werden sie gläubiger dann beten sie öfters und wenn das dann wirklich mal eintrifft um was sie Gott gebeten haben, dann danken sie Gott dafür obwohl es, wie ich glaube nur Zufall war.

Den Menschen hilft es einfach wenn sie in schlechten Zeiten oder wenn es ihnen schlecht geht an etwas glauben können.

70/1203

Gott ist eine Kraft in jedem Menschen, nur wird sie nicht von allen wahrgenommen bzw. sie verdrängen sie. Besonders Jugendliche die gerade anfangen es zu spüren verdrängen es sehr stark.

Wenn ich manchmal das Elend in der Welt sehe oder z.B. wenn etwas Schreckliches passiert dann zweifle ich ein wenig.

Die Menschen dürfen keine Angst mehr haben über Gott und Glauben zu sprechen.

70/1204

1. Wer ist für mich Gott?

Gott ist niemand.

2. Was macht mir Schwierigkeiten an Gott zu glauben?

Man weiß nicht ob es ihn gibt. Ich glaube an das wo ich mir vorstellen kann daß es auch wirklich gibt oder geben kann. Man glaubt an was, was vielleicht vor ein paar Jahren gegeben hat, aber sowas wird es nie wieder geben.

3. Was muß in dieser Welt anders sein, wenn sie Gott entsprechen soll?
Alles weil wenn es Gott gibt gäbe es auch keine Probleme.

## 70/1205

1. Wer ist für mich »Gott«:
Eigentlich kann ich gar nicht glauben daß er existiert, denn er hätte bei
diesen Umständen auf dieser Welt nicht zulassen können wie wir leben
und uns gleichzeitig zerstören. Andererseits glaube ich auch schon daß
Gott diese Welt aufgegeben hat und gar nicht mehr existiert.
2. Er hat sich nie gezeigt und ich weiß über ihn so viel wie nichts, durch
die paar Wunder was da geschehen sind kann ich mich nicht richten.
3. Erst dürfte es gar keine Gewalt auf der Welt geben und die Länder
sollten sich gegenseitig helfen zum Beispiel könnten die Gelder für die
ganzen Waffen für die südlichen Entwicklungsländer gut gebraucht werden um die dort hungernden Menschenmengen zu stillen und auch um
viele Heime zu bauen.

## 70/1206

1. Wer ist für mich Gott
Gott ist für mich derjenige der bestimmt wann man geboren wird, wann
etwas Besonderes geschieht. Ich glaube daß Gott unser Leben vorprogrammiert hat z.B. läßt er Menschen eine Ampel so stellen daß später ein
bestimmter Mensch warten muß.
2. Das Leben was Gott in der Bibel vorschreibt ist nicht das Leben was
mir Spaß macht.
3. Dazu möchte ich nur zwei Wörter sagen: »Alle Menschen«

## 70/1207

1. Wer ist für mich »Gott«?
Für mich gibt es keinen Gott wie es im Alten Testament steht. Ich glaube
eher an Jesus, den es sicherlich gegeben hat, (oder einen so ähnlichen
Menschen) der wahrscheinlich ein sehr guter Arzt und intelligenter
Mensch gewesen war.
2. Was macht mir Schwierigkeiten, an Gott zu glauben?
Wenn es nun tatsächlich einen Gott geben sollte, so verstehe ich nicht
warum er dann so große Ungerechtigkeiten zuläßt (z.B. Hunger, Krieg
usw.)
3. Was muß in unserer Welt anders sein, wenn sie Gott entsprechen soll?
Der Mensch müßte eine andere Einstellung zu sich und der Natur finden.
Ansonsten geht der Mensch unter, und somit auch der Glaube an Gott.
Aber in einer Sache bin ich mir klar, daß unsere heutige Welt nicht der
Vorstellung von Gott entspricht.

## 70/1208

1. Gott erschaffte die Menschheit die Erde das Weltall. Es gibt einen Gott,
den kann man nicht sehen.

2. Ich glaube an Gott denn wie soll sonst die Menschheit oder Erde erschaffen worden sein.

3. Man könnte nicht das machen was man will.

## 70/1209
[mit Namen]

1. Was Gott ist weiß ich noch nicht und ich weiß auch noch nicht ob ich an Gott glauben soll. Ich bin zur Zeit noch im Zweifel denn wenn es ihn gibt warum hungern dann Leute warum gibt es Kriege, Diktaturen und Folter. Andererseits gibt es immer wieder Situationen in denen wie ich glaube daß Gott mir hilft. Vielleicht gibt es aber keinen Gott sondern der Glaube daß er hilft stärkt das Selbstvertrauen daß man eine Aufgabe bewältigen kann. Wie gesagt ich weiß nicht ob ich an Gott glauben kann doch vielleicht wird sich diese Gewissensfrage in ein paar Jahren bereinigt haben.

## 70/1210
1. Wer ist für mich »Gott«?

2. Es macht mir Schwierigkeiten an Gott zu glauben da es keinen Anhaltspunkt gibt (den ich gesehen habe) daß es Gott überhaupt gibt, ist es nicht doch vielleicht eine Erfindung der Menschheit ist es nicht doch eine Vorstellung eine Utopie wie es einmal gewesen sein soll oder werden soll. »Gott« das ist ein Wort nichts anderes, doch für viele Menschen ist dieses Wort eine Stütze dieses Wort füllt das Leben aus. Doch die Schwierigkeit an dieses »Wort« zu glauben liegt darin daß man sich »Gott« wie er sein soll nicht vorstellen kann, z.B. die Bibel ist sie nicht ein Werk der Menschen von Menschen geschaffen erdacht und aufgeschrieben, eine Art Gesetzbuch und der den man Gott nennt wird als Symbolfigur benützt, als die Figur nach der jeder Mensch streben sollte.

## 70/1211
Gott wer ist das, ein Name oder mehr? Gott ist für mich eine Gestalt aus der Bibel vollbringt Heldentaten, das Gute gegen das Böse. Ich kann schlecht in der heutigen Zeit an Gott glauben jedes Jahr gerät die Religion immer mehr in den Hintergrund. Gott ist ein Name der von Menschengedenken an im Gehirn der Menschen war. Wenn einem Mensch von Geburt an etwas eingeredet wird, so behält er dies auch. Manche Menschen die Erfahrung mit Gott machen wollen ziehen sich in die Kirche zur Meditation zurück.

## 70/1212
m. 19 ¾ J.

1. Gott ist für mich eine Übertragung von tugendhaften Charaktereigenschaften, der besten Art der Lebensführung sowie Religiosität auf eine Person, nämlich Gott. Gott dient so als Idealvorstellung eines vollendeten Menschen, das Ziel ist, ihm nachzueifern. Ich selbst stehe hinter den Idealen wie Nächstenliebe (Samariter), Bereitschaft zum Frieden (Bergpredigt), Rücksichtnahme auf andere und deren Interessen, etc., erkenne aber selber den Glauben an Gott für mich nicht an. Da Gott für mich nur

eine Personifizierung verschiedener Eigenschaften ist, kann ich genauso an die Wurzeln, sprich diejenigen Tugenden glauben und nach ihnen leben, die ich als für mich bindend ansehe. Die ganzen, mit dem Begriff Gott und Religiosität verbundenen Konventionen und Tätigkeiten (Beten, Gottesdienst) lehne ich ab, da Gott für mich nicht existiert (Projektion-Idealvorstellung) und ich der Meinung bin, daß äußerst viel Scheinheiligkeit unter den sogen. ›Gläubigen‹ vorhanden ist.

2. Erfahrung mit einem Freund, Zweifel an der Ernsthaftigkeit der christlichen Lehre.

Ich hatte einen Freund. Er war [seit] Monaten beim ›Bund‹, verweigerte dann erfolgreich den Kriegsdienst, wurde zuerst nach Ludwigsburg (etwa 14 km von daheim), dann nach Marbach (5 km) versetzt und erhielt noch Heimschlaferlaubnis. Nach diesen glücklichen Erfolgen sagte er sich, daß irgendeine höhere Macht ihre Finger im Spiel haben müsse: er suchte diese und fand sie in Gott; er wurde christlich und hielt beim Roten Kreuz während seines Zivildienstes Vorträge über seinen Weg zu Gott.

Die Folge seiner Fixierung auf Gott war
1. Das Schlußmachen mit seiner Freundin
2. Das Schlußmachen mit mir (einem seiner besten Freunde)
3. Das Ende der Freundschaft mit seinen restlichen Freunden
4. *Das Ende seines ersten Lebens*

Es war nicht mehr möglich mit ihm normal zivilisiert zu sprechen. Nach der Begrüßung und zweimaligem Fragen wie es mir geht, zitierte er mir jeweils die halbe Bibel, überreichte mir Werbeschriften für die Kirche und jeweils nach 2 Minuten hielt ich einen Wisch in der Hand und stand allein da. Bei ihm gelten Leute, die Alkohol trinken, rauchen oder sonst einer Sucht frönen als äußerst verwerflich. Auf dem Schwarzmarkt in Kriegszeiten kaufen ist illegitim, Belustigungen (Discos, Kneipen) sind für ihn nicht mehr drin. Der Freund, den ich kannte ist psychisch tot, es existiert ein neuer, mir unbekannter Mensch; er ist bei einer normalen Kirche, bei keiner Sekte; aus diesem Grund und bezogen auf die Machenschaften der Kirche in früheren Zeiten, kann ich nicht an die Religion glauben: Kirche ist für mich eine Ideologie, nicht besser oder nicht schlechter als z.B. Kommunismus; das ist zwar hart aber meine Meinung.

3. Wo machen Menschen Erfahrungen mit Gott?

Meiner Meinung nach vor allem wenn sie in persönlicher Not sind: Sterbefall, Trauer, Depressionen, berufliche Probleme usw. Ich habe bis jetzt noch keine Erfahrungen mit Gott gehabt.


70/1213

Über Gott weiß ich eigentlich nur dies, was wir in der Bibel lesen können, z.B., daß er der Schöpfer der Menschheit ist. Genauere Vorstellungen kann ich mir von Gott nicht machen, da man ihn nicht sehen oder hören kann, obwohl viele Menschen erzählen, daß sie mit Gott gesprochen haben. Ebenso denken viele Menschen, daß Gott ihnen in schwierigen Situationen geholfen hat. Ich habe auch schon viele schwierige oder gefährliche Situationen, wie z.B. im Straßenverkehr, erlebt, und ich weiß nicht ob mir nun Gott geholfen hat, oder ob es Zufall war. Wenn eine Person beispielsweise einen schweren Unfall hatte, und von den Ärzten in letzter Sekunde ins Leben zurückgeholt wird, behauptet er nachher, daß er in dieser Zeit, während des Kampfes um Leben und Tod mit Gott gesprochen hat. Bei vielen älteren Menschen, die langsam aber sicher sterben, bemerkt man, daß sie im Gegensatz zu jüngeren Leuten ruhiger sind, denn die Älteren sagen, ich habe mein Leben gelebt und meine Aufgabe erfüllt, nun holt mich Gott in sein Reich zurück. Für diese Leute ist Gott der Herr eines Paradieses, wo er sie hin holen wird nach einem Leben voll Freude und Trauer.

Dies ist auch der Gegensatz zu vielen anderen Religionen wie der Islam zum Beispiel. Diese behaupten, daß ihr Schicksal voll in den Händen ihres Herrn liegt, daher riskierten sie zum Beispiel im Mittelalter ihr Leben für Sachen wie Ehre usw. Das Reich voll Glück ist für sie also auch auf der Erde nicht erst im Reich ihres Gottes.

## 71 Wirtschaftsgymnasium/Technisches Gymnasium, Klasse 12

*Den Schülern wurden folgende Fragen vorgegeben:*
*1. Was meine ich, wenn ich von »Gott« rede?*
*2. Was macht es mir schwer, an Gott zu glauben?*
*3. Ist der Glaube an Gott oder irgend ein höheres Wesen wichtig/nicht wichtig für unsere Welt?*
*Die Schüler haben die Texte außerhalb der Schule mit Maschine geschrieben.*

### 71/1214

Ich glaube, daß jeder Mensch seine eigene Vorstellung von Gott hat, diese jedoch nicht genau angeben kann. Für mich ist Gott eine Kraft, die mich dazu auffordert gut zu handeln und mich meinen Mitmenschen gegenüber fair zu verhalten.

Es fällt mir schwer zu glauben, Gott lebe oder existiere in Form einer Gestalt oder einer Materie. Ich bin mir nicht sicher ob »Gott« erfunden wurde zur Genugtuung der Menschen oder ob es wirklich eine Existenz gibt die die Menschen dazu veranlaßt daran zu glauben.

Ich glaube schon, daß der Glaube an ein Höheres Wesen wichtig ist. Es bietet einen gewissen Schutz vor der Umwelt. Man kann sich dahinter verstecken (im Notfall) und sich dadurch die Ruhe zur Regeneration seines Geistes oder des Körpers verschaffen, indem man abschaltet, und für eine Weile seine Probleme dem »höheren Wesen« überläßt.

### 71/1215

Wenn ich jemanden von Gott reden höre, habe ich immer den Eindruck, Gott ist eine Kraft für ihn, die ihm von »außen« hilft, weil er selbst meint sie nicht aufbringen zu können. Also Gott als moralische Stütze.

Ich würde lieber die Frage »Warum glauben Menschen an Gott« beantworten.

Meiner Meinung nach glauben viele Menschen, weil sie eine Antwort auf Dinge wie Entstehung der Erde, des Lebens, des Todes ... brauchen und sie es sich selber nicht gut genug beantworten können. Mit Gott wäre das geklärt, Gott hebt einen auch als Individ. hervor. Man ist nicht mehr einer unter vielen, sondern als einzelner eine wichtige Person.

## 71/1216

Für mich ist Gott ein Wesen mit dem man im Grunde alles begründen kann was man nicht weiß; bei dem man sich bedanken kann für etwas was einem an Guten geschehen ist. Auf den man es schieben kann, wenn einem nichts gelingt. Den man um alles bitten kann was man für unmöglich hält, und an das man nur glauben kann wenn man an Gott glaubt.

Der Glaube an Gott fällt vielen darum schwer, weil sie sich unter Gott nichts vorstellen können oder weil ihnen das Auftreten der verschiedenen Religionen nicht gefällt und diese zu sehr mit dem Gott in eine Verbindung bringen. Mir persönlich fällt schwer daran zu glauben wenn ich mir klar mache, daß all das was um mich herum abläuft nach Gottes Plan sein soll.

Der Mensch braucht etwas an das er glauben kann, er braucht als ein Wesen, das alles wissen will, irgendetwas, mit dem er sich das erklären kann, was er noch nicht weiß. Diese Aussage ist meiner Meinung nach in der Geschichte des Menschen begründet. Früher hatte man noch für jede Gelegenheit einen Gott, der einem half zu jagen, daß es regnet, daß man wieder gesund wird und Götter für alle Kleinigkeiten. Mit der Zeit entwikkelten sich die Menschen und kamen so hinter viele Geheimnisse, die sie vorher einem Gott zusprachen. Deshalb geht bei uns, der Glaube an den »letzten« Gott mehr und mehr zurück weil viele Menschen jetzt schon absehen wollen, daß die Menschheit noch hinter alle Geheimnisse des Lebens und Sterbens kommen und somit ein Gott überflüssig ist.

## 71/1217

Der Glaube ist eine schwierige Angelegenheit, da man ihn oft verteidigen muß, ihm sehr oft verpflichtet ist. Ich finde jedoch, daß er etwas wunderbares ist und er mit den Charakter eines Menschen bildet. Damit meine ich die Verpflichtung gegenüber den zehn Geboten, welchen immer das Bestreben gebühren sollte, sie zu befolgen.

Es stellt sich wohl die Frage, wozu?

Doch muß dies jeder Mensch selbst empfinden und versuchen eine Lösung der Frage zu finden. Für mich könnte die Antwort das »absolute Zählen können auf Gott« sein. Und wirklich, schon oft habe ich in großer Einsamkeit auf Gott zählen können und er half mir über diese Krise hinweg. Es ist schwierig, diese eigene Erfahrung für andere verständlich zu machen ... Auf jeden Fall hilft mir Gott zur Zufriedenheit.

Die Zufriedenheit ist für mich wie ein Idyll, in dem ich Freiheit finden, in dem ich überhaupt erst richtig leben kann. Wie oft habe ich mir schon gewünscht, nur ganz still auf einer Wiese sitzen zu können und die Natur in mich einwirken zu lassen oder durch mein Zimmerfenster dem Regen zu zu schauen.

Vielleicht ist dies alles nur sentimentale Schwärmerei, doch empfinde ich in ihr eine Art Glück, welches mich für eine kurze Zeit alle negative Realität vergessen läßt. Und ich spüre einen seltsamen Zusammenhang zwischen mir, dem Glück und Gott.

Um einen anderen Menschen verstehen zu können, bedarf es gewisser Erfahrungen, an die man nur durch Gott kommen kann.

Zum Beispiel kennt man jemanden, dem man nicht gut gesinnt ist, umgekehrt wahrscheinlich genauso und man denkt über diesen Menschen nach. Schon dieses Denken beinhaltet eine gewisse Haltung dem anderen gegenüber. Weiter, man versucht die Motive der Feindlichkeit zu ergründen, ihn eventuell zu verstehen. Hierbei könnte man doch die christliche Feindesliebe wiederfinden.

Man könnte doch die zehn Gebote ganz einfach als menschliche Spielregeln der Gesellschaft interpretieren, trotz der, oft ungeheuer großen Schwierigkeit, der inneren Überwindung sie einzuhalten.

Und doch spiegeln sie alles wieder, was den Menschen, in seiner Eigenschaft als Mensch, ausmacht. Wie einfach wäre es, ohne diese Regeln, ja einfach einmal etwas zu stehlen. Da wäre wohl nicht nur die Furcht vor der etwaigen Bestrafung wenn der Diebstahl ganz leicht wäre. Vielmehr die innere Regung, die Verpflichtung dem Bestohlenen gegenüber hält einen davon ab, zu stehlen. Vielleicht ist dieser Text nur ein billiges Geschwätz, doch drückt er, wenn auch nur unklar, meine Verpflichtung und meine Überzeugung zu Gott aus.

## 71/1218

Gott kann man nicht sehen, und was man nicht sehen kann, fällt einem schwer zu glauben. Außerdem sind die Zeichen Gottes, also daß wir wissen, daß Gott existiert, von menschlicher Hand gemacht. Die Bibeltexte sind von Menschen geschrieben; die Dinge, die passiert sein sollen, wurden den Schreibern wiederum von Menschen »mündlich« übertragen. In der Bibel gibt es viele Stellen an denen Gott nicht wie ein Gott, sondern wie ein Mensch handelt. Außerdem ist Gott in der Bibel parteiisch. Den vertriebenen Israelis gibt er Land auf Kosten eines armen Volkes, das nichts getan hat; ist das göttliches Handeln? Und wenn man sich die Pfarrer, Kardinäle, Päpste und andere Geistliche ansieht, die Gott auf der Erde vertreten, ihn repräsentieren kann einem der Glaube leicht vergehn. Wie können Menschen, die nicht mehr oder weniger wert sind als ich, einen Gott vertreten? Wie können solche Menschen bestimmen, wie man sich in der Kirche zu verhalten hat, was man tun darf und was nicht? Wie können sie entscheiden, was Gut und Böse ist? Wie kann ein katholischer Priester sagen, man soll beichten, wenn er es doch selber nötig hätte? Wer sagt, daß man überhaupt beichten soll? Und die ganzen Zeremonien, die Kleider, die ausgeschmückten Kirchen usw.? Das läßt mir die ganze Sache »Glaube und Gott« wie eine Farce erscheinen. Oder daß ein einziger Mensch, wie der Papst, ein wahrer Halbgott ist, gibt mir auch zu denken. Jeden Sonntag steht die halbe Gemeinde mit schönem Frack, gekämmtem Haar und dem Gesangbuch in der Hand in der Kirche; kaum kommen sie wieder raus, verhalten sie sich gegenüber ihren Mitmenschen auch nicht besser als andere, die nicht in der Kirche waren. Sie sind auch nicht christlich, glauben aber, sich mit einer Geldspende von 20 DM einen Platz im Himmel erkaufen zu können. Vielen Menschen geht es schlecht und der liebe Gott macht nichts.

Andererseits muß man sich fragen, wie die Welt entstanden ist; wie Haß, Liebe und Freude gekommen sind. Wissenschaftler sagen, die Erde sei aus einem Gasball entstanden, dann muß man sich aber auch fragen, woher der Gasball kam; und das kann man halt nur mit Gott erklären.

### 71/1219

Mir fällt es schwer an Gott zu glauben, wenn die ganze Zeit etwas danebengeht. Dann frage ich mich warum denn das so sein muß, und warum keine Hilfe kommt. Auch wird im Alltag wenig von Gott geredet, und jeder wird gleich als religiöser Typ eingeteilt wenn er anfängt von Gott zu reden. Trotzdem aber glaube ich daß der Glaube an Gott wichtig ist. Nicht um einen Schuldigen zu haben, auf den man alles schieben kann, sondern einfach um einen Halt zu haben, und jemand mit dem man trotz allem reden kann. Das gibt einem in schweren Zeiten Trost und Hoffnung.

### 71/1220

Der Glaube an Gott ist wichtig und manchmal auch sehr hilfreich. Durch die Gebote soll ein geordnetes, lebenswürdiges und sicheres Leben gewährleistet werden. Sie tragen einen Beitrag für eine gute Lebensweise der Gesellschaft bei. Der Glaube an Gott kann für einen Menschen sehr wichtig sein, wenn er von allen anderen Menschen im Stich gelassen wird oder diese ihn vernachlässigen oder hintergehen, daß er sicher sein kann, daß wenigstens einer für ihn da ist, der ihn versteht und ihm in schwierigen Situationen hilft. Der Glaube an Gott oder ein höheres Wesen für unsere Welt hingegen ist nicht unbedingt gut, denn wenn es mehrere Götter und Glauben unter den vielen Völkern gibt, kann dies zu Streitigkeiten oder gar zu Kriegen zwischen andersgläubigen Völkern führen. Es fällt vielen schwer, an Gott zu glauben, da er nicht sichtbar ist und man nicht sehen kann, wie er die Welt weiter gestaltet und verändert. Nur die Seele des Menschen, seine Gefühle, Empfindungen und das Gewissen können darauf deuten, daß es einen Gott gibt, der die Menschen bestraft oder lobt, der das Handeln der Menschen beobachtet und beurteilt. Wenn ich von Gott rede, denke ich an einen Richter, der das Handeln der Menschen in gut und schlecht einstuft und diese entsprechend bestraft oder lobt.

## 71/1221

Da ich selten von Gott rede, kann ich diesen Begriff auch zwangsläufig schlecht definieren. Gott ist für mich nicht faßbar, nicht existent. Keiner weiß, ob es Gott gibt, oder nicht. Gott ist ein Hilfsmittel für das Lösen von Problemen – man betet zu ihm, wenn man nicht mehr weiter weiß. Man bedankt sich bei Gott, weil er die Gebete erhört hat. Gott fängt da an, wo der Mensch aufhört. Da, wo der Mensch sich selbst nicht mehr überblicken kann. Gott ist aber auch der Schuldige an Katastrophen, Unfällen und Unglücken – man schiebt ihm dann alles in die Schuhe: »es war Gottes Wille«. Gott ist für jeden Menschen etwas anderes, deshalb ist Gott auch nicht greifbar.

Mir fällt es schwer an Gott zu glauben, weil ich für sein Dasein noch keinen Beweis erhalten habe. Gott kann ich nicht fühlen, nicht sehen, nicht hören, nicht anfassen. Im Namen Gottes oder Christus' wurden schon Millionen Menschen hingemetzelt, auch heute noch. Glaubenskriege sind eine willkommene Ablenkung von »normalen« Kriegsspielen. Völker wurden systematisch ausgerottet, nur weil sie einen anderen Glauben als den (christlichen) zu Gott hatten. Wer sich heute »christlich« nennt, ist in Wahrheit ein Unchrist. Wahre Christen sind nur die, die zweifeln können, auch an sich selbst. Es ist sehr einfach, seinen Glauben jemandem aufzuzwängen, wenn man ihn vorher gepredigt bekommen, aber nie verstanden hat.

Ich glaube nicht, daß der Glauben zu Gott für die Welt (überlebens) wichtig ist. Wichtiger noch ist der Glauben an die Menschheit, der Glaube an sich selbst. Wir dürfen nicht Gott die Schuld in die Schuhe schieben, für Taten, die der Mensch als denkendes Wesen begangen hat. Den Fehler müssen wir bei uns suchen, und nicht bei irgendwelchen höheren Wesen. Solange Armut und Reichtum noch so ungerecht wie bei uns verteilt sind, ist der Glauben, ist die Illusion, allerdings notwendig, wie Marx schon sagte: »Religion ist Opium für das Volk«. Auf die armen Schichten bezogen, hat sein Wort auch heute noch Gültigkeit.

## 71/1222

Ich sehe darin einen Halt. Eine Art letzter Strohhalm an den ich mich zu klammern versuche. Gott gibt mir Kraft, wenn ich nur daran glaube. Ich sehe in Gott auch die Hoffnung auf ein lebenswertes Leben. Wenn ich einmal an einem Tiefpunkt angelangt bin, bete ich zu Gott und bitte ihn mir zu helfen. Manchmal wirkt es dann auch. Zum Glauben an Gott ist eine richtige Einstellung notwendig und der eigene Wille es zu tun. Unter Gott stelle ich mir aber kein menschliches Wesen vor, überhaupt, ich mache mir da keine Vorstellungen, wie er aussehen könnte. Er ist für mich da und das genügt.

Ich glaube, daß das schon wichtig ist, für manche Menschen ist es eben mehr wichtig an Gott zu glauben und für manche wenig wichtig. Das liegt an der Einstellung zum Leben. Wenn schon als junger Mensch resigniert, sei es wegen Liebes Kummer oder anderer Probleme, dann ist es sehr wichtig, an Gott zu glauben. Vorausgesetzt, das Leben hat für einen noch einen Sinn. Aber auch wenn das Leben für manche schon unerträglich geworden ist, sollte man doch in Gott eine Hilfe sehen. Einen Wegweiser, der einen sicher auf den richtigen Weg führt.

Wenn in der Welt Ungerechtigkeiten geschehen oder mir sehr nahestehende Menschen sterben, dann fällt es mir schon schwer in dieser Zeit an Gott zu glauben. Dann frage ich mich »WARUM« hast du das zugelassen. Und dann sehe ich ein, daß auch Gott an dieser Welt nichts ändern kann. Er kann uns nur die Hoffnung und Kraft geben, diese Welt zu verstehen und dies ist schon viel. Manche Leute haben die Vorstellung, Gott löse alle Probleme, man müsse nur in die Kirche gehen und beten. Vielleicht werfen sie beim Verlassen der Kirche etwas Geld in das Opferkästchen. Das beruhigt angeblich ihr Gewissen. Bei solchen Leuten fällt mir es ebenfalls schwer, an Gott zu glauben.

71/1223

Diese Frage läßt sich für mich genaugenommen nicht beantworten. Die Antwort hängt wohl auch sehr vom Verständnis, der individuellen, für den Moment der Beantwortung gültigen, Definition, für »Gott« ab. Das bedeutet bevor die Frage nach der Existenz Gottes überhaupt für eine Beantwortung in Frage kommt muß man wissen (zumindest unterbewußt), was man unter dem Begriff »Gott« verstehen will. Das trifft aber bei mir nicht zu. Auch wenn man beurteilen will, ob der Glaube an Gott oder ein höheres Wesen wichtig ist, stößt man an viele Schwierigkeiten: Man benötigt eine Definition für »höheres Wesen (bzw. Gott)« und was sicherlich das Leichtere ist, eine Definition für »unsere Welt«. Auch schwierig und sicherlich vom Standpunkt sehr abhängig ist die Frage: »Was ist denn eigentlich »wichtig«?« Die Antwort darauf hängt, meiner Ansicht nach, vom Ziel ab, welches man verfolgt. Unter »wichtig« verstehe ich das, was notwendig und von guter Effektivität ist, ein bestimmtes Ziel, z.B. auf eine bestimmte Weise, zu erreichen.

Ich sehe in diesem Themengebiet so viele Fragen, die sich sicherlich in sehr viel mehr kleinere und kleinste Teilfragen untergliedern lassen, und die ich nicht beantworten kann, daß ich dazu nicht Stellung nehmen kann. Ich bin aber der Ansicht, daß in solchen Fragen Toleranz geboten ist.

PS: Nur der Effekt ist entscheidend.

71/1224

Ich stecke zur Zeit in einer tiefen Glaubenskrise. Noch vor einem Jahr war es für mich keine Frage, es gab (gibt?) Gott. Ich konnte den ganzen Tag ausgelassen herumspringen und rufen »Gott hat mich lieb, Gott hat mich lieb«. Jetzt sieht alles anders aus.

Nicht, daß ich nun ein überzeugter Atheist wäre, nein, mein Glaube ist »Nur« klein und leider ziemlich leer. Das macht mich fertig – da geht man nun sonntags ein paar mal in die Kirche (in der Hoffnung, man findet das Gesuchte) und man ertappt sich dabei, auf die Uhr zu sehen und dem Ende entgegen zu streben.

Ist der Glaube an Gott eine Art Masseneuphorie? Eine Droge? Selbstbetrug? Für viele Menschen ist der Glauben ein sehr starker Halt. Aus ihm schöpfen sie immer wieder neue Kraft, die ihnen hilft, ihr Leben zu meistern. Gott hilft ihnen, ihre Einsamkeit zu überwinden, denn er läßt sie nicht allein. Selbstbetrug?

In meinem Leben gab es ein paar Erlebnisse, die waren so unwahrscheinlich, da mußte ich einfach sagen, da hat Gott gehandelt – das kann kein Zufall sein. Diese Ereignisse haben dann meinen Glauben gestärkt. Aber über den Dingen liegt nun ein grauer Schatten.

Bin gerade ziemlich ratlos, hoffe aber sehr, den alten Glauben wiederzufinden, denn ich hab mich in dieser Zeit sehr, sehr wohlgefühlt und wahrscheinlich hatten es meine Mitmenschen auch leichter mit mir.

Dieser Glaube an Gott oder ein höheres Wesen ist sehr wichtig, das zeigt ja schon die Geschichte. Der Mensch braucht etwas, an dem er sich festhalten kann. Die Griechen und die Römer haben sehr viele Götter gehabt, dies ist doch ein Zeichen, daß das Bedürfnis nach solchen Wesen oder Dingen sehr groß ist. In unserer Gesellschaft könnte man vielleicht aber auch ohne so etwas auskommen. Als Ersatz gibt es Computerspiele, Fernsehen und andere Vergnügungen. Bis man herangewachsen ist, hat man höchstwahrscheinlich sowieso seine Eltern; im Alter, wenn man im Sterben liegt, braucht man, meiner Meinung nach, sowas wie Gott. Man wird nachdenklich und hat, wenn man da so liegt, viel Zeit.

## 71/1225

Gott stelle ich mir eher als einen Zustand der Gerechtigkeit, der Freiheit, der Liebe, der Geborgenheit vor und nicht wie eine personifizierte Darstellung (z.B. als Vaterfigur).

Jeder Mensch der an Gott glaubt macht sich ein anderes Bild, hat eine andere Vorstellung von Gott.

Vielen Leuten fällt es schwer an Gott zu glauben, weil es kein greifbares Bild von Gott gibt. Gott kann man nicht sehen, nicht mit den allgemeingültigen Mitteln beweisen. Der Gottesglaube beruht auf Erfahrung. Aber in der heutigen Welt, ist man oft nicht mehr sensibel genug, zu abgestumpft, um solche Erfahrungen wahrnehmen zu können. Auch wenn man die Ungerechtigkeiten und Unmenschlichkeiten sieht, die oft an Menschen begangen werden, kann der Glaube an Gott erschüttert werden.

Der Glaube an ein höheres Wesen, das den Menschen überlegen ist (an Weisheit Gerechtigkeit Unsterblichkeit usw.), beginnt schon in den Anfängen der Menschheit. In den ersten Kulturen spielte der Glaube eine große Rolle. Alles kulturelle Leben entstand aus dem Glauben an Gott/Gottheiten, auch wenn sie alle verschiedene Namen und Stellungen hatten.

Der Glaube an Gott beantwortet die Frage nach dem Sinn des Lebens. Jede Religion verspricht dem Gläubigen ein Leben (besseres) nach dem Tod. Dadurch wird die Ungewissheit und Sterblichkeit des menschlichen Lebens beantwortet. (teilweise)

Die heutige Zeit läßt kaum Zeit über Gott nachzudenken, sich mit ihm zu

beschäftigen. Die heutige Gesellschaft verdrängt bewußt oder unbewußt die christliche Vorstellung von Gott. Gott spielt im öffentlichen Leben (Politik usw.) keine oder keine große Rolle mehr.
Der Glaube an Gott/Höheres Wesen regelt das Leben der Menschen untereinander, gibt ihm Anhaltspunkte, und ethische Werte.

## 71/1226

»Das Leben ist ein gelenktes Abenteuer mit Happy End« – Antwort eines Zwanzigjährigen als er eines sonntags im September dieses Jahrs beauftragt wurde sein allgemeines Lebensgefühl in einem Satz zusammenzufassen (ich fange mit jemand anderem an, dies ist natürlich einfacher). Abenteuer, das ist gut gesagt, doch kann ich mein ganzes Leben nicht nur als Abenteuer bezeichnen, dazu ist mir der Begriff zu primitiv und, vor allem, zu abgegriffen. Setzen wir statt Abenteuer »ständig wechselndes Hinüberleiten von sich teilweise überschneidenden Situationen in andere, die immer wieder neue Ansprüche an mich stellen und andererseits immer wieder neue Erfahrungen mir selbst mitsichbringen, die unter starkem Einfluß der mich begleitenden Personen stehen.«
Hierbei jetzt von gelenkt zu sprechen drückt einen Glauben an Gott aus. Gott als übergeordneter Typ, der alles erschuf und – noch erhält. Von gelenkt zu sprechen heißt, sich daran zu freuen heute auf dem Weg hierher keinen Unfall gehabt zu haben ohne daß jetzt jemand im Straßengraben liegt. Freuen an und mit seinem Mitmenschen. Und auf der anderen Seite Zweifel an Gott und seiner Existenz, begründet durch Erlebnisse der Verlassenheit meiner selbst und anderer, Fragen nach Sinn und Grund von Leid, das Menschen überall in der Welt erfahren müssen.
Happy End – der Glaube an Jesus Christus als Sohn Gottes mit seiner Vollmacht auf der Erde gewesen und durch den Glauben an ihn, auch an den Tod des Todes und nicht daran, daß mit dem Tod alles aus sei sondern im Tod die Vollendung des Lebens als kühle Erlösung von der heißen Welt und ihren Gebrechen und ihrem Leid zu sehen, auch das Ziel des irdischen Lebens.

## 71/1227

Für mich ist Gott ein unbekanntes Wesen, an dessen Existenz ich glaube, es mir aber nicht vorstellen kann und auch gar nicht will. Wie Gott aussieht ist mir absolut egal und ich kann auch nicht sagen wo er sein soll. Trotzdem habe ich das Gefühl, wenn ich bete, daß mich jemand hört und mich versteht. Ich finde es beruhigend, daß ich mit Problemen jeder Art zu Gott kommen kann, daß ich mich nicht vor ihm geniere und er sich nicht über mich lustig macht. Allein das Gefühl, »da hört mir jemand zu und schwätzt nicht dazwischen«, gibt mir Ruhe und Sicherheit.
Niemand kann Gott beweisen und daher kann ich auch jeden verstehen, der nicht an Gott glaubt.
Ich bin der Meinung, daß man auch keinen Menschen durch Reden von Gott überzeugt, denn wenn das Handeln nicht überzeugt, dann sind jegliche Worte umsonst. Jeder Mensch muß von selbst zu Gott finden,

ohne von anderen gedrängt zu werden. Denn sicherlich glaubt jeder, der an Gott glaubt, irgendwie anders.

Trotzdem bin ich auch überzeugt davon, daß man ohne weiteres ohne Gott und ohne Glauben sein Leben meistern kann. Und sozial handeln kann man auch, selbst wenn dies nicht ausdrücklich in Gottes Namen geschieht.

Manchmal denke ich, daß der Glaube an Gott eigentlich etwas ganz Egoistisches ist. Jedenfalls möchte ich das so für mich bezeichnen. Denn aus dem Glauben kann ich für *mich* Kraft und Mut schöpfen, was mir dann in meinem Leben und in meinen Aktivitäten hilft und Motivation gibt und somit über einen Umweg vielleicht anderen etwas zugute kommt.

## 71/1228

Eigentlich stelle ich mir unter dem Wort »Gott« nichts konkretes vor. Es kommt auch ganz darauf an, in welchem Zusammenhang ich das Wort benutze. Bei einem Ausspruch wie Z.B. »mein Gott«, denke ich mir garnichts dabei, der Ausruf hat dann eben die gleiche Bedeutung wie: »O je!«. Wenn ich bewußt über das Thema rede und das Wort »Gott« auch bewußt verwende, dann ist meine Vorstellung ziemlich konfus und auf keinen Fall versuche ich zwanghaft, mir ein genaues Bild zu machen. Vor allem, weil ich gar nicht weiß, ob ich an einen »Gott« glaube. Eigentlich ist das Wort »Gott« nur eine Phrase, die von vielen einfach nachgeplappert wird, und auf deren Bedeutung man sich nur vage geeinigt hat.

In unserer rationalistischen Welt, in der Wissenschaft und Fortschritt zählen, und in der man keine Behauptung aufstellen kann, ohne sie nicht mit greifbaren und logischen Fakten belegen zu müssen, fällt es den meisten Menschen sehr schwer an so etwas »phantastisches«, unglaubliches und nicht nachweisbares wie »Gott« zu glauben. Viele empfinden Gottesglauben vielleicht auch als kindisch und naiv oder ganz einfach als den Drang des Menschen die Verantwortung, die Sorgen und die Probleme auf eine höhere Institution abzuwälzen. Sie sehen diesen Gottesglauben also als Schwäche oder als mangelnde Selbstsicherheit.

Auf jeden Fall ist es wichtig überhaupt zu glauben. Ob man diesen Glauben nun auf einen »Gott«, »Allah« oder »Buddha« richtet ist im Grunde egal. Die Richtlinien sind sowieso meistens sozialer und humaner Art. Es muß einem aber wichtig sein und man muß davon überzeugt sein.

## 71/1229

Gott ist ein höheres Wesen, irgendjemand, der uns in der Hand hat. Er bestimmt über Gnade und Ungnade. Er ist überall. Wir können aufhören zu denken, er macht alles für uns, er lenkt uns. Er will nur unser Bestes. Mir fällt es schwer an Gott zu glauben. Für mich ist es unwahrscheinlich daß hinter der nächsten Straßenecke jemand steht, der mir hilft. »Hilf Dir selbst *dann* hilft Dir Gott.«

Wenn ich mich auf Gott verlasse, arbeite ich nicht mehr so wie wenn ich ihn in einer Ecke stehen lasse.

Ich versuche ohne Gott zu leben.

## 71/1230

Wenn ich von Gott rede meine ich nicht genau den Gott, der in der Bibel genannt wird, sondern meinen persönlichen Gott, irgendein Wesen das über mir steht und alles lenkt und hält. Ich glaube, daß Gott, Allah, Buddha usw. genau das gleiche ist. Irgendetwas das da ist und dem jeder einen anderen Namen gibt, und es so auslegt wie er es braucht.

Es fällt mir nicht schwer an Gott zu glauben, sondern es fällt mir schwer an die Bibel zu glauben.

Ich denke der Glaube an ein Höheres Wesen ist in dem Fall wichtig, wenn man etwas braucht, das einen aufrecht hält.

## 71/1231

zu 1) Ich rede nicht von Gott und denke nicht an ihn deshalb habe ich keine feste Meinung über »Gott«. Gott und der Glaube berühren mich nur insofern als daß die Religion auch ein gesellschaftspolitisches Phänomen ist.

zu 2) Es ist schwer an Gott zu glauben, da der Glaube an ihn vollkommen gegen die rationale, aufgeklärte Denkweise der heutigen Zeit verstößt.

zu 3) Der Glaube an Gott oder an irgendein anderes höheres Wesen bringt keine positiven Aspekte mit sich. Wenn man Gott als eine Stütze in seinem Leben betrachtet, so sehe ich darin eine menschliche Schwäche. Bei Problemen ist es sinnvoller mit seinen Mitmenschen zu reden als ein anonymes Hirngespinst anzubeten.

## 71/1232

zu 2:

Mir fällt es sehr schwer an Gott zu glauben, da ich ihn im innersten noch nicht gespürt habe. Man hat einfach Probleme an etwas zu glauben, das unsichtbar und unantastbar ist. Möglicherweise ist auch eine der Ursachen unsere Gesellschaft selbst, die durch steigende Technisierung uns doch immer mehr das Bewußtsein für das Übernatürliche entreißt. Ich glaube man muß auch zugeben, daß der Mensch unserer Tage einem weitaus größeren Streß ausgeliefert ist, als es der Mensch in den letzten Jahrhunderten war. Durch dies, und weil auch die Technik in unserer Freizeit eine immer größere Rolle spielt, fehlt, so glaube ich, vielen Menschen einfach die Zeit um sich Fragen nach Gott zu stellen. Damals konnten sich die Menschen noch viele Dinge nicht erklären.

zu 3:

Ich meine, daß der Glaube an ein höheres Wesen wichtig ist, da man in bestimmten Situationen einfach irgendetwas braucht, an das man sich festhalten und neuen Mut schöpfen kann. Als Beispiel bräuchte man nur einmal den Tod heranziehen. Was geschieht mit mir und anderen nach dem Tod? Eine Frage die kein Mensch jemals beantworten kann. Gibt es vielleicht ein Leben nach dem Tod?

Ich meine, daß die Inder zum Beispiel kaum mit ihrem Elend und ihrer Armut fertig werden würden, wenn sie nicht ihren Glauben hätten. Sie sehen in ihrem Leben einen Sinn, da es ihr Glaube so ausdrückt.

71/1233

*Frage 1:*

Ich glaube Gott ist nicht mit menschlichem Gedankengut zu erfassen. Das ist es auch warum es mir schwer fällt, zu dieser Frage eine Antwort zu geben. Vielleicht kommt die Vorstellung von Dorothe Sölle über Gott meiner eigenen Vorstellung am nächsten. Für mich offenbart sich Gott in allem Guten, d.h. in jedem zwischenmenschlichen Bereich. Gott ist für mich der Optimismus der Welt.

*Frage 2*

Die Realität sieht anders aus als die Beschreibung die uns die Bibel über das Leben gibt. Ich meine damit, daß die Ideale der Bibel nirgendwo zu finden sind. Es gibt nur sehr wenige die versuchen nach diesen Idealen zu leben.

Ich frage mich wo ist Gott? und warum akzeptiert er die Menschen, die gegen seinen Willen leben? Warum ist es Gott egal, daß sich die Menschheit allmählich selbst ausrottet?

Wenn ich diese Tatsachen sehe, so fällt es mir oft sehr schwer an einen LIEBEN Gott zu glauben!


71/1234

Es ist für jedermann wichtig jemanden zu haben mit dem man sich unterhalten kann, dem man seine Gedanken und Probleme anvertrauen kann. Es ist auch daher wichtig an ein höheres Wesen oder an Gott zu glauben, da man mit anderen Menschen nicht über alles reden kann, da es sein kann, daß die anderen einen nicht verstehen.

Das andere ist, es widerspricht einem nicht es macht nur darauf aufmerksam ob das Getane oder die Gedanken gut waren. Darin sieht man, daß das Wesen oder Gott auch das schlechte Gewissen ist. Wenn man gut aufpasst, bemerkt man, daß Gewissen, Gedanken, Gefühl, Glauben und Gut alle wie Gott mit einem »G« beginnen.

Ob das wohl einen Sinn hat? Persöhnlich fällt es mir nicht direkt schwer an Gott zu glauben, wobei ich von der Vorstellung »Gott« so wie er in der Bibel steht, loskommen möchte. Weil ich nicht glaube, daß Gott so ist, und außerdem ist es mir auch egal, wie Er früher war. Für mich zählt die Gegenwart und ein bißchen die Zukunft.

Wie man den Menschen als höchstes, nur 3-dimensionales Wesen, welches auf der Erde haust sehen kann, so meine ich, daß Gott das höchste ›Wesen‹ überhaupt ist. Ich glaube, daß er die Menschen als selbständiges, freidenkendes Wesen geschaffen hat, sowie auch noch andere intelligente, selbstdenkende Wesen (die in der Bibel als Engel bzw. »Exengel«, die ihr Schicksal selber in der Hand haben, bezeichnet werden) Ob der Glaube an Gott oder irgend ein höheres Wesen wichtig oder nicht wichtig ist, hängt wohl davon ab, ob der Glaube ein »Gut« ist oder ob sich einer z.B. nur christlich »gibt«. Und z.B. auf der einen Seite in den Schulen neben der wissenschaftlichen Weltentstehungsgeschichte die biblische Schöpfungsgeschichte als »zulässig erklärt«, aber auf der anderen Seite eine Politik der »Weltherrschaft number one« betreibt, dabei

Völker unterdrückt oder seine Nächsten mit -zig Megatonnen Spreng-
stoff »beschenkt«.

## 71/1235

Jemand großes, jemand der nicht zu begreifen ist, jemand an den man
glauben muß.
Es ist unmöglich Gott zu begreifen, denn ich kann Gott nicht sehen.
Wenn ich versuche an Gott zu glauben, stellt sich die Frage existiert er
oder ist er nur ein Phantasiegebilde. Geht es mir gut sehe ich keinen
Grund an Gott zu zweifeln, zu glauben daß er bei mir ist. Geht's mir
schlechter beginnen die Zweifel. Dann finde ich, daß die Welt mit und
ohne Gott genau gleich aussieht.
Der Glaube ist wichtig, trotz vieler Zweifel kann er den Halt geben den
man in manchen Situationen benötigt. Der Glaube an Gott oder etwas
anderes z. B. einen Glücksbringer oder sonst etwas kann einem eine
gewisse Sicherheit geben.

## 72   Konditoren, 3. Jahr

*Einzelner Text einer Schülerin (19) zur Frage: Woran ich glaube...*
*Zuhause geschrieben.*

## 72/1236

Ich habe viel über das Leben von Jesus gehört. Ich weiß, daß er einmal
unter den Menschen lebte. Nach den Überlieferungen war er ein »guter«
Mensch.
Ich glaube an alles, was anderen und mir gut tut. D. h. meine Art zu
glauben ist anders, als die meiner Mutter. Sie richtet sich an die 10
Gebote oder an die Bibel. Ich habe noch nicht viel in der Bibel gelesen,
finde sie aber sehr interessant.
Der heutige Glaube, oder der heutige Rhythmus, unter dem wir leben ist
nicht zeitgemäß. Die Bibel ist veraltet. Viele junge Menschen können mit
ihr nichts anfangen, weil sie keinen Bezug zu ihr haben.
Ich gehe grundsätzlich nicht in die Kirche und habe auch nur schlechte
Erinnerungen an meine Kirchenbesuche. Als Kind ging ich nie freiwillig
zur Kirche. Ich fühlte mich wie auf einem Kostümball. Ich hatte immer
den Eindruck, alle Leute gehen nur in die Kirche um ihr schlechtes
Gewissen zu beruhigen. Hauptsache man war dabei mit Kind, Kegel und
Nerzmantel. Ich drücke meinen Glauben anders aus. Ich lebe nach Maßstäben, die ich mir selbst mache. Ich mag niemanden weh tun, und freue
mich, wenn andere sich freuen.
Ich mag und kann mich nicht nach den Glaubensgeboten richten. Sie
entsprechen nicht meiner Lebensweise. Ich fühle mich gut, auch ohne
einen wöchentlichen Kirchenbesuch.
Wichtig für mich sind: *Toleranz* u. Ehrlichkeit. Nach diesen Grundsätzen
lebe ich und erwarte solches auch von anderen.

# Inhalt